"十四五"高等职业教育公共课程系列教材

大学生安全教程

李振涛　赵玉谦◎主　编

崔瑞芳　刘文华　李　冉　杨　玉◎副主编

周敏娟◎主　审

中国铁道出版社有限公司

CHINA RAILWAY PUBLISHING HOUSE CO., LTD.

内容简介

本书共11章，内容包括国家安全，集体生活安全，人身安全，消防安全，网络安全，健康教育，突发公共卫生事件及应急处理，实验、实习、实践安全，校外安全，自然灾害的预防和自救，生活安全常识。本书结合当前社会治安形势和大学生的特点，围绕着大学生学习、生活和成长的各个方面列举了诸多案例，通过一个个鲜活的案例和惨痛的教训，力求帮助大学生了解和掌握更多的安全知识，提高安全防范意识。

本书在帮助大学生提高安全意识、养成良好的安全习惯、增强自我防范能力等方面，具有十分重要的现实意义。

本书适合作为高职院校各专业的公共基础课教材，也可供相关人员参考使用。

图书在版编目（CIP）数据

大学生安全教程 / 李振涛，赵玉谦主编. —北京：中国铁道出版社有限公司，2022.9（2024.8 重印）
“十四五”高等职业教育公共课程系列教材
ISBN 978-7-113-29584-4

Ⅰ. ①大… Ⅱ. ①李… ②赵… Ⅲ. ①大学生-安全教育-高等职业教育-教材 Ⅳ. ①G645.5

中国版本图书馆 CIP 数据核字（2022）第 156137 号

书　　名：**大学生安全教程**
作　　者：李振涛　赵玉谦

策　　划：何红艳　　　　**编辑部电话：**（010）63560043
责任编辑：何红艳　徐盼欣
封面设计：李寄林　刘　颖
责任校对：焦桂荣
责任印制：樊启鹏

出版发行：中国铁道出版社有限公司（100054，北京市西城区右安门西街 8 号）
网　　址：https://www.tdpress.com/51eds/
印　　刷：三河市宏盛印务有限公司
版　　次：2022 年 9 月第 1 版　2024 年 8 月第 3 次印刷
开　　本：787 mm×1 092 mm　1/16　**印张：**15　**字数：**402 千
书　　号：ISBN 978-7-113-29584-4
定　　价：42.00 元

前 言

安全是人类生存和发展活动中的基本需要，也是社会存在、发展的前提条件。然而，安全是不会自然产生的，而是人发挥主观能动性、积极追求的结果。

党的二十大报告在推进国家安全体系和能力现代化，坚决维护国家安全和社会稳定方面指出："国家安全是民族复兴的根基，社会稳定是国家强盛的前提。必须坚定不移贯彻总体国家安全观，把维护国家安全贯穿党和国家工作各方面全过程，确保国家安全和社会稳定。""全面加强国家安全教育，提高各级领导干部统筹发展和安全能力，增强全民国家安全意识和素养，筑牢国家安全人民防线。"抓好大学生安全教育工作，就是维护国家安全和社会稳定的重要内容。大学生的安全及安全观，既关系家庭幸福，也关系国家长远发展和社会和谐稳定。

大学生安全教育是高等院校实施素质教育的重要内容，因为大学生安全关系到个人生命财产的安危，关系到每个学生家庭的幸福，关系到整个社会的和谐稳定。对大学生进行安全教育、依法治校也是学校各级领导的法定义务。因此，高校加强大学生的安全教育，培养和增强大学生的安全防范意识和相关技能，提高大学生的自护、自救与互助能力，是保护大学生人身、财产、身心安全与健康成长的必要环节，也是高校承担的社会责任。

如何强化学生自我防护和救助能力，是学校教育的一个重要课题。《现代汉语词典》中对安全的解释为：没有危险；平安。《辞海》中对安全的解释有两层意思：①没有危险；不受威胁；②保护；保全。本书结合当前社会治安形势和当代大学生特点，围绕着大学生学习、生活和成长的各个方面列举了诸多案例，通过一个个鲜活案例和惨痛的教训，力求帮助大学生了解和掌握更多的安全知识，提高安全防范意识，强化学生自我防范和求助能力。本书共 11 章，内容包括国家安全，集体生活安全，人身安全，消防安全，网络安全，健康教育，突发公共卫生事件及应急处理，实验、实习、实践安全，校外安全，自然灾害的预防和自救，生活安全常识。

本书适合作为高职院校各专业的公共基础课教材，也可供相关人员参考使用。

本书由李振涛、赵玉谦任主编，崔瑞芳、刘文华、李冉、杨玉任副主编，刘宁、聂海荣、袁薇、戎晓剑、赵梦雅参与编写。具体编写分工如下：刘宁编写第一章，刘文华编写第二章，聂海荣编写第三章，李冉编写第四章，杨玉编写第五章，袁薇编写第六章，崔瑞芳编写第七章，赵玉谦编写第八章，李振涛编写第九章，戎晓剑编写第十章，赵梦雅编写第十一章，李振涛负责全书的统稿和定稿工作。

本书由周敏娟教授主审，周教授对本书进行了认真详尽的审阅，提出了许多很有价值的宝贵意见，在此表示深切的谢意。本书在编写过程中得到了各方面的大力支持，在此向他们表示衷心的感谢。另外，教材的编写参考了一些相关著作与资料，谨向文献的作者表示衷心的感谢。

由于编者水平有限，加之时间仓促，书中难免有不妥及疏漏之处，敬请广大读者批评指正。

编　者

2024 年 7 月

目录

第一章 国家安全

第一节　总体国家安全观

总体国家安全观是一个开放的体系，是不断发展的安全观念体系。坚持总体国家安全观，是马克思主义基本原理的实践运用，深入分析我国安全环境面临的新形势、新特点得出的科学结论，是我国国家安全理念的重大创新。

2014 年 4 月 15 日，习近平总书记主持召开了中央国家安全委员会第一次会议，提出了总体国家安全观重大战略思想。习近平总书记在该会议中指出："当前我国国家安全内涵和外延比历史上任何时候都要丰富，时空领域比历史上任何时候都要宽广，内外因素比历史上任何时候都要复杂，必须坚持总体国家安全观，以人民安全为宗旨，以政治安全为根本，以经济安全为基础，以军事、文化、社会安全为保障，以促进国际安全为依托，走出一条中国特色国家安全道路。"

习近平总书记指出："贯彻落实总体国家安全观，必须既重视外部安全，又重视内部安全，对内求发展、求变革、求稳定、建设平安中国，对外求和平、求合作、求共赢、建设和谐世界；既重视国土安全，又重视国民安全，坚持以民为本、以人为本，坚持国家安全一切为了人民、一切依靠人民，真正夯实国家安全的群众基础；既重视传统安全，又重视非传统安全，构建集政治安全、国土安全、军事安全、经济安全、文化安全、社会安全、科技安全、信息安全、生态安全、资源安全、核安全等于一体的国家安全体系；既重视发展问题，又重视安全问题，发展是安全的基础，安全是发展的条件，富国才能强兵，强兵才能卫国；既重视自身安全，又重视共同安全，打造命运共同体，推动各方朝着互利互惠、共同安全的目标相向而行。"

2018 年 4 月 17 日，习近平总书记主持召开了十九届中央国家安全委员会第一次会议，进一步系统阐述了总体国家安全观的丰富内涵，并对全面贯彻落实总体国家安全观提出了新要求，使我们党对国家安全的认识提升到了一个新高度和新境界。2020 年，习近平总书记多次谈到国家生物安全的理念，强调："要把生物安全作为国家总体安全的重要组成部分，坚持平时和战时结合、预防和应急结合、科研和救治防控结合，加强疫病防控和公共卫生科研攻关体系和能力建设。"

党的二十大报告在回顾新时代十年来我国取得的历史性成就、发生的历史性变革时指出："我们贯彻总体国家安全观，国家安全领导体制和法治体系、战略体系、政策体系不断完善，在原则问题上寸步不让，以坚定的意志品质维护国家主权、安全、发展利益，国家安全得到全面加强。"

一、总体国家安全观的主要内容

政治安全，主要是指一个国家由政权、政治制度和意识形态为要素组成的政治体系，相对处于没有危险和不受威胁的状态，以及面对风险和挑战时能够及时有效防范、应对，从而确保国家良好政治秩序的能力。政治安全是我国国家安全的根本，核心是政权安全和制度安全，最根本的就是维护中国共产党的领导和执政地位、维护中国特色社会主义制度。

案例1 某高校学生田某长期收听境外反华媒体广播节目，浏览境外大量政治类有害信息，逐渐形成反动思想。2016年1月，田某开通境外社交媒体账号，同境外反华敌对势力人员进行互动，反动思想日渐顽固。在境外反华组织蛊惑教唆下，田某于 2018 年创办了一个境外反动网站，大肆传播各类反动信息和政治谣言。2019年4月，田某受境外反华媒体人邀请，秘密赴西方某国，同境外20余个敌对组织接触，同时接受该国10余名官员直接问询和具体指令，秘密搜集提供污蔑抹黑我国的所谓“证据”。田某与境外反华组织接触开展的一系列渗透活动，严重危害我政治安全。国家安全机关通过严密侦查，于2019年6月依法将田某抓捕归案。2020年11月，法院对此案进行非公开审理。

社会安全，是指防范、消除、控制直接威胁社会公共秩序和人民群众生命财产安全的治安、刑事、暴力、恐怖事件以及规模较大的群体性事件等，涉及打击犯罪、维护稳定、社会治理、公共服务等各个方面，与人民群众切身利益息息相关。

案例2 2005年6月26日14时40分，某市城区菜市场门口，一辆轿车将一行人刘某剐伤，4名乘车者与刘某发生争执，将刘某殴打致伤，引发群众不满。当地派出所公安民警把4名打人者带至派出所进行处理。在少数不法分子的造谣煽动下，一些不明真相的群众在派出所门前聚集，要求派出所交出车上4人。随后，不明真相的群众越聚越多，至23时许，现场仍聚集2 000余人。在少数不法分子的煽动下，打砸抢烧，造成多名武警官兵和公安民警受伤，4辆车被毁，该派出所门窗被砸，一超市被抢。事件发生后，省委、省政府高度重视，省主要领导多次指示要求妥善迅速处置这一事件。6月26日晚11时左右，围观人群被疏散，事件基本平息。殴打刘某的犯罪嫌疑人被当地公安机关拘留，参与打砸抢的不法分子被抓获10名。7月7日，市某区人民检察院依法对殴打刘某的犯罪嫌疑人吴某、李某、王某批准逮捕。

案例3 2021年1月22日，某医院6号楼5楼发生一起疑似爆炸物爆燃案件，导致3名医护人员和1名患者受伤。犯罪嫌疑人卢某因长期患肾脏疾病久治未愈，对曾去治疗的数家医院产生不满，欲选择其中的医院实施报复行为。1月22日10时52分许，卢某先在该医院6号楼6楼病区丢出了危险爆炸物，被一名医护人员发现并处理。一分钟后，又跑到5楼，把手里的危险爆炸物扔向护士台。爆炸物燃烧后，他掏出菜刀挥向现场的医护人员和患者，爆燃事件造成4人受伤。犯罪嫌疑人被警方控制。

网络安全，是指通过采取必要措施，防范对网络的攻击、侵入、干扰、破坏、非法使用以及意外事故，使网络处于稳定可靠运行的状态，以及保障网络数据的完整性、保密性、可用性的能力。

案例4 2021年5月15日，某医院负责人报案称，自2021年3月起，该院网络系统持续出现故障，医院网络系统重要文件疑似被人为更改，诊疗系统全面瘫痪。分局网络安全保卫大队接到报警后，迅速联合属地派出所成立专案组进行案件侦破。经过连续多日技术攻关，分析海量服务器数据后，锁定该院前系统管理员白某某。经审查，犯罪嫌疑人白某某因对院方不满萌生报复心理，遂利用自学网络知识，非法入侵医院内网服务器，远程进行破坏性操作。犯罪嫌疑人白某某对其破坏计算机系统的犯罪事实供认不讳，被分局依法刑事拘留，区检察院对其批准逮捕。

科技安全，包括科技自身安全和科技支撑保障相关领域安全，涵盖科技人才、设施设备、科技活动、科技成果、成果应用安全等多个方面，是支撑国家安全的重要力量和技术基础。

案例5 2020年5月15日，美国商务部发布公告，严格限制华为使用美国技术和软件在美国境内外设计和制造半导体。8月17日，美国政府再次发布新禁令，对华为进行进一步打压。我国半导体行业必须加大投资研发，实现前端、芯片制造工艺、制造设备和原材料的“去美国化”，才能取得新的突破和发展。

文化安全，是指一国文化相对处于没有危险和不受内外威胁的状态，以及保障持续安全状态的能力。文化是民族的血脉，是人民的精神家园。它关乎国家稳固、民族团结、精神传承，是国家安全的重要保障。

案例6 从改革开放至今，以美国为代表的西方国家对中国的意识形态渗透一直没有停止，反华势力通过和一些研究机构、高校合作等，以文化交流、影视传播的方式输出所谓的“多元文化”，其实掺杂着“险恶文化”思想渗透，尤其对年轻人影响较大，对我国的文化安全形成威胁。我国文化领域安全面临着新的风险挑战。西方的文化入侵，正通过更加隐蔽的方式悄然推进。诱导中国人进行自我否定，隐藏着西方对中华民族诋毁和抹黑、打击中华民族自信心的险恶用心。

国土安全涵盖领土、自然资源、基础设施等要素，核心是指领土完整、国家统一、边疆边境、海洋权益等不受侵犯或免受威胁的状态，以及持续保持这种状态的能力。国土安全是立国之基，是国家生存和发展的基本条件。

军事安全，是指国家不受外部军事入侵和战争威胁的状态，以及保障这一持续安全状态的能力。军事安全既是国家安全体系的重要领域，也是国家其他安全的重要保障。

案例7 黄某某，案发前系婚纱摄影师。2019年7月，被告人黄某某通过微信聊天与境外人员“琪姐”结识。在“琪姐”的指示下，于2019年7月至2020年5月间，黄某某利用在某军港附近海滩从事婚纱摄影的便利，使用专业照相器材、手机等远景拍摄军港周边停泊的军舰，采用欺骗、金钱引诱等方式委托他人为自己拍摄该军港附近海湾全景。黄某某将拍摄的照片通过网络以共用网盘、群组共享等方式发送给境外人员“琪姐”，共收取对方提供的报酬人民币4万余元。经鉴定，涉案照片涉及绝密级秘密3项、机密级秘密2项。最终，黄某某因犯为境外刺探、非法提供国家秘密罪被判处有期徒刑十四年，剥夺政治权利五年，并处没收个人财产人民币4万元。

经济安全，是指经济全球化时代一国保持其经济存在和发展所需资源有效供给、经济体系独立稳定运行、整体经济福利不受恶意侵害和非可抗力损害的状态和能力，是指一国的国民经济发展和经济实力处于不受根本威胁的状态。

案例8 从2002年开始，澳大利亚力拓公司驻华代表胡某某等4名员工通过拉拢收买我国钢铁企业内部人员窃取商业机密，包括企业详细采购计划、企业生产安排、原料库存的周转天数、进口矿的平均成本、吨钢单位毛利、生铁的单位消耗等数据，以及大型钢厂每月的钢铁产量、销售情况等。胡某某等四名力拓员工采取不正当手段刺探窃取我国家钢铁、能源等产业方面商业机密，直接导致逾我国20家钢铁企业为铁矿石进口多支付了10.2亿元人民币，潜在国家经济损失估计达7 000多亿元。2009年7月5日，胡某某等4人被上海市国家安全局刑事拘留。2010年，胡某某等人犯非国家工作人员受贿罪、侵犯商业秘密罪，分别判处其有期徒刑十四年至七年不等，并处没收财产和罚金。

生态安全，是指生态系统的健康和完整情况，是人类在生产、生活和健康等方面不受生态破坏与环境污染等影响的保障程度，包括饮用水与食物安全、空气质量与绿色环境等基本要素。

案例 **9** 2020 年 4 月 20 日，群众杨某向国家安全机关举报称，某国家级自然保护区内有可疑的外国人活动。国家安全机关迅速联合行业主管部门开展核查处置。经查，外籍人员奥某某与中国籍同伴吴某某受境外机构指使，从 2011 年起先后数十次赴我国多个自然保护区，非法采集上千种野生植物物种标本和种子样本，向境外售卖数千次，获利数十万元。经有关专家鉴定，奥某某采集的多种植物属于国家二级重点保护植物。2020 年 4 月 21 日，有关部门在某自然保护区将奥某某等两人当场抓获。

案例 **10** 2014 年 10 月至 2017 年 4 月，某水务公司多次将高浓度废水违法直排长江，同时篡改数据逃避监管，长期超标排放污水，造成生态环境损害达数亿元。2020 年 1 月 6 日，市中级人民法院公布了这起环境污染案件判决结果，开出了 5.2 亿元的罚单。这体现了国家生态环境保护的坚定决心，以严刑峻法来惩治环境污染行为，让违法者付出沉重的代价。

核安全是指对核设施、核活动、核材料和放射性物质采取必要和充分的监控、保护、预防和缓解等安全措施，防止由于任何技术原因、人为原因或自然灾害造成事故发生，并最大限度减少事故情况下的放射性后果，从而保护工作人员、公众和环境免受不当辐射危害。

案例 **11** 2011 年 3 月 12 日，受地震影响，日本福岛第一核电厂的放射性物质泄漏到外部，大量高浓度放射性物质迅速扩散到环境当中，直接对周围空气、水、土地产生辐射危害，核电站方圆 20 km 区域内的居民被迫撤离。2011 年 4 月 12 日，日本原子力安全保安院将福岛核事故等级定为核事故最高分级 7 级，与切尔诺贝利核事故同级。福岛核事故已产生了上百万吨的核污水和数千万立方米的核废物，未来还将继续产生。该核事故不仅对生态环境产生了恶劣影响，也对人的生命健康造成了严重危害。

海外利益安全，是国家发展利益的延伸。主要包括海外能源资源安全、海上战略通道以及海外公民、法人的安全，其维护方式多种多样，如开展海上护航、撤离海外公民、应急救援等。

案例 **12** 2014 年，中国政府共动用 91 架次中国民航包机，35 架次外航包机，12 架次军机，租用外国轮船 11 艘，中远、中海货轮 5 艘，军舰 1 艘，历时 12 天，成功撤离中国驻利比亚人员 35 860 人。此次影响巨大的海外中国公民救援行动，进一步凸显了中国保护海外利益的决心和能力。

太空安全，太空领域及其相关太空技术已经成为权力政治追逐的对象，各国竞相争夺。太空安全问题日趋严重：卫星频轨资源短缺，尤其是地球静止轨道越来越稀缺；太空碎片越来越多，影响航天器进出太空，以及在轨运行；太空军事化、武器化越来越明显，不仅严重影响卫星在轨运行，而且严重影响国际战略的稳定与平衡。

案例 **13** 2009 年 2 月 10 日国际标准时间 16:56，一颗美国商业卫星“铱星 33 号”（Iridium 33）与一颗俄罗斯军用卫星“宇宙-2251”（Cosmos-2251）在俄罗斯西伯利亚北冰洋沿岸的泰梅尔半岛上空大约 789 km 高度上相撞，成为人类历史上首次发生的两颗人造卫星相撞的事件。这次卫星意外相撞事件产生了至少 1 000 个直径大于 10 cm 的碎片，而更小的碎片还要多得多。虽然在随后的几年时间里，其中的大部分碎片都会逐渐坠入地球大气层被销毁，但这些存留的太空碎片对在轨运行的完好航天器仍然构成了一定威胁。

案例 **14** 2021 年 4 月 29 日，中国空间站天和核心舱顺利发射升空。中国 2021 年 12 月 6 日向联合国提交的一封投诉信显示，依据《外层空间条约》（*Outer Space Treaty*）第五条条款，“条约缔约国应立即将其在外层空间，包括月球和其他天体中发现的可能危及宇航员生命或健康的任何现象通知条约其他缔约国或联合国秘书长”，中国特通知秘书长美国以下威胁中国空间站宇航员生命或健康安全的现象：2021 年，美国埃隆·马斯克（Elon Musk）的太空探索技术公司（SpaceX）发射的两颗“星链”（Starlink）卫星分别从 500 km 和 555 km 的近地轨道突然下降，与正在约 390 km 近圆形轨道上稳定运行的中国空间站进行了两次近距离接触。2021 年 5 月 16 日至 6 月 24 日，星链卫星-1095 卫星连续运行至 382 km 左右的轨道，然后停留在该轨道上。2021 年 7 月 1 日，该卫星与中国空间站发生了近距离接触。10 月 21 日，星链卫星-2305 一直自主运动，且运动策略未知，轨道误差难以评估。当时中国空间站搭载了中国三名宇航员，一旦发生意外后果不堪设想。出于安全考虑，中国空间站分别于 2021 年 7 月 1 日和 10 月 21 日实施了预防性紧急处理，改变空间站“天和”核心舱的运动轨道，以避免和星链卫星的碰撞。中方作为负责任的太空大国，愿请联合国向外层空间条约所有缔约国分发上述信息，并提请它们注意。对美方这种罔顾中国空间站及正在太空中执行任务的宇航员的安全的行为，中方外交部表示了强烈谴责。

深海安全，是指和平探索和利用国际海底区域，增强安全进出、科学考察、开发利用的能力，加强国际合作，维护我国在外层空间、国际海底区域和极地的活动、资产和其他利益的安全。

案例 15 蛟龙号载人潜水器是一艘由中国自行设计、自主集成研制的载人潜水器，也是目前世界上下潜能力最强的作业型载人潜水器之一。从 2009 年至 2012 年，蛟龙号接连取得 1 000 m 级、3 000 m 级、5 000 m 级和 7 000 m 级海试成功。下潜至 7 000 m，说明蛟龙号载人潜水器集成技术的成熟。2012 年 6 月 27 日 11 时 47 分，中国“蛟龙”再次刷新“中国深度”——下潜 7 062 m。蛟龙号是我国载人深潜发展历程中的一个重要里程碑。蛟龙号的成功研制与应用开创了深海资源高效勘查新模式，开辟了深渊科学研究新领域，推动我国载人深潜技术的发展，对于完成我国国际海底矿区的勘探任务和开展深海科学研究具有重要的现实意义。

案例 16 1981 年，我国导弹核潜艇下水，中国由此成为继美、苏、英、法之后世界上第五个拥有战略核潜艇的国家。1988 年完成潜射导弹发射试验，中国由此成为世界上第五个拥有第二次核打击力量的国家。我国战略核潜艇的下水并形成战斗力，对于维护海洋和平与稳定、维护国家的利益和尊严、维护国家主权安全，起到了十分巨大的作用。

案例 17 2021 年 6 月，广州一名企业主徐先生拨打电话举报，称他驾驶渔船与朋友在南海一座岛礁钓鱼时，在礁上捡到一个可疑的电子装置，外表有境外标识，并发现内部装有电路主板和信息发射装备。“我去西沙群岛钓鱼，那天在岛礁上看到离岸边二三十米距离的地方，有一台十几厘米厚的方形设备摆在那儿，有点奇怪。”徐先生告诉记者，这个岛无人居住，平时也基本没有人烟，这个突然出现的方形设备印着外国标识，设计精密，不仅有防水外壳，还使用了特殊的螺钉密封，不使用专门工具难以打开。在我国领海出现这样一台设备，让徐先生产生警觉。想到在“4·15”全民国家安全教育日了解到的相关知识，徐先生决定把这台方形设备带走。没想到，徐先生的船刚开走不久，就有一艘布满天线的外国船只跟了过来，并用小艇派出两名男子前来交涉，要求徐先生将设备归还。徐先生的船员有点担心，建议徐先生将这台设备扔掉。“他们这么急着要回去，肯定有猫腻，设备不能落回他们手里！”徐先生让船员加速开船返回，对方一直跟了十几个小时。直到接近我海军基地，才悄悄离开。回到广州，徐先生拨打电话举报。经广东省国家安全机关检测，该设备系某国非法在我境内海域收集发送信号的专用设备。这起可能危害我国领土安全、海洋安全的风险隐患事件得到及时制止。“没想到国家安全离我们这么近！”经历了这件事后，徐先生说，自己最大的感受是要多学习国家安全知识，并向身边人多多宣传，提高大家的国家安全意识。广东省国家安全机关对徐先生进行了奖励。

极地安全是指维护国家和平探索和利用极地，增强安全进出、科学考察、开发利用的能力。加强国际合作，维护我国在外层空间、国际海底区域和极地的活动、资产和其他利益的安全。极地包括北极和南极，分别位于地球的最北端和最南端，地理位置、自然环境和战略价值均十分独特。两极是世界上重要资源和能源的富集区。

案例 ***18*** 当前，极地作为重要资源和能源的主储存地，已成为各国争夺的新疆域。许多国家都把极地研究与开发作为国家的一项重要战略。我国北极考察站有黄河站，南极考察站共有四个，分别是长城站、中山站、泰山站和昆仑站。此外，我国研发了第一艘自主建造的极地科学考察破冰船——雪龙 2 号。因全球气候的变暖，北冰洋每年可通航的时间大大延长，对北极进行开发和利用可使海上运输成本节约 40%。极地争夺已经日趋“白热化”，我们必须深入思考维护极地权益的相关重大问题。

资源安全是一个国家或地区可以持续、稳定、及时、足量和经济地获取所需自然资源的状态。资源安全在国家安全中占有基础地位。资源就是资财的来源，是人类生存与发展不可或缺的自然物质。

案例 ***19*** 2021 年 1 月，某村村民马某、某县个体经营户王某等 4 人，以改造土地为名盗采泥炭黑土，涉及耕地 143.15 亩（永久基本农田 90.07 亩）。2021 年 2 月 21 日和 23 日，市自然资源局两次现场核查并制止采挖行为，下达《责令停止违法行为通知书》，并于 3 月立案查处，督促整改。该案当事人因涉嫌构成非法采矿罪、非法占用农用地罪而被移送公安机关。3 月底，公安机关将 4 名犯罪嫌疑人全部抓获，移交法院审判。

生物安全是指国家有效防范和应对危险生物因子及相关因素威胁，生物技术能够稳定健康发展，人民生命健康和生态系统相对处于没有危险和不受威胁的状态，生物领域具备维护国家安全和持续发展的能力。生物威胁不仅包括新型病毒等未知威胁，还包括长期困扰人类的各种已知威胁，其中一些对人类存续和国家安全构成了严重挑战。生物威胁可以分为一般威胁和重大威胁、传统威胁和非传统威胁。传统威胁主要包括野生动物和家禽导致的传染病、外来物种入侵等自然生物威胁；非传统威胁主要包括生物技术、微生物耐药、生物武器、生物恐怖袭击、实验室安全管理漏洞等人为威胁，属于新的生物安全威胁。

案例 ***20*** 2020 年 7 月 30 日，海南三亚海警局执法艇在辖区海域进行巡逻时，在一锚泊船附近发现有多只“海龟”在不断挣扎。经初步判断，这些“海龟”是巴西龟，被人购买之后并被放生到海中。

巴西龟以其高繁殖力、高存活率、高掠夺食物的能力，大量掠夺同类生存资源，已被列为世界最危险入侵物种之一。《中华人民共和国野生动物保护法》规定禁止随意放生，避免对生态系统造成危害，违者将依法承担法律责任。《中华人民共和国生物安全法》规定，任何单位和个人未经批准，不得擅自引进、释放或者丢弃外来物种。

二、总体国家安全观的重要意义

总体国家安全观的提出，是中国国家安全观念不断发展的结果。认真学习和贯彻落实总体国家安全观，对于维护国家利益、做好国家安全工作具有重大而深远的意义。

（一）总体国家安全观构建了国家安全的中国话语体系

中国的国家安全和世界的和平发展息息相关。总体国家安全观强调以促进国际安全为依托，实现自身安全与共同安全相统一，共同构建人类命运共同体。这一安全理念摒弃了零和博弈、绝对安全、结盟理论等旧观念，在国际上树立起一种普遍包容的国家安全理念，体现了中国风格，展示了中国胸怀，彰显了中国智慧。首先，总体国家安全观继承和发展了我们党长期坚持的和平发展思想。中国从一个积贫积弱的国家发展成为世界第二大经济体，不是靠对外军事扩张和殖民掠夺，而是靠在和平环境下大力解放和发展生产力，靠中国人民的勤劳和智慧。今天的中国比一百多年来任何时候都更有意愿、更有力量顺应世界人民的呼声，主动适应和引领时代潮流，为促进世界和平与发展承担大国责任。

其次，总体国家安全观为建设一个普遍安全的世界提供了中国方案。基于对人类社会战争与和平历史进程规律性的准确把握，特别是在深刻反思第二次世界大战惨痛教训的基础上，习近平总书记发表在《俄罗斯报》的题为《铭记历史，开创未来》的署名文章中明确指出："弱肉强食、丛林法则不是人类共存之道。穷兵黩武、强权独霸不是人类和平之策。赢者通吃、零和博弈不是人类发展之路。"2017 年 2 月 10 日，"构建人类命运共同体"首次写入联合国决议，这一理念已经得到国际社会的普遍认同，这是中国对世界和平与发展的崇高事业作出的积极贡献。

（二）总体国家安全观重塑了中国国家安全体制机制

总体国家安全观，擘画了维护国家安全的整体布局，实现了对传统国家安全理念的重大突破，塑造了中国国家安全体制机制。在总体国家安全观的指导下，我国专门设立中央国家安全委员会，习近平总书记担任主席。中央国家安全委员会按照集中统一、科学谋划、统分结合、协调行动、精干高效的原则，统一领导和部署国家安全工作。同时，不断完善国家安全法治体系，制定并全面实施《中华人民共和国国家安全法》《中华人民共和国反间谍法》《中华人民共和国反恐怖主义法》《中华人民共和国网络安全法》《中华人民共和国核安全法》《中华人民共和国国家情报法》《中华人民共和国生物安全法》等一系列法律，不断提升国家安全工作法治化水平。

（三）总体国家安全观指明了中国特色国家安全道路方向

总体国家安全观是新形势下维护我国国家安全的强大思想武器和行动指南，体现了鲜明的中国特色。总体国家安全观强调必须把科学统筹作为国家安全工作的根本方法，把攸关国家安全的重要因素都放到一个系统里总体谋划，统筹国内国际两个大局、发展安全两件大事，始终把国家安全置于中国特色社会主义事业全局中来把握，既立足当前又着眼长远，既整体推进又突出重点，既讲原则性又讲策略性，既讲需求又讲能力，实现平衡兼顾、全面贯通，指明了中国特色国家安全道路方向。

三、如何落实总体国家安全观

（一）坚持党的集中统一领导

落实总体国家安全观，最根本的就是坚持党对国家安全工作的绝对领导，这是维护国家安全和社会安定的根本政治保证。党的历史、新中国的历史证明，办好中国的事情关键在党的集中统一领导。新时代的国家安全具有全局性和复杂性，这就需要在党的绝对领导和党中央的集中统一下，贯彻党总揽全局、协调各方的原则，构建国家安全的大安全格局，统筹协调各领域、各方面和全过程，充分调动和发挥方方面面的积极性和创造性，创新开拓总体国家安全工作的新局面。

（二）坚持以人民安全为宗旨

全面践行总体国家安全观，需要坚持以人民安全为宗旨，坚持国家安全一切为了人民、一切依靠人民。国家安全工作归根结底是保障人民利益，需要把人民安全贯穿于国家安全工作各领域，为全体人民创造良好的生存发展条件和安定的工作环境，保障人民的生命财产安全和其他合法权益。具体来说，就是要稳步推进经济发展，积极发挥社会政策的托底作用，使人民生活水平不断提高；加强社会治安建设，坚决打击犯罪、暴力恐怖活动，创造更加安定的社会环境；妥善应对重大自然灾害和突发事件，保障人民的生命财产安全；加强海外利益保护，保障境外公民和机构安全等。

（三）坚持国家利益至上

国家利益关系民族生存、国家兴亡，反映了绝大多数人民的共同需求。国家安全工作的根本使命，就是维护国家利益。坚持国家利益至上，也就是要坚决维护国家主权、安全、发展利益。

习近平总书记在多个重要场合强调：我们不惹事，但也不怕事；我们始终坚持走和平发展道路，但决不放弃正当权益，决不牺牲国家核心利益；中国在一穷二白的时候敢于维护国家利益、反对世界强权，从未在外来压力下弯过腰、低过头，那么现在中国发展强大了，更不会屈服于任何外来压力。这向世界清晰表达了涉及我国核心利益的红线，也亮明了维护我国国家安全的底线。

（四）坚持共同安全

所谓共同安全，就是尊重和保障每一个国家的安全。无论是恐怖袭击事件的频繁发生、传染病的肆意横行，还是自然灾害的巨大破坏等都在提醒世界各国，当今世界，各国人民命运与共、唇齿相依，各国安全相互关联、彼此影响。

中国践行总体国家安全观不仅需要关注自身的发展和安全，也需要将目光投向周边与世界，走共同安全道路。面对复杂的安全威胁，中国要发挥负责任大国作用，与各国携起手来，建设持久和平、普遍安全的世界。

（五）加强国家安全人民防线建设

新时代的国家安全人民防线，是指在对外开放的形势下，为保卫国家的安全和利益，维护国家的稳定，在各级党委、政府的领导下，通过宣传、动员、组织有关社会力量，同专门机关配合，形成防范和打击间谍情报机关和其他敌对势力的渗透、颠覆、分裂和破坏活动的综合防卫体系。

为建设牢固的国家安全人民防线，国家应做好各机关、各部门安全保密教育工作，确保新形势下对敌斗争的顺利开展；应结合社会治安综合治理和普法工作，抓好抓实国家安全人民防线工作，维护内部安全稳定；高度关注境内外各种敌对势力、宗教组织、“慈善”机构、有复杂背景的境外非政府组织以捐资助学、公务考察等名义，对我国教育系统进行的渗透、策反、窃密、颠覆、破坏等活动。

《中华人民共和国国家安全法》（以下简称《国家安全法》）第十四条规定：每年4月15日为全民国家安全教育日。

各级各类学校需要对各年龄阶段人群积极开展国家安全教育活动，在校园里形成学习总体国家安全观的良好氛围。青年学生应做到把维护国家安全当作一种自觉的思维和行为习惯，增强自身的国家安全意识，为促进全社会共筑国家安全人民防线奉献力量。

第二节 保守国家秘密

一、国家秘密的概念

《中华人民共和国保守国家秘密法》规定："国家秘密是关系国家安全和利益，依照法定程序确定，在一定时间内只限一定范围的人员知悉的事项。"国家秘密是对国家政治、国防军事、对外关系和外事活动、经济活动、科学技术、国家安全、司法活动以及其他各个领域的活动中所产生的各类事项，进行秘密部分与非秘密部分的区分后，原则上确定为秘密部分的那一类事项的总和。国家秘密关系国家安全和利益，党和国家一贯重视对国家秘密的保护工作，重视对泄露国家秘密犯罪的打击。

"国家秘密"分为三级：绝密、机密、秘密。

二、泄露国家秘密的形式

《中华人民共和国刑法》(以下简称《刑法》)规定，"泄露国家秘密罪"是指国家机关工作人员或其他人员违反《中华人民共和国保守国家秘密法》的规定，故意或者过失泄露国家秘密，构成泄露国家秘密罪。随着改革开放的不断深入和社会主义市场经济体制的建立，保密工作不再是在封闭的环境下进行，而是面临着过去不曾有过的新情况。作为当代大学生，了解与此相关的知识，对于将来走上工作岗位更好地保守国家秘密有着重要意义。造成国家秘密泄露的主要渠道有以下几个。

1. 对外交往与合作中的泄密

我国实行对外开放以来，进一步扩大了与世界各国和地区间的交往，各种涉外活动特别是经济、科技、文化等方面的交流与合作日益增多，大大促进了我国经济和社会的发展。但是，由于一些人员缺乏保密观念，失去了应有的警惕性，在对外交往中，不能做到内外有别，不能严格区分密与非密的界限，对外方有求必应，或让外宾进入限制进入的地区和部门进行拍照、摄像等，结果造成国家秘密泄露。

案例 ***21*** 某外商参观我国某造纸厂过程中，详细询问宣纸制造的原料种类、配比、选择和处理，以及原料所用碱水浓度等技术问题。我方技术人员保密意识松懈，表现出对外宾的极大热情与诚恳，有问必答，毫无保留，和盘托出，并允许外商对生产的全过程进行录像，临行还赠与了外商生产宣纸的原料和造纸用的井水。这使得我国具有悠久历史的宣纸生产技术秘密被他人轻易地窃走，造成宣纸生产技术这一国家秘密的严重泄露。

2. 新闻媒体的泄密

有的新闻单位为追求新闻效应，不顾有关规定抢先报道，造成泄密。有的单位为了宣传自己，提高知名度，把本不应该对外宣传的情况和盘托出，造成泄密。有的新闻、出版部门审稿人员缺乏保密知识，不了解保密范围，造成泄密。

3. 通信和办公自动化方面的泄密

当前，通信和办公自动化的发展和普及，大大提高了工作效率，但也给保密工作带来了一些新问题。一方面是我国保密防范技术有待提高，不能有效地克服技术性的泄密。另一方面，人为的泄密问题也时有发生，如有的在普通电话中谈论国家秘密，有的在拍发电报、传真时明密混用，有的信息网络不具备保密过滤功能，而用户却将一些涉密信息传到网上或没有做脱密处理就用外网收发邮件等。

4．普通公民的泄密

一方面，随着我国经济体制改革的日益深入，人才市场的人员流动已成为普遍现象。有在职涉密人员的流动，也有离职退休涉密人员重新应聘到境内外组织机构工作，从而造成泄密。另一方面，少数人受利益的驱使，非法提供或者出卖国家秘密的事件时有发生。

案例 **22** 袁某、孔某两人系夫妻，大学毕业后，在同一单位工作。在工作期间，两人私自将属于国家机密的某些国防电子产品的说明书、技术图纸、程序和图纸软盘等资料带回家中。2000年6月1日，袁某和孔某被高薪聘请到某私企工作，并将非法获取的秘密图纸和资料提供给该企业。案发后，法院判决袁某和孔某犯非法获取并泄露国家秘密罪。

三、如何保守国家机密

维护国家安全和保守国家秘密的意识，是指公民在履行维护国家安全、荣誉、利益和国家秘密的义务方面所应具备的观念的总和，是公民世界观、道德观、政治观在国家安全方面的具体体现。它是公民对国家的责任意识、认识背景的国际意识和公民的自我防卫意识构成的统一体。面对国际间谍对我国国家机密进行的违法行为，我国公民尤其是作为社会主义建设事业的接班人的大学生，应当如何做到保守国家机密呢？

1．树立责任意识

《国家安全法》规定：“中华人民共和国公民、一切国家机关和武装力量、各政党和各人民团体、企业事业组织和其他社会组织，都有维护国家安全的责任和义务。”公民和组织对维护国家安全和保守国家秘密的责任意识，反映着国家安全所处的地位状况。当人们依法行使作为中华人民共和国公民或法人而享有的相应权利时，也必然与国家安全相联系，因此，没有责任意识，国家安全就会丧失存在的基础。

2．树立保密意识

公民和组织能否对国家安全，对自己的行为进行决策、调整和评价，一个很重要的认识方法是国际背景意识，即对自己将要实施和正在实施的行为及其可能引起的后果，放置于纷繁复杂的国际关系中进行评价、预测。任何因素之间的价值关系都有它特定的背景环境。背景环境的变更或移动，将牵动原来附着于其上的价值关系。例如，同样一种专利技术、产品或资源信息的披露，对国家安全的影响在国内环境和国际环境上的效应是不同的。

近年来，在一些国际性学术交流和对外发行工作中，曾出现我国某些公民和组织机械地理解“科学无国界”的思想，或是期望得到国际认同，或者是为取得某种效应，不注意“内外有别”的原则，而泄露了国家秘密，给国家安全和利益造成了不同程度的危害。

3．加强自我防范意识

对公民来说，如果缺少职业敏感或经验积累，要确切了解危害国家行为的组织、行为人及其行为是很困难的。这是因为危害者的身份和危害行为往往具有某种假面性而难以识别，如危害者常常以“投资者”“友人”“伙伴”等身份出现，迷惑国内公民和组织，阴谋获取我国国家秘密。因此，我们要不断提高政治意识和政权意识，增强政治鉴别力和政治敏锐性，严格自律，遵守法律法规。

4．要有积极参与意识

国家安全的维护需要广大公民共同努力，广泛参与。公民发现危害国家安全的行为应当直接或者通过所在组织及时向国家安全机关或公安机关报告。在国家安全机关向其调查有关情况、收集有关证据时，公民和有关组织应当如实提供，不得拒绝。

5. 学习保密常识

接受保密知识教育，正确认识保密与窃密的斗争，严格遵守保密制度，既要对外开放，扩大对外交流，又要确保国家机密不被泄露，正确处理两者的关系，克服有密难保、无密可保的错误思想。大学生到国外就读、学习或旅游，行前要主动接受有关部门的国家安全教育，了解、掌握国家安全知识，不但要做好物资准备工作，还要做好充分的精神准备，提高国家安全和防范意识，自觉维护国家安全，抵制敌对势力的策反、拉拢、威胁、利诱等活动，并定期向学校汇报工作和学习情况。同时，要严格遵守外事纪律和有关规章制度，遵守前往国家的法律法规，尊重他国的社会公德和风俗习惯，避免产生误会或出现不应有的问题，绝不做有损国格、人格的事情。

案例 23 2012 年 4 月，当某学校专科生徐某考入该省某重点大学时，他在 QQ 群里发了一条求助帖。不久，一网名为“Miss Q”的人回帖表示愿意提供帮助。徐某喜出望外，把银行卡号告诉了对方，第二天就收到 2 000 元人民币的汇款。徐某按这名“好心人”的建议，写了收条，用手机拍了照，然后通过 QQ 传给对方。徐某当时知道的是，“Miss Q”是“一家境外投资咨询公司的研究员”，需要为客户“搜集解放军部队装备采购方面的期刊资料”，希望徐某协助搜集。2012 年 5 月，对方向他提供了一份“田野调研员”的兼职，月薪 2 000 元。徐某所在的某大城市有一个军港码头和一家历史悠久的造船厂，他的“调研”工作就是到军港拍摄军事设施和军舰，到船厂观察、记录在造在修船舰的情况，并将有船舰方位标识的电子地图做成文档，提供给“Miss Q”。双方约定的传送方法是：手机短信约好时间，徐某把加密文档上传至网络硬盘，“Miss Q”立即从境外登录下载。一年后案发，2013 年 5 月，徐某被国家安全机关依法审查。

四、保密提醒

保密工作事关党和国家的核心利益，事关国家长治久安，必须强化信息化时代下防泄密的思想，严守保密之纪，紧绷保密之弦，勇担保密之责，记牢保密提醒，筑牢保密防线。

1. 电子设备使用

（1）不得在手机存储、处理、传输国家机密。

（2）不得在手机通信中涉及国家机密。

（3）不得在手机上储存核心涉密人员的工作单位、职务、电话号码等敏感信息。

（4）不得将手机连接涉密信息系统、涉密信息设备或涉密载体。

2. 身边涉密隐患

（1）不将涉密文件、资料随意堆放在办公桌上。

（2）不将涉密文件、资料带回家中处理。

（3）阅读或使用完涉密文件、资料后不私自留存。

（4）不到不具备涉密资质的打印店、复印店等印刷、复制涉密文件、资料。

（5）不私自复印、摘抄、扫描或翻拍涉密文件、资料。

（6）不通过普通邮政、快递等方式邮寄或交换涉密文件、资料。

（7）不在涉密计算机和连接互联网的计算机之间交叉使用 U 盘、移动硬盘等。

（8）不随意将存储涉密文件资料的 U 盘、移动硬盘转借他人使用。

3．社交媒体使用

（1）微信办公禁传密：微信、钉钉等社交媒体是基于移动互联网的应用服务，交流内容应严格限定为公开信息，禁止涉密国家机密、工作秘密或敏感信息。

（2）微信聊天不涉密：在私人交往和通信中不得涉及国家秘密，不得将已知悉的国家秘密在微信等社交媒体中传递、转发，以免造成国家秘密泄露。

（3）公众号上不发密：机关、单位应当严格遵守信息公开保密审查要求，对拟公开登载的信息进行保密审查，确保"上网不涉密，涉密不上网"。

（4）朋友圈里不晒密：不在微信朋友圈中晒工作、晒岗位、不显示个人位置，防止被别有用心者盯上，更不能出于炫耀心理，在朋友圈中上传涉密或敏感信息、图片、资料等。

（5）电子邮箱不传密：不得在互联网电子邮箱中存储、中转、发送涉密信息，以免造成涉密信息泄露，或被窃密者拦截和攻击。

（6）在线会议勿涉密：召开互联网视频会议，会议内容、语音图像和文字信息会在互联网上存储、处理和传输，存在涉密隐患。工作中，严禁使用微信、钉钉、腾讯会议等召开涉密会议。

第三节　自觉维护国家安全

一、危害国家安全的行为及其破坏活动

1．危害国家安全的行为

《国家安全法》规定，危害国家安全的行为有以下五个方面。

（1）阴谋颠覆政府，分裂国家，推翻社会主义制度。

（2）参加间谍组织或者接受间谍组织及其代理人任务。

（3）窃取、刺探、收买、非法提供国家秘密。

（4）策动、勾引、收买国家工作人员叛变。

（5）进行危害国家安全的其他破坏活动。

2．危害国家安全的其他破坏活动

根据《中华人民共和国国家安全法实施细则》第八条，下列行为属于危害国家安全的其他破坏活动：

（1）组织、策划或者实施危害国家安全的恐怖活动的。

（2）捏造、歪曲事实，发表、散发文字或者言论，或者制作、传播音像作品，危害国家安全的。

（3）利用社会团体或者企事业组织，进行危害国家安全活动的。

（4）利用宗教进行危害国家安全活动的。

（5）制造民族纠纷，煽动民族分裂，危害国家安全的。

（6）境外个人违反有关规定，不听劝阻，擅自会见境内有危害国家安全行为或者有危害国家安全行为重大嫌疑的人员的。

二、公民维护国家安全的义务和权利

1．公民维护国家安全的义务

《国家安全法》规定，公民和组织维护国家安全的义务有以下几个方面：

（1）机关团体和其他组织应当对本单位的人员进行维护国家安全的教育，动员、组织本单位人员防范、制止危害国家安全的行为。

（2）公民和组织应当为国家安全工作提供便利条件或者其他协助。

（3）公民发现危害国家安全的行为，应当直接或者通过所在组织及时向国家安全机关或者公安机关报告。

（4）在国家安全机关调查了解有关危害国家安全的情况、收集有关证据时，公民和组织应当如实提供，不得拒绝。

（5）任何公民和组织都应当保守所知悉的国家安全工作的秘密。

（6）任何公民和组织都不得非法持有属于国家秘密的文件、资料和其他物品。

（7）任何公民和组织都不得非法持有、使用窃听、窃照等专用器材。

2．公民和组织在维护国家安全方面所享有的权利

根据《国家安全法》的规定，国家对支持协助国家安全工作的公民和组织给予保护，对维护国家安全有重大贡献的给予奖励；任何公民和组织对国家安全机关及其工作人员超越职权、滥用职权和其他违法行为，都有权向上级国家安全机关或者有关部门检举、控告；对协助国家安全机关工作或者依法检举、控告的公民和组织，任何人不得压制和打击报复。

三、大学生如何维护国家安全

国家兴亡，匹夫有责。尤其在我国加入世贸组织之后，这一新形势在给我国经济建设带来极好机遇的同时，也给我们的国家安全带来了新的挑战。隐蔽的敌情犬牙交错，敌对分子的间谍活动日益频繁，我们内部的泄密事件屡屡发生，国家安全受到严重威胁。因此，加强新时期的反间防谍工作，强化全民的国家安全意识，维护国家安全，已经成为当前一项非常艰巨、刻不容缓的任务。

当代大学生，正处于生理、心理迅速发展和成熟的重要时期，也是形成和确立各种观念意识的关键阶段，这些观念意识正确与否，将直接影响到个人的健康成长与成才。国家安全意识也是青年一代健康成长所必备的思想政治素质的重要内容。所谓国家安全意识，是指公民在履行维护国家安全、荣誉和利益的义务方面所应有的各种观念的总和，主要包括爱国主义精神、国家利益至上的观念、法治观念、保密观念、国家安全防范观念及信息观念等。大学生应学习国家安全知识，从理论上弄清楚国家安全的含义及其重要地位，明确什么是危害国家安全的行为、公民和组织维护国家安全的义务和权利、国家安全机关的性质和任务，以及危害国家安全的法律责任等，从而增强公民意识、法律意识和国家安全意识，增强维护国家安全的责任感、义务感和荣誉感，自觉防范和制止危害国家安全的行为。

作为当代大学生，还应自觉抵制邪教的侵害，并坚决反对一切分裂国家的行径。

第二章 集体生活安全

第一节　集体生活——用电安全

安全用电历来都是高校安全工作的重点，然而每年因用电事件发生的人身伤害及火灾事故却居高不下。究其原因，主观上是因为部分大学生缺乏安全用电常识，防范意识淡薄，存在侥幸心理；客观上是由于部分大学生在宿舍使用违规电器、乱拉电线、线路老化等。所以，大学生需从主观思想上和客观行动上加强防范，保障用电安全。

一、防火灾

随着大学办学规模的扩大，除部分新建校区外，学生公寓内学生数量有所增加。其中，有的同学防火意识淡薄，加之部分学校管理措施疏漏，导致存在火灾隐患。高校学生公寓火灾原因大体可分为违章用火、违章用电、管理疏漏三类。

1．违章用火

违章用火是指不遵守安全用火规定，擅自使用火源或明火。如有的学生在停电或熄灯后，使用蜡烛照明看书；有的学生在公寓内使用酒精炉、煤油炉烧菜；有的学生在学生公寓或公共场所乱扔烟头；有的学生逢重大节日或集会庆典时，在公寓阳台燃放烟花爆竹等。

案例 *1* 某高校学生擅自在宿舍使用酒精炉煮方便面，中途炉内酒精烧完，该生未等酒精炉冷却就往酒精炉内添加酒精，引起酒精爆燃，引燃宿舍内尼龙蚊帐，造成火灾，多亏消防救援人员及时扑灭。此次火灾共烧毁棉被 7 床、蚊帐 7 顶，宿舍内衣服鞋袜全部烧毁，楼道全部熏黑，造成该楼学生大面积恐慌逃离，险造成学生群体踩踏事件，该生也被烧伤，直接经济损失超过 2 万元。

2．违章用电

违章用电是指不按照安全用电的有关规定，随意安装、更换、使用电器。有的学生违章使用电热杯、电热毯、电饭锅、“热得快”等电器，由于用电量过大，电线超负荷运载；有的学生乱拉乱接电线，违章接电，离开或睡前忘记拔掉电源等，就很容易造成短路，产生火花或发热起火，引发电力火灾，给自己及他人的生命财产安全造成极大威胁。

防止由电力线路、电器引发的火灾，大学生要加强安全防范意识，遵守宿舍安全管理规定，努力做到以下几点。

（1）不乱接电源，防止因乱接电源导致电流过载而造成的火灾。

（2）严禁使用破损的插头、插座等，不要购买和使用质量低劣的电器产品，一定要选用有国家认证标志的合格电器产品。

（3）不使用老化、接头处无绝缘胶布包扎的电线，不使用无插头的接线，以免由于电阻过大、电线发热，或接头处打火等原因引起可燃物着火。

（4）不得私自安装床头灯、台灯，不得违章使用电炉、“热得快”、电热杯、电炒锅、电饭锅等大功率电热器具。

（5）防止电器长期通电，做到人走灯灭、关闭电源，节约能源，消除隐患。移动式插座必须放在安全的地方，并做到布线合理，不靠近蚊帐、被褥、衣服、书本等易燃物品，尤其是目前学生普遍使用的万能充电器，一定要做到充电时远离易燃物，人走电断。

（6）发生电力火灾，应立即切断电源，无法切断电源时，迅速拨打 119 报警电话。同时，可用不导电的灭火器灭火，电源尚未切断时，切勿把水浇到电气用具或开关上；如果电气用具或插头仍在着火，切勿用手碰及电气用具开关。

（7）同学之间要互相监督规劝，还要敢于举报对安全造成威胁的一切违规用电行为。

案例 2　某高校大学一实验室起火，消防员和学生合力抢出实验仪器和资料等。该火灾未造成人员伤亡。校方称，该火灾因蓄电池过热引起。

发生火灾的是某实验室。一名学生说，当时他正在给实验用的蓄电池充电，充电还未结束，蓄电池就忽然冒出了火花。他赶紧切断电源，并和同伴找来灭火器试图将火扑灭，但火势蔓延迅速，二人只能跑出实验室。楼内的数十名师生也跑出实验楼，并拨打电话报警。

辖区的消防中队迅速赶到扑救，10 多分钟后，火势被控制。从在场的师生口中获知实验室内有大量非常重要的仪器和资料后，消防员用排风机驱散浓烟，在几名学生的指引下，抢出了很多实验仪器、计算机及资料，实验室过火面积约 30 m^2。火灾因蓄电池过热引起，由于疏散及时，没有人员伤亡。

案例 3　2008 年 11 月 14 日早晨 6 时 10 分许，某高校宿舍楼起火，某寝室的 4 名女生在消防队员赶到之前，从 6 楼宿舍阳台跳楼逃生，不幸全部遇难。火灾事故原因为寝室里使用“热得快”引发电器故障，并将周围可燃物引燃所致。

案例 4　2008 年 5 月 5 日，某高校 28 号楼 6 层一女生宿舍发生火灾，着火后楼内到处弥漫着浓烟，6 层的能见度更是不足 10 m。着火的宿舍楼可容纳学生 3 000 余人。火灾发生时大部分学生都在楼内，所幸消防员及时赶到，数千名学生被紧急疏散，才没有造成人员伤亡。宿舍最初起火部位为物品摆放架上的接线板部位，当时该接线板插着两台可充电台灯，以及引出的另一接线板。该接线板部位因用电器插头连接不规范，且长时间充电造成电器线路发生短路，火花引燃该接线板附近的布帘等可燃物，蔓延向上造成火灾。事发后校方在该宿舍楼进行检查，发现 1 300 余件违规使用电器，其中最易引发火灾的“热得快”有 30 件。

3. 管理疏漏

组织不健全、制度不完善、失管失修、措施不到位、宣教不广泛，都是引起火灾的重要原因。如有的线路长期使用，老化检修不及时，消防器材准备不足，学生逃生演练不充分等。

案例 5　2011 年 5 月 10 日，某学校 7 楼的机房发生火灾。在火灾发生前，消防隐患就已经被发现，但因没有及时整改，造成数台计算机被烧毁。接到报警后，市消防支队特勤中队立即出动两辆水罐车，12 名官兵赶赴现场，及时组织学生疏散逃生，沿着楼梯快速撤离，并安抚人群的情绪。同时，特勤攻坚组通过垂直铺设水带进行灭火。15 min 后，火被顺利扑灭。据学校相关人员介绍，该机房在学校消防安全排查时已经发现存在线路老化问题，并已申请经费进行维修，但还没来得及整改，机房就发生了火灾。

二、防触电

触电对人体的伤害主要是电灼伤和电击伤。所谓电灼伤，是指电流的热效应、化学效应或机械效应对人体造成的伤害。轻者只见皮肤灼伤，重者可伤及肌肉、骨骼，电流入口处的组织会出现黑色炭化现象。所谓电击伤，是指电流通过人体时所造成的内部伤害，它会破坏人的心脏、呼吸及神经系统的正常工作，引起强烈的肌肉痉挛、呼吸抑制或心脏骤停。严重电击伤可致残，甚至危及生命。

触电事故大多是由于缺乏安全用电知识，或不遵守安全技术要求、违章作业所致。此外，电器设备损坏或不合规格，如日常照明用的电灯开关、灯头损坏，插座盖子破损等，也容易引发触电事故。

触电事故的发生有明显的季节性。夏秋两季触电事故较多，因为这段时间天气炎热，多雷雨，空气湿度大，这些因素降低了电气设备的绝缘性能；人体也因炎热多汗，皮肤电阻变小；衣着单薄，身体暴露部分较多，大大增加了触电的可能性。一旦发生触电，便会有较大较强电流通过人体，造成严重后果。

1. 触电事故的防范

（1）积极参加学校组织的安全用电常识讲座，自觉学习和掌握用电安全知识，树立安全用电意识。

（2）弄清电源总开关位置，学会在紧急情况下切断总开关。

（3）电器使用完毕后应拔掉电源插头；插、拔电源插头时不要拉拽电线，以防电线的绝缘层受损造成触电；电线的绝缘皮剥落，要及时更换新线或者用绝缘胶布包好。

（4）使用安全可靠的电源线插头，不购买“三无”的假冒伪劣电器，不使用故障电器，不私拉乱接电线和乱接电源。

（5）切勿用湿手插、拔电源插头，不要用湿布擦拭带电的灯头、开关、插座等带电设备。不用手或导电物（如铁丝、钉子、别针等金属制品）去接触、探试电源插座内部，不用潮湿的工具或金属拨开电源开关。

（6）禁止在正常使用的电线杆拉线上系绳子、晾衣物等。

（7）发现宿舍的电器设备损坏或故障、线路损坏或老化等情况，不可擅自拆卸、修理，要及时报告有关部门。

案例 6　2010 年 6 月 20 日，连续几天没下雨的某市最高温度达到 31 ℃。晚上 10 时许，该市某大学学生宋某某走进 421 寝室的洗手间准备洗澡，几分钟之后，421 寝室同学就听到里面不对劲的叫声与摔倒声。“救人啊！”“有人触电了！”几个同学在走廊上慌乱地叫喊着，隔壁正在上网的李浩（化名）和室友赶紧跑出去。此时，421 寝室门口已围满了学生，知情者不断焦急重复地大喊救命。而 421 寝室电源总闸已经全部关闭，里面一片漆黑，只剩下厕所里刺耳的水流声。事发 40 min 后，宋某某被救护车送往附近医院急救，最终抢救无效，不幸死亡。

2. 触电事故应急处置

触电是宿舍用电安全中常出现的问题。如果发现有人触电，可采取以下措施急救。

（1）迅速脱离电源。发现有人触电，切不可惊慌失措，应立即切断电源开关或拔掉电源插头。若无法及时找到电源开关断开电源，可用干燥的竹竿、木棒、干衣服等绝缘物挑开电线，使触电者迅速脱离电源。如果地面是湿的，救护者可站在干燥的木板上，或穿上不带钉子的胶底鞋。切勿用潮湿的工具或金属物拨拉电线；在未切断电源或触电者未脱离电源时，切勿用手触及带电者；切勿用潮湿的物件搬动触电者。

（2）紧急救助。将脱离电源的触电者迅速移至通风干燥处仰卧，将其上衣和裤带放松，观察触电者有无呼吸，摸一摸颈动脉有无搏动，了解触电情况并及时拨打120电话呼叫救护车。

① 触电者神志清醒，但感乏力、头昏、心悸、出冷汗，甚至有恶心或呕吐现象时，应使其就地平卧，安静休息，减轻心脏负担，加快恢复；情况严重时小心地送往医疗部门，请医护人员检查治疗。

② 触电者呼吸、心跳尚在，但神志不清醒时，除了要严密观察、注意保暖外，还要做好人工呼吸和心脏按压的准备工作，并立即通知医疗部门，或用担架将触电者送往医院。

③ 如触电者心跳停止，则立即解开其衣扣，通畅气道，用体外人工心脏按压法来维持血液循环；如呼吸停止，可用口对口的人工呼吸法来维持气体交换。呼吸、心跳全部停止时，则需同时进行体外心脏按压法和口对口人工呼吸法，在医务人员未接替前，绝对不能停止施救。

④ 现场抢救中，不要随意移动触电者。移动触电者或将其送往医院，应将其平放在担架上，并在其背部垫上平硬阔木板，同时按以上要求观察、抢救。

案例 7　某高校学生刘某私自在宿舍内拉电线，使用自备的插座，并使电线与床接触。电线的外层绝缘材料因床体经常晃动而磨损，使电线裸露，但刘某却丝毫没有发现。某天上床休息时，刘某被电击致死。

三、防电磁辐射

现代生活几乎都要与电子设备打交道。计算机、手机、打印机等电子设备越来越多地走进大学宿舍。然而，这些先进的现代设备在给人们的生活和学习带来便利的同时，也产生了许多对身体不利的电磁辐射。如不注意防护，就会使人体神经系统和心血管系统发生功能失调，引发头痛、头晕、失眠、健忘及心率加快、免疫功能下降、血压降低、白内障、颈背痛、暴躁、眼睛痒、视力下降等症状，甚至诱发脑部肿瘤。大学生是使用电磁设备的主要人群，如何降低这种电磁辐射，保护自己的健康呢？

（1）选用低辐射的计算机显示器，显示器与眼睛的距离以50～60 cm为宜。

（2）操作计算机时间不要太长，一般每小时休息一次，每次休息5～10 min。

（3）尽量减少使用手机通话的时间，最好使用外接耳机。

（4）多吃一些富含维生素A、维生素C和蛋白质的食物，如菜花、菠菜等；多饮茶，绿茶中的茶多酚等活性物质可降低放射线对健康的危害。

（5）晚上休息时，手机、计算机不要放在枕边，要适当远离身体。

第二节　集体生活——大学生财产安全与防盗窃

大学生的财产安全主要是指大学生在校期间所带的现金、银行卡、购物卡、学习及生活用品等不受侵犯与盗窃。由于大学生涉世不深，不善于保管自己的钱物，同时又是集体生活的特殊群体，所以大学生的财产就成了盗窃、抢劫、诈骗、敲诈勒索等不法分子侵害的重点对象。目前，校园发生的各类案件中，侵害大学生财产案位居首位。大学生财产一旦受到侵害，不但会给其家庭带来一定的负担，而且会给其学习、生活、心理造成一定影响。

一、校园盗窃

盗窃是指一种以非法占有为目的，秘密窃取国家、集体或他人财物的行为，它是一种常见的违法犯罪行为。其中，数额较大的成为刑事案件中的盗窃案，数额较小的按治安案件的偷窃案查处。

盗窃案依作案主体进行分类，可分为外盗、内盗和内外结伙盗窃三种类型。预防和打击高校盗窃案，不仅是公安机关和学校保卫部门的重要任务，也是每个大学生应尽的责任和义务。增强防盗意识，了解校园内盗窃犯罪的基本情况、规律和特点，掌握防盗的基本常识和技能，是做好防盗、保证安全的基础。

1. 大学生财物容易被盗窃的时间、场所、方式

任何事物都有其规律性，作为大学生这个特殊群体，财物被盗窃也有一定的规律性。

（1）时间上的选择性。根据大学生每天学习生活的作息表来看，宿舍被盗的时间一是上午上课时间，特别是第一、二节课的时候，因为这段时间里安排的都是主要课程，绝大多数学生都在教室上课，盗窃容易得手；二是晚自习、学校举办文体活动时间，这期间学生大多不在宿舍，盗窃也容易得手；三是早晨 5:00—7:00，同一宿舍有的同学起床外出洗漱或者晨练，有的同学还在睡觉，人来人往，宿舍门容易忘记及时上锁，给窃贼以可乘之机。从四季时间来看，夏秋两季宿舍盗窃事件多发，因为天气热，部分学生喜欢开窗或者开门睡觉，容易发生“顺手牵羊”的盗窃案件。从整个学期来看，开学、新生入学期、临近放假、毕业生离校、寒暑假期间都是盗窃案件的多发时期。

（2）目标上的准确性。高校中内盗案件比较多。财务室、计算机室在什么位置，作案人都掌握得比较清楚；哪个学生有钱或贵重物品，常放在什么地方，有没有锁在箱子中或柜子里，钥匙放在何处，作案分子基本上比较了解。不动手便罢，一旦动手则很容易得手。

（3）技术上的智能性。高校中盗窃案件的作案主体，一般以高学历、高智商的人为多，有的本身就是大学生。他们的盗窃技能高于一般盗窃作案人员。他们经常会用学生的钥匙开锁，或用易拉罐皮制作“万能钥匙”等进行智能型违法犯罪活动。

（4）作案上的连续性。如前所述，正是由于作案人第一次作案容易得手，导致作案人往往产生侥幸心理，加之报案的滞后性或破案的延迟性，作案人极易屡屡作案而形成一定的连续性。

（5）以内盗案件为多。高校盗窃案从作案主体来分，有外盗（盗窃作案分子为校外社会人员）、内盗（盗窃作案分子为学生及学校内部管理服务人员）和内外勾结盗窃（学校内部人员与校外社会人员相互勾结在学校内实施盗窃）三种类型。其中内盗案件占一半以上。内盗案件具有作案者对公寓情况熟悉、作案目标准确、作案后现场不留痕迹等特点。

少数大学生对自己要求不严，人生观和价值观发生扭曲，法律意识淡薄，不顾家庭和自身经济承受能力追求时髦，从而导致没有钱花就去偷，或者有的被盗人存在“你偷，我也偷”的报复心理，逐步走上违法犯罪的道路。

案例 8 某校特困学生刘某，利用其学生身份的便利条件，多次在学生公寓、食堂、教室、图书馆盗窃现金、银行卡、随身听、手机等物品，然后将物品变卖，将钱款存入银行。因其来自农村，家境贫寒，平时学习较努力，花费较节省，故一直未被发现。被抓获时，从该生寝室内查出一张存有 3 万元的银行卡。

案例 **9** 某高校在校大学生蒋某家庭不富裕。进入大学后，经常外出旅行，开销由父母承担。后来，由于看到同寝室同学穿着时髦、生活用品奢侈，而自己仅有家里每月寄来的零花钱，起先只是羡慕，后来发展为失落。一天，蒋某趁同学上课不在寝室之机，用偷偷配好的钥匙将寝室门打开，盗走同学刚买的笔记本电脑，最终被派出所民警抓获。蒋某交代，因为家中比较贫困，买不起计算机，而寝室里的其他同学每个人都有计算机，心中比较自卑，遂产生了偷盗的念头。

2. 高校盗窃案件的行窃方式

（1）顺手牵羊。这是指作案分子趁主人不注意时将放在桌上、走廊、阳台等处的钱物信手拈走而占为己有。

案例 **10** 某大学内，一名男子和几位学生一起走进一栋宿舍楼。该男子戴着一副眼镜，学生打扮，看上去挺斯文。只见他上楼后左顾右盼，遇到人少的宿舍，还会停下来多看两眼。几分钟后，男子闪进一间无人宿舍，当他准备盗窃桌上的计算机时，被学生们当场抓住。随后，学校保卫人员和当地公安民警赶到，将男子带回公安机关审查。

（2）乘虚而入。这种作案方式是指作案分子趁主人不在、房门抽屉未锁之机入室行窃。这类盗窃手段要比“顺手牵羊”者更狡猾，其胃口也比“顺手牵羊”者更大，不管是现金、存折、信用卡还是贵重物品，只要让他看到，就会统统被盗走。

（3）窗外“钓鱼”。这是指作案人用竹竿等工具在窗外将被害人的财物勾走或粘走。有的甚至把纱窗弄坏，勾走被害人放在桌上、床上的衣物或贵重物品。因此，住在一楼或其他楼层靠近走廊窗户的同学，尤其在春夏秋季节，常常开窗通风，这时如果缺乏警惕，就很容易让作案分子得逞。

（4）翻窗入室。这是指作案人翻越没有牢固防范设施的窗户入室行窃。入室窃得财物后，常又堂而皇之地从大门离去，因此窃贼有时不易被发现。

（5）撬门扭锁。这是指作案分子使用各种工具撬开门锁而入室行窃。

（6）用 A 的钥匙开 A 的锁。这是指作案分子用 A 随手乱放的钥匙，趁 A 不在宿舍时打开 A 的锁，包括门锁、抽屉锁、箱子上的锁，从而盗走现金和贵重物品等。这类作案人大都是与 A 比较熟悉的人。

3. 常见易盗物品的防盗措施

（1）现金和黄金饰品、手机、笔记本电脑等贵重物品。现金是盗窃分子图谋的首选对象，最好的保管办法是将其存入银行。尤其是数额较大时，更应及时存入银行并加密码。密码应选择容易记忆且又不易解密的数字，尽量不要选用自己的出生日期、重复单一数字（如 6666、8888）、简单的数字排列（如 123456）等作为密码。这是因为，此类密码破译难度太低，安全性太低。黄金饰品、手表、手机、高档衣物等贵重物品，较长时间不用的应该带回家中或托给可靠的人代为保管。暂不使用时，最好锁在抽屉或箱（柜）子里，以防被乘虚而入者盗走。

案例 **11** 周某在某高校读书，一次无意中他用自己的钥匙打开了别的同学宿舍的门，这让周某起了歪念头。2012 年 9 月 24 日，趁同学不在宿舍，周某用自己的钥匙打开了一间同学宿舍的门，进行了盗窃。10 月 27 日他再次作案时被警区民警当场抓获。据办案民警介绍，周某最开始偷盗的是一些耳机、U 盘等小件物品。一次次偷盗均未被发现，这让他的胆子越来越大，遂将目光转向了同学的手机、计算机等。经查，周某盗窃笔记本电脑、平板电脑 10 部，手机 10 部，现金 4 000 余元，照相机 2 部，加上 U 盘、耳机、手表等小物件，总价值近 6 万元。据周某交代，其作案数十起，自以为神不知鬼不觉，不想东窗事发，等待他的是法律的惩处。

（2）自行车。自行车被盗是社会的一大公害，校园内也不例外，大学生一定要加强对自行车的保管。要安装防盗车锁，养成随停随锁的习惯。窃贼一般采取“撬”“套”“剪”等手法盗车，因此同学们要购买和安装比较牢固的车锁。离开时，哪怕是离开时间较短，也不要嫌麻烦，随时随地锁车。

二、校园公共场所的防盗措施

防盗的基本方法有人防、物防和技防三种。其中，人防是预防和制止盗窃犯罪最可靠的方法。对于大学生来说，最重要的是做好教室、实验室、图书馆、体育馆和学生宿舍的防盗工作。保护好自己和同学的财物，这不仅是个人的事，而且也是全宿舍、全班，乃至全校学生共同关心的大事。

1. 宿舍

案例 ***12*** 学生刘某，违反宿舍管理规定，擅自将毕业班学生王某留在宿舍过夜。王某早上起来，发现该宿舍的学生都上课了，就拿刘某放在宿舍的钥匙打开他的抽屉，偷走现金后迅速离开宿舍。

日常宿舍盗窃案中，经常发现三个常见的安全隐患：一是宿舍里存放大量现金和贵重物品；二是在宿舍里留宿外人，宿舍钥匙随意外借；三是发现宿舍同学有偷盗嫌疑，碍于面子没有及时举报，甚至刻意帮助隐瞒。许多盗窃案件的发生，就是因为有些学生自己不严格遵守校规校纪，没有防范意识，给他人以可乘之机造成的。

2. 教室、图书馆

（1）严格遵守教室、图书馆的规章制度。

（2）即使短时间离开，也要把贵重物品随身带走，或交由可靠的同学帮忙照看，以免被不法分子乘机窃走。千万不要存有侥幸心理，否则案发就在眼前。

（3）尽量不要在书包内存放大量现金和与学习无关的贵重物品，以减少别人的注意力。

（4）衣服不能随意搭在椅子上，特别是装有现金或贵重物品时，更加应该注意，以防盗贼顺手牵羊。

（5）切不可将贵重物品、现金随意放在桌上和椅子上，要做到现金、贵重物品不离身。

3. 体育场馆

（1）尽可能不携带过多现金、贵重物品。

（2）有保管处的，应将物品交由保管处保管；如无保管处，则应把物品集中起来轮流看管，切不可随意乱放。

（3）对形迹可疑的人应提高警惕。发现东张西望或者在别人物品周围徘徊的人，要特别注意，必要时可上前进行询问，但需注意措辞与语气。

（4）离开体育场馆前，应清点物品。发现物品被盗或者丢失时，及时向保卫部门报告。

4. 饭堂

（1）排队（特别是给饭卡充值）时，应提高警惕，保护好自己的钱财和贵重物品。

（2）随身携带的物品不要随意置于饭桌之上，离开时应记得把物品带走。

（3）饭卡不能随手置于饭桌上，饭卡最好加上密码，必要时设置一次最高消费额。若发现饭卡丢失，应立即去挂失。

5. 存取钱

（1）最好邀请同伴和自己一起去，一个人在柜台前办理存取钱手续，另外一个在后面照应。

（2）需要输密码的时候，一定要观察一下周围的环境，要用手臂等部位遮挡其他人的视线。

（3）存取钱时，如遇到突发状况或者不明白的事情时，应询问银行的工作人员，尽量避免与陌生人谈话。

（4）如果银行离学校比较远，再加上现金数额比较大的情况时，切不可在外长时间游走，应快速赶回学校，确保人身与财物的安全。

三、发生盗窃案件的处理办法

一旦发生盗窃案件，同学们一定要冷静处理。

（1）立即报告保卫部门，同时封锁和保护现场，不得翻动现场的物品，也不准任何人进入。

（2）发现嫌疑人，应立即组织同学进行堵截，力争捉拿。

（3）配合调查，积极主动地提供线索，实事求是地客观回答公安部门和保卫人员提出的问题。

（4）如果发现银行卡等被窃，应当先打电话挂失并尽快到银行挂失。

第三节 集体生活——环境卫生的维护

据有关统计，高校学生每天在寝室的时间超过 10 小时，有的甚至达到 15 小时，从某种程度上说，学生寝室就是学生在校期间的“家”。因此，高校环境卫生的维护主要体现在学生寝室卫生的维护与管理。学生寝室卫生的情况反映高校校风、学风好坏，也是学生综合素质的重要外在体现。

一、大学生寝室不卫生现象

1. 物品随意放置

部分寝室物品杂乱无章，摆放无序，习惯于随手乱放。凳子用过后不能及时归位；学习用品床上、桌上、凳子上到处都有，没有统一摆放于固定位置；洗漱用品也是东一件西一件，不能做到物归原处；桌上、桌下，甚至床上都能找到食物，用于学习的课桌变成食品柜、杂货铺；床底下鞋子、袜子乱扔，经常不能成双。

2. 生活垃圾乱扔

不少寝室里经常发生“垃圾危机”。目前外卖盛行，特别是周末返校后，寝室里食物太多，导致食品垃圾成灾，垃圾桶里装不下，隔夜的残羹剩饭四处堆放，地上瓜子壳、水果皮、用过的卫生纸和面巾纸等应有尽有，有的甚至连啃过的鸡翅、鸡腿也会随手扔在地上。为图省事，个别人还会随手往窗外、阳台外扔，也不管会不会影响到其他人安全或公共卫生。

3. 个人卫生习惯差

有的学生换下的衣服不及时清洗，导致房间里空气浑浊；起床后被子不叠，或者干脆将其卷成一团；不穿的衣服很随意地放在床上、桌上，不知道哪件是干净的，哪件是脏的。

二、寝室不卫生的主要原因

1. 自主意识淡薄

现在很多大学生是独生子女，他们已经习惯了被别人安排、照顾生活，即便进了大学校园，思想上、生活上也还没有完全脱离对父母的依赖，不知道如何打理自己的生活，缺乏独立生活能力。

2. 认识上有偏差

有些学生认为，作为一名大学生，主要精力应该放在学习、参加各种社团活动、协助班级和系里做好各项社会工作上，培养自己的社会活动能力，至于生活能力以后再慢慢锻炼，在校说得过去就行。有的表面上看上去很优秀的学生，自己的生活往往很糟。

另外，大学生中还存在一种错误观点，认为寝室脏一点、乱一点才会觉得更温馨、更有家的味道。

3. 自控能力弱

有些学生比较懒散，惰性太强。他们在寝室里不能很好地约束自己的言行，随心所欲，我行我素，做事不考虑对他人、对集体的影响，并且不能正确对待同学的善意提醒。

三、寝室常见传染病及预防

学生寝室卫生脏、乱、差，导致一些学生公寓存在蚊蝇、蟑螂、跳蚤、老鼠等，再加上学生公寓人员密集，非常容易导致传染病的产生和流行。

1. 流行性感冒

流行性感冒是由流感病毒引起的急性呼吸道传染病，通过飞沫及接触传播，发病急骤，具体症状有畏寒、高热、头痛、全身酸痛、乏力等，还可能出现恶心、呕吐、食欲减退、鼻塞、流涕、打喷嚏、咽痛及咳嗽等。

预防措施：

（1）应经常开展体育运动，以增强自身的抵抗力。

（2）居室宜经常开窗透换新鲜空气，少用空调，必要时室内用食醋或乳酸熏蒸消毒，注意随气温变化而增减衣物。

（3）流行性感冒流行期间尽量少去公共场所，必须外出时戴口罩。

（4）及时医治易诱发流感的疾病，如营养不良、贫血、肠寄生虫病等，应常备板蓝根、大青叶、金银花等药品。

（5）患者的餐具、用具等可煮沸消毒，衣物曝晒 2 小时以上。

2. 肺结核

肺结核是由结核杆菌侵入肺内引起的慢性传染病，是一种全身性的消耗性疾病。发病后会出现体质下降，午后或傍晚发低烧、盗汗、咯血，容易疲倦，食欲差，精神不集中等症状，女性还可能出现月经失调等现象。

预防措施：

（1）使用被结核杆菌污染的餐具、水杯，和肺结核病人一起夹菜吃饭等，都可能被传染，所以预防肺结核的关键是提高自我保护意识，在日常生活中养成各种良好的卫生习惯，集体用餐实行分餐制。

（2）注意身体的全面锻炼，增强体质，保证蛋白质、钙、磷、维生素 D 等营养的摄入，增强抗结核能力。

（3）发现自身感染结核，及时向学校宿管部门报告，主动隔离治疗，生活、饮食上与同学保持适当距离，避免病情扩散传染。

3．病毒性肝炎

病毒性肝炎分甲、乙、丙、丁、戊等多种类型，分别由相应的肝炎病毒引起。它们的共同特征是引起肝脏的炎症，使肝功能受损害，同时伴有食欲减退、恶心、腹胀等消化道的症状，病程一般比较长。乙型、丙型肝炎还可能发展成慢性肝炎和肝硬化。

甲、戊型肝炎的传播途径比较单一，由食入被肝炎患者粪便污染的食物或水而传播。乙、丙、丁型肝炎传播途径较多，不仅可通过输血、输液感染，还可因手术、拔牙、静脉注射、针刺、文身、实验室意外、共用牙刷和剃刀等过程中消毒不严而传播。

预防措施：

（1）讲究个人卫生，切实做到饭前便后洗手，食具及漱洗用具等要自食自用；经常打扫环境卫生，重点消灭蚊蝇及其滋生环境。

（2）讲究饮食卫生，集体用餐采用分餐制。

（3）班级、宿舍中有同学被传染肝炎后，应立即通过校医院向当地防疫站报告疫情，特别要注意报告发病时间，对病人实行隔离治疗，对病人用具进行消毒。

（4）注射肝炎疫苗。

（5）平时看病到正规医院就诊，确保“一人一针一管”，对各类容易损伤皮肤、黏膜的医疗器械要监督医生，严格消毒。

（6）不要随意文身，不要在街头小摊扎耳洞。

（7）不在校外没有卫生许可证的流动餐点或小摊处就餐。

4．肠道传染病

肠道传染病是病原体经过口腔侵入人体消化道，并能随粪便排出病原体从而具有传染性的一组疾病的总称。肠道传染病发病急，传播快，如果医治不及时，可造成大流行而危及千万人的生命。此类疾病一年四季均可发生，尤以夏秋季居多，主要包括以细菌传染的霍乱、伤寒、副伤寒、细菌性痢疾等，以及病毒性传染的肝炎、脊髓、灰质炎、肠胃炎等。

预防措施：

（1）讲究饮食卫生。这是最基本的原则，但要做好也不容易。首先，注意饮水卫生，不喝生水或不洁之水。其次，注意食品卫生，不吃不洁食物，生吃果蔬要洗净，最好用专用清洗剂浸泡，以清除残留农药，不吃腐败变质食物。另外，饭前便后彻底洗手。

（2）不购买“四无”食品饮料，即无生产厂家、无商标、无生产日期、无保质期的产品。尤其是软包装的冰水、冰块较易引起腹泻发生。不在无证餐饮摊点就餐，不购买未经检疫的肉类。

（3）不生吃海鲜等食物，不吃涮烤不熟的肉食，不吃野生动物。沿海鱼虾蟹体内含有多达 86 种寄生虫，生食是很危险的，许多病菌、寄生虫在肉类未完全熟透时不能被有效杀灭。而一些野生动物可能携带人类不具有免疫力的病菌或寄生虫，有些疾病可能还未被人类认识，食用很危险。

（4）不暴饮暴食。过多食入高热量、高脂肪、高蛋白的食物，必将造成胃肠道负担过重，而引起胃肠功能紊乱，使消化力、抵抗力下降，易患肠道传染病。

（5）加强体育锻炼，提高抵抗疾病能力。

第四节　集体生活——饮食安全与卫生

一、食物中毒的特点

（1）中毒者在相近时间内均食用过某种相同的可疑中毒食物，未食用者不发生中毒，停止食用该食物后，发病很快停止。

（2）潜伏期较短，发病急剧，病程亦较短。

（3）一般无人与人之间的直接传染。

（4）所有中毒者的临床表现相似，一般表现为急性胃肠炎症状，如腹痛、腹泻、呕吐等。

案例13　2021年9月17日晚间，某县一所学校内发生了集体性的食物中毒事件。不少同学在吃过学校晚餐后陆续出现了不同程度的呕吐以及其他不良反应。相关部门连夜开展了事件的调查工作，将当晚食堂的可疑食品封存进行送检。经过专家的调查和核实，综合患者的症状，截至次日，判定23名同学患食源性疾病。

案例14　2010年9月3日，某市疾病预防控制中心接到报告，某高校部分学生出现腹痛、腹泻、呕吐、头痛症状。调查表明，12例病例中9月1日全天及9月2日早、晚餐均无共同就餐史，9月2日午餐均在同一食堂窗口就餐，餐后9小时左右陆续出现腹痛、腹泻、呕吐等胃肠道症状，1例患者出现血样便；病例无明显年龄聚集性，提示此次事件可能是食物中毒，中毒餐次为9月2日同一窗口提供的午餐。所在患者均食用过该窗口提供的午餐，未食用者不发病，通过食物中毒特点（所有发病者均食用过可疑餐饮，未食用者不发病）可推断食堂该窗口为疑似肇事单位。实验室检出副溶血性弧菌，提示为副溶血性弧菌所致的中毒。

副溶血性弧菌中毒的原因主要是烹调时未烧熟煮透或熟制品被污染。人可能因食用未煮熟的海产品或污染本菌的盐渍食物（如蔬菜、肉、蛋类等）而受感染。

案例15　2014年3月1日19:00左右，某经济技术开发区疾病预防控制中心接到报告，某高校部分学生出现腹痛、腹泻、呕吐等症状。经过流行病学调查、卫生学调查和实验室检测，确认是一起由金黄色葡萄球菌污染引起的食物中毒。

二、食物中毒的类型

（1）细菌性食物中毒是指人们摄入含有细菌或细菌毒素的食品而引起的食物中毒，是食物中毒中最常见的一类。细菌性食物中毒的发生与不同区域人群的饮食习惯有密切关系。美国多食肉、蛋和糕点，葡萄球菌食物中毒最多；日本喜食生鱼片，副溶血性弧菌食物中毒最多；我国食用畜禽肉、禽蛋类较多，多年来一直以沙门氏菌食物中毒居首位。

（2）真菌毒素中毒。真菌在谷物或其他食品中生长繁殖产生有毒的代谢产物，人和动物食入这种毒性物质发生的中毒，称为真菌性食物中毒。中毒发生主要通过被真菌污染的食品，用一般的烹调方法加热处理不能破坏食品中的真菌毒素。真菌生长繁殖及产生毒素需要一定的温度和湿度，因此，中毒往往有比较明显的季节性和地区性，如霉变甘蔗中毒。

（3）动物性食物中毒。食入动物性中毒食品引起的食物中毒即为动物性食物中毒。动物性中毒食品主要有两种：将天然含有有毒成分的动物或动物的某一部分当作食品；在一定条件下产生了大量的有毒成分的可食的动物性食品。近年，我国发生的动物性食物中毒主要是河豚中毒，其次是鱼胆中毒，还有鱼卵中毒。

（4）植物性食物中毒。一般因误食有毒植物或有毒的植物种子，或烹调加工方法不当，没有把植物中的有毒物质去掉而引起。最常见的植物性食物中毒为菜豆中毒、毒蘑菇中毒；可引起死亡的有毒蘑菇、马铃薯、曼陀罗、银杏、苦杏仁、桐油等。植物性中毒多数没有特效疗法，对一些能引起死亡的严重中毒，尽早排除毒物对中毒者的康复非常重要。

（5）化学性食物中毒。食入化学性中毒食品引起的食物中毒即为化学性食物中毒。化学性食物中毒发病特点是：发病与进食时间、食用量有关。一般进食后不久发病，常有群体性，病人有相同的临床表现。剩余食品、呕吐物、血和尿等样品中可测出有关化学毒物，如农药中毒、铅中毒等。在处理化学性食物中毒时，应突出一个“快”字。及时处理不但对挽救病人生命十分重要，同时对控制事态发展，特别是群体中毒和一时尚未明确化学毒物时更为重要。

三、食物中毒的预防

要预防食物中毒，同学们应该主要做到以下几点。

（1）养成良好的卫生习惯，饭前便后要洗手。不良的个人卫生习惯会把致病菌从人体带到食物上去。比如，手上沾有致病菌，再去拿食物，污染了的食物就会进入消化道，就会引发细菌性食物中毒，从而引起腹泻。

（2）选择新鲜和安全的食品。购买食品时，要注意查看其感官性状是否腐败变质；尤其是对小食品，不要只看其外表诱人，要查看其生产日期、保质期，是否有厂名、厂址、食品安全标识（QS 号）等。不能买过期食品和没有厂名厂址的产品。

（3）食品在食用前要彻底清洁，生吃瓜果要洗净。瓜果蔬菜在生长过程中不仅可能沾染病菌、病毒、寄生虫卵，还可能有残留的农药、杀虫剂等，如果不清洗干净，不仅可能染上疾病，还可能造成农药中毒。需加热的食物要加热彻底，如菜豆和豆浆含有皂苷等毒素，不彻底加热会引起中毒。

（4）尽量不吃剩饭菜。如需食用，应彻底加热。剩饭菜，剩的甜点心、牛奶等都是细菌的良好培养基，不彻底加热会引起细菌性食物中毒。

（5）不吃霉变的粮食、甘蔗、花生米（粒上有霉点），其中的霉菌毒素会引起中毒。

（6）警惕误食有毒有害物质引起中毒。装有消毒剂、杀虫剂或鼠药的容器用后一定要妥善处理，防止用来喝水或误用而引起中毒。

（7）不到没有卫生许可证的小摊贩处购买食物。

（8）饮用符合卫生要求的饮用水。不喝生水或不洁净的水，最好是喝白开水。

（9）提倡体育锻炼，增强机体免疫力，抵御细菌的侵袭。

只要从以上几个方面入手，认真学习饮食卫生知识，掌握一些预防方法，提高自我卫生意识，就能最大限度地减少食物中毒的风险，从而预防食物中毒，保证身体健康。

第五节　集体生活——集体活动安全

大学生集体活动有助于学生集体意识的形成，有利于增进同学之间的相互了解，可以调动每个学生充分发挥个人才能，提高自信心。集体活动还有利于培养学生广泛的兴趣和爱好，有利于学生整体素质的提高。然而由于集体活动的群体性以及活动环境的复杂性，常常伴随不安全、不稳定因素。高校集体活动中，社团活动、同学聚会和公共活动等三类集体活动的不安全因素尤为突出。

一、社团活动安全

对于刚刚踏进大学校园不久的大学新生而言，最吸引人注意的就是各种不同的社团，如计算机协会、乒乓球协会、环保协会、动漫社、话剧社、志愿者协会、街舞社、骑行协会、棋社、礼仪协会、跆拳道协会、武术协会、轮滑协会、就业创业协会等，各种协会在学校的某个固定场所搭台设点，进行宣传，这着实让大学新生感到有些茫然，无所适从。

1. 认识、选择社团

大学社团是大学生在自愿的基础上自由结成的群众组织。这些社团可打破年级、系科及学校的界限，团结兴趣爱好相近的同学，发挥他们在某方面的特长，开展有益于学生身心健康的活动。

学生社团的活动以保证完成学生的学习任务和不影响学校正常的教学秩序为前提，以有益于学生的健康成长和有利于学校各项工作的开展为原则。学生社团组织和活动的目的是活跃学校的学习气氛，促进校园文化建设，提高学生自我管理的能力，丰富学生的课余生活。

大学社团是具有共同兴趣爱好的志同道合者的集结，选择参加什么样的社团，最主要是从自己的兴趣爱好出发，寻找适合自己发挥才能的舞台。当然，不同的学生参加社团的目的也不尽相同。例如：为了锻炼自己身体素质可能倾向于选择体育相关的协会社团；为了锻炼自己某方面专业知识可能会选择与专业有关的协会，如计算机协会、英语协会等。

2. 避免参加一些庸俗的“小团体”

大学生进入大学后，要根据自己的兴趣和特长选择加入适合自己的社团，积极倡导先进文化。但有少数同学进校后，盲目加入一些庸俗“小团体”，结果使自己陷入矛盾和纠纷之中。

3. 重视社团外联活动，保障社团成员安全

社团的外联活动实际上就是为社团活动筹集资金、结识扩大同盟军、共同开展或组织相关活动。这项工作对学生来说，具有极大的挑战性，是学生接触社会、了解社会、融入社会的重要锻炼过程。但是，在“小社会”向“大社会”的迈进中，还是需要完善的社团规章制度为社团成员的安全护航。

（1）计划向公司申请赞助前，先通过网络、电话了解赞助公司的基本情况，以免被一些假冒公司欺骗。

（2）外出联系赞助时需要向社团负责人申请，经同意后方可执行。

（3）外出联系时最好有两名以上人员一同前往，并携带相关证件，同时确定目的地地址和乘车路线，确保人身安全。

（4）条件谈妥后要签署协议，并确保单位负责人盖章，避免社团活动结束后单位拒绝支付赞助费。

（5）获得赞助后必须向学校相关部门汇报，得到批准后才可举行活动。

（6）涉及经费、会费、赞助费等经济活动时，一定要注意账目清楚，开支用途合理合法，并公开接受监督。

案例 ***16*** 一所大学少则数十个多则有上百个社团，名目繁多的社团吸引了新生们报名，甚至有的新生一口气报名参加十多个社团。各大社团人数在招新两个月后，约有 1/3 的人退出社团，能坚持到最后的，一般都只有二三十人。调查发现，大学社团也非一方净土。因为缺少有效的监管，社团会费支出不够透明，有些社团甚至成为个别人牟利的工具。社团到底该如何收费？社团收取的会费有多少？举行活动花费了多少？还剩下多少？这些都需要高校社团管理部门考虑和深化改革。

二、同学聚会安全

1．选择安全聚会场所，避免与社会人员发生纠纷

大学生相处在一起，聚会成为大学生活的一件平常的事情，如同学生日聚一聚、通过考试聚一聚，还有比赛获奖、论文发表等都是同学聚会的理由。当然，除了分享喜悦的聚会，还有驱散心中不快的聚会。聚会的形式也是多种多样的，最常见的是聚餐，还有去 KTV 唱歌、去野外郊游等。尽管大学生的聚会是一件司空见惯的集体活动，但并不是每一次聚会都是一次愉快的经历，有些聚会常常伴有某些危险因素，甚至威胁到大学生的生命安全。这些潜在的威胁来自多个方面，其中涉及与社会人员的纠纷和冲突占有相当的比重。

案例 ***17*** 因聚餐声音过大，六名大学生被砍伤。2010 年 9 月 30 日晚，某学院几名学生，运动会结束后聚餐，学生们兴致正浓，说话声很大，惹怒了邻桌的四个人，进而产生口角。最后，邻桌两名男子手持大片刀，疯狂地砍伤六名学生。

案例 ***18*** 2020 年 12 月 28 日 0 时许，韩某某等六人在某量贩式 KTV 唱歌时，因自带酒水消费与服务员发生口角，后当事双方现场达成谅解。凌晨 5 时许，事主一方消费完毕后离开，半路遭到两名男子拦截，其中一名男子持棒球棒将韩某某打伤，后两人逃离。对此，警方迅速开展调查，于 12 月 29 日将嫌疑人周某某（28 岁，KTV 服务员，持棒球棒男子）、董某某（男，34 岁，KTV 服务员）抓获。嫌疑人对与韩某某等人发生矛盾后，为发泄不满，实施报复殴打他人的行为供认不讳。

从以上案例可以看出，聚会安全不能掉以轻心，一定要重视聚会的安全，特别是大学新生更要有聚会的安全意识。

（1）尽量选择学校内部的安全聚会场所。这里的餐饮与休闲场所管理相对比较严格，又是设在校园内部，社会上闲杂人员较少，安全方面相对有保障。

（2）用谦和礼让的态度化解矛盾。在聚会的时候时常会有一些突发事件，如碰撞了他人、大声喧哗等，这些都有可能引发冲突与矛盾，聚会的同学一定要想办法用真诚的态度去化解，否则，小则产生口角，大则大打出手、伤及无辜。

总之，选择安全的聚会场所是同学们建立友谊桥梁的保障，而谦和礼让的态度则是最大限度地化解各种危机的砝码。只有如此，才能规避在聚会中与同学，特别是与社会人员的矛盾和冲突。

2．避免过度饮酒，防止造成各种意外伤害

酒精是中枢神经的抑制剂。随着饮酒量的增加，让人表现出轻度愉快、言语增多、行为轻浮、情绪失控等症状，甚至到言语无度、行为失控、极度兴奋等症状。特别是过度饮酒，损害的不仅是个人的脾胃、肝脏等器官，还有可能导致昏厥休克、呼吸困难、瞳孔放大、双目失明、肝功能衰竭等，以至于死亡。

案例 **19** 2010年2月18日，农历的大年初五，某学院大二学生夏某参加同学聚会，聚会时大家都饮了酒。聚会还未结束，赵某和刘某就约夏某去洗澡。于是三人来到张某所经营的浴池，进入大池后，几人说说笑笑。不久，赵某和刘某出来到淋浴处洗头，等洗过头后，刘某发现夏某没有出来，喊了两声也没有声音，就到大池处寻找，发现夏某已倒在水中死亡。

案例 **20** 2010年清明节小长假中的一天，大学生王某与三位外校的同乡同学曾某、刘某、翟某相约打完球后一同到校外吃饭。席间四人共喝了四瓶度数比较高的白酒。当晚10时许，四人酒后互相搀扶着回到王某宿舍，各自休息。不料，王某突发不适，第二天凌晨因酒精中毒死亡。

从上面的案例来看，过度饮酒是造成严重后果的主要诱因。作为大学生，首先应该了解酒精对人体的伤害，认识饮酒，特别是过度饮酒引发的后果。其次，在聚会时要相互提醒和相互照顾；尽量不要选择高度白酒，对平时不胜酒力的同学不要强行劝酒，同时可以选择一些饮料、牛奶之类的饮品替代酒水。再次，一旦有同学醉酒，务必安排妥当，确保安全。必要时一定要送医院醒酒。

3．保持清醒头脑，防止性骚扰

案例 **21** 女大学生小王应邀参加高中某同学组织的聚会，小王酒后在沙发上休息。其他同学去附近KTV唱歌，同学龚某主动留下来照顾小王。龚某几次将小王揽在怀中，并说了许多爱慕小王的话语，醉酒的小王多少还有些清醒，但是无奈挣扎几次浑身无力，只好作罢。事后，小王非常后悔自己喝那么多酒，想起龚某在自己醉酒时某些超越友谊的举止，备感委屈。

性骚扰的应对方法有很多，例如，在聚会的场所遭遇性骚扰时可以抽身离开，或者表示不满，严重时可以报警处理。遭遇电话性骚扰时，可以以“你打错电话了”为由挂掉。总之，面对性骚扰要冷静沉着，灵活处理，摆脱困境。

三、公共活动安全

1．了解大型公共活动特点，重视公共活动安全

这里所说的公共活动一般是指比较大型的公共活动，如联欢会、迎新会、大型会议等，这些公共活动丰富了大学生的生活，开阔了大学生的视野。但这些大型公共活动中的安全也是一个不容忽视的重要问题，需要对其进一步了解。

（1）大型公共活动的特点。了解大型公共活动的特点，对防范大型公共活动的安全问题至关重要。一般来说，大型公共活动具有人员数量较多、人员结构复杂、人员集中、活动范围受限等特点。一旦发生意外情况，人员混乱拥挤，疏散不便，秩序难以控制，对人身安全就会形成较大威胁，严重者还会造成各种伤亡事故。

（2）大型公共活动中常见的安全问题。

① 火灾事故。重大火灾事故一般发生在相对封闭的场馆或室内。火灾的诱因多种多样，其中不乏人为因素。一方面是消防管理薄弱，防范工作不到位，从而导致火灾隐患在某种条件下演变为火灾；另一方面，个别参加大型活动的人安全意识不强，违反安全管理制度，也可能成为引发火灾事故的原因。因此，大学生在参加大型公共活动中，一定要严于律己，遵纪守法，这不仅能够提升大学生的文明形象，同时也是保证自己和他人安全的大事情。

② 群体纠纷。群体纠纷可分为个人与群体的纠纷、群体与群体的纠纷两大类。尤其是群体与群体的纠纷，大规模的打架斗殴一般发生在大型公共活动中，危害后果极为严重。

③ 踩踏事故。踩踏事故是指在聚众集会中，特别是在整个队伍产生拥挤移动时，有人意外跌倒后，后面不明真相的人群依然在前行，对跌倒的人产生踩踏行为，从而产生惊慌、加剧拥挤和发生新的跌倒，造成恶性循环的群体伤害的意外事件。

案例 **22** 2013年6月20日，某运动员亮相某大学体育场引发混乱。现场数千观众一度冲开体育场大门造成踩踏事件。该校通过官方微博透露，现场有5人受伤。

2．做好审批、策划与预防工作

在了解大型公共活动特点之后，在策划、组织包括审批方面都要严格进行，确保参与人员的生命与财产安全。

（1）大型活动审批、策划和组织工作中应该注意的事项。

① 学生准备组织大型活动前，应按学校规定进行申报审批手续，上报活动的目的、任务、要求、名称、主办和协办单位、规模、形式、时间、地点、安全措施和负责人姓名等内容。大型活动审批实行一事一报制。邀请校外团体、个人来校开展活动，组织者必须提供被邀请者的详细情况。

② 如经审查活动不符合安全要求而不予批准，主办者不得擅自组织开展。

③ 大型活动的安全工作坚持“安全第一，预防为主”的方针，按照“谁主办，谁负责”的原则，由主办者对安全工作全面负责。

④ 制定安全应急预案，并提前对工作人员进行培训和演练。

（2）大型活动中的安全问题预防应注意的事项。

① 考察场地，做好安全部署。举行大型的公共活动，要对举办场地进行实地考察。首先，看场地设施是否符合安全要求。例如，消防设施配备是否齐全，能否正常使用，活动场地出入通道是否畅通，以及夜间活动是否有足够的照明设备及停电应急措施等。其次，考察完成之后，要对有安全隐患之处进行整改。例如，对安全出口、安全通道做好标示，张贴一些温馨提示，必要时要派安保人员进行管理等。

② 加强活动组织人员的安全意识与沉着应对突发事件的能力。大多数事故都有突发性，使人猝不及防。无数经验证明，临危不惧、保持冷静的头脑和理性的状态是能否化险为夷甚至死里逃生的重要主观条件。以火灾为例，火灾的发生往往都是瞬间的、无情的、残酷的。根据火灾现场调查，在各种恶性火灾事故中，80%的死者都是因烟熏窒息而死的。所以，作为活动的组织者能够在突发事件发生时，保持清醒头脑，引导参与活动的人员用正确的方法自救，并紧急疏散，逃离危险区域，成为安全预防中重要的一个环节。

③ 对参与活动的学生进行安全教育。学校的大型活动参与者的主体都是学生，在参加活动之前，各班辅导员或班主任要对学生进行安全意识的教育，学会一些常见的自救与逃生的办法，一旦发生紧急情况，可以避免慌乱，更好地配合指挥人员的管理。

④ 加强安检工作，严禁携带危险品入场。公共活动中要特别重视安全检查工作，发现带有刀具和易燃、易爆、剧毒等违禁物品的人一律禁止入内。同时，对于破坏公共物品、打架斗殴等现象要加以制止，发现一些潜在的危险后要立即排除。

总之，只要做好活动前的充分准备，把一些细节都考虑妥当之后，大型公共活动中的安全问题可以降到最低限度，即使有突发事件发生，也能够及时、有效地应对。

第六节　集体生活——军训安全

学生军训是依据《中华人民共和国兵役法》《中共中央关于教育体制改革的决定》《国务院办公厅 中央军委办公厅转发教育部 总参谋部总政治部关于在普通高等学校和高级中学开展学生军事训练工作的意见的通知》要求进行的，是我国高等院校和高级中学的重要教育内容，是学生接受国防教育的基本形式，是培养社会主义建设者和接班人的一项重要措施。

为贯彻国家有关国防教育的规定，教育部、原总参谋部、原总政治部先后下发了推进高校国防教育的一系列配套文件，如《普通高等学校军事课教学大纲》《学生军事训练工作规定》《关于加强普通高等学校军事理论课教学工作的意见》等，对规范化管理学生军训工作、推进高校国防教育发挥了重要作用。其中，《普通高等学校军事课教学大纲》(以下简称《大纲》)第三条规定："军事课（含军事理论教学和军事技能训练）列入普通高等学校的教学计划，考试成绩记入学生档案，学校应当按照本《大纲》组织实施军事课教学，严格考勤考核制度。"《学生军事训练工作规定》第五条规定："开展学生军事训练工作，是国家人才培养和国防后备力量建设的重要措施，是学校教育和教学的一项重要内容。"

军训安全主要包括以下几方面。

1．防范训练强度过大，导致中暑、晕倒

大学生军训一般都放在新生入学后的第一个月，9 月、10 月天气大多较为炎热，加上部分学生高考后放松了身体锻炼等因素，在训练中中暑和晕倒现象较为多见。

预防此类事故发生，主要应做到两点。一是组织者要充分考虑炎热环境中训练的特点，制订合理、适度、科学的训练计划，让军训有张有弛，让受训学生劳逸结合，并根据受训学生的适应程度逐步增加或减少训练量。同时，训练场地要保证充足的水源供应并有急救医生。二是受训学生本人一定要根据自己的身体状况参加训练，生病或身体有特殊情况不宜训练的，应请假休息或参加小运动量的训练。学生在训练过程中，感觉身体不舒服或头昏眼花时，应立刻向带训教官报告停止训练，到阴凉处适当休息或进行必要的治疗，决不能强撑而导致严重中暑或晕倒、摔伤事故的发生。

案例 23　2012 年 9 月 11 日早上 8 点，某大学新生在学校操场集合，教官进行训话，并进行了两次 10 min 左右的站军姿训练。8 点半，全体学生排好队前往学校体育馆参加动员大会。8 点 38 分，在前往体育馆的路上，李同学突然感觉胸闷难受，倒在地上，在场的同学和老师赶忙拨打了急救电话。随后，急救车赶到，将李同学送往医院抢救。9 点 50 分，医院宣布其死亡，死亡原因为肺源性心脏病心源性猝死。

李同学的高考电子档案里注明其曾患过心脏病。在出事前一天晚上，班导师还特地问了他是否可以参加军训，当时李同学坚称可以。

2．防范训练间歇的意外事故

新入校学生从中学繁重的学习生活中解放出来，进入高校相当宽松的环境中，面对新同学，多数人有很强烈的冲动感和表现欲，特别是部分精力旺盛的学生，在军训休息期间攀爬打闹，玩"拐脚"、摔跤等危险游戏，极易造成意外伤害事故的发生。

案例 24　某高校学生，入学后参加军训，训练间隙双手攀着足球门上框做杠上运动，结果滑落摔下，造成严重脑震荡，治疗后仍因无法正常学习而退学。

案例 25　某高校 2015 级新生军训，在训练间歇时，李某和王某玩鞍马跳游戏，就在李某支撑王某鞍马跳的时候出现意外，造成王某小臂骨折，脸部擦伤，花费医药费用5万余元。给双方家庭都带来不小的损失。

预防此类事故的发生，一是学生要服从命令、听从指挥，在休息期间安心休息、恢复体力，不脱离集体、不玩危险游戏或到危险的地方玩耍；二是组织者应明确“休息不是放羊”，要组织学生开展唱军歌、讲革命故事或做小游戏等有益活动，这样，既活跃了训练场的气氛，又能达到充分休息的目的。

3. 防范野外训练的安全事故

野外训练包含的内容很多，如拉练、游泳、爬山、野外生存能力训练等。野外训练的特点是：活动场所距学校相对较远，需使用一定的交通工具；师生活动范围较大，场所具有移动性；活动时间跨度较长；训练地点多选择在林地、山地、海边和湖边等地，周边地形、植物分布及其他情况比较复杂。因此，野外军训尤其易发生安全事故。

（1）拉练。拉练活动存在的安全隐患：一是学生走失；二是学生运动损伤；三是途中交通事故。针对以上隐患，组织者在开展这项活动时一定要周密安排，确保万无一失。

① 活动前要勘察行进路线，熟悉环境，避开有危险的地带，不去情况不明的场所。

② 要按排、班清点人数，严格要求统一行动，任何队员离开队伍都要报带队老师或教官批准，同时派人陪同前往并准时返回，必要时由老师陪同。负责管理的老师或教官要高度关注学生以购物或上厕所等理由脱离队伍。行进过程中或休息结束后应及时清点人数，严防学生走失。

③ 要配备车辆和医护人员收容掉队学员，救治受伤或生病的同学。学生要坚决服从命令、听从指挥，紧紧地跟着队伍活动，决不能脱离队伍单独行动。

④ 要带足饮用水和安全卫生的食品，不喝野外的生水，不随意采摘野果、野菜吃。

（2）爬山。爬山是军训中非常好的一个项目，它既具有趣味性，又能增强学生的体能。爬山过程中易出现掉队迷路、扭伤摔伤、滚石伤人、坠崖等伤害事故。因此，学生在爬山活动中一定要注意以下几个方面。

① 要牢牢记住路线图和行动时间表。

② 要选平坦处落脚，避免踏在松土上，避免接近洞穴、积土和裂隙。

③ 不准脱离队伍单独行动。经过障碍或分岔路口时，要全队集中在一起，安排专人在关键节点处指挥联络，避免分散迷路。

④ 经过山崖险段时，要靠山崖里边走，不要靠外沿走或站在外沿向下张望，以免踩落崖石伤人或踩空坠崖。

⑤ 迷路或遇到危险时，要保持镇静，要立即向学校领导或公安机关报告所在位置或所遇危险。如无通信工具，则应设置明显标志（如用带颜色的衣物制作旗子挥动）以吸引外界注意，并利用喊声、哨子、电筒等发出求救信号，并注意保存体力。

（3）野外生存能力训练。野外生存训练时易发生的意外事故较多，如溺水、蛇虫咬伤、食物中毒、自然灾害等。因此，在野外训练时，学生要牢记以下安全要求。

① 选择熟悉或没有危险的自然环境，每个人都对所处环境的方位、地形了然于胸，不到危险或陌生的环境中去活动。

② 要统一着装或有醒目的统一标识，要穿着适合野外活动的服装、鞋子，防止被蚊虫叮咬、植物刺伤，尤其要防止被毒蛇咬伤。

③ 严格遵守纪律，与集体统一行动，不要单独或一两人结伴探险、游泳。

④ 携带卫生、不易腐烂变质的食物，山泉水一定要烧开后再喝。不要采摘不认识的野菜、野果吃。野炊时因食用有毒野菜、野果特别是毒蘑菇而引起食物中毒的情况屡有发生。

⑤ 严格执行消防规定，不在林区、草场、自然保护区、风景名胜区搞野炊活动。要注意防火，不使用酒精、汽油等易燃易爆物品；火种、刀具等由专人保管。

⑥ 野外扎营要选择平坦安全、地势较高、视野开阔、干燥背风之处；要注意防雨、防雷电、防山洪、防冰雹、防泥石流等自然灾害。

案例26 2002年7月18日，某学校学生到达山下出发营地时天正黑，而且下雨。大家开始架锅烧饭、搭帐篷等，并吃饭洗漱之后睡下。半夜，雨越下越大，帐篷里闷热，外面阴冷，这时个别同学出现了腹痛、呕吐和腹泻的现象。第二天一早，有些身体不适的同学还是打起精神坚持参与行动，有的同学连走路的力气都没了还想坚持不掉队。为了不影响整体计划的进行，临时决定个别症状严重的同学就地下山医治，其他能坚持的立即出发。由于当天是溯溪项目，有时要走齐腰深阴冷的山溪，这对肠胃有问题的人来说犹如雪上加霜，因而途中个别同学实在坚持不住也退下山了。

野外活动中饮食卫生尤为重要，虽然大家平时都会注意饮食卫生，但到了野外，对难得的集体活动学生们兴奋不已，什么都不顾忌，此时吃东西稍不注意就会出问题。这天晚上的荤菜有些油腻，学生们又喝了混杂着雨水的溪水，若睡觉受凉就会引起腹泻。有些学生就是在这些综合因素的作用下，发生了急性肠炎，上吐下泻。因此，野外生存训练时的饮食还是以营养清淡、易消化、热量高、易加工的食物为好，不要暴饮暴食。饮水更要注意卫生，尤其在食用油腻食品后的饮水卫生更要引起重视，晚上不能受凉。

4．防范枪支、弹药安全事故

武器安全是学生军训中各项安全的重中之重。一旦发生枪弹伤人事故，就是军事训练中重、特大事故。因此，军训中持枪训练和实弹射击是决不允许出现任何闪失和意外的。

军事训练中，枪支、弹药安全事故主要包括以下几个方面。

（1）枪弹丢失。领用和交回枪支时，工作人员和学生因粗心大意、责任心不强，对枪支不逐一核实，从而导致枪支或训练用子弹丢失。

（2）持枪伤人。学生在持枪训练时，由于对枪支的好奇和喜爱，违反武器操作规程，玩弄、抢夺枪支，枪口对人，持枪练拼刺，易发生持枪伤人事故。

（3）射击场实弹射击事故。一是参加实弹射击的学生不遵守射击场纪律，射击间隙跑到枪前捡弹壳而受伤；二是射击时不听从指挥员命令，自行装弹、射击，或由于紧张、害怕而把枪口转向他方，从而造成射击事故；三是射击时动作要领掌握执行不严格，被枪支后坐力击伤。

参加军训的大学生必须记住以下几条规定。

（1）训练用枪支必须由专人领用或交回，完善和完备出入库手续，当场清点数量，登记签名。使用武器必须严格按操作规程操作，严禁玩弄、抢夺枪支，严禁枪口对人。不准随便拆卸枪支。

（2）射击场上严格服从命令、听从指挥。射击前在指定的安全地带待命，不得随意走动。射击时没有指挥员的命令，不准自行装弹或射击。射击中要沉着冷静，按照指令装弹、瞄靶、射击、关闭保险。射击完毕趴在原地不动，听到指挥员发出指令，再起立归队，离开靶位。

（3）不准扣留子弹。扣留子弹据为己有是违法行为，要受到严厉处罚。

第七节 集体生活——运动安全

适当运动后所产生的轻度疲劳感，可解除神经紧张和心理焦虑，有利于人的睡眠；运动能改善肌肉和关节的血液循环，强壮骨骼，发达肌肉，使人体健美，动作灵活轻巧。

但是，在追求健康运动的同时，也不能放松对危险的防范。因此，大学生在运动前一定要了解相关注意事项，知晓各项运动的准备要领，掌握各项运动和旅游中的安全注意事项及事故防范方法。

一、运动前须知

（1）注意饮食：避免于太饱或空腹时做运动。特别谨记要吃早餐，以免体力不支。

（2）游泳前不要喝过多饮料，以免因呕吐而哽噎。

（3）注意装备：穿着舒适和厚薄适中的运动衣服和鞋袜。选择尺码适合、鞋面柔软、鞋底可防滑和减震的运动鞋。

（4）带备足够的饮品以作补充。

（5）注意天气的转变，以免着凉或中暑。

（6）热身及伸展运动：5～10 min 的热身及伸展运动，可降低受伤的机会。

（7）运动后的伸展运动：运动后应做缓和的静止前运动及重复伸展运动，使身体逐渐恢复静止的状态。

（8）场地设备必须符合各项运动项目规则，没有龟裂、不平整、松动、生锈等现象。

（9）规定有使用及管理办法，使用者与管理者均能确实遵守与执行。

二、运动注意事项

（1）了解自己的体质，选择合适的运动，量力而为，不要勉强做过分剧烈的运动。

（2）患有急性病征，如发烧或剧痛，就不要勉强做运动。

（3）慢性病患者，如高血压、糖尿病、心脏病、关节炎等，请先向医护人员咨询。

（4）运动时，如有头晕、气喘、心悸、作呕、作闷或痛楚增加等情况，应立即停止，需要时应及早求诊。

（5）从事较长时间的运动，如远足时，要不时补充水分，不要等到口渴才喝水。保持自然呼吸，并要有适当的休息。

（6）应持之以恒，每周做 3 次以上的运动，每次做 20～30 min，可达到理想的锻炼效果。

（7）与朋友一起运动，结伴同行，既可增加乐趣，又可互相鼓励和照顾。

案例 27 某高一学生张某在 400 m 跑测试中突然倒地，昏迷不醒。教师及时将张某送往医院，但终因抢救无效而死亡。后经查明，张某患有先天性心脏病，但其为了顺利被该学校录取，故意隐瞒了病情；而且为了不使学校发觉，坚持参加了体育测验。

三、运动创伤的处理方法

（1）遇到扭伤或创伤，要立即停止正在进行的运动，以免加重患处伤势。

（2）保持冷静，并找安全的地方休息。

（3）若运动时抽筋，可将肌肉轻轻拉直，以减轻痛楚。

（4）扭伤的正确处理，包括保护、休息、冰敷、用弹性带稳固地轻轻压迫包扎、把受伤部位托高，可减慢肿胀。切忌大力按摩，致使伤情恶化。

（5）若受伤后感到剧痛，急速肿胀，有严重瘀伤、关节不能活动或变形，均有可能是骨折，应尽快求诊。

四、了解各项运动的性质

1. 接触性运动

例如，篮球、足球、橄榄球、拳击、柔道、摔跤等，进行这几类运动的人必须反应灵敏，对于参加者的健康体能状况要求较高。

2. 耐力性运动

例如，游泳、划船、骑自行车、网球、中长距离的竞赛等，这几类运动选手互相碰撞接触的概率较小，但须具备较佳的心肺耐力，因此心肺系统有问题的人不适合参加。

3. 高技巧性运动

例如，射箭、高尔夫球、保龄球，以及田径赛中的跳高、推铅球、掷标枪等，这几类运动比较安全，也相对不需要持续性的剧烈运动。

五、运动前应有足够的准备活动

运动前做好准备活动有助于提升体温，使循环系统及肌肉关节等慢慢进入到适合运动的状态，进而有效预防运动伤害。

（1）一般性的准备活动：以提高呼吸及循环系统的机能，以及提高体温为目的，以慢跑、徒手体操和柔软操为主。

（2）特殊性的准备活动：以所从事运动之主要肌群的热身为目的，以伸展操以及和主要运动项目有关的运动为主。

六、运动禁忌

1. 忌在强光下锻炼

夏季中午前后，烈日当空，除游泳外，忌在此时锻炼，谨防中暑。夏季阳光中紫外线特别强烈，人体皮肤长时间被日光照射，可发生Ⅰ度或Ⅱ度灼伤。紫外线还可以透过皮肤、骨头，辐射到脑膜、视网膜，使大脑和眼球受损伤。

2. 忌锻炼时间过长

一次锻炼时间不宜过长，以 20～30 min 为宜，以免出汗过多、体温上升过高而引起中暑。如果一次锻炼时间较长，可在中间安排 1～2 次休息。

3. 剧烈运动时和运动后不可大量饮水

剧烈运动时和运动后不可大量饮水，但并不是绝对不能饮水。在长距离或长时间运动中，身体大量出汗，如果不及时补充适当水分，就要大量消耗体液，破坏身体的内环境平衡，进而因细胞内渗透压的严重失调而造成中枢神经活动的不可逆变化。一般来说，失水达体重的 5%就会明显影响身体活动。此时相当于机体中等程度的脱水。

汗液的主要成分是水，还有钠、钾、氯、镁、钙、磷等矿物质。当健身者大量出汗后，随着水分的丧失，也会失去很多盐分，体内的电解质因此而失去平衡，因此运动前后要喝电解质饮料。电解质饮料又称矿物质饮料，最普通的是盐开水。饮料中除了水外，还包括钠、钾、氯、镁、钙、磷等矿物质。此外，还要适量添加含糖物质，以矫正口味，补充机体的能量消耗。钙、磷盐参与体内能量的发生和利用过程，要按比例添加。电解质饮料可以维持体内电解质的平衡和细胞内外渗透压的均等，有利于因锻炼大量出汗引起体内电解质的丢失的补充与恢复，促进体力的尽快恢复。运动补水应遵循“少数量，多次数”的原则。剧烈运动时，体内盐分随大量的汗液排出体外，饮水过多会使血液的渗透压降低，破坏体内水盐代谢平衡，影响人体正常生理功能，甚至还会发生肌肉痉挛现象和水中毒情况。

案例 ***28*** 2012年7月，某大学20岁学生李某在球赛后将两瓶冰矿泉水一饮而尽，结果晕倒了。经医生诊断，小李是因为饮水过量，导致急性“水中毒”。所谓水中毒，其实是指短时间内过量饮水，导致人体盐分过度流失，一些水分会被吸收到组织细胞内，导致细胞肿胀，严重的可能导致脑水肿。

4．忌锻炼后立即洗冷水澡

这是因为，锻炼体内的热量增加快，皮肤的毛细血管也大量扩张以利于身体散热，突然过冷刺激会使体表已开放的毛孔突然关闭，造成身体内脏器官紊乱，大脑体温调节失常，以致生病。

5．忌锻炼后大量喝冷饮

体育锻炼可使大量血液涌向肌肉和体表，而消化系统则处于相对贫血状态。大量的冷饮不仅会降低了胃的温度，而且也冲淡了胃液，轻则可引起消化不良，重则会导致急性胃炎。

案例 ***29*** 2021年7月14日，一名24岁的男子在室外打篮球，该名男子打了三四组之后就下场休息了，而且他还喝了一瓶冰水。没过一会儿，这名男子突然倒在了地上。球场上的人怎么叫也叫不醒他。医务人员过来之后，对他进行全力抢救，球场上的围观者也在旁边帮忙扇风驱热。经过一个小时的救治，还是没能把这名男子救回来。经判断，该名男子是因心脏骤停而倒下的。

6．忌锻炼后以体温烘衣

夏季运动汗液分泌较多，衣服几乎全部湿透，如果懒于更换汗衣，极易引起风湿病或关节炎。

第三章 人身安全

社会的发展进步必将拓宽大学生的生活空间，科技与信息的迅猛发展和传播必将带来大学生交际领域的放大。与此同时，危及人身安全的因素也在日益增加。所谓人身安全，是指个人的生命、健康、行动等没有危险，不受到威胁，它是人们赖以生存与活动的首要条件。进行人身安全教育，帮助学生了解人身安全的基本常识，掌握处理各种应急情况的技能，提高自身的防御能力，就显得尤为重要。正是从这个意义上讲，我们说："人身安全，是安全之本。"

第一节 远离打架斗殴

大学校园内，学生交往频繁。由于性格不合、利益冲突、见解不一、言语冲突、情感冲突等原因，会引发各种各样的矛盾和纠纷，从而导致打架斗殴现象时有发生。打架斗殴已经成为校园学生伤害事故中的一种最常见、发案数量比例最大的公害，成为在校大学生违法违纪行为的主要表现之一。

一、打架斗殴的含义

打架斗殴，是指对立双方或多方，在矛盾发展到极点时，以主观上故意对他人产生身体伤害为目的的一种具有暴力倾向的行为。在校大学生大都在 18～23 岁之间，血气方刚，心理和思想尚未完全成熟，在处理同学之间的矛盾时，有时候会不理智，在遇到突发性纠纷时容易冲动，无视他人危险，对他人造成人身安全伤害。

二、打架斗殴的特征和危害

1. 大学生打架斗殴的特征

（1）起因较简单，一般因小事而起。大学生活是以集体生活为主的一种生活模式，主要的生活环境是公共生活。在长期的学习、生活中，同学之间难免会发生一些纠纷和矛盾。特别是近年来，独生子女成为高校学生的主体，这些学生自我意识强烈，在与同学相处中，较少站在别人的角度去想问题、做事情，同学之间遇到问题时往往各执己见，互不相让。例如，男同学在球场上打球，互相之间一个小小的摩擦，就可能演变成一场打架斗殴事件。

案例1 某高校的 2007 级在校大学生石某，平时好面子，喜欢看暴力电影。2008 年 5 月 11 日，石某在某酒吧饮酒后，由于个人习惯的不同，与同寝室的张某、韩某发生争执。为了面子，石某邀同乡到某广场对张某、韩某进行砍杀。经鉴定：张某被砍断右食指，全身 17 处刀伤；

韩某左眼被砍瞎，全身20处刀伤。同年5月30日，石某投案自首，被判刑7年。

（2）事发突然，一般无规律可循。公共生活模式，相对单一狭小的环境，陌生同学接触的机会很多。偶然的口角和摩擦，往往会导致打架斗殴事件的突然发生。

例如，有的学生平时生活不拘小节，不注重自身修养，往往会因一些小事与别人发生纠纷。明明是一些可以马上平息的小口角，却常常破口大骂，甚至大打出手，这样极易引发打架斗殴事件。一般情况下，从与对方发生矛盾到被打、被利器伤害，前后不过几分钟，有时候根本没有任何征兆，令人防不胜防。

（3）学生对解决冲突的方法有错误的认识。大学生由于涉世未深，容易感情用事，很多的时候经不住现场气氛的煽动，或经不住其他人的鼓动做出错误的举动，导致严重的后果。在大学生中对待矛盾纠纷的一个错误认识就是用暴力解决问题。

例如，在一些高校的“老乡会”组织中，正常的老乡和朋友关系演变成“有福同享，有难同当”的“哥们义气”，当某个或某几个老乡或朋友遇到麻烦时，就会以“团体方式”组织起来，用暴力方式维护老乡的利益。这种错误的举动，不但不能为朋友解围，反而会让本来可以化解的矛盾愈演愈烈。

案例2 某大学两个二级学院的学生正在进行篮球比赛，场上比赛激烈，场下啦啦队互相叫阵，由此引发冲突，最后发展到维护各自学院或班级所谓的荣誉而大打出手，造成多人受伤，多名同学被学院给予留校察看处分。

这种貌似在维护学院或班级荣誉的行为，实质上严重损害了各自的荣誉。

（4）可能造成严重的后果。

①可能造成身体上的伤害；轻则受皮肉之苦，重则危及生命。

②可能断送自己的美好前程。打架斗殴会给他人留下不好的印象，还有可能受到学校处分，影响到今后的就业，重则直接断送学业。

③可能触犯法律，受到相关的法律制裁，失去人身自由。

2. 大学生打架斗殴的危害

（1）严重损害大学生的美好形象。大学生应该成为社会文明礼貌的楷模。如果大学生因为发生纠纷就诉诸暴力，互相斗殴，不仅损害了自己的人格和尊严，还有损“大学生”这一称号，影响和损害整个大学生群体的美好形象。

（2）破坏社会稳定，影响安定团结，损害高校形象。高校的稳定，关系到整个社会的稳定。校园治安秩序的好坏，直接影响到社会的秩序。如果高校经常发生打架斗殴、人身伤害等影响校园稳定、危及师生生命财产安全的违法犯罪活动，不仅破坏校园治安秩序，影响同学之间的团结，还会损害高校形象，破坏校风和学风，影响社会安定，严重的还会损害学校和国家在国际上的形象和声誉。

（3）造成治安、刑事案件，害人害己。打架斗殴，后果不堪设想。轻则伤人肌肤，要受到治安处罚；重则伤人筋骨甚至要人性命，要依法追究刑事责任。如因打架斗殴，从“天之骄子”沦为“阶下囚”，则自毁前程，害人害己，悔恨终生。

案例3 1998年6月20日晚，某大学学生篮球队员邢某与其队友为欢送94级毕业队员而在学生餐厅就餐。21时，邢某因事提前离开，骑车行至学生宿舍13栋南侧马路，与材料学院94级毕业生胡某、闫某因让路发生口角并互殴，胡某、闫某将邢某打伤。随后，邢某纠集多名队友到胡某、闫某宿舍。互殴中，胡某、闫某头部被打伤，邢某队友谭某、王某腹部被胡某用刀扎伤。

谭某、王某伤情严重，均伤及内脏，经医院抢救脱离生命危险。经公安机关调查取证，法院以伤害罪判处胡某有期徒刑三年。本来是一次欢乐的聚会，却因一时的冲动，酿成终生的悲剧。“忍一时风平浪静，退一步海阔天空”，其实只要大家互相忍让一下，事情就不会发生了。

三、打架斗殴的防范

1．端正认识，不用暴力

正确解决问题纠纷的办法是和谈协商，而不能以暴力来解决问题。暴力只能逞一时之快，不能解决问题，还有可能触犯法律，害人害己。

2．宽容大度，切莫莽撞

无论争执由哪一方面引起，都要持冷静态度，绝不可情绪冲动。这就要求我们要有容忍的气度、虚怀若谷，只有“大着肚皮容物”，才能“立定脚跟做人”。对于那些可能发生摩擦的小事，要宽容、妥善处理。要做到“猝然临之而不惊，无故加之而不怒”，一切纠纷都会化为乌有。

3．诚实谦虚，德高为范

在与同学以及其他人相处中，诚实、谦虚是加强团结、增进友谊的基础，也是消除纠纷的灵丹妙药。

徐特立说过：“任何人都应该有自尊心、自信心、独立性，不然就是奴才，但自尊不是轻人，自信不是自满，独立不是孤立。”有了诚实、谦虚的精神，在发生纠纷的时候，就能认真听取他人的意见，进行认真的自我批评，宽容他人的过失，处理好相互间的争执。要知道，在与他人的交往中，特别在发生争执的时候，诚实、谦虚并不是懦弱、妥协，恰恰相反，它是强大和品德高尚的表现。

培根说过：“经得起各种诱惑和烦恼的考验，才算达到了最完美的心灵健康。”高尔基说：“每一次的克制自己，就意味着比以前更加强大。”

4．语言优美，营造和谐

实践证明，大学生中的纠纷多数由口角引起，而口角的发生都是恶语伤人的必然结果。俗话说，“良言一句三冬暖”“好句如花好，话好脱口香”。语言美是社会主义精神文明的重要内容。当你的一句话伤到了别人，当你不小心撞到别人时，说一句“很抱歉”“对不起”“请原谅”，并不会失去什么，反而会得到别人的谅解。当别人撞了你，话伤了你，向你道歉时，你回敬一句“没关系”，紧张气氛就会烟消云散，化干戈为玉帛。

和气、文雅、谦逊是语言美的基本要求。和气是指能平等待人，说话态度和蔼，语气温和，使人感到温暖亲切。文雅是指说话措辞文雅，应对得体，落落大方，切忌油腔滑调。谦逊是指充分尊重对方，不自以为是，不狂妄自大，态度诚恳，语言朴实，虚心谦恭，不强词夺理，不盛气凌人，不浮夸粉饰，不哗众取宠。

四、打架斗殴事件的应对

如果遇上别人打架斗殴，请别火上浇油，应阻止事态扩大，并做到如下几点。

（1）不围观，不起哄，不介入任何一方。遇见亲友、同学与别人打架，如果是真心关心帮助他们，就只能劝架，而绝不能“讲哥们义气”，不问青红皂白、是非曲直，帮忙打架或“事后算账”。否则，必将造成伤亡等不良后果，并会受到校纪处分或法律制裁，追悔莫及。

（2）应尽力劝解。先问明情况，站在公正的立场上做双方的工作。若劝解无效，应迅速向院系辅导员或领导、保卫部门报告，以防事态扩大。

（3）打架的一方如果是你的朋友、同学或熟人，在劝解时要主持公道，不可偏袒。在采取拉架隔离措施时，应当首先拉自己的同学或朋友，以免被对方误解为“拉偏架”，或者将你当作对方的“同伙”而受到无辜伤害。

（4）当学校有关部门调查打架情况时，现场目击人要勇于提供线索和证据，以保护受害人的合法权益，使肇事者受到应有的惩处。

第二节 校园暴力及防范

校园暴力是指在学校实施正常管理、教育职能期间，发生于校园内部及其周边的，师生之间、学生之间以及非学校人员对学校师生所实施的暴力行为，它属于社会暴力的一种。

一、校园暴力产生的原因

校园暴力是社会不良因素的影响和大学生主观心理发展缺陷互相作用的结果，其原因可以分为客观外在原因和主观内在原因两大方面。

1. 客观外在原因

（1）学业、就业压力的影响。离开父母来到一个陌生的环境里，一切事情都要靠自身的力量去处理，大多数大学生虽已成年，但心理、生理还远未达到社会上成年人的成熟阶段，一时难以适应，心理不免产生压力；学业上的竞争压力更是无时不在、无处不有；加之现今就业形势严峻，更使大学生心理压力倍增。大学生活中在学业、爱情或工作受挫时，随着压力积累到一定程度，一旦受突发事件的刺激，部分大学生就会丧失理智，导致犯罪甚至暴力犯罪，便很可能引发校园暴力。

（2）教育管理漏洞带来的影响。

① 有的学校把一切工作都纳入量化管理，通过打分、测评等方法评优，把一切管理手段都标准量化，把学生的一切行为都与分数挂钩，这种竞争很容易导致学生心理的失衡。与此同时，在开设课程方面，部分高校普遍重视专业课，德育课没有得到切实加强，致使一些大学生在对物质享受的盲目追求中迷失了方向。

② 人文素质教育滞后。“没有科学技术进步，人类将永远愚昧落后；没有人文教育，人类将堕落至科技带来的文化黑暗与社会灭亡的深渊。”素质教育的价值取向是使学生学会做人、学会求知、学会做事、学会交往。人文素质教育的目标正充分体现了素质教育的内涵与价值的追求。每个人通过教育不仅仅获得知识的增加和智力的发展，而且使整体的人文精神得到发展，从一个“自然实体”经过“社会化”，最终变成一个合格的社会人。

案例 4 某大学学生刘某为了验证“狗熊到底笨不笨”，先后两次把掺有火碱、硫酸的饮料倒在了动物园饲养的狗熊身上和嘴里，造成 3 只黑熊、1 只马熊和 1 只棕熊受到不同程度的伤害。刘某伤熊事件突出地反映了个别学校忽视人文教育的恶果。

（3）多元化文化带来的影响。随着改革开放的进一步发展，国内出现了文化的多元化，新文化同传统文化在相互渗透中不断发生冲突。社会的主流文化是健康向上的，对大学生起着积极的正面引导作用，但色情、暴力、享乐主义，以及西方文化中所宣传的私有化、极端个人主义文化及文化商业化作用下产生的文化糟粕，也冲击着本民族思想道德观念，影响着大学生正确的人生观、价值观的形成，成为诱发校园暴力的重要因素。

（4）家庭带来的影响。家庭是人生的第一所学校，父母是子女的第一任老师。父母的思想、行为、品质以及家庭的氛围，无不对子女产生极大的影响。一些大学生走上违法犯罪的道路，与他们的家庭教育及家庭氛围的影响有着直接的联系。主要表现在如下方面。

① 缺陷型家庭的影响，导致孩子产生孤僻、冷酷、无情、悲观的心理状态。这种性格的孩子在遇到矛盾纠纷时容易产生极端行为。

② 家庭教育存在误区。一些父母主观上想以物质刺激作为调动子女学习积极性的手段，而在不同程度上忽视了子女的道德修养和思想、政治方面的进步，使一些孩子陷入了“自我设计”“个人奋斗”的泥坑。有些父母溺爱子女，在物质上满足子女的过分要求，对子女有求必应，对子女的过错百般袒护，甚至放纵怂恿，使子女养成唯我是从、蛮横霸道的任性性格。这类孩子进入大学以后，因“先天不足”而缺乏免疫力、抵抗力和自控力，一旦自己的主观愿望与客观现实发生了矛盾，就会产生越轨行为，甚至走向暴力犯罪的深渊。

2．主观内在原因

客观外在的消极因素作为外界条件对某些大学生的暴力行为来说并不起决定作用，最根本的还是大学生个体的消极主观因素在起作用。

（1）错位的价值观。

正确的价值观应以对社会发展的贡献为衡量标准。

产生暴力行为的大学生，只从本位、自我欲望去判断和行动，以自我为中心，不能从他人、社会角度去进行价值判断，不惜以暴力手段去追求自我价值的实现。

案例 ***5*** 某大学学生马某某因功课不好被学校劝退，他原本准备自杀，可又担心自己死了会引起亲人伤心，进而采取“一了百了”的极端方法，杀死了自己的爸爸和奶奶。从表面上看，马某某自始至终都想到了自己的亲人，一直在替亲人着想，但本质上，他思考、处理问题仍以自我为中心，并未真正从亲人、从社会角度来分析和处理问题，所以酿成恶果，一发不可收拾。

（2）错误的法治观念。法制观是指一个人对于法律制度的观念和态度。大学生法治观念正确与否，将决定其行为是否能在法律规范内进行。错误、混乱的法制观，是影响大学生实施犯罪的重要因素，尤其是对法制怀有敌视态度的大学生，则会去破坏法律所维护的社会经济、政治、文化和社会生活秩序，在遇到问题时，一意孤行，无视法律的存在，最终害人害己。

（3）颠倒的道德观。有暴力行为的学生往往把美德当作缺德、把缺德当作美德。在他们身上，道德失去了正确导向的作用，失去了对行为的约束力，他们随心所欲，稍有不顺就大打出手，并且不以为耻，反以为荣，既贬低了自己的形象，也危害社会。

（4）心理发展不成熟。大学生处于青年期，其心理正在迅速走向成熟但又未完全成熟。部分大学生心理起伏比较大、易冲动、自我控制能力较差、做事情欠缺考虑。

大学生心理脆弱主要原因有：其一是对自我的要求过分高于自身的素质、能力；其二是客观生活环境困难。

案例 ***6*** 2004 年，某大学学生马某某与同学打牌发生争执。马某某认为同学的言语极其伤害自尊，积怨多年的怨气爆发，用手锤残忍杀害了 4 名朝夕相处的同学。马某某在发生打牌事件之前，心理压力早已“忍辱负重”，无论是自己的贫穷、无法找回的自尊、快毕业的惶然，还是肩负父母甚至家族的希望重任，这太多的心理压力，积累了极其强烈的反抗心理和仇恨情绪，且一直得不到正确的疏导和宣泄，一遇突破口，便如洪水决堤，最终导致悲剧的发生。

（5）经济上的差距。来自不同家庭背景的学生面对经济上的差距，心理上如不能及时适应，及时找到内心的平衡点，就很容易陷入与同学之间关系紧张的低谷。

在心理问题上若处理不当，经济情况相对较差的学生就容易自卑，变得孤僻、沉默，以至自闭，产生仇视社会和反人类的心理；而经济情况相对较好的学生却容易滋长傲慢情绪。这很容易使二者之间出现摩擦，而摩擦一旦升级就容易导致暴力犯罪。

二、校园暴力的特点及危害

1. 校园暴力的特点

（1）突发性。校园暴力行为的发生具有不规律性。多数行为出乎人们的预料，并且在没有任何防范的情况下发生，造成的损害较大，无辜受害者较多。当前高校中故意杀人、故意伤害等暴力犯罪都具有这一特征。

（2）暴力性。暴力性主要体现在行为人在施暴时的力度大、危害结果严重。如当事人在犯罪时，常表现出不计后果的一面，对被害人的生命、健康和财产造成严重危害，从而给社会造成极大的负面影响。

（3）心理健康欠缺性。校园恶性案件的主体——在校大学生，主观上存在精神健康状态不佳、心理障碍等问题。

（4）施暴地点偏僻。多发生在空教室、体育馆、楼梯、厕所、运动场或其他偏僻场所，而且多在上学或放学时发生。

2. 校园暴力的危害

（1）校园暴力严重危害大学生的身心健康。校园暴力可以直接导致身体的伤害，有的会造成终生遗憾。它除了造成被害人生命健康的危害及财产的损失外，还形成极为恶劣的心理伤害，有的甚至还会形成暴力习惯或倾向。另外，大学生受到校园暴力的侵害，容易使他们对社会的认识产生偏差，对社会产生极度的恐惧心理而自我封闭、逃避社会，导致社会适应能力低下，或是因对社会产生憎恨心理而报复社会，走上违法犯罪的道路。

（2）校园暴力使一些大学生养成“流氓习气”，影响他们的健康成长，甚至走向犯罪，最终危害社会。

（3）校园暴力会使一些原本品行良好的学生成为施暴者。校园暴力的一个重要特点就是受害人在多次受害之后往往具有施暴的倾向，许多施暴者都是从受害经历中“学会”对他人施暴的。

（4）校园暴力严重扰乱了学校的正常教学秩序，严重影响了学生的学习意愿和老师的教学成效，导致教学质量低下。

（5）校园暴力极易引发治安案件，也严重影响学生和家长正常的社会生活，引发许多社会问题，构成社会的不稳定因素。

3. 校园暴力的防范

校园暴力是个人、家庭、学校或者社会等多方面消极因素的综合体现。校园暴力的防范，需要社会各界的广泛关注和全社会的共同努力。

（1）大学生应注重思想道德教育，形成良好的道德风尚。事实表明，一些大学生进入大学后，心理和思想没有正确的转变，往往缺乏新的追求目标，没有目标规划，从而造成理想缺失，结果在大学里产生迷茫感与失落感，导致心理问题和精神疾病，严重的还可能会走向犯罪。大学生要自觉加强理想教育、诚信教育、爱国主义教育以及形势政策教育，正确认识自我、认识社会，树立正确的世界观、人生观、价值观，增强公德意识。

（2）大学生应自觉加强法治教育。有些大学生不懂法，有的甚至是法盲，如把寻衅滋事看成"游戏"，把打架斗殴看成是"哥们义气"，等等。针对这种现象，大学生要自觉强化法治学习，做到知法、懂法、守法，通过学习法律，了解行为的法律后果；增强人身安全防范意识，提高辨别是非和抵御错误思想侵袭的能力，正确理解权利与义务的关系，养成维护法律尊严的思想和遵纪守法的良好习惯。

（3）大学生要加强心理引导，提升自我的心理素质。

① 大学生要学会控制情绪和自我宣泄。对一些经常产生的不满、愤怒和痛苦应积极并及时地加以宣泄释放，如进行快跑、拳击等体育运动，或找知己倾诉等，以减轻心理压力；同时，增强社会应变力，学会处理现实与理想的矛盾，学会自我调适，学会事前理智思考。以乐观和坚强的积极态度去面对所遇到的困难，而不应觉得自己无出路产生极端的想法或采取极端的行动。

② 大学生应建立和谐愉悦的人际关系。大学生要克服心理障碍，学会与人沟通，积极在现实生活中寻找真正的朋友；要充满信心地对待生活，正确对待别人的看法，使自己的心理处于轻松愉快之中；要以严肃的态度对待爱情，保持稳定的情绪及健康的心理。

③ 大学生应培养一定的抗挫折能力。现在的大学生面临多方面的压力，在紧张的学习和生活中不可能是一帆风顺的，面对困难和失败，就需要具有一定的抗挫折能力。

④ 大学生要能够正确评价自己。正确认识自己、评价自己是建立良好自我意识的基础，同时也是健全人格形成的重要保证。健全的人格能够推动健康社会行为的产生，因此，积极促进平衡、协调而统一的自我意识的建立，对提高大学生心理健康水平和心理素质、预防违法犯罪问题的产生具有建设性的作用。

（4）大学生要正确处理好同学之间的关系。许多校园暴力发生的直接原因是微不足道的小事。同学之间应讲文明，讲团结，互相应有忍让精神，时刻用道德法制来约束自己。作为在校大学生，不论成绩好坏，不论能力大小，不论成果多少，都应当相互尊重、相互欣赏、取长补短，减少人为隔阂。对待别人应有一颗宽容的心，避免矛盾的尖锐化，减少暴力的诱因，这是对自己也是对别人的最大保护。

（5）大学生要注意保管好自己的财物。贵重物品妥善保管，外出时不要随身携带大量现金，不贪财，不露富，夜间休息时要关好宿舍门窗，使不法分子无机可乘，从根本上消除或减少自身被侵害的机会，积极做好个人安全防范工作。

（6）大学生要增强人身安全意识。大学生要增强人身安全意识，增加主动规避风险的意识，如不要到行人稀少、环境阴暗或偏僻的地方活动，避免成为不法分子攻击的目标。大学生要增强抵御能力，一旦遭遇侵害，即便遇到突发性暴力袭击，也不必惊慌，应该沉着应对，巧妙周旋，斗智斗勇，尽早报案，将损失减少到最低限度。在遭受不法暴力侵害时，应当临危不惧，沉着冷静，机智果敢，选准时机，正确运用正当防卫这一法律武器同罪犯做坚决斗争，保护自己的人身和财产安全，同时使不法分子受到应有的惩罚。大学生在做好自我防范的同时，要发扬勇敢精神，见义勇为，团结起来，同违法犯罪行为做坚决斗争。

（7）大学生要严格遵守校规校纪。不少学校制定了校园治安综合治理条例、违反校园治安管理处罚条例、大学生奖惩条例以及教室、宿舍、食堂、图书馆、文体活动场所、实验室等综合的或单一的规章制度，不仅从管理上规范了大学生的学习、生活、课余活动行为，而且对违反管理的行为作出了处罚规定。这些规定既是维护大学生合法权益的有效措施，也是大学生在合法权益受到侵害时进行自我保护的有力武器。

（8）大学生要增强抵御暴力文化及不良文化侵蚀场所、环境的诱惑。暴力镜头、暴力文化是暴力行为的催化剂。个别网站、电子游戏、卡通片中充斥着暴力场面，大学生应主动增强抵御能力，避免受到负面影响。另外，一些高校周边治安状况严峻，仍然存在一些违规经营的网吧、游戏室、录像厅等娱乐场所，这些场所也是暴力案件的高发场所。

案例 **7** 以好莱坞暴力电影为代表的美国娱乐业曾一度成为民众谴责的焦点。哥伦拜中学的枪击案，很容易使人联想到好莱坞一系列暴力影片中的镜头。目前，在美国中学校园里，有很多学生小团体，他们以各种方式显示出与众不同，并大多存在暴力倾向。

第三节 防抢劫和防抢夺

一、抢劫罪与抢夺罪

1．抢劫罪

抢劫罪，是指以非法占有为目的，以暴力、胁迫或者其他方法，强行劫取公私财物的行为。本罪除了侵犯了他人财产外，还侵犯了他人的人身权利，这既是抢劫罪区别于其他财产犯罪的重要标志，又使抢劫罪成为侵犯财产罪中最严重的犯罪。

案例 **8** 某大学在校大学生陈某，2011 年 10 月在上网时发现有一女孩在网上发布求合租房的信息，并且留有电话号码。刚好陈某看到过一则新闻，反映有人通过网络上的此类信息，进入他人房间打劫钱财，由此陈某萌生了实施此种抢劫行为的想法。陈某给被害人发信息，欺骗被害人说替其妹妹租房，在获取被害人的信任后，与被害人约好看房时间。2011 年 11 月 1 日晚，陈某与被害人一同来到其居住的房间。在假装看房子的过程中，陈某用暴力手段控制受害人，用手机强行拍下被害人的不雅照片，将被害人钱包内的现金人民币 1 670 元及银行卡等物品抢走。2011 年 11 月 5 日，陈某随身携带一卷绳子和一把刀，窜至某小区内，欲采用同样的方式实施抢劫时，被警方抓获。2012 年 2 月，区人民法院一审以抢劫罪判处陈某有期徒刑 10 年，并处罚金 1 万元，剥夺政治权利一年。

2．抢夺罪

抢夺罪，是指以非法占有为目的，乘人不备，公开夺取数额较大公私财物的行为。

3．抢劫罪与抢夺罪的主要区别

（1）侵犯的客体不同。抢劫罪侵犯的是复杂客体，即公私财产所有权和公民人身权，而抢夺罪侵犯的仅是财产所有权。

（2）客观方面的表现不同。在实施犯罪过程中，抢劫罪是对被害人采用暴力、胁迫或其他强制方法；而抢夺罪始终不使用这些方法。尽管抢夺财物也使用一定暴力，但它只作用于被抢夺的财物，不是作用于被害人人身，故不直接侵犯被害人的人身权利。如果行为人在抢夺财物的过程中，因用力过猛，无意中造成被害人受伤的，因不属于故意使用暴力，仍应定为抢夺罪，造成伤害作为抢夺罪的情节从重处罚。

（3）对构成犯罪的财物数额的要求不同。构成抢夺罪必须“数额较大”，构成抢劫罪无此要求。抢夺罪重在保护公民的财产权利，抢劫罪重在保护公民的人身权利。

（4）处罚不同。《刑法》对抢劫罪的处罚重于对抢夺罪的处罚。抢劫罪的最低法定刑是 3 年有期徒刑并处罚金，最高法定刑是死刑并处罚金；抢夺罪的最低法定刑是 3 年以下有期徒刑、拘役或者管制，并处或者单处罚金，最高法定刑是无期徒刑并处罚金或者没收财产。

抢劫、抢夺案件在高校时有发生，影响十分恶劣，已引起公安机关和学校保卫部门的高度重视。

案例 9 某大学毕业生李某，毕业后在深圳一家房产销售公司工作。因为房产销售不景气，工作压力很大，精神产生了抑郁，就辞了工作，关掉手机及一切可以联系的方式，与家人失去联系两年多。2013 年 8 月，他来到九江，因为无钱吃饭，在一家卖场门口看到一名妇女背一个包，抢了包就跑，没跑几步就被群众抓到并送到公安机关。最后法院以抢夺罪判处李某拘役 3 个月。

二、高校抢劫、抢夺案件的一般特点及发案原因

1．高校抢劫、抢夺案件的一般特点

（1）从攻击的目标来看：一是刚刚取款归来的人；二是佩戴金项链、金戒指等贵重饰品的人；三是正在拿着手机通话或拨打电话号码的人；四是衣服上没有更多的口袋，用小皮包专放钱包和手机等贵重物品的人；五是兼具上述四种情况且单独行走的人（特别是女性）。

（2）从作案的地点来看：一是容易发生在比较偏僻、阴暗、人少的地带；二是容易发生在远离宿舍区的小山上、树林中、无灯光的人行道上，正在兴建的建筑物内；三是容易发生在作案人实施作案后便于逃跑的多岔路口或立交桥底下。

（3）从作案的时间来看：一是容易发生在天快黑的时候；二是容易发生在深夜和清晨人少的时候；三是容易发生在午休的时间；四是容易发生在春暖花开的季节；五是容易发生在开学时及过年、过节前。

2．高校抢劫、抢夺案件的发案原因

不法分子之所以敢于屡次在高校及其周边公然抢劫、抢夺大学生财物，除了目前高校周边治安环境复杂，无业、外来人员增多等社会因素外，还有如下原因：一是大学生身单力薄，尤其是女生独处时，反抗能力有限；二是当今大学生一般都随身携带手机、笔记本电脑、iPad 等贵重物品，不法分子作案后“获利”较大；三是不少大学生喜欢晚归，或常常在校园偏僻处逗留，不法分子作案后学生报案不及时，便于逃离现场等。

三、大学生有效避免抢劫、抢夺的一般策略

针对高校抢劫、抢夺案件发生的一般特点，大学生应做好相应的防范，避免遭到抢劫、抢夺，或尽量减少损失；即使不幸遭到抢劫、抢夺，也要正确应对，确保自己的人身安全。

具体防范措施如下：

（1）慎选取款点。不要在路边设置的自动取款机里取数额较大的现金，尤其是夜间的时候。

（2）避免露“富”。单独外出不要带过多现金，不要外露或向人炫耀随身携带的贵重物品和现金。

（3）要结伴外出。如携带数额较大的现金或贵重物品时，要约上同学、朋友结伴而行。

（4）贵重物品要贴身装带。现金或贵重物品尽量放在贴身的口袋里，不要置于手提包或挎包内。

（5）谨防“飞车党”。在人行道上行走时，尽量不要靠近机动车道，以免飞车夺包；骑自行车时一定要提高警惕，现金和贵重物品要贴身携带，不要把装有财物的包挂在车头。

（6）少走偏僻路段。单独一人外出时，不要图近选择偏僻而又多岔路口的路线，因为那些地方作案时方便隐蔽，作案后又便于逃跑。

（7）勿轻易赴约。不要轻易听信别人尤其是陌生人的话，以免遭受抢劫。

（8）勿在偏僻的地方逗留。高校校园面积一般较大，绿化带较多，作案人装扮成学生混进校园，在天黑前伺机作案的情况时有发生，同学们要避免孤身处于校园的偏僻场所。

（9）警惕被跟踪。注意观察身边的情况，发现有人跟踪盯梢或尾随时，应随机应变，向旁边的行人求助或尽量朝人多的地方行走。

（10）避免晚归。大学生应避免因自习而晚归，或因在外娱乐而晚归。很多案例证明，晚归的大学生常常成为不法分子伺机抢劫、抢夺的对象。

四、遭遇抢劫、抢夺时的应对方法

1. 遭遇抢劫时的应对方法

遇到抢劫时，要沉着应对，克服畏惧、恐慌情绪，冷静分析自己所处的环境，对比双方的力量，针对不同的情况及时采取不同的对策。

（1）有制服不法分子的可能性时，应大胆采取反击措施。因为抢劫犯的目的是获取钱财，必然要对受害人实施搜身搜包，进行直接、正面接触，加上这时罪犯求财心切，又想尽量缩短作案时间，往往只顾搜查，而忽视或不能顾及防范。这时是不可多得的机会，应不失时机地制服罪犯。反击的要领：充分利用一切可利用的手段，如倒地后抓土抓沙朝歹徒脸上撒去，用身边可利用的一切器材如木棍、水瓶、石头击打对方；以最大的力量攻击歹徒要害部位，如眼睛、太阳穴、鼻、裆部等；击打时应做到稳、准、狠，不反击则已，一反击便达到使对方暂时无力攻击的目的。

（2）确无能力或无办法反击时，应“舍财不舍命”，切不可打无把握之仗，拿自己的生命去作赌注。

按不法分子的要求交出部分财物，要保持镇定，表示自己并无反抗的意图，使不法分子放松警惕，看准时机反抗或逃跑。但当遇到极凶残的歹徒时，必须“破财挡灾”，千万不能硬碰硬。

（3）如果有可能，可大声呼救、高声呵斥或故意与不法分子说话，从心理上战胜不法分子。不法分子虽凶残，但心理上也有脆弱的一面，可利用这一点进行“语言反抗”，在心理上战胜对手。

（4）要牢记不法分子的特征和其他情况。尽可能准确地记下不法分子的身高、年龄、体态、衣着、疤痕等特征及逃跑方向。

（5）在最短的时间内向学校保卫部门、公安机关报案。报案时应迅速准确地说清案发地点、不法分子的特征及有关情况，为公安保卫部门提供线索，以便公安保卫部门能马上组织力量追捕不法分子。

（6）不法分子逃跑时，应大声呼叫，并奋力追赶不法分子，但要注意与不法分子保持一定的距离。同时，充分发动周围的师生、群众进行堵截、追捕，迫使不法分子放弃所抢的物品。

2．发生抢夺时的应对方法

（1）保持镇定。只有保持镇定，才能做出正确的反应，切忌手忙脚乱。

（2）大声呼叫，并追赶不法分子，迫使不法分子放弃所抢物品。若无能力制服不法分子，可保持距离紧追不舍并大声呼叫，及时向周围的师生、群众请求帮助。

（3）若追赶不及，要注意不法分子的特征，如身高、年龄、体态、发型、衣着、口音等。被飞车夺包的要记住车牌号码、车子的颜色、车型，以及不法分子逃跑的线路、方向等。

（4）及时报案。受害人必须及时向公安机关、学校保卫部门报案，提供尽可能详细的线索，以便及时侦破案件。

3．选择对策应遵循的原则

总的来说，无论遭受抢劫还是抢夺都具有突发性，所以要保持精神上的镇定和心理上的平静，下面介绍选择对策应遵循的几点原则。

（1）确保自身安全的原则。实施抢劫的犯罪嫌疑人多数是带着凶器作案或两人以上共同作案。他们在作案前都有充分的准备和周密的计划，如怎样配合、抢劫目标叫喊和反抗时怎么办，等等。因此，同学们万一遭受抢劫或抢夺，不要盲目地做出反应，要以确保自身安全为原则。

（2）设法求助和逃脱的原则。一是往人多的地方、灯光强的地方和宿舍区奔跑；二是借助有利地形，利用身边的石头、砖头等足以自卫的武器与作案人僵持，采用语言反抗的方法，理直气壮地对作案人进行说服教育，使作案人短时间无法接近，给作案人造成心理上的压力，并拖延时间等待救援者的到来；三是当自己已处于作案人控制之下时，可按作案人的需求交出部分财物，表明自己已交出“全部”财物且无反抗意图，从而麻痹对方，使其放松警惕，自己寻找机会逃脱。

（3）间接反抗的原则。遭受抢劫的情况多数是敌强我弱，直接反抗不但无效反而会吃亏，所以可采取间接反抗的方法，即趁其不注意时在作案人身上有意留下暗记，如在其衣服的某个部位上擦点血迹或放上可识别的物件；在作案人得逞逃跑时，要特别注意其逃跑方向，努力为公安机关侦查破案打下基础。

（4）及时报案的原则。作案人得手后，有可能在学校附近的商店、餐厅挥霍，也有可能相隔一两天后得意忘形地继续在校园内寻找下一个抢劫的地点和目标。高校一般都有较为严密的防范机制，被害人如果能准确描述作案人特征，将有利于有关部门及时组织力量布控，抓获作案人。在校外被抢者，要及时到就近公安派出所报案。

第四节　防敲诈勒索

一、敲诈勒索的含义

敲诈勒索是指以非法占有为目的，对他人实行威胁，索取数额较大的公私财物的行为。其基本构成是：行为人以非法占有为目的对他人实行威胁——使被害人产生恐惧心理并基于恐惧心理被动做出交付财产的决定——行为人取得财产。

其主要形式有如下两种。

（1）预谋性的敲诈勒索，其中包括利用被害人的某些过错或隐私进行敲诈勒索、制造假象进行敲诈勒索等。

（2）突发性的敲诈勒索。

案例 10 梁某，22 岁，大学毕业后来某市找工作，一直没有找到合适工作、经济窘迫的他居然把敲诈目标定为市政府。2006 年 11 月初，梁某写信给该市市长，自称是一名外来务工人员，因受当地人的蔑视，向政府索要人民币 50 万元，如若不然将在该市各大乡镇杀人。寄信后，梁某连续向一名公安民警发短信，要求警方转告市政府，还要求与市委书记、市长通话。2006 年 12 月 26 日，梁某被警方抓获。经查，梁某还曾于 2006 年 9 月 22 日敲诈过该市人民医院，当时他声称亲人在医院救治无效死亡，要求医院支付 10 万元赔偿金，否则将炸掉医院。最终，市人民法院以敲诈勒索罪判处梁某有期徒刑 5 年。

案例 11 某高校在校大三学生梁某，男，23 岁，和受害人赵某住同一栋学生宿舍楼，因日常开销比较大，为弄钱，居然将同学赵某骗至旅馆嫖娼，趁机将赵某笔记本电脑据为己有。因赵某多次向其索要电脑，他便威胁、恐吓赵某，还将赵某殴打致伤。2009 年 12 月 10 日，梁某被刑事拘留，经讯问，梁某对敲诈勒索赵某的犯罪事实供认不讳。

二、预防和应对敲诈勒索的一般策略

为了有效地预防及应对自己被敲诈勒索，应注意以下几点。

（1）不贪不义之财，不做违法乱纪之事，不授人以柄。俗话说："身正不怕影子斜。"自己行为端正，心底坦荡无私，这就在很大程度上消除了预谋性的敲诈勒索产生的条件。

（2）注意隐私保密。对于不相识的人，不可随意倾诉自己的真实情况，更不能留下自己的姓名、地址，随时注意保护自己的隐私，也不要去过于关注别人的隐私。

（3）一旦遇上敲诈勒索，切不可"私了"。当面对不法分子的要挟和恐吓时，要保持清醒和冷静，应严词斥责，大胆反抗，同时向学校保卫部门和公安机关报案，切不可"私了"。大量的事实证明，"私了"只会使不法分子得寸进尺。即使你有过一点过错，也不要怕不法分子的要挟和恐吓。要知道，不法分子就是利用这些小问题和你的心理进行敲诈勒索的，你越害怕暴露，不法分子就越嚣张。另外，不用担心报警后会使个人隐私公之于众，对于隐私，公安机关、学校保卫部门是有义务和责任保密的。

（4）积极配合公安保卫部门工作。报案后，要大胆、详尽地回答侦查人员的问题，不能因顾及面子而隐瞒情况。同时，要与公安机关、学校保卫部门保持密切联系，对不法分子提出的新要求、出现的新情况，应及时向公安机关、学校保卫部门报告，切不可单独行事。只有这样，才能坚决地打击违法犯罪行为，才能更好地保护自身的合法权益。

第五节 防 诈 骗

一、诈骗的概念

诈骗是危害公民财产安全的一种违法犯罪行为，它是指以非法占有为目的，用虚构事实或者隐瞒真相的方法，骗取公私财物的行为。

随着高校校园日益社会化，对外交流日益频繁，社会上一些不法分子也乘虚而入，将诈骗作案目标定位在高校大学生身上，其案件发案率仅次于盗窃案件。诈骗案件的特点是不法分子采取欺骗、欺诈的方法取得财物。在犯罪形式上，不法分子一般不使用暴力，而是设计陷阱或圈套，

编造谎言骗取被害人的信任，让受害人主动交出财物，这一切是在受害人很“愉快”的气氛下进行的。从其作案的手段看，它属于智能犯罪，其犯罪目的是骗取公私财物归为己有。从犯罪类型看，它属于侵犯财产罪，同时兼有多种犯罪。

每年6月29日是全国反欺诈宣传日，提醒广大群众远离“套路”免受骗，提高防范意识。

二、大学生易受骗的原因

1. 思想单纯，防范意识较差

对大学生而言，人际交往是大学生活极为重要的一部分。一些大学生书生气十足，防范意识差，思想单纯，只记得“世界充满爱”，忘却了世界的多样性和复杂性，忘记了美与丑、正义与邪恶并存，因而，不加选择或不懂选择地轻率交友，轻信他人，这些正是诈骗分子屡屡得手的重要原因。

案例12 在开学返校的途中，小珍（化名）一个人带着大包的行李在候车室等待。一个中年女人和她搭讪，一阵交谈后，中年女人喜出望外：“原来是老乡呀，我说见着怎么这样亲切！”中年女人对小珍“嘘寒问暖”，还提醒她小心骗子，这让单纯善良的小珍心里踏实了许多。过了一会儿，一个男子在小珍旁边坐了下来，停留几分钟后又离开了。小珍继续和中年女人闲聊。过了一会儿，那男子行色匆匆返回，急切地寻找东西。中年女人见状，热心地问：“大哥，怎么了？”男子急切地说：“我的银行卡掉了，里面有近万元的存款。刚才就我们三人在这儿，怎么转眼间就不见了呢？”中年女人为证明自己的清白，忙把自己的银行卡递给那男子检查，并说了密码和存款数目。小珍本不愿意，可在中年女人的劝导下，把自己的银行卡递给了那男子，并把密码、存款都如实告之。原来，中年女人和那男子是一伙的，小珍的卡已经被调包了。

据调查，在校大学生被骗取钱物绝大多数是疏于防范。大学生一直在学校里读书，社会生活经验少，思想单纯，分辨是非能力差，对新鲜事物充满了好奇心，遇事不够冷静，容易感情用事，这些性格特点如果在交际中被坏人加以利用，就容易上当受骗。上述案例中的小珍就是因为防范意识差，轻信他人，从而造成财产上的损失。

2. 贪小便宜，急功近利

案例13 一位女研究生为撰写毕业论文进行调研，在某火车站对面的旅社里认识了一个自称是开饭店的年方十七八岁的姑娘，两人一见如故，谈得十分投机。姑娘邀女研究生去外地贩银圆，说来回只大半天就可赚200元钱。女研究生经不起诱惑，见对方年轻，未存戒心，于是相信了对方。她万万没有想到，她竟被以2 480元的身价卖给了一个中年人为“妻”，失去自由长达71天。

贪心是受害者最大的心理缺陷。很多诈骗分子之所以屡屡得手，很大程度上就是利用了人们贪图便宜等心理弱点，受害者往往是被诈骗分子开出的“好处”“利益”所吸引，而对诈骗分子的所作所为不理性分析，不做调查研究，最后落得个“鸡飞蛋打”的结局，给自己的心理和精神也造成很大伤害。

案例14 2022年5月22日，某市某分局某派出所在工作中得到一条线索：一名涉诈嫌疑人黄某某，出现在某区。5月23日14时许，迫于警方压力，23岁女子黄某某投案自首。该分局依法对黄某某采取刑事强制措施。经查，1月，黄某某在海口某酒吧玩耍时，一名陌生女子以银行卡每转账10万元可获300元报酬为由，提出向黄某某购买其名下的银行卡。黄某某心动了，答应了该女子，将其在该市某银行办理的一张银行卡出售予该女子，并获利10 010元。黄某某不知道的是，自己正因用自己的支付账户帮别人收款转账，获取佣金，而涉嫌帮助信息网络犯罪活动罪，也就是“帮信罪”。其间，黄某某的银行卡被用于电信网络诈骗，涉案资金流水达380余万元。

3. 有求于人，轻率行事

在生活中，每个人都免不了有求他人相助的事，能否如愿这就要看是何事、对象是谁。如果不辨青红皂白，为达目的而轻率交友，弄不好就会上当受骗。

案例15 2013年5月，某医科学院女大学生小丽（化名）在某市一家体检中心应聘，该单位36岁司机黄某：“我虽与你不相识，但我看了你的简历，你是一名优秀的专业大学生，在体检中心上班，大材小用了，我愿帮你找到一份专业对口的工作，我舅舅是某医院院长，我已经与他通了话，详细介绍了你的情况，我舅舅表示愿意接受你到该医院工作，但是安排一个人到省级大医院工作，没有十万八万元是进不去的，你要认真考虑，千万不要错过机会。”黄某分三次骗走小丽现金8.5万元，还向小丽家中借款12万元，并与小丽非法同居长达一年多。小丽发现破绽后，于2015年4月21日向警方报案。警方经过调查取证，很快查清了黄某的犯罪事实。5月13日，黄某被批准逮捕。

4. 不加选择地结交朋友

大学生绝大多数吃住在学校，每天过着“宿舍—食堂—教室”三点一线的生活，因此喜欢结交朋友，但一些同学防范意识差，警惕性不高，不加选择地结交朋友甚至网友，很容易导致上当受骗。

案例16 某高校的一名男学生，在网上结识了一位某大学的女学生，两人在网上聊得十分投机，大有相见恨晚之感。2004年暑假，这位女大学生突然来到这位男学生的城市与其见面，在男学生这里吃住玩了半月有余，将男学生勤工俭学积攒的3 500元花得所剩无几。后来这位女学生突然离去，从此再也没有露面，网上也没了信息。不久，校保卫部门接到某市公安局的一份通缉，才发现原来这位女学生根本不是大学生，她偷了一个公司的钱之后潜逃，藏匿在这位男同学的住处，怕时间长了暴露身份，因此甩开男同学逃之夭夭。

5. 缺乏社会生活经验和判别能力

在大学校园里，每个学生都可能遇到一些来访的老乡、熟人、同学，或同学的同学、老乡的老乡、朋友的朋友之类的人。然而，这其中有的是真有的是假，可许多学生没有刨根问底的习惯，在不辨真伪的情况下宁可信其有而不信其无，而且有些学生常常把他人来访看作自己的一种荣耀，这就给了骗子以可乘之机。

案例17 某校一个女学生在宿舍里接待了一个“过去厂里师傅的同事的女儿”的陌生人。此人甜言蜜语，一口一个“师妹”，声称是特意前来“看望一下师妹的”。女学生出于对昔日师傅的信赖，没有细问就留陌生人住下。殊不知这个陌生人乃是一个骗子，趁同学们都去上课时，将该生寝室洗劫了一番，盗走毛衣、大衣和数百元现金。

三、校内常见的诈骗手段

（1）假冒身份，流窜作案。诈骗分子往往利用假名片、假身份证与人进行交往，有的还利用捡到的身份证等在银行设立账号提取骗款。骗子为了既能骗得财物又不暴露马脚，通常采用游击方式流窜作案，财物到手后即逃离。还有人以骗到的钱财、名片、身份证、信誉等为资本，再去诈骗他人、重复作案。

（2）投其所好，引诱上钩。一些诈骗分子往往利用被害人急于就业和出国等心理，投其所好、应其所急，施展诡计而骗取财物。

（3）真实身份，虚假合同。一些骗子利用高校学生经验少、法律意识差、急于赚钱补贴生活的心理，常以公司名义、真实的身份让学生为其推销产品，事后却不兑现诺言和酬金而使学生上当受骗。对于类似的案件，由于事先没有完备的合同手续，处理起来比较困难，往往时间拖得很长，花费了许多精力却得不到应有的回报。

（4）借贷为名，骗钱为实。有的骗子利用人们贪图便宜的心理，以高利集资为诱饵，使部分教师和学生上当受骗。个别学生常以“急于用钱”为借口向其他同学借钱，然后却挥霍一空，要债的追紧了就再向其他同学借款补洞，拖到毕业一走了之。

（5）以次充好，恶意行骗。一些骗子利用学生“识货”经验少又求物美价廉的特点，上门推销各种产品而使学生上当受骗。更有一些到学生宿舍推销产品的人，一旦发现室内无人，就会顺手牵羊，盗取财物后溜之大吉。

（6）招聘为名，设置骗局。为了减轻家庭负担，勤工俭学已成为大学生求学的重要手段。诈骗分子往往利用这一机会，用招聘的名义对学生设置骗局，骗取介绍费、押金、报名费、培训费等。

（7）骗取信任，寻机作案。诈骗分子常利用一切机会与大学生拉关系、套近乎，或表现出相见恨晚而故作热情，或表现得十分感慨以朋友相称，骗取信任后再寻机作案。

其实除了以上这些，还有很多，稍有不慎，就会上当受骗。

四、具体的诈骗方式

1. “QQ好友”诈骗

行骗方式：“我是你朋友，借点钱急用，不信你打开视频瞧瞧我是谁。”

骗术揭秘：事先录制 QQ 视频，诈骗 QQ 好友钱款。事先通过盗号软件和强制视频软件盗取 QQ 号码使用人的密码，并录制对方的视频影像，随后登录盗取的 QQ 号码与其好友聊天，并将所录制的 QQ 号码所有人视频播放给其好友观看，以骗取其信任，最后以急需用钱为名向其好友借钱，从而诈骗钱款。

2. “话费充值”诈骗

行骗方式：“‘一号通’充值卡，买 200（元）送 200（元），买一送一!”

骗术揭秘：不法分子申请建立与电信公司合作的通话服务平台，并私自制作充值卡，而充值的钱都会被充到这个平台，犯罪团伙在售卡之前都会将充值卡卡号登记，售出的卡号都会在第一时间通知代理方，而代理方会根据充值卡售出的时间，分批将话费收回，转入银行私人账户。这个时间大概是两到三天，所有买卡充值的人，无论是谁都会在两三天内因欠费而停机。

3. “网络购物”诈骗

行骗方式：“我已汇了两次钱，但仍然没收到我网上订购的衣服。”

骗术揭秘：犯罪嫌疑人以“超低价”或“海关查没品”为诱饵诱骗消费者，而且价格都低得出奇，一般都低于市场价 50%。当消费者汇了第一笔款后，骗子会来电声称，要么商品不零售，要求批量购买；要么货已运到，要求汇款人再汇余款、风险金、押金或税款之类的费用，否则消费者收不到货，也不会退货。一些消费者迫于第一笔款已汇，只好抱着侥幸心理继续再汇。建议：如果是对方要求先用现金汇款才发货的交易，最好不要轻信。

4. “电话响一声”诈骗

行骗方式：不分白天黑夜，电话响一声，等你回拨上钩。

骗术揭秘：电话吸费诈骗是新型的诈骗形式，嫌疑人通过境外运营商注册一特殊的服务号码，如声讯电话号码，使用工具拨打事主电话接通后自动挂断，如事主回电话，电话将被直接接到特殊声讯号码上，强行吸收事主话费，一次少则数十元，多则几百元。

5. “虚假中奖”诈骗

行骗方式：“恭喜您，“×××××”栏目正面向所有微信用户举行抽奖活动，您有幸被抽中成为我们的幸运用户……”

骗术揭秘：你的手机会接到一个陌生电话或短信，自称是某某单位(往往是某团体或公司)，说你在某个活动中中奖，奖金高达数百万元。如你信以为真，那么对方会一步步套你，给你一个银行账号，让你先缴手续费×××元；等你缴完手续费后再让你缴税等，金额从小到大。有的被害人为能“兑现”这笔数百万元的奖金，甚至会被骗上百万元。

6. “无抵押贷款”诈骗

行骗方式：“免费提供长期贷款，无担保，立等可办。电话××××××××。”

骗术揭秘：不法分子通过手机信息或者报纸、网站发布信息，称能够提供免担保贷款，如果你与之联系，他会声称贷款必须先付保证金或者部分利息，并要求你办理一张银行卡，先打一笔“企业验资款”在账户上，证明还款能力，然后开通电话查询功能供他查询。而实际上不法分子利用新办银行卡的初始密码就把钱转走了。

7. “招聘陷阱”诈骗

行骗方式：“您好，××公司招专、兼职男女员工，要求体貌端，年龄××岁以下，工资当天结算。咨询电话××××××××。”

骗术揭秘：不法分子以招聘业务员为名，发布虚假广告信息，事主一旦与其联系，便以收取“介绍费”“培训费”“服装费”为由实施诈骗。

8. “快递公司”诈骗

行骗方式：“您好，这里是××快递客服电话，您有一份快递已经投递三次无人接收，如有任何疑问，请按‘0’转人工咨询。”

骗术揭秘：受害人一旦接通人工咨询后，不法分子先是以多种身份套取受害人的信息，如：“您有一份快递一直没有人接收，麻烦您说下您的姓名、住址及身份证号码，我们核实一下信息。”一旦受害人疏于防范，不法分子就会假借多种名义开始进行经济诈骗。

9. “汇钱救急”诈骗

行骗方式：“我是××市××支队，你儿子出车祸了，现正在医院抢救，请汇 5 000 元医药费到医院的账户×××。”

骗术揭秘：犯罪嫌疑人以孩子上学或工作离家较远等时机，直接拨打家长电话，以孩子在外受意外伤害、突发急病要求汇款为由进行诈骗。此时家长一定要稳定情绪，并及时与孩子相熟同学、老师取得联系，防止上当受骗。

10．冒充领导、同事、朋友或公司老板诈骗

（1）骗子通过非法途径获知公司老总或单位领导的姓名、电话等有关资料，假冒领导等身份发短信息给当事人，谎称更换手机号码，后再以该手机号码发短信诱骗被害人向骗子汇款；或者冒充单位领导、同事、朋友、亲戚等，采取直呼其名或“猜猜我是谁”的方式，以“临时周转、送礼给领导”等为名，要求事主向指定账户转入资金。

（2）骗子利用不法手段侵入当事人聊天群中，掌握受害人的聊天记录，待时机成熟之际窃取公司、企业老板的微信、QQ资料，冒充老板向公司出纳发出汇钱的指令，骗取公司钱财。

11．发送携带木马链接的内容短信诈骗

骗子使用伪基站冒充移动公司或银行客服电话发送包含钓鱼网站链接的短信，以积分兑奖、网银升级为由，诱使事主填写银行账号、密码，安装木马程序，进而将账户资金消费或转走。

12．聊感情诈骗

骗子通过大型婚介网站或更改位置定位手机附近的人寻找诈骗对象，通过聊天骗取信任，诱骗对方发红包、充话费或让被害人到虚假的投资理财平台进行投资，骗取被害人钱财。

13．冒充公检法诈骗

骗子分别冒充“公安局、检察院、法院、社保、医保”工作人员，用网络电话虚拟上述单位电话号码，以“恶意透支、社保、医保账户异常或涉嫌洗钱、贩毒罪等”为名，要求受害人将个人资产转到所谓“安全账户”进行诈骗，或让受害人登录虚假的公、检、法网站查看“通缉令”，后再实施诈骗。

14．网络兼职刷信誉诈骗

骗子在网上发布“兼职刷信誉，给予高额报酬”的虚假广告，先要求事主购买首笔订单，并进行少量返利，后以赚取更多提成为诱饵，诱骗受害人购买多笔订单，从而实施诈骗。

15．涉“疫”诈骗

（1）冒充防疫工作人员骗局。不法分子以“卫健委”“疾控中心”工作人员的名义给群众拨打电话或群发短信，或称进行线上排查，或者称“你是密接者或感染者”，亦或称健康码、行程码、核酸报告有异常，要求其配合防疫。通过一番恐吓威胁，一步步索要群众包括身份证、银行卡、手机号等个人信息，并以发送信息确认为由，骗取银行验证码实施诈骗。不法分子往往会对当地防疫形势先做了解，加上群众被告知是密接者或感染者时往往会有情绪波动，更加令人一时难以分辨真假。

提示：恐惧会使人丧失理性，造成混乱。遇到核查的时候，要沉着冷静，理性应对。防疫人员不可能收集银行卡号、账户密码等无关敏感信息，而支付验证码更是绝不可透露给其他任何人，请注意甄别，谨防诈骗。

（2）核酸检测“快速通道”骗局。部分群众因为工作或者是生活需要着急做核酸，但又怕麻烦怕风险，不愿排队。所谓“内部人员”或者“灵通人士”就利用人们的这种迫切需求，通过聊天群、伪基站大量发送“加急最快半个小时出结果”“家里也能做核酸检测”“保证出阴性报告”等信息，声称只要额外付费便能办到。实则这都是骗钱的套路。

提示：核酸检测没有“快速通道”，不要轻信网络上的小道消息和“私人渠道”。这不仅落入了不法分子的陷阱，更影响自身正常出行，伪造核酸证明更是违法行为。一定要在经卫健部门认证的医疗机构或检测机构进行检测。

（3）钓鱼链接和二维码诈骗。一些不法分子假冒防疫人员、社区工作者等名义，以加入聊天群、群发消息等方式，发送冒充“密接自查”“信息报备”的钓鱼链接和二维码，引诱点击或“扫一扫”含木马网址的虚假链接，并要求填写个人信息和支付密码等敏感信息，从而盗取群众个人财产。

提示：不明链接不要点！如果收到相关信息，可以在微信“国家政务服务平台”小程序的“同行密接人员自查”中自行筛查。

（4）冒充“捐款”骗局。不法分子通过多种方式，冒充慈善机构、医疗机构，通过募集善款的形式骗取财物，甚至通过转发真实募捐信息时将收款账号篡改为自己的收款账号诈骗善款，令人难以分辨。有不法分子以捐款返利为名，引导受害人多次转账，令人防不胜防。

提示：献爱心，一定要认准正规渠道，不要将捐献资金转入个人账户。别让自己的同情心成为不法分子牟利的工具。请提高警惕，如遇此类募捐诈骗，立即报警。

（5）招聘防疫工作人员骗局。疫情防控期间需要大量防疫工作人员，不少人也很想加入志愿者队伍，不法分子瞄准这一时机，以招聘志愿者等名义发布虚假招聘信息。待群众主动联系后，向其收取报名费、体检费、培训费、防疫装备费、核酸检测费等各类费用，待支付费用后便拉黑失联。

提示：参与防疫工作一定要选择正规途径，如各级团委组织的青年志愿者活动等，不要轻信来历不明的招聘信息。一些招聘以高薪为诱饵，提前收取各类费用，很可能是诈骗，请小心分辨。

（6）代购物资骗局。疫情防控期间，生活物资、防疫物资等成为紧俏商品，不法分子通过扫描小区业主张贴在小区的二维码等方式进入小区业主微信群，随后将个人微信昵称和头像修改为附近商铺采购人员，冒用采购人员身份发布相关生活物资等售卖信息，并将自己的微信收款二维码发到群内。同时，为获得更大收益，还谎称必须团购多件才能发货，诱导小区居民将购买物资的钱款转入该二维码账户。作案人员收款后便退群失联。

提示：购买生活、防疫物资应尽量通过正规平台，切勿轻信个人的兜售行为。仔细甄别网络卖家留下的联系方式及相关信息。

（7）“特效药”骗局。利用人们对病毒的恐惧心理，不法分子冒充所谓科研机构、医疗机构等工作人员，谎称拥有特效药，诱导前往钓鱼链接购买，从而获取银行卡信息实施诈骗。

提示：目前，国内外并没有什么“特效药”，不要相信和购买任何所谓“特效药”。若碰到短信或电话推销药品的，一律可以删除、挂断、拉黑。如若确实身体出现不适，要及时去正规医院寻求帮助。

（8）冒充“班主任”类型骗局。不法分子通过各种方式混入班级家长群等联系群，随后伪装成班主任等管理人员，以疫情防控为由，要求家长通过二维码、木马链接等方式向其缴纳疫苗、防疫检查费等费用实施诈骗。

提示：家长群等工作联系群应开启验证功能，核实群内人员身份，及时剔除身份存疑人员。家长平时可与老师加强沟通，便于孩子学习上的交流，也可及时确认收费等问题。

（9）冒充熟人，自称“染病人员”骗局。不法分子通过事先获得的联系方式，伪装成受害者身边的亲属、朋友，通过短信、微信等方式谎称自己感染了新冠病毒，现要求向指定账户缴纳所谓的“住院费”“治疗费”“医疗费”等实施诈骗。

提示：无论何时，接到熟人线上发送的转账请求，或询问银行卡、网银密码、验证码等重要信息时，须时刻保持警惕，要设法核实对方身份后再做决定。

（10）电商、快递涉疫骗局。不法分子通过“网络黑市”购买网购信息，以“快递包裹被检出新冠阳性、无法送达”为借口向受害者提出“快递销毁，但会赔付”的解决方案，或者谎称受害者订单受疫情影响导致延迟、取消发货，需要按指引操作进行“退款”。之后，不法分子会一步步引导受害者离开正规交易平台，添加 QQ、微信、支付宝等，套取银行卡账号、密码、短信验证码等重要信息，或发送钓鱼网站链接、二维码等方式转走受害者钱款。

提示：此类诈骗属于“网购退款”的“旧酒新瓶”。遇到这种情况，应拨打电商平台、快递公司的官方客服电话，联系工作人员核实情况，通过官方渠道核实操作。

（11）机票、火车票“退改签”骗局。不法分子通过发送短信或者拨打电话，称“航班/列车因疫情防控被取消，办理‘退改签’可获赔偿”，诱导受害者登录短信中的钓鱼网址或通过语音提示进行操作，进一步套取银行卡号、密码、手机验证码等，转走资金。

提示：疫情防控期间，若接到退改签电话或短信，一定要拨打航空公司官方电话或登录官方网站核实情况。

（12）领取补贴骗局。不法分子冒充政府工作人员等身份，谎称根据国家政策发放补贴，需及时扫码登记领取，将受害者引导至“钓鱼网站”中填入银行卡号、密码、验证码等资料后，转移受害者资金。

提示：疫情期间对小微企业、个体工商户和困难群众的补贴、补助信息，务必要通过官方媒体获得。对于主动联系一定要心存戒备，并拨打官方电话进行核实，不要点击不明链接、提供个人信息。

16．识别诈骗，牢记“八个凡是”

（1）凡是自称公检法要求汇款的。

（2）凡是叫你汇款到“安全账户”的。

（3）凡是通知中奖、领取补贴要你先交钱的。

（4）凡是通知“家属”出事要先汇款的。

（5）凡是在电话中索要个人和银行卡信息及短信验证码的。

（6）凡是让你开通网银接受检查的。

（7）凡是自称领导（老板）要求打款的。

（8）凡是陌生网站（链接）要登记银行卡信息的。

针对上面“八个凡是”的情况都要慎重对待，其中大多是诈骗伎俩。

五、预防诈骗的方法

1．提高防范意识，学会自我保护

社会环境千变万化，接触的人形形色色。青年大学生必须尽快适应环境，学会自我保护。要积极参加学校组织的法治和安全防范教育活动，多关心、多了解、多掌握防范知识，对自己有百利而无一害。在日常生活中，要做到不贪图便宜、不谋取私利；在提倡助人为乐、奉献爱心的同时，也要提高警惕，不轻信花言巧语；不要把自己的家庭地址、个人信息等情况随便告诉陌生人，以免上当受骗；不能用不正当的手段谋求择业和出国；发现可疑人员要及时报告，上当受骗后更要及时报案、大胆揭发，使不法分子受到应有的法律制裁。

2. 交友要谨慎，避免以感情代替理智

人的感情是主体与客体的交流，既是主观体验也是对外界的反映，本身应该包含合理的理智成分。如果只凭感情用事，一味“跟着感觉走”，往往容易上当受骗。

交友最基本的原则有两条：一是择其善者而从之，真正的朋友应该建立在志同道合、高尚的道德情操基础之上，是真诚的感情交流而不是简单的利益关系，要学会了解、理解和谅解；二是严格做到“四戒”，即戒交低级下流之辈，戒交挥金如土之流，戒交吃喝嫖赌之徒，戒交游手好闲之人。

与人交往要区别对待，保持应有的理智。对于熟人或朋友介绍的人，要学会“听其言，观其色，辨其行”。对于初相识的朋友，不要轻易“掏心窝子”，更不能言听计从、受其摆布利用。对于那些“来如风雨，去如微尘”的上门客，态度要热情、处置要小心，尽量不为他们提供单独行动的时间和空间，以避免给不法分子创造作案条件。

3. 同学之间要相互沟通、相互帮助

在大学里，无论哪个学院、哪个专业，班集体总是校园中一个最基本的组织形式。在这个集体中，大家都有着共同的学习目标，生活和学习是同步的，同学间、师生间应该相互加强沟通、互相帮助。有些同学习惯于把个人之间的交往看作个人隐私，但必须知道，既然是交往就不存在绝对保密。有些交往关系，在自己认为适合的范围内适当透露或公开，更有利于安全需要，特别是在自己觉得可能会吃亏上当时，与同学有所沟通或许就会得到一些帮助，从而避免受害。

4. 服从校园管理，自觉遵守校纪校规

制度，总是用来约束人们行为的，在执行过程中可能会给同学们带来一些不便；但是制度却是必不可缺的。况且，绝大多数校园管理制度都是为控制闲杂人员和不法分子混入校园作案，以维护学生正当权益和校园秩序而制定的。因此，同学们一定要认真执行有关规定，自觉遵守校纪校规，积极支持有关部门履行管理职能，并努力发挥出自己的应有作用。

第六节　女大学生的自我保护

由于个别女大学生单纯、善良、缺乏社会经验以及家庭教育不全面，加之社会治安管理和法治尚待健全，以及网络和新媒体的广泛应用，使其容易受到不法分子的侵害。女大学生受到侵害的主要形式之一就是受到性侵犯。据有关部门调查，近年来，性犯罪在整个社会发生的刑事案件中所占比例越来越大，仅次于财产犯罪而居于第二位。因此，女大学生应了解、掌握有关预防性侵犯的知识，以最大限度地保护自己，免受伤害。

一、性侵犯的概念

性侵犯泛指一切与性相关且违反他人意愿，对他人作出与性有关的行为，包括强奸、性骚扰在内都可算是一种性侵犯，露体、窥淫等也可算是性侵犯的一种。校园中的性侵犯主要有以下形式。

1. 暴力型性侵犯

暴力型性侵犯，指不法分子使用暴力和野蛮的手段，如携带凶器威胁、劫持受害者或以暴力威胁加言语恐吓，从而对女同学实施强奸、猥亵等。暴力型性侵犯具有以下特点。

（1）手段残暴。当性犯罪者进行性侵犯时，必然受到被害者的抵抗，所以很多性犯罪者往往要施行暴力，且手段野蛮和凶残，以此来达到自己的犯罪目的。

（2）行为无耻。为达到侵害受害者的目的，犯罪者往往会厚颜无耻地不择手段，疯狂地摧残、凌辱受害者。

（3）群体性。不法分子常采用群体性纠缠方式对受害者进行性侵犯。这是因为，人多势众，容易制服被害人的反抗而达到目的，还会使原来单个不敢作案的罪犯变得胆大妄为，这种形式危害极大。

（4）容易诱发其他犯罪。性犯罪的同时又常会诱发其他犯罪，如财色兼收、杀人灭口、聚众斗殴等恶性事件。

2. 胁迫型性侵犯

胁迫型性侵犯，指利用自己的权势、地位、职务之便，对有求于己的受害人加以利诱或威胁，从而强迫受害人与其发生非暴力型的性行为。胁迫型性侵犯具有以下特点。

（1）利用职务之便或乘人之危而迫使受害人就范。

（2）设置圈套，引诱受害人上钩。

（3）利用过错或隐私要挟受害人。

3. 社交型性侵犯

社交型性侵犯，指在自己的生活圈子里发生的性侵犯，与受害人约会的大多是熟人、同学、同乡，甚至是男朋友。受害人身心受到伤害以后，往往出于各种考虑而不敢加以揭发。

社交型性侵害主体在实施侵害之前都是有计划的，常常利用机会或创造机会把正常社交引向性犯罪。如经常对被侵害的女性动手动脚；频繁地以性为话题，进行挑逗勾引；想方设法把被侵害人带到可以受他控制的环境（如他的家中）或偏僻的角落，然后实施性侵害。

网络交友也成为社交性型侵犯的主要形式，作案人在网络聊天中往往利用花言巧语给那些正处于感情迷茫时期的女生以最大的诱惑。在女学生看来，那些人就是她们要找的“梦中情人”“白马王子”“知心哥哥”，在想象的情感中放松了警惕，因此而容易上当受骗。

案例*18* 2016年3月，女大学生小敏（化名）通过网络认识了小军（化名）。4月初，小敏在小军的邀请下来到小军家中。却没料到，这竟然是小敏进入一场噩梦的开始，接下来的11天中，小敏不仅被囚禁无法与外界联系，还多次遭到殴打。最终，小敏在小军放松警惕后，将一张写有求救信息的纸条传递给附近居民，派出所在接到求救信息后，迅速组织救援抓捕工作，成功解救了小敏，并抓获涉嫌非法拘禁的犯罪嫌疑人小军。

4. 诱惑型性侵犯

诱惑型性侵犯，是指利用受害人追求享乐、贪图钱财的心理，诱惑受害人而使其受到性侵犯。

5. 滋扰型性侵犯

滋扰型性侵害的主要形式。

（1）利用靠近女生的机会，有意识地接触女生的胸部，摸捏其躯体和大腿等处，在公共汽车、商店等公共场所有意识地挤碰女生等。

（2）暴露生殖器等变态式性滋扰。

（3）向女生寻衅滋事，无理纠缠，用污言秽语进行挑逗，或者做出下流举动，对女生进行调戏、侮辱。

二、性侵犯的特点

1. 性侵犯和性骚扰的对象

在性犯罪中，凡女性，无论老幼都有被攻击的可能，而以16～29岁的女性为主要侵犯目标。女大学生正处于青春年华，其年龄构成、身体条件、社会经验等都是她们易受性侵犯的原因。

从高校女生受到性伤害的实际情况来看，下面几种类型女学生易受攻击：

（1）装扮时髦，行为不羁，经常出入社会公共场所的。

（2）身体单薄，弱不禁风的。

（3）性格懦弱，羞于上报的。

（4）作风轻浮，交友不慎的。

（5）独处于宿舍、实验室、运动场或其他隐蔽场所的。

（6）被人抓住把柄，容易被他人要挟的。

（7）贪图钱财，贪图享受，缺乏观察识别能力的。

（8）意志薄弱，难拒性诱惑以及精神空虚、无视法纪的。

（9）衣着暴露，裸露部分较多的。

（10）夜晚长时间独自在室外活动的。

2. 作案时间具有规律性

夏天是女大学生容易遭受性侵害的季节。夏天天气炎热，女生夜生活时间延长，外出机会增多。夏季校园内绿树成荫，罪犯作案后容易藏身或逃脱。同时，由于夏季气温比较高，女生衣着单薄，对异性的刺激增多。

夜晚是女大学生容易遭受性侵害的时间。这是因为，夜间光线暗，不法分子作案时不容易被人发现。

3. 作案地点具有选择性

流氓不法分子作案的地点是有选择的。流氓滋扰式性侵犯大都发生在城镇的闹市、街道、公园、娱乐场、商场、影剧院、公共交通车辆上。因为这些地方来往人员较多，互相拥挤，不法分子容易得手，一旦被发现还便于逃脱。暴力型性侵害大多发生在偏僻处。

三、女大学生预防性侵犯的基本方法

1. 筑起思想防线，提高识别能力

女大学生应该树立防范意识，提高识别能力和应对力。特别应当消除贪小便宜的心理，对一般异性的馈赠和要求应婉言拒绝，以免因小失大。谨慎待人处世，对于不相识的异性，不要随便说出自己的真实情况；对自己特别热情的异性，不管是否相识都要倍加注意。一旦发现某异性对自己不怀好意，甚至有越轨行为，一定要严厉拒绝、大胆反抗，并及时向学校有关领导和保卫部门报告，以便及时加以制止。

2. 行为端正，举止正派

行为端正是最好的抵御武器。就服装而言，注意在大庭广众面前不要穿着低开领、大开背、露肩背或过于短小紧绷的衣服，以及超短裙等。就装扮而言，不要浓妆艳抹，发型怪异。最关键的是女性自身的修养和举止。例如，走路应该抬头挺胸，目视前方。参加社交活动与男性单独交

往时，要理智、有节制地把握好自己，尤其应注意不能过量饮酒。

3．健康恋爱，态度明朗

恋爱行为要大方，注意行为举止的检点；善于控制感情，理智行事。恋爱中引起的性冲动，一方面要克制和调节，另一方面要注意转移和升华，参加各种文娱活动，与恋人多谈谈学习和工作，把恋爱行为限制在社会规范内，不致越轨，要使爱情沿着健康的道路发展。

女大学生在恋爱关系中拒绝对方的过分要求时，要讲明道理，耐心说服，不宜嘲笑挖苦。中止恋爱关系后，若对方仍然是同学、同事，不能结怨成仇人，在节制不必要往来的同时仍可保持正常往来关系。

4．学会用法律保护自己

对于那些失去理智、纠缠不清的违法分子，女大学生千万不要惧怕他们的要挟和讹诈，也不要怕他们打击报复。要大胆揭发其阴谋或罪行，及时向领导和老师报告，学会依靠组织和运用法律武器保护自己。千万注意不能“私了”，“私了”的结果常会使不法分子得寸进尺。

5．女大学生防止性侵犯的日常注意事项

（1）尽量减少夜间出行，外出要结伴。尽量减少夜间出行，如必须外出，一定要结伴。夜间行走要保持警惕，要走灯光明亮、往来行人较多的大道。对于路边黑暗处要有戒备。遇有陌生男人问路，不要带路；向陌生男人问路，不要让他带路。不要搭乘陌生人的机动车、人力车或自行车，防止落入坏人圈套。

（2）穿着打扮要简洁大方。不要穿过分暴露的衣衫和裙子，防止产生性诱惑。短裙过膝，上衣要包肩、不低胸、不露腰；不要穿行动不便的高跟鞋、拖鞋。

（3）谨慎结交新朋友。女大学生在与同学、老乡及朋友（尤其是网友）交往时，要留意对方日常言行中表现出来的人品、道德修养；不要轻信甜言蜜语，不要单独跟新朋友去陌生的地方；控制约会环境，不要到偏僻人少的地方。

（4）有选择地适当参加社会活动。女大学生应慎重参加如家教类的活动，即使要参加也要通过学校及有关部门去联系，切忌自己通过小广告或自行推荐去选择服务对象。

（5）乘坐公共汽车时注意自我保护。乘坐公交车要避免站在车门口和车厢连接处等容易受到“骚扰”的地方。同时，女生一定要巩固自己的防线，例如，可以把随身背的挎包放在胸前，或者把书本放在臀部，可以自然抵御“色狼”的侵袭。

（6）避免男女一对一乘电梯。如果你与一个陌生男人一起乘电梯时，你应该站在靠近按钮控制板的旁边，一手自然地放在开门按钮处，同时两眼余光关注对方，用心去警戒，而外表仍要显得很轻松的样子。有时当电梯快启动时，经常会有陌生男士边喊“请等一下，”一边就想跨进电梯门来。此时如果电梯中只有你一人，那么处理的原则就只能是“他进我出”。

四、女大学生遭受性侵犯时的应对措施

1．保持镇静，临危不惧

遭受性侵犯的时候，要保持镇静，冷静思考可自救的方法。临危不乱的态度可以对不法分子起到震慑作用，使其感到胆怯，进而不战而胜。

2．择机大声呼喊，震慑罪犯

女性如果遭到歹徒欲行强奸，见到有人走近时择机大声呼叫，一是震慑强奸犯，二是引来他

人相救。强奸犯一般会用双手堵住女生的嘴，这时候可用鞋子踢强奸犯的下腹部或是狠踩强奸犯的脚，趁其不备，赶紧逃脱。如果在过于偏僻地方，不建议激怒对方，要巧妙周旋，避免发生更大的伤害。

3. 拖延时间，顽强抵抗

遇到性侵害时要有反抗到底的决心，拖延时间，顽强抵抗。根据周围的环境选择摆脱、反抗、求救的办法。

案例 19 21 岁的女孩小张，大专毕业后，因为一直没找到合适的工作，便去投奔同学。某天，小张在网上看到一家工厂招聘文员，她联系上工厂的李老板，双方约定第二天在工厂面试。小张只身赴约，在面试即将结束时，李老板突然把小张摁倒在沙发上，想施暴。最后小张通过装疯卖傻拖延时间，趁着李老板内急上厕所之际，爬到二楼窗台的平台上喊着要跳楼。小张后来被消防员救下。李老板因涉嫌强奸未遂被警方刑拘。

4. 逮住时机，迅速逃脱

寻求适当机会和方式逃脱。如可先假装同意，使不法分子放松警惕，然后趁他不备时，使尽全力将他推倒，及时逃跑，并在逃跑时继续呼救。

5. 利用利器，正当防卫

利用身边的器物实施正当防卫。当发生性侵害时，要想一想自己身上有无可以用作防卫的工具，如水果刀、指甲钳、发夹等，观察周围有没有可以利用的器物，当受到侵害时，用其击打不法分子要害部位，使其丧失侵害的能力，趁机逃跑。

6. 狠狠抓咬，毁其体肤

在歹徒实施强奸时，可用手狠抓其面部，用膝盖狠蹬其腹部，或咬其肩部、耳、鼻、嘴唇等，从而使歹徒无法得逞。

7. 留心观察，巧获证据

当受到性侵害的时候，一定要在与不法分子搏斗的同时，千方百计地从不法分子身上获取证据，除观察其体貌特征、动作习惯、来去方向等，还要巧妙地在不法分子身上留下各种印记和痕迹，尽量在其头部或脖子处留下伤痕，这是最有效的办法，以便警察追凶。

8. 做好标记，保护现场

采取适当的措施妥善保护现场的原始状态，可为警方破案提供更多的证据。

五、女大学生遭受性侵害后的应对措施

1. 及时报案不要拖

女大学生一旦遭遇性侵害事件后，要打消顾虑，及时向有关部门报案，不能因为害怕名誉受损，将苦果自己咽下去，这样会使犯罪分子逍遥法外，也使更多的女性受害。

案例 20 某高校女生夏某与王某在学校附近合租了一套房子，王某因参加了一项社会实践活动没有回家，周边居住的一个不法分子看在眼里，一天晚上趁夏某熟睡之机翻阳台进入将夏某强奸。事后夏某想去报案又有些犹豫，害怕一旦让人知晓自己的名誉就完了，她抱着反正无人知道的思想就将此事埋在心里。当地的那个不法分子见事后没有任何动静，尝到“甜头”，他决定再次铤而走险，当他第二次翻入室内作案时，王某又成了牺牲品。虽然不法分子终被绳之以法，但带给两位女大学生心灵伤害却永远难以抹平。

2. 配合调查要积极

性侵害发生后，在报案的同时，被害人要将侵害的有关物证保留好，并将不法分子的体貌特征、衣着打扮、口音、携带物品、受伤状况等情况如实地向有关调查人员反映，为公安机关破案提供线索。

3. 心态调整不极端

女大学生发生被侵害后，表现出意志消沉、精神萎靡，心理负担加重，整天生活在被侵害的阴影中，久而久之，会产生厌世情绪，有些会抱着破罐破摔的心理，走上自甘堕落的道路，还有自尊心较强的会由悲愤产生强烈的报复心理，发誓要除掉加害人。因此，作为有知识、有文化的女大学生一定要及时调整心态，主动接受心理辅导，尽快从阴影中走出来。

第七节 正当防卫

正当防卫是法律赋予公民的神圣权利，是公民与违法不法分子作斗争的法律武器，大学生应掌握好这个武器。

一、正当防卫的概念

《中华人民共和国刑法》(以下简称《刑法》)第二十条第一款规定："为了使国家、公共利益、本人或者他人的人身、财产和其他权利免受正在进行的不法侵害，而采取的制止不法侵害的行为，对不法侵害人造成损害的，属于正当防卫，不负刑事责任。"

二、正当防卫的构成要件

1. 正当防卫的前提条件是必须存在不法侵害

一般来说，不法侵害是指违反法律规定、具有社会危害性并且带有较明显的紧迫性或攻击性的行为。对于合法行为如公安人员的拘留、逮捕，以及群众捉拿或扭送罪犯等，不能进行所谓的正当防卫。

2. 正当防卫的时间条件是必须针对正在进行的不法侵害

所谓正在进行的不法侵害，包括两层含义：一是指这种侵害是实际进行的，而不是主观想象的、推测的；二是指不法侵害是正在进行的，而不是尚未发生或已经结束的。

3. 正当防卫的对象条件是不法侵害者本人

正当防卫的目的是制止、排除不法侵害，故只能对不法侵害者本人实施，而不能对其他人实施（如不法侵害人的亲属等）。另外，对共同实施不法侵害的，如现场的组织者、指挥者也可以实施正当防卫。防卫人在实施防卫的过程中如果给第三者造成损害，可以根据其主观有无罪过来确定其应否承担刑事责任。

4. 正当防卫的主观条件是正当的防卫意图

正当的防卫意图是指防卫人是为了保护国家、公共利益、本人或他人合法的人身、财产和其他权利免受不法侵害。正当防卫之所以是正义的，就在于它是为了保护这些合法利益，这是正当防卫的基本出发点，离开了这个基本出发点，正当防卫就不能成立。也就是说，为了保护非法利益而实行防卫（如盗窃犯为了保护盗窃来的财物而实施的防卫），就不是正当防卫。

5. 正当防卫的限度条件是没有超过必要限度

所谓必要的限度，是指正当防卫以有效地制止不法侵害为限度。即只要这种防卫行为在当时的具体情况下是有效制止不法侵害所必需的，则不论其性质、手段、强度与后果是否和不法侵害行为相适应，都不能认为是超过了必要的限度。反之，如果防卫所采取的措施不是当时情况下所必需，行为人应就其行为承担相应的责任。

案例 21 2020 年 2 月 24 日 16 时 30 分，某县公安局某镇派出所接到报警称，该镇某村村民抓住几个贼。民警迅速赶到现场，却发现只有一人，而且被称作“贼”的人已经死亡。民警随即将当事人郑某带回派出所审查。郑某是某大学大一学生。24 日 15 时许，准备第二天返校的他将书本、手电筒、充电器等放进挎包后，锁上家门到亲戚家去告别。16 时许，他骑自行车返回自己家，在离家二三十米的公路上，发现一名中年男子提着蛇皮袋，背着挎包走来。看见挎包特别像自己的包，便喊：“叔，你咋拿我的包？”这名男子听到喊声后，弃包而逃。郑某查看包后，确认就是自己的包。在他与另一名持刀贼扭打过程中，持刀人被刺中倒地，郑某随即打电话报警。

经查，郑某家门锁被撬，室内被翻，价值 1 200 多元的物品及 2 000 元现金被盗。死者姚某，有吸毒、盗窃史。民警在姚某衣服内还发现大量被盗物品，袜子内有一包毒品，口袋内侧藏有刀鞘，左腰后侧有一处刀伤。

最后，认定郑某的行为属于正当防卫。

三、非正当防卫

既有正当防卫，就有非正当防卫。若非正当防卫造成了损害，则应负相应的法律责任。非正当防卫主要有下面几种。

1. 防卫过当

防卫过当是指行为人在实施正当防卫时，超过了正当防卫所需要的必要限度，并造成了不应有的危害行为。

《刑法》第二十条第二款规定：“正当防卫明显超过必要限度造成重大损害的，应当负刑事责任，但是应当减轻或者免除处罚。”

《刑法》第二十条第三款规定：“对正在进行行凶、杀人、抢劫、强奸、绑架以及其他严重危及人身安全的暴力犯罪，采取防卫行为，造成不法侵害人伤亡的，不属于防卫过当，不负刑事责任。”

案例 22 宋某持三棱刮刀抢劫王某财物，王某夺下宋某的三棱刮刀，并将宋某推倒在水泥地上，宋某头部着地，当即昏迷。王某随后持三棱刮刀将宋某杀死。王某前面行为是正当防卫，后面行为是故意杀人（超过防卫的必要限度，造成重大损害）。

2. 防卫挑拨

防卫挑拨是指行为人故意挑逗对方，使对方对自己进行不法侵害，借口加害于对方。

案例 23 甲乙两名大学生素有私仇。甲知乙性格粗暴，易于激怒，遂预谋利用乙的这一缺点加害报复。一日，甲在乙身旁指桑骂槐，果然将乙激怒，乙则动手打甲，甲立即反击，将乙打成重伤。甲的行为既不属于正当防卫，也不属于防卫过当，而是防卫挑拨，构成故意伤害罪。

3. 局外防卫

局外防卫（也叫防卫侵害了第三人）是指防卫者对正在进行的不法侵害以外的人实施的侵害行为。

4．假想防卫

假想防卫是指不法侵害行为根本不存在，由于行为人猜想、估计、推断不法侵害行为存在，而对他人实施侵袭的不法侵害行为。

5．事前防卫

事前防卫（也叫提前防卫）是指行为人在不法侵害尚未发生或还未到来的时候，而对准备进行不法侵害的人采取了所谓的防卫行为。

案例 **24** 甲乙两名同学因在食堂排队买饭时发生口角，动手互殴，被人拉开。临走时，甲威胁乙说："中午放学时，要你的命"。乙担心放学时，甲真要他命，于是在课间乘甲不备，将甲捅伤。

对此，应按故意犯罪论处。并且，由于这种可能发生的侵害，并非直接面临的实在威胁，是可以采取其他措施避免不法侵害保护合法权益的，例如，寻求司法救济等。因之，事前防卫不是正当防卫，而是具有惩罚性的加害行为，构成犯罪的，应当负刑事责任。对于这种行为可以及时向有关机关报告，严密防范，不能"先下手为强"。

6．事后防卫

事后防卫是指在不法侵害终止后，而对不法侵害者进行的所谓防卫行为。

案例 **25** 小王考入某大学，和同学相处半年后爱上了本班一个女生小丽（化名），可是小丽对小王不感兴趣，倒是喜欢本班班长小张。有一天，小王和几个朋友从网吧出来，恰好遇到小张和小丽在一起很亲密，小王见状分外眼红，上去警告小张不要和小丽走得太近，小张当然不服软，于是双方话不投机，小王等人率先出手，把小张一阵暴打。事后，小张越想越生气，回宿舍拿了一把水果刀，冲到小王的宿舍，将其扎伤。

小张的行为就属于事后防卫，因为正当防卫必须是不法侵害正在进行时才能实施，这是正当防卫的时间条件。本案中，小王等一伙人不法侵害已经结束，此时进行防卫属事后加害或事后防卫。除此之外，在下列情况实施防卫也属事后防卫：①不法侵害人已被制服；②不法侵害人已经丧失侵害能力；③不法侵害人已经逃离现场；④不法侵害行为已经造成严重后果并且不可能继续造成更严重的后果。

随着社会的发展进步，大学生的生活空间大大扩展，交流领域也不断拓宽。大学生不但要在校园内学习、生活，而且要走出校园参加众多的社会活动，因而危及人身安全的因素随之不断增多，稍有不慎，就会给自己带来不幸，给家庭造成痛苦，给社会增添负担。因此，在校园生活和社会活动中维护人身安全、提高防御能力是大学生安全教育之根本。

第四章 消防安全

火，给人类带来了光明和文明，也改变了人类的生活。人类对火及燃烧现象的实践经验，至今最少已有五十万年以上的历史。从最初的人工取火到高度文明的今天，火伴随着整个人类文明的进步。但是，火给人类带来文明的同时，也给人类带来了痛苦和灾难。对所有的灾害来说，发生频率最高的莫过于火灾。

随着人们生活质量的提高，生活所用、所接触的很多是易燃物质，如棉、麻、木材、塑料、汽油、天然气等。而电气火灾又成为当今人们生活最大危害之一。这些火灾往往具有突发性强、发展速度快、不易扑灭、危害损失大等特点。就我们身边而言，有些火灾是潜在的、不可预见的，但大部分火灾是可预测而又往往为人们所忽视的。火灾带来的损失严重制约着社会进步的步伐，危害着人们的生命财产安全。只有正视火灾、重视火灾，才能预防火灾、战胜火灾，使我们的生活长治久安。

随着社会的发展和人类的进步，消防安全越来越引起人们的重视。早在 1992 年，我国就将每年的11月9日定为“消防宣传日”，宣传消防安全，普及消防知识。据统计，2012年至2021年，全国共发生居住场所火灾132.4万起，造成11 634人遇难、6 738人受伤，直接财产损失77.7亿元；其中较大火灾 429 起，造成 1 579 人遇难、329 人受伤；重大火灾 2 起，造成 26 人遇难；未发生特别重大火灾。

从 2021 年全国发生居住场所火灾原因看，电气火灾占比 42.7%，用火不慎占比 29.8%，吸烟占比 4.6%，玩火占比 1.9%，自燃占比 1.8%，放火占比 1.3%，遗留火种等其他原因占比 17.9%。

从 2021 年全国发生居住场所火灾区域分布来看，从区域分布上看，城市地区占比 50.5%，其中城市市区占比 33.1%，县城城区占比 17.4%；农村地区占比 47.9%，其中集镇镇区占比 14.8%、乡村占比 33.1%；其他区域占比 1.5%。

从 2021 年全国居住场所火灾死亡人员年龄分布上看，60 岁以上的死亡人员占比 43.4%，19～59 岁的死亡人员占比 39.4%，18 岁以下的死亡人员占比 16.6%，其他未明确年龄的死亡人员占比 0.6%。

从 2021 年全国发生居住场所火灾季节分布看，冬春气温相对较低、风大干燥，且有春节、元宵节、清明节等传统节日，用火用电量较多，火灾概率较大。近 10 年冬春季节共发生居住场所火灾 75.2 万起，造成 7 410 人遇难，分别占总数的 56.9%和 63.7%。

近些年来，国家不断加大消防安全管理力度，严格落实责任制，对人员密集场所的消防环境严格组织整改，制度措施逐步完善，重（特）大火灾事故呈逐年下降趋势。火灾伤亡人数，尤其是单次火灾伤亡人数大大减少。为提高全民消防安全意识，增强火灾防范能力，公安部制定了

“消防五进”方案，即进社区、进企业、进学校、进农村、进家庭。在进学校方面，提出学校做到“五个有”，即有校外消防辅导员、有消防安全读物、每季度有消防知识课、每学期有自救逃生演习、每年有消防主题活动。学校教职员工尤其是学生受消防教育率要达到100%。

每年的11月9日是中国的全国消防日。在电话号码中，119是火警电话，与11月9日中这3个数字通形同序。

第一节 消防基础知识

一、消防安全基本常识

1．消防工作的方针、原则及要求

消防，即消灭火灾和预先防范火灾的发生，是一种社会性活动，目的是避免或最大限度地减少人员伤亡及财产损失。

我国消防工作的基本方针是：预防为主，防消结合。此方针是我国消防工作长期以来，乃至今后很长一段时期的战略方针，体现了我国消防工作的特色。

消防工作既具有较强的法制性、政策性和专业技术性，又具有广泛的社会性、群众性。没有一支专业化的消防队伍，没有专门机构的管理，消防工作会放任自流，火灾就得不到有效控制；而没有全体社会公众的参与，消防工作就失去了基础。消防工作，人人有责。做好消防工作是每一个公民和组织的责任和义务。为此，《中华人民共和国消防法》（以下简称《消防法》）提出了“政府统一领导，部门依法监管，单位全面负责，公民积极参与”的工作原则。同时，《消防法》明确规定了消防工作的任务是：预防火灾和减少火灾危害，加强应急救援，保护人身、财产安全，维护公共安全。

为促进《消防法》的落实，最大限度地避免或减少火灾的发生，消防部门把对单位和个人提出的消防安全要求进行了归纳。单位消防安全要做到“四个能力”“五个第一”。“四个能力”：检查和整改火灾隐患能力、扑灭初起火灾能力、组织引导人员疏散逃生能力和自我宣传教育培训能力。“五个第一”：第一时间发现火情、第一时间报警、第一时间扑灭初期火灾、第一时间启动消防设备、第一时间组织人员疏散。个人要做到“四懂四会”：懂得本岗位火灾的危险性，会报警；懂得预防火灾的措施，会使用灭火器；懂得扑灭火灾的方法，会处理初起火灾；懂得疏散逃生的方法，会逃生自救。

2．消防安全二十条

为加强全民消防宣传教育，增强全民消防意识，提高全民防火、灭火、自我保护能力，根据现阶段我国火灾特点，公安部、教育部、民政部、文化部（文旅部）、广电总局、安监总局联合制定了《消防安全常识二十条》，要求在全社会认真组织开展消防安全常识宣传普及活动。

第一条 自觉维护公共消防安全，发现火灾迅速拨打119电话报警，消防队救火不收费。

第二条 发现火灾隐患和消防安全违法行为可拨打96119电话，向当地公安消防部门举报。

第三条 不埋压、圈占、损坏、挪用、遮挡、私自未经允许使用消防设施和器材。

第四条 不携带易燃易爆危险品进入公共场所、乘坐公共交通工具。

第五条 不在严禁烟火的场所动用明火和吸烟。

第六条 购买合格的烟花爆竹，燃放时遵守安全燃放规定，注意消防安全。

第七条 家庭和单位配备必要的消防器材并掌握正确的使用方法。

第八条 每个家庭都应制定消防安全计划，绘制逃生疏散路线图，及时检查、消除火灾隐患。

第九条 室内装修装饰不宜采用易燃材料。

第十条 正确使用电器设备，不乱接电源线，不超负荷用电，及时更换老化电器设备和线路，外出时要关闭电源开关。

第十一条 正确使用、经常检查燃气设施和用具，发现燃气泄漏，迅速关阀门、开门窗，切勿触动电器开关和使用明火。

第十二条 教育儿童不玩火，将打火机和火柴放在儿童拿不到的地方。

第十三条 不占用、堵塞或封闭安全出口、疏散通道和消防车通道，不设置妨碍消防车通行和火灾扑救的障碍物。

第十四条 不躺在床上或沙发上吸烟，不乱扔烟头。

第十五条 学校和单位定期组织逃生疏散演练。

第十六条 进入公共场所注意观察安全出口和疏散通道，记住疏散方向。

第十七条 遇到火灾时沉着、冷静，迅速正确逃生，不贪恋财物、不乘坐电梯、不盲目跳楼。

第十八条 必须穿过浓烟逃生时，尽量用浸湿的衣物保护头部和身体，捂住口鼻，弯腰低姿前行。

第十九条 身上着火，可就地打滚或用厚重衣物覆盖，压灭火苗。

第二十条 大火封门无法逃生时，可用浸湿的毛巾、衣物堵塞门缝，发出求救信号等待救援。

二、燃烧及火灾

1. 燃烧

两种物质剧烈的化学反应发出热和光的现象叫燃烧。任何物质发生燃烧，都有一个由未燃烧状态转向燃烧状态的过程，燃烧过程的发生和发展必须同时具备以下四个条件（见图 4–1）。

（1）可燃物。凡能与空气中的氧或其他氧化物起剧烈反应的物质叫可燃物。根据它的存在形式不同，分为三种：固体可燃物、气体可燃物、液体可燃物。

（2）助燃物。能够帮助燃烧的物质，如空气中的氧、氟、氯等。

（3）温度（点燃源）。能引起可燃物燃烧的热能源。

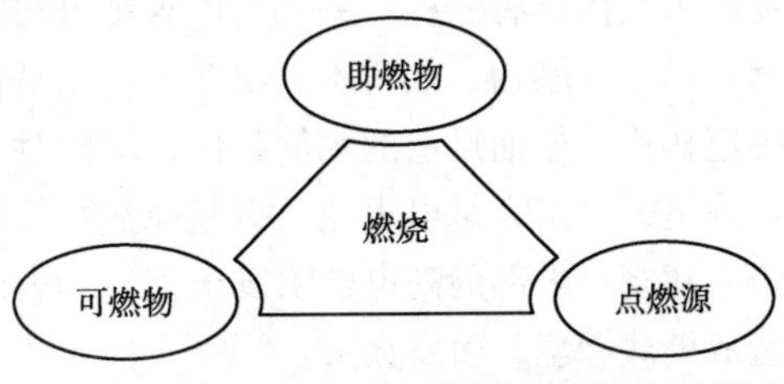

图 4–1 燃烧过程的发生和发展具备的条件

（4）链式反应→燃烧。有火焰就存在着链式反应。当某种可燃物受热时，它不仅会汽化，而且该可燃物的分子会发生热裂解作用，即它们在燃烧前会裂解成更简单的分子。此时，这些分子中的一些原子间的共价键会发生断裂，从而生成自由基。由于它是一种高度活泼的化学形态，能与其他自由基和分子反应，而使燃烧持续下去，这就是燃烧的链式反应。

燃烧的类型按燃烧的状态可分为闪燃、着火、自燃和爆炸。燃烧通常生成气体、热量、可见烟等产物。

2．火灾

能释放热能及火焰或两种兼有特征的燃烧现象叫火。在时间上和空间上失去控制的火叫火灾。火在燃烧过程中，离开了为人类的生产和生活服务，就走向了反面，也就是破坏了生产正常进行，破坏了人们的正常生活，伤害了人的生命，毁坏了国家和人民的财物，在某些环节上影响着物质文明和精神文明建设。

火灾大多数是一种社会现象，造成火灾又有很多方面的不同原因，概括来说，可以分成以下三种类型。

第一，由于人们的思想麻痹，缺乏知识，或不遵守必要的防火安全规章制度而引起的火灾。例如：①使用炉灶。如在使用炉灶烧水或做饭时，忘记熄火，烧干后干烧引着附近的可燃物等。②小孩玩火。如燃放的花炮残纸接近可燃物或因好奇点燃某些可燃物质等。③吸烟不慎。如将未熄灭的烟头或火梗扔进可燃物，床上吸烟引燃床单等。④使用灯火不慎。如使用油灯或火把、灯笼照明时，火星掉落在易燃物上，或者直接引燃可燃物。⑤余烬复燃。把带有火星的火灰或者还在阴燃的柴草，在没有完全熄灭余火之前，就放在易燃物近旁。⑥电气焊。在电气焊或切割时，由于迸出大量火星或熔渣，引起火灾。⑦烘烤。在烘烤木板，烟叶等可燃物时，因对温度缺乏控制，使升温过高引起烘烤的可燃物起火，发生火灾。⑧机器摩擦。机器在运行过程中，由于没有按时加油润滑，而使机器发热引起火灾。⑨熬炼。用明火熔化沥青或熬制植物油、动物油时，因温度过高，超出这些物品的燃点造成火灾。⑩不注意静电放电引起火灾。静电通常是由摩擦、撞击而产生的，如易燃、可燃液体在塑料管中流动时，由于摩擦产生静电火花，引起这些易燃、可燃液体燃烧。⑪电气设备安装不合理引起火灾。⑫违反操作安全和操作规定而引起火灾。⑬电气设备陈旧老化或受到损坏而引起火灾。⑭照明灯具设置使用不当引起火灾。⑮违反安全制度引起火灾，等等。

第二，自然现象的火灾。①自燃。本身自燃起火的物质，如木炭、煤、晒干的稻草、原棉、石油焦、磷等，都能自燃起火。与其他物质接触时能自燃起火的物质，如钠、钙等金属物与水接触时，或者木屑、稻草、棉花等有机物质与硝酸接触时，都会引起自燃。②雷击。雷电引起的火灾原因大体上有三种：一是雷电直接击在建筑物上发生热效应，或直接击在易燃、可燃物上，引燃易燃、可燃物，如树木、沼气等；二是雷电的二次作用，即雷电流产生的静电感应作用和电磁感应作用，如油罐上的钢筋露出，雷雨时，由于空气云层对地产生强电场，使油罐外露钢筋感应带静电，放出大量电火花，引起原油蒸气混合物爆炸起火；三是沿着电气线路或金属管道系统，传入建筑物内部的高电位引发火灾。③火山爆发。由于火山爆发，流出的岩浆引燃附近可燃物，造成链式燃烧，引发火灾。

第三，人为放火。不法分子纵火、泄私愤或报私仇放火等。

3．火灾隐患

凡存在违反消防法律法规的行为，可能造成火灾危害的，均为火灾隐患。凡存在严重违反消防法律法规的行为，可能造成重大人员伤亡或重大财产损失的，为重大火灾隐患。

4．火灾的分类

火灾依据物质燃烧特性，可划分为 A、B、C、D、E、F 六类。

A 类火灾：指固体物质火灾。这种物质往往具有有机物质的性质，一般在燃烧时产生灼热的余烬，如木材、煤、棉、毛、麻、纸张等火灾。

B 类火灾：液体火灾和可熔化的固体物质火灾，如汽油、煤油、柴油、原油、甲醇、乙醇、沥青、石蜡等火灾。

C 类火灾：指气体火灾，如天然气、甲烷、乙烷、丙烷、氢气等火灾。

D 类火灾：指金属火灾，如钾、钠、镁、铝镁合金等火灾。

E 类火灾：指带电物体和精密仪器等物质的火灾，如变电器、电视机等火灾。

F 类火灾：烹饪器具内的烹饪物火灾，如动（植）物油脂等火灾。

5. 火灾大小的划分

根据国务院《生产安全事故报告和调查处理条例》（国务院 493 号令）规定，火灾可划分为特别重大火灾、重大火灾、较大火灾、一般火灾。

（1）特别重大火灾是指造成 30 人以上死亡，或者 100 人以上重伤，或者 1 亿元以上直接财产损失的火灾。

（2）重大火灾是指造成 10 人以上 30 人以下死亡，或者 50 人以上 100 人以下重伤，或者 5 000 万元以上 1 亿元以下直接财产损失的火灾。

（3）较大火灾是指造成 3 人以上 10 以下死亡，或者 10 人以上 50 人以下重伤，或者 1 000 万元以上 5 000 万元以下直接财产损失的火灾。

（4）一般火灾是指造成 3 人以下死亡，或者 10 人以下重伤，或者 1 000 万元以下直接财产损失的火灾。

（注："以上"包括本数，"以下"不包括本数。）

三、灭火方法及原理

根据燃烧的基本条件和要求，任何可燃物产生燃烧或持续燃烧都必须具备燃烧的必要条件和充分条件。因此，火灾发生后，采取有效措施破坏其燃烧条件使燃烧反应终止的过程，就是灭火。

灭火的基本原理可以归纳为四个方面，即冷却、隔离、窒息和化学抑制。前三种灭火作用主要是物理过程，化学抑制是一个化学过程。

1. 冷却灭火

冷却灭火是将灭火剂直接喷洒在可燃物上，使可燃物的温度降低到其燃点以下，从而使燃烧停止。用水扑灭火灾，其主要是通过冷却的作用来实现灭火的。水能够大量吸收热量，使燃烧物的温度迅速降低，最后导致燃烧中止。

2. 隔离灭火

隔离灭火是将燃烧物体与附近的可燃物质隔离或疏散开，使燃烧停止。火灾中，关闭有关阀门，切断流向着火区的可燃气体和液体的通道；打开有关阀门，使已经发生燃烧的容器或受到火势威胁的容器中的液体可燃物通过管道转至安全区域，都是隔离灭火的措施。这种方法用于扑灭各种固体、液体和气体火灾。

3. 窒息灭火

窒息灭火是阻止空气流动到燃烧区，或用不燃物质冲淡空气，使燃烧物质断绝氧气的助燃而熄灭。这种灭火方法适用于扑灭一些封闭式的空间和生产设备装置的火灾。

4. 化学抑制灭火

化学抑制灭火是将化学灭火剂喷入燃烧区使之与燃烧物发生化学反应，从而使燃烧反应停止。采用这种方法可使用的灭火剂有干粉和卤代烷灭火剂及替代产品。

四、报警

119 是我国统一使用的火警电话。报警时，要掌握以下要点。一是要沉着冷静，不要心慌。二是要讲清楚起火单位或地址、燃烧对象及性质、火势及是否有人员被困（伤亡）等情况，必要时要讲清车辆能否进入、附近是否有消火栓等；并将报警人的姓名、电话号码告诉消防队，以便联系。三是报警后，本人或派人到通往火场的交通路口接应消防车。当然，发现火灾一定早报警，为消防队灭火争取时间，减少损失。

案例1 2020 年 1 月 1 日 16 时 55 分，某市某小区 A4 幢居民楼（共 30 层）2 层阳台发生火灾，火势蔓延至 30 层阳台并窜至部分居民室内，造成多人被困。火情发生后，迅速成立现场指挥部，组织救援处置工作。市消防救援总队迅速调派 42 辆消防车、250 余名指战员到场处置。现场指挥部坚持“救人第一、科学施救”，确定“灭救同步”的作战方案，采取“分区攻坚，逐户清理”的措施，组织攻坚力量全力搜救疏散被困群众，全力堵截火势蔓延扩大，明火于 1 月 1 日 20 时许被扑灭。经过全力扑救，安全营救被困群众 68 人、疏散 200 余人，火灾未造成人员伤亡。

案例2 2020 年 4 月 14 日 17 时 35 分，某村附近发生森林火灾，林内腐殖质达 10～20 cm，极易燃烧，严重威胁附近村庄和民用炸药库安全。火情发生后，应急管理部持续调度指导灭火工作，并紧急调派森林消防总队 400 人赴火场参加扑救。区党委、政府负责同志赶赴现场组织救援处置工作。前线指挥部认真研判分析火场态势，实施扑打清理和开设隔离带相结合的战术，采取“控线、灭点、清中间”的战法迅速控制火势，综合利用以水灭火、人工作业等多种技术手段打歼灭战，跟进开展余火清理，强化后勤保障。扑打火线 14 km，清理烟点 6 400 余处、站杆倒木 3 900 余根，开设防火隔离带 3.5 km，实施了两次人工增雨。经过森林消防队伍、消防救援队伍、公安、当地武警官兵、民兵和地方干部群众等 2 000 余人历时 4 昼夜持续扑救，明火于 4 月 18 日 17 时全部扑灭，受威胁的 389 名群众全部安全转移，所有易爆物品全部安全转运。

案例3 2005 年 6 月 10 日 11 时 40 分左右，某宾馆突发大火，过火面积 2 800 m^2，43 间房间焚毁。火灾造成 31 人罹难，28 人受伤，其中重伤 4 人。火灾事故的原因：一是报警太迟，从 11 时 40 分起火，宾馆负责人不但没有积极辅助救火，还阻拦报警，直到 12 时 15 分消防指挥中心才接到群众报警；二是消防安全存在严重问题；宾馆附近消火栓无水或水压过低，并且有些窗户完全用防护网固定死；三是人员缺乏消防知识，这次火灾中，许多人是被熏死在卫生间、房间当中。

案例4 2010 年 8 月 28 日 14 时 54 分，某售楼处发生火灾，造成 11 人死亡、7 人受伤。火灾发生后，由于售楼处销售大厅内放置大量宣传用展板和条幅等易燃物品，致使火灾迅速蔓延。同时沙盘材质为易燃材料，燃烧后释放出大量有毒有害气体并在短时间内封锁出口。该售楼处是一个玻璃幕墙封闭的建筑，无窗户和户外楼梯，浓烟封锁楼梯后，二楼人员无法逃生，导致伤亡扩大。事故暴露出该单位违规使用易燃可燃装饰装修材料、建筑消防设施不完善等突出问题。

案例5 2010 年 11 月 15 日 14 时左右，某高层公寓发生特别重大火灾，造成 58 人遇难，71 人受伤，建筑物过火面积 12 000 m^2，直接经济损失 1.58 亿元。这是一起严重违规造成的责任事故。导致这次火灾的直接原因是：电焊工无《特种作业人员资格证》上岗作业，严重违反操作规程，且引发大火后逃离事故现场。

案例6 2013 年 10 月 11 日，某商场一楼的某餐厅着火蔓延至整座大楼，灭火过程共用了 9 个小时，2 名消防员在灭火战斗中牺牲。经调查，起火原因系该餐厅电动车充电时发生电器故障，一名店长发现火情后自行逃离，商场消防中控室的值班人员在听到自动报警后不是马上启动喷淋系统，而是摁掉报警声继续打游戏。

案例7 2022 年 3 月 25 日，某市某小区一电动车棚发生火灾，20 余辆电动车、自行车付之一炬，两辆汽车受火灾波及，车身不同程度受损。

第二节 灭火与逃生

一、消防设施及器材

在我们身边，随处可见到消防设施及器材，我们一定要爱护它们，因为在紧急情况下，它们能给我们提供非常大的帮助，甚至能挽救我们的生命。

（1）安全出口：指供人员安全疏散用的房间的门、楼梯或直通室外地平面的门。在安全出口内部顶端位置一般要安装安全出口指示灯，便于引导人们向外疏散。通常多层、高层和厅（馆）等建筑物都要有两个及以上安全出口，便于一个口被火封堵时，从其他出口逃生。在人员居住或集中活动时，安全出口严禁上锁。

（2）应急灯：一般设在墙面或顶棚上。当发生火灾切断电源时，应急灯能起到临时照明作用。应急灯启用后，其连续供电时间不应少于 20 min，高度超过 100 m 的高层建筑连续供电时间不应少于 30 min。

（3）疏散指示灯（牌）：疏散指示灯（牌）是引导逃生方向的装置，通常设在疏散通道及其转角处距地面 1 m 以下的墙上。当火灾发生时，烟往高处走，会严重遮挡人们的视线。这时可以采取低姿或匍匐前进方式，沿着疏散指示灯（牌）指示方向能够逃出火场。

（4）防火门及防火卷帘：其作用是阻止火势蔓延和烟气的扩散，为疏散人员与火灾扑灭提供安全条件。防火门通常处于关闭状态，防火卷帘在紧急情况时放下。

（5）灭火器：能够起到迅速扑灭初起火灾或抑制火焰蔓延的作用。灭火器的种类很多，需要根据物品的性质及周围环境的状况进行合理配备，并放在干燥、通风、安全、便于及时取到的位置。

（6）自动喷水灭火系统：是一种能自动（或人工）启动进行喷水灭火的系统，同时发出火警信号。通常安装在建筑物的顶部或重要部位的墙体上。

（7）消火栓：分为室内和室外两种，是扑灭火灾的重要设施。室内通常设在便于取用的墙壁上，并配备水带和枪头。室外设在距离建筑物较近或便于取用的地方。消火栓严禁遮挡、覆盖、挤占和损坏，消防水带严禁挪作他用，消火栓内要时刻保持有足够压力的水。

（8）感烟探测器和感温探测器：火灾的起火过程一般情况下伴有烟、热、光三种燃烧产物。在火灾初期，由于温度较低，物质多处于阴燃阶段，会产生大量烟雾。物质燃烧起来产生大量的热量，使周围温度发生变化。这时，感烟探测器和感温探测器会自动将信号传入消防联动装置，实现报警的目的。感烟探测器和感温探测器通常设在室内的顶端。

二、灭火器的种类

灭火器是扑灭初起火最常见、最简单、最方便的灭火工具，它是保卫人民生命财产安全的重要武器，一旦发生火灾，它能发挥重要作用。目前常用灭火器都为直接启动存储式，主要有以下几种。

1．泡沫灭火器

泡沫灭火器内有两个容器，分别盛放两种液体，它们是硫酸铝和碳酸氢钠溶液，两种溶液互不接触，不发生任何化学反应。（平时千万不能碰倒泡沫灭火器）当需要泡沫灭火器时，把灭火器倒立，两种溶液混合在一起，就会产生大量的二氧化碳气体。除了两种反应物外，灭火器中还加入了一些发泡剂。打开开关，泡沫从灭火器中喷出，覆盖在燃烧物品上，使燃着的物质与空气隔离，并降低温度，达到灭火的目的。泡沫灭火器里的泡沫灭火剂有化学泡沫、蛋白泡沫、水成膜泡沫、空气泡沫和抗溶性泡沫等几种。

2．二氧化碳灭火器

二氧化碳灭火器因灭火剂是二氧化碳而得名。二氧化碳是不会燃烧的气体，其灭火的原理主要是窒息作用。空气中的二氧化碳增加，氧含量相对就减少，二氧化碳在空气中达到一定浓度时，燃烧就停止了。二氧化碳灭火剂对绝大多数物质没有破坏作用，不留痕迹，没有毒害。

3．干粉灭火器

干粉灭火器是目前产量最多的一种灭火器。干粉灭火器适用扑救可燃易燃液体和气体及带电设备火灾，特别适用于扑救可燃气体火灾，这是其他灭火器所难以比拟的。它也能用于仪器设备火灾，但扑救后会留下粉末。干粉灭火器对固体火灾效果不大，因为易复燃。

4．卤代烷型灭火器

卤代烷型灭火器（1211 灭火器、1301 灭火器）因灭火剂为卤代烷灭火剂而得名：以卤代素原子取代烷烃分子中部分或全部氢原子后得到有机倾倒物统称卤代烷。一些低级烷烃的卤代物具有程度不同的灭火作用，这些具有灭火作用的低级烷烃卤代烷称为卤代烷灭火剂。卤代烷灭火剂应用范围较广，并且灭火速度快，用量省，容易汽化，空间淹没性好，洁净，不导电，可长期贮存不会变质，是一种优良的灭火剂。

5．水基型灭火器

水基型灭火器其灭火器机理为物理性灭火器原理。灭火剂主要由碳氢表面活性剂、氟碳表面活性剂、阻燃剂和助剂组成。水基型（水雾）灭火器在喷射后，呈水雾状，瞬间蒸发火场大量的热量，迅速降低火场温度，抑制热辐射，表面活性剂在可燃物表面迅速形成一层水膜，隔离氧气，降温、隔离双重作用，同时参与灭火，从而达到快速灭火的目的。灭火剂对 A 类火灾的可燃物具有渗透的作用，如木材、布匹等，灭火剂可以渗透可燃物内部，即使火势较大也能全部扑灭，其药剂喷射的部位也可以有效地阻断火源，控制火灾的蔓延速度；对 B 类火灾具有隔离的作用，如汽油及挥发性化学液体，药剂可在其表面形成长时间的水膜，即使水膜受外界因素遭到破坏，其独特的流动性可以迅速愈合，使火焰窒息。故水基型（水雾）灭火器具备其他灭火器无法媲美的阻燃性。水基型灭火器不受室内、窗外、大风等环境的影响，灭火剂可以最大限度地作用于燃烧物表面。

水基型泡沫灭火器适用于扑救易燃固体或液体的初起火灾，但不可扑救带电设备的火灾。广泛用于油田、油库、轮船、工厂、商店等场所，是预防火灾发生，保障人民生命财产的必备消防装备。水基型灭火器内部装有 AFFF 水成膜泡沫灭火剂和氮气，具有操作简单、灭火效率高、使用时无须倒置、有效期长、抗风复燃等优点，能扑灭可燃固体、液体的初起火灾，是木竹类、织物、纸张及油类物质的开发加工、贮运等场所的消防必备品。

目前生产的为手提式水基型灭火器（水雾）。2008 年，我国开始推广水基型水雾灭火器，其具有绿色环保，灭火后药剂可 100%生物降解，不会对周围设备、空间造成污染，高效阻燃、抗风复燃性强，灭火速度快，渗透性极强等特点，是之前的灭火器所无法比拟的。

三、灭火器的选择

正确、合理地选择灭火器是成功扑灭初起火灾的关键之一，应当根据不同种类火灾选择不同类型的灭火器。

（1）扑灭 A 类（固体可燃物，如木材、棉、麻等）火灾应选用水型、泡沫、磷酸铵盐干粉、卤代烷型灭火器。

（2）扑灭 B 类（可燃液体，如汽油、柴油、甲醇、乙醇等）火灾应选用干粉、泡沫、卤代烷、二氧化碳型灭火器。这里值得注意的是化学泡沫灭火器不能灭 B 类极性溶剂火灾。

（3）扑灭 C 类（可燃气体，如煤气、天然气、乙炔、甲烷、丙烷等）火灾应选用干粉、卤代烷、二氧化碳型灭火器。

（4）扑灭带电火灾应选用卤代烷、二氧化碳、干粉型灭火器。

（5）扑灭 A、B、C 类火灾和带电火灾应选用磷酸铵盐干粉、卤代烷型灭火器。从灭火机理上讲，磷酸铵盐干粉和卤代烷型灭火器都适用于 A、B、C 类火灾，所以，对这几类并存的混合火灾，应优先选用这两类多功能的灭火器。

（6）扑灭 D 类（可燃金属，如钾、钠、镁、钛、铝合金等）火灾的灭火器应由设计部门和当地公安消防机构协商解决。

在选用灭火器时，应考虑不同灭火剂之间可能产生的相互反应、污染及其对灭火的影响，干粉和干粉、干粉和泡沫之间联用都存在相容性问题。不相容的灭火剂之间可能发生相互作用，产生泡沫消失等不利因素，致使灭火效力明显降低。

四、火灾的预防和扑灭初期火灾

1．火灾的预防

（1）严格落实消防安全规定。《消防法》对消防安全管理有着严格的要求，在此基础上，各省、自治区、直辖市根据自己的特点均制定了相应的条例或法文，各单位、各部门也有着自己的具体规定和要求，这些都要很好地落实。比如，保证消防设施的齐全可靠；加强消防设施器材的经常性检查，确保其有效性；制定和落实《消防应急预案》，经常性地组织消防培训和逃生演练，等等。

（2）严格遵守操作规程。规程都是通过血淋淋的教训总结出来的，在作业期间，严格遵守这些操作规程，能最大限度地防止和避免火灾的发生。特别是动火动电时，一定要仔细检查周围的安全环境，检查设施设备的可靠性，检查装置装具的完好无损，确保安全无误。

（3）积极参加消防培训和演练活动。参加消防培训和消防演练活动是掌握消防知识与技能的最佳途径。因为上课或组织演练的人员都是经过培训的专业人员，他们对知识的掌握、紧急情况下的处理有着非常丰富的经验，值得学习和借鉴。

（4）养成良好个人习惯。人们常说“习惯成自然”，但要避免坏习惯成自然。如不随手丢弃烟头，不在油、气站等危险场所及其附近使用明火，加强经常性的电器检查，等等。

（5）不要存放易燃易爆物品，如汽油、酒精、烟花爆竹等。

2．灭火器的使用（以 ABC 干粉灭火器为例）

（1）检查灭火器是否合格。灭火器的顶端都有一个向侧面显示的指示盘。当指示盘内指针指向红色区域时，说明该灭火器已经欠压，需检修；当指示盘内指针指向绿色区域时，说明该灭火器正常；当指示盘内指针指向黄色区域时，说明该灭火器压力过高，要避免高温和剧烈碰撞，如图 4-2 所示。

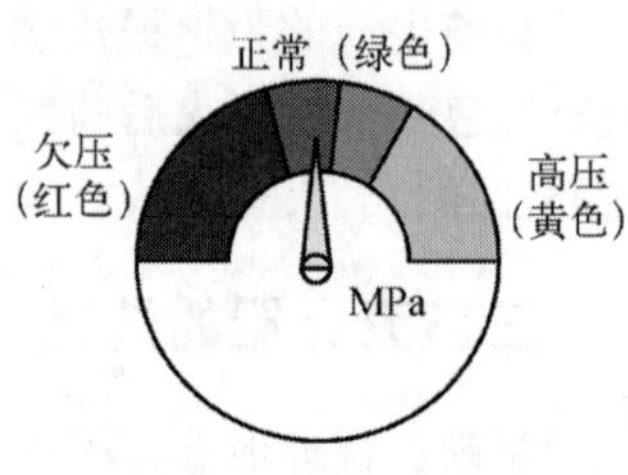

图 4-2　灭火器指示盘

（2）将灭火器拿到手后，先将灭火器上下摇晃几下。因为灭火器长时间放置时，如 ABC 干粉灭火器内的药剂会堆积在底部。

（3）拔下保险销，一手提灭火器压下压把，另一只手握住喷嘴前端在距离火焰 2～3 m 位置对准火焰根部进行扫射，如图 4-3 所示。

① 从灭火器箱内迅速取出ABC干粉灭火器

② 将干粉灭火器在手中来回摇晃几次，使其干粉药剂能充分喷出

③ 左手提灭火器，右手拔去保险销

④ 一手握紧软管（手离喷嘴10 cm）对准火焰根部，一手将灭火器压把按下，迅速左右摆喷嘴，使粉雾横扫火焰根部

图 4-3　灭火器使用方法

五、逃生与自救

一旦遇到火灾，一定要想方设法离开危险区域，但怎样安全离开呢？只要掌握了以下 10 个逃生和自救要诀，火场困境中获救的概率就会增大。

第一诀：熟悉环境，临危不乱。对自己工作、学习或居住所在的建筑物的结构及逃生路径，平日就要做到了然于胸；而当身处陌生环境，如入住酒店、商场购物、进入娱乐场所时，为了自身安全，务必留心疏散通道、安全出口以及楼梯方位等，以便在关键时候能尽快逃离火场。

第二诀：明辨方向，迅速撤离。突遇火灾，面对浓烟和烈火，首先要强令自己保持镇静，迅速判断危险地点和安全地点，决定逃生的办法，尽快撤离险地。千万不要盲目地跟从人流和相互拥挤、乱冲乱窜。撤离时要注意朝明亮处或空旷的地方跑，要尽量往楼层下面跑。若通道已被烟火封阻，则应背向烟火方向离开，通过阳台、气窗、天台等往室外逃生。

第三诀：抓紧时间，莫贪财物。在火场中，人的生命是最重要的，身处险境，应忙撤离，不要因害羞或顾及贵重物品而把宝贵的逃生时间浪费在穿衣或寻找、搬离贵重物品上。因为当空气中的一氧化碳浓度达到1%时，可以让人在一分钟内死亡。已经逃离险境的人员，切莫重返险地。

第四诀：简易防护，不可缺少。逃生时经过充满烟雾的路线，要防止烟雾中毒，预防窒息。为了防止火场浓烟呛人，可采用毛巾、器皿蒙鼻、匍匐撤离的办法。穿过烟火封锁区，应佩戴防毒面具、头盔、阻燃隔热服等护具。如果没有这些护具，可向头部、身上浇冷水或用湿毛巾、湿棉被、湿毯子等将头、身裹好再冲出去。

第五诀：善用通道，莫入电梯。按规范标准设计建造的建筑物，都会有两条以上的逃生楼梯、通道或安全出口。发生火灾时，要根据情况选择相对较为安全的楼梯通道逃生。除可以利用楼梯外，还可以利用建筑物的阳台、窗台、屋顶等攀爬到周围的安全地带；也可沿着下水管、避雷线等建筑上的凸出物滑下楼脱险。高层楼着火时，因为电梯的供电系统在火灾时随时会断电或因热的作用使电梯变形，而使人困在电梯内，因此千万不要乘普通的电梯逃生。

第六诀：缓降逃生，滑绳自救。高层、多层公共建筑内一般都设有高空缓降器或救生绳，被困人员可以通过这些设施，安全地离开危险的楼层。如果没有这些专门设施，而安全通道又已被堵，救援人员不能及时赶到，可以迅速利用身边的绳索或床单、窗帘、衣服等自制简易救生绳并用水打湿，紧拴在窗框、暖气管、铁栏杆等固定物上，用毛巾、布条等保护手心，顺绳滑下或下到未着火的楼层脱离险境。

第七诀：大火袭来，固守待援。大火袭来，假如用手摸房门已感到烫手，此时不能开门，否则火焰与浓烟势必迎面扑来。逃生通道被切断，且短时间内无人救援，这时候可采取创造避难场所、固守待援的办法。首先应关紧迎火的门窗，打开背火的门窗，用湿毛巾、湿布塞堵门缝或用水浸湿棉被蒙上门窗，然后不停用水淋透房间，防止烟火渗入，并固守在房内，直到救援人员到达。

第八诀：发出信号，寻求援助。若所有逃生线路被大火封锁，要立即退回室内拨打119，并以挥舞衣物、呼叫等方式向外发送求救信号。应尽量待在阳台、窗口等易于被人发现和能避免烟火近身的地方，在白天可以向窗外晃动鲜艳衣物或向外抛轻型晃眼的东西；在晚上可以用手电筒不停地在窗口闪动，或者敲击东西，及时发出有效的求救信号，引起救援者的注意。在被烟气窒息失去自救能力时，应努力滚到墙边或门边，便于消防人员寻找、营救，也可防止房屋结构塌落砸伤自己。

第九诀：火已及身，切勿惊跑。身上衣物着火，千万不可惊跑或用手拍打，因为奔跑或拍打会形成风势，加速氧气的补充，促旺火势。当身上衣服着火时，应赶紧设法脱掉衣服，或就地打滚压灭火苗。

第十诀：跳楼有术，虽损求生。身处火灾烟气中的人，精神上往往陷于极端惊慌、恐怖和接近崩溃的状态，极易导致不顾一切的伤害性行为，如跳楼逃生。应该注意，只有消防队员准备好救生气垫并指挥跳楼时，或楼层不高（一般3层以下）非跳楼即烧死的情况下，才采取跳楼的方法。即使已没有任何退路，若生命还未受到严重威胁，也要冷静等待消防人员的救援。

六、火场逃生的心理误区

面对滚滚的浓烟、凶猛的火势以及热浪的侵袭，为什么有的人能够临危不惧，顺利地躲过劫难重获新生？而有的人急于生还，想一步迈出死亡地带，结果却适得其反，早早毙命？在这其中，逃生心理起着重要作用。

要想在大火中安全逃生，除了平时要学习一些自防自救常识之外，还要努力克服逃生中的某些心理误区。逃生中的心理误区主要有以下几种：惊慌心理、习惯心理、趋光心理、外散心理及盲从心理。

1. 惊慌心理

在火灾中感到恐惧是人的一般习性，惊慌就是人在极度难忍、充满恐怖的环境下造成的一种心理状态。在逃生时，惊慌心理可导致一些非理性行为，经常是不幸的。例如，有的人面对浓烟不知所措，从高楼跳下而丧生；有的人见了大火，只顾向相反方向奔逃而不管是否有出口；在火灾现场往往发现死者蹲踞在屋角或把头伸入橱柜内，这些都是惊慌恐惧而导致的非理性行为。惊慌一开始只是个别人的非理性行为，但由于惊慌带有传染性，很快会波及众人，而且非常迅速，常常可导致不可抑制的恐惧心理，往往发生不必要的重大伤亡。

2. 习惯心理

这种心理常表现为人们只会朝经常使用的出入口和楼梯疏散，即使那里已挤成一团，堵塞了出口，还是争相夺路不肯离去。一方面，是因为灾祸降临，人们挤成一团，以解除心理上的孤独感和恐惧感；另一方面，也是由于对所处环境的不了解，对其他出口没有把握，甚至不了解安全疏散出口包括哪些楼梯和门窗。特别是楼房火灾，一般人听到火警，往往习惯往下跑，而遇上烟气又会慌忙向上跑，烟的传播速度为3～4 m/s，大大超过了人的上楼速度，就在这往返之中，贻误了逃生的最佳时机，甚至丧生。例如，在旅馆或剧场发生火灾时，一般旅客和观众都习惯从原入口逃生，很少找其他出入口和楼梯疏散。出于习惯心理，有的人即使是在自己居住的场所，在原出路被烟火阻塞无路可走时，才去寻找其他疏散出路，但常常为时已晚。

3. 趋光心理

人有向光的习性，所以有趋向明亮方向和开敞空间的本能。例如，当旅馆有烟气在走廊弥漫时，若走廊一端黑暗、一端明亮，则人们一般向明亮方向疏散。趋光心理有时是有益的，但如果身处陌生的火灾环境中，盲目地拼命朝有光亮的方向逃跑，很容易误入危险境地，如建筑物里的“袋形走廊”，十分危险。

要避免误入危险逃生路径，就必须熟悉自己所处的环境。当我们进入一个比较陌生的建筑物中，就要到走廊看一看报警器、疏散出口和楼梯的位置，这种细心是很必要的，只有养成习惯，心中有数，才能在关键时刻救自己一命。

4. 外散心理

起火时，人的求生本能促使人一般总想向室外跑，这对低层的、结构简单的建筑物还可以，但对高层的、结构又较复杂的建筑物来讲，这种想法是不太现实的，因为身处较高楼层或比较复杂结构的环境中，人们跑到室外需要较长时间，反而会贻误逃生的时机。所以，在火灾中一心只想向外逃出去有时并非上策，在无路可逃时，就要选择相对安全的地方避难，等待消防队员的到来。当然，即使选择避难间避难，也只是暂时的，目的在于及早疏散出去或是被安全救援，所以在选择避难的同时，应做好下一步的考虑和准备。

5. 盲从心理

盲从心理是惊慌心理的延续，表现是：在火灾危险中失去正常判断能力，没有主见，随大流、不顾后果。比如，一窝蜂地跟着人群盲目地跑，至于跑向什么地方，能不能跑得出去，则根本不知道；又如，不知所措的程度急剧增加，见人从楼上往下跳，便跟着一起往下跳，至于跳下去是什么后果则不管了。准确地说，这种盲从心理导致的行为已算不上是一种正常的逃生了。许许多多群死群伤火灾的发生，都与这种盲从心理带来的消极后果密切相关。

综合以上几种逃生心理的分析不难看出，在逃生中，心理上一旦走入误区，也就相当于人在火场中闯入误区一样危险。要想在火灾中安全逃生，除了要具备一定的消防意识、掌握一定的自防自救知识外，还要努力克服种种心理障碍，从心理误区中尽快走出来，培养良好的逃生心理素质，在逃生的关键时刻引领自己走出危险地带。

七、消防安全标识

常见的消防安全标识如图 4-4 所示。

图 4-4　常见的消防安全标识

案例8 2000年12月25日，某商厦非法施工时，电焊火花溅落到地下二层家具商场的可燃物上引发特大火灾，导致309人中毒窒息死亡，7人受伤，直接经济损失275万元。造成特大火灾和众多人员死亡的主要原因，一是非法施工单位的施焊人员违章作业；二是现场人员缺乏基本逃生技能，且不会使用或不会正确使用消防器材。

案例9 2005年12月15日，某医院发生火灾，这次大火造成39人遇难，95人受伤，火灾直接损失821.9万元。起火原因：当日16时10分许，该医院突然停电，电工在电源跳闸、备用电源未自动启动的情况下强行推闸送电。16时30分许，配电箱发出“砰砰”声，并产生电弧和烟雾，导致配电室发生火灾。在自救无效的情况下，于16时57分才打电话报警。前后历时近30分钟，延误了最佳灭火时机，造成火势的迅速发展蔓延。

案例10 2006年9月14日，某大厦因电气路短路引发火灾，死亡15人，受伤2人，直接财产损失736万元。经当地公安消防部门调查，一是延误了报警时间；二是建筑内违规堆放大量可燃物，严重影响人员逃生和灭火救援；三是员工没有接受过消防安全教育及培训，缺少必要的消防安全知识，14名员工中仅有1人逃生。

案例11 2007年12月12日，某公司因吊顶内照明线路短路发生火灾，造成21人死亡，1人受伤，直接财产损失725.8万元。其中，二层死亡的19人中，有部分人已经逃出现场，但又重回去取个人物品，最终遇难。

案例12 2008年9月20日晚23时许，某俱乐部发生一起特大火灾事故，事故共造成44人死亡，88人受伤。起火原因：当日22时48分35秒，该俱乐部员工王某演出时使用自制道具手枪向舞台上方发射烟花弹，约15 s后，舞台上方顶棚着火，工作人员使用灭火器未奏效，浓烟从顶棚向四周迅速蔓延，并伴有大量熔融滴落物。火灾原因：一是场内人员高度聚集；二是火势蔓延迅速（1 min后全场断电，许多人员尚未反应过来就已被黑暗和有毒烟雾包围）；三是组织疏散混乱；四是现场人员缺乏自救逃生知识。

案例13 2013年4月14日清晨6时许，某酒店发生火灾，火灾原因初步判断为电线短路引起。这次火灾共造成14人遇难，47人受伤。遇难人员衣物无燃烧破痕，证实为被烟雾熏死。火灾起火时间为6时左右，但无人及时报警及进行初期火灾扑救，直到6时38分消防支队指挥中心才接到群众报警，其中最近的辖区特勤一中队距离火场仅4 000 m。

案例14 2015年12月18日上午10:10左右，某大学化学系二楼一实验室发生火灾事故，师生第一时间报警，消防车及救护车紧急赶到现场进行处置。现场发现一博士后实验人员死亡。

第三节 大学生消防安全教育

一、大学生消防安全教育的必要性

（1）对大学生进行安全教育，是当前火灾形势和安全工作的需要，是提高学校火灾预防能力的一项群众性基础工作。学校作为学子非常集中的社会单元，有着相对独立的生活空间。而这个空间里，大学生是学校的主体，是这个社会单元当中最重要的力量，加强对大学生的消防安全教育，能广泛地普及消防安全知识，提高消防安全素质，打牢消防安全基础。

（2）开展大学生安全教育是保护在校学生人身财产安全和合法权益的需要。在发生火灾时，在校大学生由于年龄的客观因素，生理、心理还不够成熟，使他们更容易受到危害。所以，加强大学生消防安全教育，既能培养他们的心理素质，又能提高他们的火灾防范意识，同时还能使其掌握灭火及自救技能，学生的知情权、受教育权、参与权也会得到最广泛的尊重。

（3）在校学生在学校安全工作中具有重要地位和独特作用。学校发生的火灾，60%～70%在学生宿舍等人员活动较为集中的场所。学生是学校的主人，是宿舍的主人，预防学生宿舍火灾，学生起着十分重要的作用。如果学生消防安全意识淡薄，消防常识缺乏，扑灭初期火灾和逃生自救互救能力低下，一旦发生火情，势必酿成火灾，造成严重后果。因此，要对大学生进行消防安全教育，提高他们的消防安全意识。

二、校园发生火灾特点及分析

（1）重大活动和节假日等期间，火灾形势稳定并大幅下降。在重大活动和节假日等期间，各级各部门都能做到尽职尽责，加强教育和预防，各级领导也能深入一线开展监督检查，消防宣传力度加大，预防措施到位，火灾发生率明显低于平时。

（2）从火灾时间分布来看，冬季为火灾高发季节。冬季天气干燥，为火灾发生最根本条件之一；在天冷的地方，有的师生在宿舍或办公室内使用电暖气、电炉子等大功率电器取暖，隐患增大。寒、暑假期间，各院校均进行了封校处理，并关闭了电气等设备，火灾事故明显减少。

（3）大学生宿舍是火灾重灾区域。学生宿舍是学生的生活区，占据了校园生活的一大部分。在相对较小的集体生活空间里，人的思想各异，在监督管理相对薄弱的地方，有的同学为了一己之利，对校规校纪置若罔闻，一旦成灾，集体遭殃。

（4）学生上课期间是发生火灾的又一多发时段。学生上课走后，要么没有按规定关闭电源，要么停电状态下忽略了插在插座上的电器，要么手机、台灯、电瓶、充电器等处于充电状态。一旦发现起火，往往非专业人员已无法靠近。

（5）从学校发生火灾的性质来看，多为用电或用火不慎引起。从引发火灾的原因看，多数为电器故障或使用违规电器造成超负荷用电、电线短路引起；用火不慎次之；吸烟第三。

（6）夜间火灾死亡率较高。夜间学生们正处于熟睡阶段，一旦发生火灾，惊醒后要么羞于遮掩不知所措，要么慌不择路造成拥挤践踏，要么固守待援忘却了基本的逃生技能，极易发生群死群伤事件。

三、学校火灾事故的主要原因

（1）违章乱拉临时线路，并靠近易燃或可燃物，绝缘性能低引发短路造成火灾。

（2）违章使用电热器具，如电炉、电热器等，造成电路超负荷引起火灾。

（3）图便宜购买“三无”产品，如质量不过关的插座，因接触点虚打火引发火灾。

（4）焚烧信件等杂物，失去控制或遗留火种，引燃周围可燃物造成火灾。

（5）在床上燃点蜡烛，不慎引燃周围可燃物造成火灾。

（6）卧床吸烟或将烟头、火柴梗未熄灭乱扔，引燃周围可燃物酿成火灾。

（7）违章使用各种灶具，引燃周围可燃物酿成火灾。

（8）实验课中违反实验操作规程，导致电气设备或线路超负荷，造成火灾。

（9）电气设备老化，超负荷用电造成火灾。

（10）建筑物或设备接地不良，雷击引起火灾。

四、大学生公寓用火用电安全及管理

电气火灾主要有短路、过负荷、接触电阻过大、漏电、电热器使用不当、静电和雷电。根据公安部消防局的资料，火灾事故中电气火灾居各种火灾之首，严重地威胁了广大人民群众的生命财产安全。发生这些电气火灾的主要原因是电气线路的老化、破损，插头插座和接线处的松动，使用电器不当等。当出现这些情况时，大部分学生都不在意或未足够重视，最终导致火灾事故的发生。

学生公寓同时属于公共住宿场所，涉及公共安全利益，使用大功率电器极易引起电线超负荷，造成电流增加、电线发热，超得越多，发热也越快。电线绝缘层允许温度一般为 60 ℃，如果线路长期过负荷运行，线路发热量增大，绝缘层加速老化。当温度在大于 250 ℃时，绝缘层会发生自燃，并与电线分离造成短路，从而发生更大的火灾事故。众多的火灾事故给我们以警醒，只有警钟长鸣才能防患于未然。所以，一定加强自我约束，以集体利益和安全为重，严格遵守校规校纪。

（1）不使用大功率电器，如电炉、电饭煲、电取暖器、电热毯、电热杯、“热得快”、电夹板等。这些电器都是加速电线老化的元凶，它们会悄然将危险带到学生的生活当中。

（2）不在易燃物上点蚊香。蚊香具有很强的引燃能力，点燃后没有火焰，但能长时间持续燃烧。蚊香燃烧时，中心温度可高达 800 ℃，超过了多数可燃物的燃点，一旦接触到可燃物就会引起燃烧，甚至扩大成灾。

（3）不能乱拉乱接电线。一是不懂电工专业知识的人，在乱接电线中因错误接线容易造成事故，或连接不牢固形成接触电阻过大而引发火灾事故。二是导线的设计容量是有限的，乱接电线造成接入过多的负荷，容易因过负荷而造成火灾。

（4）不乱扔烟头。烟头表面温度为 200～300 ℃，中心温度达 700～800 ℃，它超过了棉、麻、毛织物、纸张、家具等可燃物的燃点。若乱扔烟头接触到这些可燃物，容易引起燃烧，甚至酿成火灾。

（5）要做到人走断电。人员离开宿舍时，一定要关闭电源开关，拔除插头，特别要将充电器之类的东西拔掉。从以往的火灾来看，因电池充电爆炸引发的火灾也是不胜枚举。

（6）不购买质量无保证的“三无”（即无生产厂名、无生产厂址、无生产卫生许可证编码）电器产品。“三无”产品存在着质量不过关、技术不过关、工艺粗糙、防护装置简单等问题，购买“三无”产品也就意味火灾风险的增大。

案例15 2017 年 5 月 17 日，某大学学生公寓发生火灾，起火原因为电动车电池在公寓内违规充电所致。火灾事故发生后，校内师生紧急扑救，在消防车来临之前就已将火扑灭。此次火灾事故导致校内部分区域供电和网络中断，少数房间进水，所幸无人员伤亡。

案例16 2019 年 12 月 18 日，某大学的宿舍楼的一间宿舍起火。8 辆消防车和 45 名消防员紧急到场，疏散了 6 名被困人员。据调查，此次火灾原因是寝室内一插线板发生故障后产生火花，点燃周围易燃物所致。

案例17 2014 年 9 月 10 日，某大学学生寝室起火，学生逃离现场后求救。随后，当地消防人员赶到现场，第一时间将火扑灭。消防队出动 3 台消防车，组织 16 名官兵赶到火灾现场。当时，寝室内已被烟雾完全笼罩，大量浓烟向外扩散，室内床上有明火，无人员被困情况。寝室火灾原因为学生违规使用大功率用电器。

案例18　2007年8月11日，某高校宿舍楼一寝室突发大火，致寝室内所有衣服、棉被、书籍、床上木板及室内木制品全被烧毁。因扑灭及时，没造成人员伤亡。原因是手机在无人时充电，充电器发热引发火灾。

案例19　2008年11月14日早晨6时10分左右，某学院学生宿舍602室发生火灾，4名女大学生慌不择路，分别从阳台跳下逃生，不幸全部遇难。4位正值青春年华的大学生转眼即逝，教训极其深刻。火灾起因系学生使用“热得快”，发生电器故障，引起电路火灾并引燃周围可燃物所致。

第四节　其他场合的灭火与自救

一、家庭防火与自救

1. 电视或计算机着火

如果电视或计算机着火，即使关掉机子，甚至拔下插头，机内的元件仍然很热，仍会迸出烈焰并产生毒气，荧光屏、显像管也可能爆炸。应对的方法是：电视或计算机开始冒烟或起火时，马上拔掉插头或关掉总开关，然后用湿地毯或湿棉被等盖住电视或计算机，这样既能阻止烟火蔓延，也可挡住荧光屏的玻璃碎片。切勿向失火电视或计算机泼水，即使已关掉的电视或计算机也是这样，因为温度突然降下来会使炽热的显像管或某些元件的爆裂。此外，电视或计算机内仍有剩余电流，泼水可能引起触电。切勿揭起覆盖物观看。灭火时，为防止显像管爆炸伤人，只能从侧面或后面接近电视或计算机。

2. 厨房起火

煤气和液化气一旦发生火灾，在没有引燃其他建筑物及厨房其他器具时，可迅速用手里的毛巾、腰里的围裙等物，盖住瓶口及管道起火点，以防烧伤手臂，并立即关闭气阀，截断气路，然后再消除余火。如火势蔓延，进入卧室或引燃部分家具、衣物，但烟雾不大，人还能短时承受，应采取用水扑灭火焰，用被褥淋湿闷住火焰，或用湿衣物将整个钢瓶及煤气管道着火点全部闷死。如果有条件，或在邻居的协助下，尽快用灭火器材等设备进行灭火。如果火势突然很大，对厨房易燃物要采取以下方法：隔——用不易燃烧的物质浸水，设置屏障，从中间隔开并不断喷水；堵——迅速堵住漏气点的火苗，以防蔓延扩大；转——在厨房充满浓烟且火势转大、视线不良的情况下，应边喷水，边寻找钢瓶，找到后先关闭瓶阀，熄灭火焰，将气瓶搬出转移，以防爆炸。然后将门窗封闭，从孔洞向里喷水。如有蔓延成大火的趋势，立即向当地消防部门报警。

二、公共交通工具的防火与自救

1. 公共汽车火灾的逃生方法

（1）公共汽车火灾特点：①起火快，燃烧猛。对于用汽油作为燃料的公共汽车，燃点低，易挥发，点火能量小，遇火即可爆燃；油品及橡胶管、轮胎等均为易燃物品，火灾荷载大，燃烧时产生巨大热量，易造成猛烈燃烧；公共汽车在行驶中，供氧充足，促使火势迅猛发展。②爆炸燃烧，大面积蔓延。公共汽车起火后，常伴有油箱、油管等盛油容器爆炸破裂，引起油品飞溅，形成大面积火灾。③易造成人员中毒，疏散困难。车体的橡胶、塑料构件及其所载物品，在燃烧过程中，产生有毒有害烟雾。如因撞车、翻车起火，车门被碰撞挤压变形，开启困难，人员来不及疏散，易造成人员伤亡。④火灾损失大。公共汽车行驶途中，一般远离消防队和居民区，一旦起火，来不及救助，易造成较大损失。

（2）逃生与自救。当公共汽车发动机着火后，应保持冷静，服从驾驶员的指挥，从两头车门有秩序地下车。如果火焰小但封住了车门，可用车载灭火器扑灭火焰后迅速下车。如果不能及时取用灭火器，应当用衣物蒙住头部，从车门冲下。

① 自动灭火装置。一般安装在公共汽车的发动机舱、前门的电器集成，自动灭火装置能在温度超过 170 ℃等危险情况下，通过高压喷淋方式灭火。

② 手动灭火装置。主要是在公共汽车上配备干粉灭火器。驾驶员经过培训，可有效熄灭初起火源，公交部门还会定期更换干粉灭火器。

③ 逃生装置。一般公交车辆共安装有两大逃生装置。一个是安放在前车厢及中门后的车窗上方的“逃生锤”，紧急情况下，乘客可用“逃生锤”击碎侧窗玻璃逃生；对于没有配备“逃生锤”的公共汽车，可以使用钳子、扳手等敲击车窗上侧位置。另一个是逃生应急开关，安装在爱心专座上方的风道上，紧急情况下，可扳动风道上红色的应急开关，车门就会快速打开。

④ 使用救生锤在玻璃上划“十”字后再砸。公交车起火时，乘客可把安全锤从架上拿下来，利用其尖锐部位在玻璃上划个“十”字再砸，可以提高破窗效率。

⑤ 车顶天窗也可紧急逃生。公共汽车起火后，乘客的本能反应是从车门逃生，但事故发生后车门很可能无法正常开启，此时可考虑从车顶天窗逃生。

⑥ 学会利用车载灭火器。公共汽车内配有灭火器，位置一般在驾驶座后部和车身中间。当公共汽车起火时，要先看火情大小。如果起火程度很低，司乘人员应立即使用车载灭火器将火扑灭。如果火势较大，司乘人员不能解决时，应立即拨打 119 求救。

2. 火车或地铁火灾的逃生方法

火灾时，各车厢两头的连接处有紧急制动手柄，可迫使列车紧急停车。旅客列车每节车厢内都有一条人行通道，车厢两头有通往相邻车厢的手动门或自动门，当某一节车厢内发生火灾时，这些通道是被困人员利用的主要逃生通道。被困人员应尽快利用车厢两头的通道，有秩序地逃离火灾现场。而后在乘务员的统一安排下，依次有序从车门逃离。乘火车或地铁时一定要注意，不要轻易想去打开车窗或敲碎玻璃逃生，因为打开车窗后，大量的新鲜空气进入会加速火势的扩大蔓延。如果火势确实无法控制，来不及跑或人员拥挤不能及时跑到其他车厢时需要击碎车窗时，一定要用坚硬的物品且用力敲击，因为火车和地铁的玻璃是用特殊材质制成。

当然，火场的情况是千变万化的，各个环境下的逃生要根据实际情况而行。有一点是千万不能忘记的，那就是要时刻注意防火，不携带火种、易燃易爆和易摩擦起火物品上车，身边不发生火灾才是最安全的。

案例 *20* 某路公交车在行驶到某检查站处时，突然发生自燃，在司机紧急疏散和乘客的积极配合下，50 余乘客无一伤亡。

案例 *21* 某路公交车发生火灾，共造成 3 人死亡 12 人受伤。火灾原因为乘客非法携带易燃易爆危险品乘车而引发公交车爆燃。

案例 *22* 某市某单位家属楼内起火。起火原因是家中等离子电视发生爆炸，爆炸产生的冲击波引燃电视机柜、沙发等屋内物品。窗口冒出大量浓烟和塑料燃烧释放的有毒气体，大量浓烟导致室内能见度极低。经过消防员近 30 min 的奋力扑救，大火被完全扑灭，所幸无人员伤亡。

案例 **23** 某居民楼发生火灾，共造成1名老人、1名中年妇女和1名小男孩死亡。起火原因：因家里因存储大量垃圾导致起火。该栋居民楼的楼顶也被大火烧透，附近七八间居民楼也被大火吞噬，幸好未再造成人员伤亡。

第五节 责任与追究

消防不仅仅是某一个人的事情，而是整个社会必须严格落实的工作，所有单位必须严格遵守的规定，全体人民必须严格执行的指令。只有做到人人关心消防、积极参与预防、小火独立扑灭、大火全民帮忙，消防工作才能做好、做深、做扎实。《消防法》明确规定：任何人发现火灾都应当立即报警。任何单位、个人都应当无偿为报警提供便利，不得阻拦报警。任何单位发生火灾，必须立即组织力量扑救。邻近单位应当给予支援。如果未按规定遵守消防制度、落实消防要求的，将依法追究相关单位和人员的责任。

（1）单位违反《消防法》规定，有下列行为之一的，责令改正，处5 000元以上50 000元以下罚款：

① 消防设施、器材或者消防安全标识的配置、设置不符合国家标准、行业标准，或者未保持完好有效的；

② 损坏、挪用或者擅自拆除、停用消防设施、器材的；

③ 占用、堵塞、封闭疏散通道、安全出口或者有其他妨碍安全疏散行为的；

④ 埋压、圈战、遮挡消火栓或者占用防火间距的；

⑤ 占用、堵塞、封闭消防车通道，妨碍消防车通行的；

⑥ 人员密集场所在门窗上设置影响逃生和灭火救援的障碍物的；

⑦ 对火灾隐患经公安机关消防机构通知后不及时采取措施消除的。

个人有前款第二项、第三项、第四项、第五项行为之一的，处警告或者500元以下罚款。如有违反第三项、第四项、第五项、第六项行为，经责令改正拒不改正的，强制执行，所需费用由违法行为人承担。

（2）有下列行为之一的，依照《中华人民共和国治安管理处罚法》的规定处罚：

① 违反有关消防技术标准和管理规定生产、储存、运输、销售、销毁易燃易爆危险品的；

② 非法携带易燃易爆危险品进入公共场所或者乘坐公共交通工具的；

③ 谎报火警的；

④ 阻碍消防车、消防艇执行任务的；

⑤ 阻碍公安机关消防机构的工作人员依法执行职务的。

违反消防安全规定进入生产、储存易燃易爆危险品场所，及违反规定使用明火作业或者在具有火灾、爆炸危险的场所吸烟、使用明火的，处警告或者500元以下罚款。情节严重的，处5日以下拘留。

（3）违反《消防法》规定，有下列行为之一，尚不构成犯罪的，处10日以上15日以下拘留，可以并处500元以下罚款；情节较轻的，处警告或者500元以下罚款：

① 指使或者强令他人违反消防安全规定，冒险作业的；

② 过失引起火灾的；

③ 在火灾发生后阻拦报警，或者负有报告职责的人员不及时报警的；

④ 扰乱火灾现场秩序，或者拒不执行火灾现场指挥员指挥，影响灭火救援的；

⑤ 故意破坏或者伪造火灾现场的；

⑥ 擅自拆封或者使用被公安机关消防机构查封的场所、部位的。

案例 **24** 某大学第四学生宿舍楼 219 室突然失火，千余名女生被困楼内。火灾的原因是陈某使用“热得快”烧水时，因晚上突然停电而忘记切断电源。火灾烧毁了寝室的 8 张床铺和计算机等物品。事件责任人陈某（已毕业）受到行政拘留 10 天的处罚。

案例 **25** 某商厦发生火灾。起火最根本原因是员工于某某不慎将吸剩的烟头掉落在仓库地上，在并未确认烟头是否被踩灭的情况下离开了仓库。烟头引燃仓库内的可燃物继而引发火灾。事后，于某某犯失火罪，被判处有期徒刑 7 年。其他相关责任人员也均被判 3～6 年不等的有期徒刑。

案例 **26** 某县两名中学生拨打 119 报警称某村有居民家中发生火灾。接到报警后，县消防大队立即出动 15 名官兵及两台水罐车赶赴现场。然而，中队官兵赶到现场后并没有发现火情。在返回途中，119 接警台再次接到这两名学生报警，称“失火居民”为该村另一户居民。闻讯后，消防救援人员立即调转车头再次驶向该村，但到了现场却发现“失火居民”正在吃饭，并没有发生火灾。次日，警方在该县某中学找到了报假警的两名学生，并对两人各予以 500 元治安处罚。

案例 **27** 某高速公路上发生一起特别重大卧铺客车燃烧事故，造成 41 人死亡、6 人受伤，直接经济损失 2 312.06 万元。该客车核载 35 人，实载 47 人。且该车违规运输 15 箱 300 kg 化学品 2,4-二甲基戊腈并堆放在客车舱，2,4-二甲基戊腈在挤压、摩擦、发动机放热等综合因素作用下受热分解并发生爆燃。该事故是一起严重的责任事故，事后分别对 32 名责任人给予了党纪、政纪处分，并对 10 名主要责任人进行了批捕。

案例 **28** 某禽业公司发生火灾，共造成 121 人死亡、76 人受伤，场面异常惨烈。事故直接原因是电线短路，引燃周围可燃物，燃烧产生的高温导致氨设备和氨管道发生物理爆炸。造成人员高死亡的最根本原因是该公司安全生产主体责任不落实，消防管理不到位，火灾发生时多处安全出口处于封闭状态。事故发生后，11 人涉嫌玩忽职守罪被立案。

第五章 网络安全

随着网络技术的飞速发展，互联网已经渗透到社会的方方面面，给人们的生活带来了巨大的变化，特别是对大学生的影响尤为突出，网络已经成为大学生学习、交流、休闲的重要平台。但是，网络是一把双刃剑，在带给人们便捷、为人们呈现丰富多彩世界的同时，也产生了一些不可忽视的消极影响。作为青年学生，了解网络活动中可能遇到的安全问题，掌握基本的网络活动安全事故防范办法和基本的网络活动法律知识，有利于避免在网络活动中受到伤害，保障身心健康成长。

第一节 防止网络成瘾

一、网络成瘾

1. 网络成瘾的概念

“网络成瘾”即“互联网成瘾综合征”，英文简称为 IAD，基本症状是上网时间失控，欲罢不能，可以不吃饭不睡觉，但是不能不上网。患者即使意识到问题的严重性，也仍无法自控。常表现为情绪低落、头昏眼花、双手颤抖、疲乏无力、食欲不振等。

2. 网络成瘾的判断标准

如何判断网络成瘾？目前国际上还没有统一的诊断标准，但其中有以下两个诊断标准比较常用。

（1）心理学家杨格提出诊断网络成瘾的 10 条标准。

① 上网时全神贯注，下网后仍念念不忘上网之事。

② 总嫌上网时间太少而不满足。

③ 无法控制上网。

④ 一旦减少上网时间就会烦躁不安。

⑤ 一上网，种种不愉快消失，精神亢奋。

⑥ 为了上网而荒废学业、事业。

⑦ 因上网失去重要的人际交往、工作等。

⑧ 不惜支付巨额上网费用。

⑨ 对亲友掩盖自己频频上网的行为。

⑩ 下网后有孤寂失落感。

杨格认为上述10种情况，在一年间只要有过四种以上，便可诊断为网络成瘾综合征。

（2）心理学家布瑞德提出的诊断网络成瘾的标准。

以下表现必须出现：一心想着上网，包括回想以前的网上活动，或期待下次上网；需增加更多的上网时间以获得满足感；多次努力控制、减少或停止上网，但未能成功；在努力减少或停止上网时，感到烦躁不安、闷闷不乐、忧郁或易发脾气；上网的时间比计划的要长。

同时，至少有以下表现中的一条：因为上网，妨碍或丧失了重要的人际关系或工作，或失去教育与就业的机会；对家人、好友、治疗者或其他人说谎，隐瞒上网的程度；把上网作为逃避问题或缓解无助、嫉妒、内疚、焦虑、抑郁等不良情绪的方法。

二、网络成瘾的危害

1. 危害身心健康

网络成瘾者因为对互联网产生过度依赖而花费大量时间上网。长时间连续上网，会使人体新陈代谢、正常生物钟遭到严重破坏，身体容易变得非常虚弱。有研究表明，长期沉溺于网络，不仅会影响头脑发育，还会导致神经紊乱、激素水平失衡、免疫功能下降，引发紧张性头疼。而很多网吧环境恶劣、空气浑浊、声音嘈杂，在这种环境的网吧内上网，会损害青少年的身体健康，也容易被传染上疾病。另外，网络成瘾对青少年健全心理的发展也是一个严峻的挑战。

案例1 某大学一名大二学生卢某在寝室猝死。其室友介绍，猝死前他玩计算机已有很长时间。听到他倒地摔得很响，室友小高、小黄赶紧起床施救，并拨打了120。急救人员赶到时，卢某已死亡。

上述案例中的学生就是典型的网瘾综合征患者，并为此付出了生命的代价。

2. 导致学习成绩下降

网络成瘾对大学生的学习有很大的影响，目前已经成为大学生退学的主要原因之一。染上网瘾的大学生，被网络挤占了原本属于读书和思考的时间，导致的直接后果就是学习成绩下降。

案例2 某电视台节目《高校网患调查之一：退学风波》，报道了某学院决定对113名考试八门以上不及格的学生做出了退学处理，对156名考试四门以上不及格的学生留级一年。他们当中绝大多数是因为染上网瘾而荒废学业。

案例3 临近年关，李小姐一家人却为失踪4个多月的表弟晓辉（化名）揪心不已。晓辉原本为某大学计算机系学生，却因沉溺网游荒废学业而被劝退。次年，他再次考上了上海应用技术学院，但是网瘾变本加厉，再一次被学校开除。两次的经历并未使晓辉及时回头、斩断与“疯狂练级”之间的关联，反而促使他选择逃避、一走了之，音信全无。

能考上大学，甚至像晓辉那样两次考上大学，说明很多网瘾大学生其实在中学时代是都是“好学生”。但进入大学后，面对新生活、新环境，学习方式的变化和空余时间的增多，一些自律性差的学生，以及人际关系上比较容易封闭自我的学生，就容易转向从虚拟世界里去寻找寄托。所以入校后，新生要重新确立在大学的学习、奋斗目标。面对生活的不适应，新生除自己积极调适外，必要时应积极寻求外部支持，如寻求集体的支持，参加各种学生组织，在组织中获得归属感和支持；积极参加各种文体活动，在活动中体验集体的力量和温暖；也可以寻求心理咨询老师的帮助和指导，远离网瘾。

3. 弱化道德意识

在网络世界，人们不必面对面地直接打交道，从而摆脱了一些熟人社会众多的道德约束。大学生在网络世界中，缺少了以教师、家长为核心的人际关系对他们行为的监督，导致一些大学生在网上自由任性，缺少道德自律，容易放纵自己的欲望。人性恶的一面也可能会因为没有道德的约束而得到充分的宣泄，这就有可能弱化了上网者的道德意识和社会责任感，有可能导致他们走向犯罪的道路。同时，网络信息良莠不齐，其中不乏一些色情、暴力信息，涉世未深的青少年容易受到不良的诱导，最终可能误入歧途。

4．影响人际交往能力

网络成瘾者大多性格孤僻冷漠，拒绝与人交往，他们沉溺于虚拟的网络世界之中，沉醉于一种虚拟的满足，在虚拟的网络世界里，他们已经拥有了一切。而在现实世界中，一切都不是那么完美，因此他们认为现实生活中的人际交往是一种可有可无的事情，从而拒绝与人交往，拒绝融入社会。另外，由于沉溺于网络世界中，与他人交往频率减少，一些人对着计算机屏幕滔滔不绝，丢掉键盘鼠标就变得沉默寡言，在现实生活中语言表达能力出现障碍，更有甚者，还会得一种名叫“社交恐惧症”的心理疾病，表现为怕与人见面、谈话，见人就紧张、面红耳赤、颤抖，常独居屋内避不见人。

案例 4 市区某中学的一个男生王某，品学兼优，善良活泼，还是班干部，最近却突然变得沉默寡言，与同学一句话不对就举拳相向，对家长和邻居也动不动喊打。后来，在心理医生的帮助下，才弄明白，他已背着父母悄悄地玩了差不多一年的暴力游戏，头脑已被暴力游戏搞得混乱不堪，产生心理紊乱和障碍，已经分不清现实和游戏了，不得不退学治疗。

案例 5 14 岁的少年小泉（化名）迷恋上网，平时就泡在网吧里，痴迷于计算机游戏。渐渐地，小泉不愿上学，也不愿与其他同学来往，甚至还向父亲提出“请家教”的要求以逃避学校的集体生活。一次，小泉在网吧里连续“奋斗”了三天两夜，直至花光了身上所有的钱，才想到回家。此后，小泉就更不愿意与人交流，经常莫名其妙地发脾气，有时显得十分暴躁。

上述案例中的两个青年，是典型的“网络孤独症”的表现。“网络孤独症”是指依赖网络进行人际交流，淡化了自己与社会、与他人的交往，以至于与家人、朋友疏远，性格变得越来越孤僻。美国的一项调查表明，每周上网一小时，人们的孤独感会增加。长期上网会引发“网络孤独症”和“忧郁症”等心理疾病，过分关注人机对话，对外界刺激缺乏相应的情感反应，对亲友冷淡，对周围事物失去兴趣，严重时对一切都漠不关心，把与别人的交往当成一种可有可无的事情，变得越来越孤僻，造成个性的缺陷。

三、网络成瘾的预防

（1）树立正确的网络观，深刻认识网瘾的危害。“认识是行动的先导”，大学生只有主观上深刻认识到网络成瘾的危害，才能在行动上自觉抵制网络的诱惑，合理使用网络工具，远离网瘾。

（2）树立远大理想，为理想努力奋斗。有网瘾的大学生，往往是生活缺乏目标，感觉生活空虚无聊，通过寄情于虚幻的网络世界，寻求精神的慰藉。因此，大学生应珍惜学习时光，及早树立科学的人生理想，规划好自己的未来，在追求理想的过程中不断成长、成熟。为理想而奋斗的生活是忙碌而充实的，自然没有时间沉迷于网络之中。

（3）加强自我管理，合理规划生活，增强社会交往。大学的管理相对比较松散，学生的空余时间较多，而且都是自己支配。因此，大学生应该学会自我管理，合理分配学习、生活、实践和娱乐时间。在学习之外，可以培养一些兴趣爱好，还要积极参加各种学生活动，将主要精力放在社会交往和现实生活中，多交朋友，完善性格，磨炼意志，不做网络的奴隶。

（4）增强沟通和协调能力，学会求助与倾诉，合理宣泄不良情绪。有些大学生性格孤僻，在现实生活中不善于表达，喜欢到网络世界中寻求平衡。大学生应该学会调整心态，及时选择自己信赖的父母、老师或者朋友进行倾诉，勇敢表达自己的诉求，倾听别人的建议，获得朋友的帮助，使不良情绪得到及时宣泄。

第二节　预防网络社交安全事故

互联网络已进入社会生活的方方面面，网络社交活动也成为日益盛行的新型社交方式。网络世界的虚拟性，决定了网络社交具有与现实社交相异的许多特性，也决定了网络社交安全具有与现实社交安全相异的许多特性。大学生单纯、热情，在进行网络社交时，特别要注意规避风险，免遭伤害。

一、网恋陷阱

目前网恋已逐步成为青年人追求爱情的一种方式，一些大学生更是痴迷其中。虽然也有人通过网络找到真爱，但是它更吸引着不法分子利用“网恋”干着不法的勾当，诱使许许多多的青年人坠入“网恋”的陷阱，最终人去财空。尤其是一些少女被情所迷，分不清网上“恋人”的善恶，更不识“温柔网恋”背后的陷阱，结果引发出一起起案件，使得少女们身心俱伤，也给许多家庭带来了灾难。

案例6　某女大学生小雪（化名）在网上与毕某爱得死去活来。在毕某的邀请下，她多次去跟“心上人”约会并同居。毕某得知小雪的家境很好，还准备出国深造，觉得送到嘴里“肥肉”哪能轻易放掉。就在小雪出国前夕，毕某再次将她约到自己住处，实施了敲诈计划，在没有达到目的的情况下，竟与同伙将小雪掐死。

案例7　某中专学校一女学生秀（化名）在网上与一化名“朋克”的男子遭遇“爱的激情”，认识仅三天就见面。孰料，该男子竟是个犯抢劫罪的网上逃犯。秀被骗至一偏僻小招待所过夜，当晚就遭到粗暴蹂躏，并被拍了裸照。在以后的 40 多天里，“朋克”以杀死其家人与要去学校和家乡公布其丑事及裸照为要挟，一直把秀控制在身边泄欲。最后，多亏秀的家人报警，警方才于一个月后将她解救出来。

虚拟的“网恋”不乏“甜美纯真”，但现实却是残酷无情。大学对生活充满了浪漫的幻想，必须要提高对网络恋情的警惕性，不被甜言蜜语编织的谎言所欺骗。同时，大学生还要经常参加一些社会实践活动，丰富业余生活，提高交际能力和判别是非的能力，不要把上网作为唯一的兴趣爱好，莫坠入“网恋”的陷阱。

二、网络求职陷阱

当前，网络求职日益成为同学们毕业求职的重要途径。与传统的现场招聘会相比，网络求职更节省时间、精力和资金，更具灵活性。但是，针对毕业生急于求职的心态，一些不法之徒把找工作当成“诱饵”，设置了重重陷阱，对大学生骗钱骗色。

案例8　临近暑假，某大学大三学生小张想找一份勤工俭学的工作。前不久，他看到一家网站招聘网络代理工，感觉很适合自己，于是就投了简历。没多久，招聘方有了回音，要求他先汇600元钱作为管理费，并承诺一个月后退还。小张信以为真，汇了款。之后，却再也联系不上这家网络公司了。

案例 **9** 苏某在某地一家服装设计培训学校读书，在某市一家人才网上投了简历。一个男子联系了她，约她面试。2011年11月27日下午2时许，她独自前往应聘，一陌生男子在车站接她，说是去公司，她毫无戒备地随该男子来到一小旅社。一进门，另一名男子已等候多时，当场控制了她。这两名男子，一个（刘某）强奸了她，另一个（陈某）在一旁拍裸照，又在网上发布裸照要挟，强迫她卖淫。后来，警方抓获了男子陈某。经调查发现，陈某及其同伙专门在人才网上寻找求职简历，专挑涉世未深的少女或在校女生为对象，以面试为诱饵，约求职者见面，随后将人骗至旅社，强奸、拍裸照，然后以发布裸照为由，威胁受害者卖淫。

大学生在网上与用人单位的交流只是第一步，不可因为急于求职而轻易应诺，如有单位以考查能力为名，传来诸如翻译材料等要求完成，则需慎重。为了防止受骗，大学生网上求职应参加由学校、教育部门、人事部门组织的正规网上活动。独自前往应聘时，要注意人身安全，被要求面谈时，应当到招聘方办公地点，切勿单独跟随招聘方到宿舍或宾馆等场所，一旦发现情况不妙，可立即报警。

三、网上购物陷阱

随着网络时代的发展，网上购物悄然进入人们的生活，它有着快捷便利、信息量大、价格相对低廉、送货上门等方面的优势。据2022年《第49次中国互联网络发展状况统计报告》显示，截至2021年12月，我国网民规模达10.32亿，较2020年12月增长4 296万，互联网普及率达73.0%。我国网络购物用户规模达8.42亿，较2020年12月增长5 969万，占网民整体的81.6%。然而，并不是所有的网上购物都是安全的，一些不法商人利用目前电子商务体系的不完善，进行网上欺诈活动。

案例 **10** 大学生杨某想为自己买一部手机，而看中的一款产品在网络上的价格只有实体店中的1/3，杨某很高兴，立即登录帖子中提到的网页，并按照网页提示向页面上指定的账户汇了款。结果，半个月过去了，杨某依然没有收到手机，等他再次登录该网页的时候，已经无法打开了。

案例 **11** 小薇（化名）是一所高校的大四学生，因为她的脸比较圆比较大，常被取笑为“大饼脸”。看到同学在医院注射瘦脸针后，效果很明显，小薇也心动了，以每支200元的价格网购了两支“瘦脸针”。注射完第二天，脸上就长出了肿块和脓包。据了解，到医院打瘦脸针，一般一支2 000元左右，10天起效，维持半年时间，之后就会反弹，如果是进口药，价格还要高两三倍。然而，购物网站上销售的瘦脸针价格却极低。大部分只要两三百元，甚至几十元。而且店家都称自己的产品和正规医院的瘦脸针一样，是“原装正品”。但是，大部分网店都没有说明产品的成分、作用原理，连生产厂家都很模糊。有的卖家甚至明确表示，所售针剂无产品批号。这些价格低廉的“瘦脸针”很有可能都是假货。

上述两个案例都是最为常见的网络购物陷阱，被低廉的商品所吸引，往往是受害者上当受骗的重要原因。天上不会“掉馅饼”，如果网上商品价格和市场相比有很大的区别，那购物者一定要小心谨慎，否则会使自己遭受经济和精神上的双重损失，甚至付出健康的代价。

第三节　网络违法犯罪的预防

网络犯罪是指以网络为犯罪工具，或以网络为犯罪对象实施危害网络信息系统安全的犯罪行为。据最高检发布数据，2020年全国检察机关起诉涉嫌网络犯罪14.2万人，同比上升47.9%，诈骗和赌博犯罪持续高发，占2020年网络犯罪总数的64.4%。自从1994年我国发生第一例大学生张某电子邮件诈骗案以来，大学生利用网络技术实施犯罪的报道时有见诸报端。最为常见的网络违法犯罪行为有有害信息的传播、网络色情犯罪、网络侵犯知识产权、网络病毒传播、网络黑客攻击等。

一、有害信息的传播

互联网有害信息，是指在互联网上可能对现存法律秩序和其他公序良俗造成破坏或者威胁的数据、新闻和知识等信息。对于这些在互联网上编造、传播有害信息的行为，国家已颁布一系列相应的法律、法规予以严厉打击和遏制。但是，在高校中仍存在一些学生触犯法律。对于这些学生，轻者被予以警告，重者则受到法律的制裁。

案例12　高某某是一名大专生，平时喜欢在一些贴吧上转发一些帖子以换取经验值。2013年5月10日，他在某县的贴吧上转发了一个帖子，内容为“该县来了一个犯罪团伙，杀人、抢劫无恶不作，请大家小心”。引来了很多关注，也引起了当地一些群众的恐慌。经警方调查，认定这个帖子是虚假消息，并很快调查到了转发帖子的高某某。他承认为了吸引眼球，换取经验值，在没有判断信息的真假的情况下就转发了帖子，为此，他受到了行政拘留的处罚，在校内也受到了处分。

案例13　某大学生皮某某在百度××吧以“针刺事件居然闹到××了”为题发帖，引起许多网友关注并回帖。“针刺”信息很快在该校部分学生中传播，并引起了一定程度的不稳定情绪。皮某某后来在发出的“个人声明”中说，他在与母亲通电话时，听说老家出现疑似用毒针扎小孩的事件，而母亲在电话中一再叮嘱他注意安全，于是他在未经核实真实性的情况下以“针刺事件居然闹到××了”为题在网上发帖。皮某某主观上是想提醒同学们注意安全保持警惕，但客观上违反了国家的相关法律规定。虽然皮某某认识到自己违法行为的实质和危害，警方仍依法对其做出治安拘留3日的处罚。市公安局网监总队一位陈姓警官说，公民在网上散布和传播“针刺”言论，原则上定性为刑事犯罪。鉴于皮某某是在校大学生，尚未有证据证明皮某某是主观故意，警方才做出这样的处罚决定。

通过上述两个案例可以发现，一些学生是出于好奇而转载或存放有害信息，显示出一些大学生对互联网相关法律法规知识的缺失，以及对自己行为可能产生的严重后果认识不足，这是不成熟、缺乏社会责任感的表现。

二、网络色情犯罪

网络色情，是指在网络上以性或人体裸露为主要诉求的信息，其目的在于挑逗引发使用者的性欲，表现方式有色情文字、声音、影像、图片、漫画等。大学生正处于身心成长的重要阶段，一方面生理和心理逐渐成熟，性意识逐渐活跃；另一方面社会经验欠缺，克制力较差，极易成为网络色情的受害者，甚至成为制造和传播网络色情的违法者。

案例 14 某市公安局网监处网上巡查发现一淫秽色情网站。该网站服务器中有 5 个淫秽色情网站，共有注册会员 21 万余人，网站主题发帖多达 17 万篇，其中大部分为淫秽色情图片和电影。经过警方严密侦查，将犯罪嫌疑人祝某及其同伙党某、魏某抓获。让警方惊讶的是，其中祝某和魏某都是在校大学生。祝某交代他和党某共同建立淫秽色情网站，魏某对网站进行维护管理。短短半年时间，祝某等通过在网站上发布广告，共获利 1 万余元。

案例 15 犯罪嫌疑人曾某，22 岁，某学院在校生。曾某以每月 300 元的价格租用了一个网络空间，并以每年 60 元的价格向他人购买了 7 个域名。随后，曾某在没有经过有关部门批准，也未到公安机关备案的情况下，私自开设了 3 个网站。为提高网站的点击率，曾某在某论坛网站开设了淫秽色情栏目。此外，曾某还在该论坛的主页上设有“好运精品单双”等栏目传播“六合彩”的有害信息。据警方侦查，曾某共发帖 262 篇，其中，有色情淫秽图片 360 张，色情小说 3 篇，回复帖子数量共有 1 491 次。曾某从这些网站中非法获利 5 万元。

上述两个案例中的大学生在利益的驱使下铤而走险，走上了犯罪的道路，必将受到法律的惩罚。

三、侵犯知识产权

据统计，“获取信息”是网民上网的最主要目的。但是在此过程中，一些网民却忽视了知识产权问题，包括非法下载、使用他人享有著作权的软件、影视和音乐作品，抄袭他人论文，窃取他人技术成果等。

案例 16 从爱玩网络游戏到经营网络游戏，被告人刘某与网游一路相伴从少年长成青年。然而，在由未成年跨入成年的时候，他从一名学子沦为了一名罪犯。由于在半年多的时间里，刘某伙同他人共租用了十多台服务器开设私服，非法经营网络游戏，牟利 190 余万元并从中分得 40 万元，人民法院以侵犯著作权罪判处其有期徒刑 3 年，并处罚金人民币 100 万元。

案例 17 “蜂巢网”是一名在校大学生的创业成果，创办者名为萍萍（化名）。她发现中国知网上的学术论文价格较为低廉，如果能先获得论文的所有权，再高价卖出便可获得不菲的差价。为此，萍萍先将自己中意的论文题录摘要在自己的网站上公布，当有网友看中论文时，萍萍便立即购买该论文的使用权，再以每篇 150 元至 250 元不等的价格卖给他人。

萍萍表示，从开业一年半时间内，通过转卖论文，她已经获利了 6 万元净利润。中国学术期刊电子杂志社认为“蜂巢网未经许可，复制发行我们的数据库作品，严重侵犯了我们的合法权益。”将萍萍告上法院要求索赔 30 万元。

法院在审理后认为，《中国优秀博硕士学位论文全文数据库》是汇编作品。根据有关法律，汇编作品都享有著作权。萍萍将原告的汇编作品题录摘要复制后，编入自己的数据库中，放在自己的网站上供人免费检索、阅看，这就侵犯了原告的著作权，应当承担民事责任。因此，法院判令萍萍赔偿中国学术期刊电子杂志社经济损失费等 9.6 万元。

保护知识产权的目的，是为了鼓励人们从事发明创造，并公开发明创造的成果，从而推动整个社会的知识传播与科技进步。我们在网络上经常接触的电子邮件、在电子布告栏和新闻论坛上看到的信件，网上新闻资料库，资料传输站上的计算机软件、照片、图片、音乐、动画等，都可能作为作品受到著作权的保护。大学生在网络活动中要增强知识产权意识，避免侵犯他人知识产权行为的发生。

四、网络侵犯个人隐私

信息时代，科技便利，人们在享受网络信息咨询的同时，个人隐私也受到了前所未有的挑战。

案例18 刘某与彭某原为好朋友，刘某因个人资金周转需要，向彭某借款20万元。刘某到期未能归还借款本金及利息，彭某经多次催促后，刘某将彭某电话、微信、QQ均拉黑，导致彭某无法联系刘某。彭某气愤不过，多次在其朋友圈内发布刘某出具的借条以及刘某身份证照片、手机号码、工作单位等信息。刘某得知后，以彭某侵犯其隐私权为由起诉了彭某。

案例19 某高校的一对男女学生在教室里亲热，被同校的其他学生偷拍，并将之传播于网上，遭偷拍的女生在事件曝光后自杀，而学校开除了与这次偷拍事件有关的部分学生，其中包括当事人、偷拍者和网上传播者。

五、网络病毒传播

网络病毒是指以干扰计算机操作、记录、毁坏或删除数据等为目的，可自行传播到其他计算机和整个互联网上，由设计者蓄意设计的软件程序。由于其危害性巨大，根据公安部门颁布的《计算机病毒防治管理办法》，任何单位和个人不得制作计算机病毒，任何单位和个人不得有制作传播计算机病毒的行为，否则将依法受到处罚。

案例20 某高校大学生仅因自认为遭学校不公平对待，制造了“大学生杀手病毒”，病毒会在每个月的15日发作，删除掉中毒计算机系统盘下的所有数据，造成系统崩溃。该病毒看上去很像普通的文本文件，攻击者可以通过邮件、QQ等传送给普通用户，一旦点击之后，病毒就会在后台运行，危害很大。

案例21 某高校大二学生胡某编写了利用QQ控制的木马病毒“QQ叛徒”。此病毒通过发出比如“死机了？”一类的QQ聊天语句，控制破坏他人的计算机。这种利用QQ远程控制他人计算机的病毒让不少网民闻Q色变。更可怕的是，随后，“QQ叛徒”又出现了新的版本，这种改良版本可以用手机短信（无线QQ）攻击他人计算机，危险极大。

在制造计算机病毒的大学生中，除了一部分人借此炫耀技术之外，还有一部分人仅仅是为了发泄个人的不满情绪。年轻人追求成功、渴望实现自我价值是无可厚非的，希望引人注目、成为众人关注的焦点，也不是什么坏事。但企图通过编写病毒这种过激的手段来满足自己的一己私利，是典型的不正常的心态。如果感觉自己遭遇不公，应该采取正当手段来维护自己的权利，如果依靠编写计算机病毒泄愤将会使自己越陷越深，同时，还可能承担刑事责任，到时候悔之晚矣。

六、网络黑客攻击

在《刑法》里，针对网络黑客行为的条款有第二百八十五条“非法侵入计算机信息系统罪”和第二百八十六条“破坏计算机信息系统罪”等。另外，根据公安部发布的《计算机信息网络国际联网安全保护管理办法》的相关规定，未经允许，进入计算机信息网络，或者使用计算机信息网络资源的，以及其他危害计算机信息网络安全的行为，也将受到处罚。

案例22 两名大学生黑客闵某、叶某入侵某高校的教学管理系统，将16名大学生的成绩从不及格改为及格，获利 13.8 万元。高校发现教管系统被入侵后报警。经过警方侦查，闵某、叶某相继落网。法院认为，闵某、叶某已构成破坏计算机信息系统罪。鉴于两名被告人到案后认罪、悔罪态度较好，在校期间表现良好，又系初犯，并积极退还全部赃款，判处闵某有期徒刑 3 年，缓刑 5 年，判处叶某有期徒刑 3 年，缓刑 3 年，并没收两人非法所得。

案例 ***23*** 李某是某大学大三的学生，通过哥哥联系制售假证人员 16 人，制作假证，自己则“黑”入相关网站，添加证书核查系统数据，使其卖出的假证能够在政府网站上查询到。李某使用木马程序等手段，多次非法侵入某某考试网、某人才网等网站，修改、增加计算机信息 1 289 条，非法所得 130 余万元。人民法院对李某和其哥哥，以破坏计算机信息系统罪，分别判处有期徒刑。

上述涉案的几名大学生没把技术用在正道上，本来前途无量的高才生因一时贪念而走上了歪路。大学生在使用网络时，除了要做好防范“黑客”侵入的相关措施外，还要增强法律意识，清醒地认识到非法入侵他人计算机是违法行为，不要以身试法。

七、大学生网络违法犯罪的预防措施

（1）树立正确的网络观，做文明网民。网络世界的确有着虚拟性、隐蔽性等特质，但互联网社会毕竟是现实社会的拓展与延伸，网络工具的使用仍需现实生活中的人去操控。因此，现实社会中诸如尊重人格、保护隐私、诚实守信、张扬正义等基本行为规范，仍需一如既往地坚定恪守。大学生在网络生活中，必须高扬守法用网、依法治网的法治精神，增强主人翁责任感，文明自己的言论和行为，真正把互联网当作家园来建设，既做网络文化建设的参与者，又做文明健康网络文化的创造者和传播者。

（2）学习计算机网络安全法律法规，依法上网。认真学习《中华人民共和国网络安全法》《中华人民共和国刑法》等相关的法律法规，用法律来武装自己的头脑，知道在网络中的可为与不可为，不触碰法律的底线。

（3）掌握计算机信息与网络安全知识，提高防范意识和技能。安装好杀毒软件和防火墙并及时更新；养成良好的上网习惯，不去点击一些不良网站和邮件；定期杀毒，及时给系统打好补丁；学习网络安全知识，远离黑客工具。

第六章 健康教育

第一节 心理健康

大学生心理健康到不健康并无明显界限，而是一个连续化的过程。对多数大学生而言，在人生的发展过程中面临心理问题是正常的，应积极加以矫正。近几年来，大学生心理健康已经渐渐成为社会关注的焦点。

为引导大学生关注自身的心理健康，2000 年，“5.25 全国大学生心理健康节”在北京师范大学拉开帷幕，健康节取“5.25”的谐音“我爱我”，意为关爱自我的心理成长和健康，活动的主题是大学生人际交往和互助问题，口号为“我爱我——走出心灵的孤岛”。2004 年，教育部、团中央、全国学联办公室向全国大学生发出倡议，把每年的 5 月 25 日确定为全国大学生心理健康日。

一、大学生心理健康的特征

从广义上讲，心理健康是一种持续高效而满意的心理状态；从狭义上讲，心理健康是知、情、意、行的统一，是人格完善协调，社会适应良好。迄今为止，关于心理健康还没有一个统一的概念，国内外学者一般认同心理健康标准的复杂性，既有文化差异，也有个体差异。心理学家将大学生心理健康的特征描述为以下几点。

1．了解自我，悦纳自我

心理健康的人能充分认识自身存在的价值，正确看待自己的长处和不足，有自知之明，能对自己做出恰当、客观的评价，能确立与自己能力相吻合的目标，对自己的现状和前途充满自信，努力发掘自己的潜力，即使对自己无法补救的缺陷也能正确对待。一个心理不健康的人则缺乏自知之明，确立的目标总高于自己的实际水平，对自己总是不满意，总希望自己完美无缺但又无法实现，于是经常自责、自怨，内心常处于不平衡的状态，从而失去对自我的客观认识和评价。

2．接受他人，善与人处

心理健康的人不仅能接受自我、悦纳自我，也能接受他人、悦纳他人，充分认识、肯定别人存在的重要性，乐于与人交往，让他人了解和接受自己，人际关系和谐，有自己的朋友，具有同情、友善、信任、尊重等积极的态度，因而有充分的安全感。一个心理不健康的人，总是将自己孤立于群体之外，甚至与周围的人格格不人。

3．正视现实，接受现实

心理健康的人能够面对现实，接受现实；能主动地适应环境的变化，对周围的环境事物能够客观地认识和评价；对突发事件能较好地接受而不逃避现实；对生活、学习和工作中的困难能做到妥善处理；对挫折、失败有足够的勇气和信心。心理不健康的人往往容易以幻想代替现实，不敢面对现实，缺乏足够的勇气去面对挑战，或怨自己生不逢时，或怨社会环境对己不公，因而难以适应环境。

4. 热爱生活，乐于工作

心理健康的人热爱生活，乐于工作，既能尽情享受生活的乐趣，又能积极进取，不断开拓自己的生活空间，充分发挥自己的聪明才智，体验成功的喜悦。

5. 能适度地表现情绪

心理健康的人情绪稳定、乐观，积极的情绪多于消极的情绪。面临各种环境能适度地表达和控制自己的情绪，反应的强度和刺激的强度相一致，该激动时激动，该冷静时冷静，恰如其分，做到喜不狂、胜不骄、败不馁、谦而不卑、自尊自重。

6. 人格完整和谐

心理健康的人拥有完整和谐的人格，表现为性格开朗、为人处世灵活而稳定；思考问题的方式合理而适中；情绪反应稳定而适度；与周围环境保持良好的接触，与社会生活融为一体。

7. 心理行为符合年龄与性别特征

人的心理行为是随着年龄的增长而发展的，不同年龄阶段都有其相应的心理行为模式。心理健康的人应具有与多数同龄人相符的心理行为特征，若一个人心理行为严重偏离自己的年龄特征，就是心理不健康的表现。如大学生正值青春年华，是精力充沛、思维敏捷、情感丰富的人生阶段，因而应表现为朝气蓬勃、积极向上，如表现过于老练世故，则有悖于这一阶段的年龄特征。

8. 智力发育正常

智力正常是心理健康的重要标准，也是人进行正常生活、学习、工作所必备的心理条件。

二、大学生常见的心理问题及调试

（一）自卑

1. 自卑的含义及表现

案例*1* 吴某，男，某大学二年级学生。吴某在中学时成绩拔尖，深受老师和同学的器重，自己也因此忽视了家庭的普通。进了大学后，吴某借了不少钱以掩饰自己的普通。吴某曾想了许多办法来提升自己的素质（如参加社团、看书、看展览会、考证书等），但实施之后，往往都是半途而废，从而感到自己不会有好的前途。

吴某由于大学之前因为成绩拔尖，一直受到关注和重视，使其得到了充分的心理满足，从而忽视了家境普通。而进入大学后，一方面不再如过去那样受关注，失去了原来心理满足的基础，导致其第一次认识到了自己家庭与周围其他人家庭之间的差距，而他又过分夸大地看待了这种落差，妄图以借钱的方式来掩饰，以偏概全地看待自己的未来，意志力下降，形成自卑心理。

案例*2* 某大学生马某某在与三位同学玩纸牌时因琐事发生争执，马某某认为这三位同学说自己为人差、性格古怪等，并认为自己在学校的名声受到诋毁，感到很绝望，于是决意杀死他们，因担心同宿舍的一位同学妨碍其作案，决定将四人一起杀死。接下来三天内，马某某采取用铁锤打击头部的同一犯罪手段，将四名同学逐一杀害，并把被害人尸体藏匿于宿舍衣柜内。事后马某某乘坐火车逃离。随后，公安部发布A级通缉令，通缉马某某。最终，马某某被警方抓获。市中级人民法院一审以故意杀人罪判处被告人马某某死刑，剥夺政治权利终身。

马某某为什么最终会走上绝路？很多专家和学者对此进行研究和反思，其中犯罪心理学家李玫瑾奔赴云南，对此案进行了全面调查，还专门为马某某设计了心理问卷，做了心理测试，之后写出了上万字的《犯罪心理分析报告》。报告指出，真正决定马某某犯罪的心理问题，是他强烈、压抑的情绪特点，是他扭曲的人生观，还有“自我中心”的性格缺陷。马某某存在的这些心理问题都与自卑有很大的关系。

案例 **3** 某高职院校大一女生李某，身材高挑，眉目清秀，但家境极为普通，到校报到时，只有因劳累而过早白发苍苍的老父亲送她。当看到同宿舍的同学多是被父母双双用小汽车送到学校时，心里极其失落。整日郁郁寡欢，很少与人来往。直到有一天鼓足勇气走进心理咨询室，经心理咨询老师的悉心引导，才化解了心中的症结，认识了自身的优点，正视了自身的不足，终于以优良的学业和为人坦诚的优点，赢得了老师和同学的赞许，找回了自信。

李某正是因为自己的家庭情况而感到自卑，从而影响了自己的人际关系和学业。

自卑是个体由于某种原因（生理的或心理的缺陷，或其他原因）而产生对自我认识的一种消极的情绪体验，表现为对自己能力或品质评价过低，怀疑自己，看不起自己，担心自己失去他人尊重的心理状态。

案例 **4** 某女大学生相貌平平，中学时刻苦学习，成绩优良。考上大学后发现自己并不太受人喜欢，加上不适应大学的学习生活，成绩直线下降。结果原本在中学建立起的自尊心和自信心受到了严重打击，使她的许多理想都落空了。自尊转化为自卑，变得忧郁、孤僻、抱怨和烦躁，影响了正常的学习和交往。

（1）对自己评价过低。这是自卑的实质。一个人自我评价过低是自卑，自我评价过高是自负，只有积极合理的（科学真实的）自我评价才是自信、自尊。而自信自尊是一个人最重要的心理品质，是人生能否有所作为的根本条件。

（2）有泛化性的特点。泛化性的特点是指大学生由于某种原因造成的自卑情绪容易泛化到其他方面去，从而其他方面受其影响。

（3）具有敏感性与掩饰性。具有自卑感的大学生往往对自己的不足和别人的评价过于敏感，并“善于”从他人的言行中“寻找、发现”于己不利的评价；由于担心被人知道，对自己的缺陷和过失常常加以掩饰或否认，表现出较强的虚荣心。

2. 自卑产生的原因

自卑情绪的产生有外在和内在两种原因。从内在的心理过程看，自卑是人的自我意识发展不健康和自我评价不合理的结果。随着自我意识的发展，大学生日益关注自己的外貌、能力、自我价值、个性品质等各个方面，以及他人对自己的评价。自我意识的发展也促使大学生的自我概念中出现了理想的自我与现实的自我。由于理想与现实的差异较大，这两个自我的符合程度往往较低。也就是说，许多学生对现实自我的评价往往不能满足理想自我的标准，因此产生消极的自我评价和自卑的情绪体验。这表明大学生的许多负性的情绪，如自卑、抑郁、焦虑、嫉妒、气愤等都是自己对事物的某些不合理的观念（不正确的认知）造成的。

3. 克服自卑感

（1）建立合理的积极的自我评价。要克服自卑感，首先要正确分析产生自卑的原因和内在的心理过程，然后通过建立合理的积极的自我评价，正确地认识自己，根据自己的实际能力水平，制订确实可行的发展目标，缩短“现实自我”与“理想自我”之间的距离。允许自己存在局限，适当降低对自己的要求，给自己创造成功的情绪体验，从而逐渐消除自卑，树立自信。

（2）建立合理的思维方式。打破过去“因为我不行——所以我不去做——因此我就是不行”的恶性循环思维方式，建立起合理的积极的思维模式“因为我不行——所以我要努力去做——即使失败了我还要再努力，谁也不是天生就会——结果一定会有进步”。只要能够正确而理智地认识自己，并用坚强的毅力来解决面临的问题，问题就会得到逐步解决，信心就会建立起来。

（3）用实际行动建立自信。征服畏惧，战胜自卑，不能夸夸其谈，止于幻想，而必须付诸实践，见于行动。建立自信最快、最有效的方法，就是去尝试做自己害怕做的事，直到获得成功。

① 突出自己，坐在显眼的位置。在各种形式的聚会中，在各种类型的课堂上，自卑的人都希望自己不会“太显眼”，怕受人注目的原因就是缺乏信心。这种情况下要想克服自卑、建立自信，就必须敢为人先，敢上人前，敢于将自己置于众目睽睽之下。要记住，有关成功的一切都是显眼的。

② 昂首挺胸，快步行走。许多心理学家认为，人们行走的姿势、步伐与其心理状态有一定关系。懒散的姿势、缓慢的步伐是情绪低落的表现，是对自己、对工作以及对别人不愉快感受的反映。倘若仔细观察就会发现，身体的动作是心灵活动的结果。那些遭受打击、被排斥的人，走路都拖拖拉拉，缺乏自信。反过来，通过改变行走的姿势与速度，有助于心境的调整。要表现出超凡的信心，走起路来应比一般人快。走路步伐轻快敏捷，身姿昂首挺胸，会给人带来明朗的心境，会使自卑逃遁，自信滋生。

③ 练习当众发言。面对大庭广众讲话，需要巨大的勇气和胆量，这是培养和锻炼自信的重要途径。在大家周围，有很多思路敏锐、天资颇高的人，却无法发挥长处参与讨论，并不是这些人不想参与，而是缺乏信心。

在公众场合，自卑的人都认为：“我的意见可能没有价值，如果说出来，别人可能会觉得很愚蠢，我最好什么也别说，而且，其他人可能都比我懂得多，我不想让他们知道我是这么无知。”这些人常常会对自己许下渺茫的诺言：“等下一次再发言。”可是他们很清楚自己是无法实现这个诺言的。每次的沉默寡言，都是中了缺乏信心的毒素，这使得这些人越来越丧失自信。

从积极的角度来看，如果尽量发言，就会增加信心。不论是参加什么性质的会议，每次都要主动发言。有许多原本木讷或有口吃的人，都是通过练习当众讲话而变得自信起来的，如萧伯纳。因此，当众发言是信心的“维他命”。

④ 学会微笑。大部分人都知道笑能给人自信，它是医治信心不足的良药。真正的笑不但能治愈自己的不良情绪，还能化解别人的敌对情绪。

（二）焦虑

1. 焦虑及表现形式

案例 5 某大学一名女生李某，与男友发生恋爱危机导致其出现一般心理问题，情绪非常焦虑，睡不好觉，总想着这件事情。男友吴某24岁，某大学研究生。李某与吴某是邻居，从小就在一起学小提琴，确定恋爱关系后，双方父母都很满意。虽然他们没在同一个城市上大学，但感情非常好，亲戚、朋友和同学都非常羡慕他们，李某也深感骄傲和自豪，认定他们的爱情犹如神话一般美丽。

但是，两人的恋情爆发了一场严重危机。起因是吴某因为导师要求暑假未结束就提前返回学校，未答应李某一同出游的请求，李某不开心。几天后，李某和一直对她有好感的大学男同学秦某及另外两个同学到一家歌厅进行所谓的“告别暑假的最后狂欢”，那天李某和秦某喝了不少酒，在送她回家的出租车上，两人的亲昵越过了普通同学关系，自此后，秦某向李某展开了猛烈的爱情攻势，李某十分后悔那天晚上的草率和失态。

国庆节，吴某回北京与李某团聚，无意之中发现了秦某写给李某的一封情书，其中提到了那天晚上的事。吴某气愤难忍，不管李某如何解释自己那天晚上是酒后乱性，之后并没再犯，仍然不能原谅李某，第三天就回学校了。

吴某为了报复李某，接受了一个长期追求他的女孩，消息很快传到李某耳中，她马上赶到吴某的学校，找到吴某和其新女友，冲着他们一阵歇斯底里地发作，之后，不顾吴某的极力解释和劝阻，当天就回到了自己的学校。

之后李某痛苦极了，精神几乎要崩溃了，满脑子里想的尽是那天吴某和那名女孩手拉手的样子，晚上也睡不着觉。但是，李某发现她一直期待的完美的爱情没有了，她担心即使合好了，以后还是会出现问题，现在是和男友合好，还是接受秦某的感情，李某不知道该怎么办了，所以前来咨询师处求助。

李某由于遭受恋爱挫折后，而导致了高强度的痛苦、紧张、焦虑的情绪。

焦虑是一种复杂的综合性的负性情绪，是人们在生活中预感到一些可怕的、可能造成危险的或者需要付出努力和代价的事物将要来临，而又感到自己对此无法采取有效措施加以预防和解决，因此产生紧张期待的心情，表现出忧虑和不安，担心和恐慌。简言之，当人对一件事情情况不明，感到没有把握，无能为力，而产生担心紧张的情绪就是焦虑。

引起大学生焦虑情绪的原因主要有以下几个方面：

（1）因为生活不适应而产生焦虑。因为生活不适应而产生焦虑包括对生活环境、生活方式、生活习惯的不适应，这在大学新生中是比较常见的情况。

（2）自我形象焦虑。自我形象焦虑是担心自己不够漂亮、没有吸引力，身体过胖或矮小等，也有的因为粉刺、雀斑等影响自我形象而引起的焦虑。这类焦虑主要与自我认知有关，需要通过调整自我认知重新接纳自我，建立新的自我形象。

（3）学习焦虑。学习焦虑是与学习有关的焦虑，如考试焦虑，是学生情绪反应中最为强烈的。

（4）情感焦虑。多数由于恋爱受挫而引发的自我否定，认为自己不具备爱人与被爱的能力，因而过度担心引起焦虑。

2．如何缓解焦虑情绪

（1）接纳自己的情绪。人在焦虑状态下，不易正确认识和接纳自己的情绪，反而容易烦躁、发火或激动。出现这些行为后又感到自责，产生新的焦虑。其实，焦虑等不愉快的情绪只要适当，也是正常而有益的，个体在适度的焦虑情绪之下，大脑和神经系统的张力增加，思考能力亢进，反应速度加快，因而能提高工作效率和学习效果。因此，要学会与焦虑情绪共处，抑制不良情绪的发展。

（2）转移注意力。出现焦虑情绪，是因为注意力集中在焦虑事件上。当受焦虑情绪困扰时，转移注意力是一种调适情绪的好办法。

（3）动静结合、身心放松。进行适量的体育锻炼，释放紧张情绪，通过想象放松，通过音乐调节来平静心情，解除焦虑。

（三）抑郁

1．抑郁及其表现

案例 6 小林以当地第一名的成绩考入某重点高校，第一学期期末，本来踌躇满志准备获取奖学金的她未能如愿。她的情绪从此一落千丈，变得郁郁寡欢，无心学习，也无法处理好与同学的人际关系，还整夜失眠。最后不得不去医院精神科检查，结果诊断她是患了抑郁症。

抑郁情绪就是感到压抑和忧愁的情绪，是一种感到自己无力应付外界压力而产生的消极情绪，常常伴有厌恶、痛苦、羞愧和自卑等情绪体验，是大学生中常见的不良情绪。在大学生中存在抑郁现象，究其主要原因，是由于自我价值没有得到很好的体现，对自己进行了一些否定。抑郁情绪人人都曾体验过，对大多数人来说它的出现是短时的，很快就会消失。但也有少数人可能长期处于抑郁状态而导致抑郁症。

抑郁情绪的主要表现是：情绪低落、思维迟缓、自卑自责；郁郁寡欢、闷闷不乐，干什么都没精神；不愿社交，回避熟人，对生活没信心、没兴趣，并伴有食欲减退、失眠等情况。长期抑郁会严重伤害人的身心健康，使人无法有效地学习、工作和生活。

2. 抑郁的克服方法

（1）促进人际关系和谐。大学生的人际关系直接影响一个人的情绪，所以对情绪抑郁的大学生，应集中对他们进行关于人际交往的心理辅导。

（2）坚持锻炼身体。大学生面临来自多方面的压力，可能会因忙于繁重的学习而忽视了体育锻炼的作用。科学研究证明，运动能加强新陈代谢，疏泄负性心理能量，防止抑郁情绪的发生；有助于增强体质，产生积极的心理感受，较快地改善情绪。大学生应重视体育运动，以有氧运动为主，每周至少运动三次。

（3）学会幽默。幽默能使生活充满情趣，哪里有幽默哪里就有活跃的气氛。谁都喜欢与机智风趣的人交往，而不喜欢跟郁郁寡欢、孤僻离群的人接近。

（4）主动进行心理咨询。心理咨询具有教育、保健与治疗以及克服消极心理，实现心理平衡的功能。通过咨询可以求得帮助、指点迷津、宣泄情绪、缓解压力、排除障碍，改变不合理的认知方式，提高心理素质。

（四）愤怒

1. 愤怒

愤怒的产生是因为人感到自尊心受挫、人格受侮辱、安全受威胁、遇事处理不公、个人目的受阻等。愤怒情绪本身不是什么问题，但如果表达不当则容易出问题。愤怒会使人的自制力减弱或丧失，不能正确判断自己行为的意义和后果，以致做出不理智的冲动行为。

2. 控制愤怒的方法

（1）尽量绕开不必要的刺激。在日常生活中，许多事都可以使人产生愤怒的情绪，如果大家每件事情都去计较，肯定会引来许多愤怒的情绪，无法自拔，这时假如大家能想方设法躲开各种不良的刺激，便可以避免矛盾激化，消除愤怒的情绪。

（2）及时转移皮层兴奋点。科学研究发现，人在发怒时，大脑皮层有个较强烈的兴奋灶在起作用，使怒火越烧越旺。如果这时能及时转移开目标，即在大脑皮层建立新的不同的兴奋灶，则可以减弱或抵消原来愤怒兴奋灶的作用，转移自己的愤怒情绪。迅速离开容易使自己发怒的现场和对象，到清静的地方，在逐步冷静的过程中重新审视刚才所发生的事情，整体、全面而长远的思维会使冲动的情绪慢慢平静下来，另外也可针对刚发生的事端对对方的内在情况有新的了解，对日后相处也会大有益处。

（3）适度宣泄。这种方法是最常用也是最简单易行的，当感到愤怒时，可以适度地将心中的不满或意见讲出来，以宣泄内心的愤怒。但同时要注意对象，选择能理解自己的亲戚或朋友，在不引起不良后果的情况下，做有益的建设性的宣泄。

（4）理智制怒法。当遇到气愤的事情时，先深呼吸。吸—呼—吸—呼……把气慢慢吸进去然后再慢慢吐出来，也把气缓下来。同时从一数到十，看看自己要数几次，才能把气缓下来。当气息舒缓后，会发现自己的情绪也稍微缓解了一些，待稍微舒缓后，自己冷静下来，可以问自己："我需要生这个气吗？如果我是对方，我会说同样的话、做同样的事吗？"如果会，大可不必这么生气，试着从对方的角度看事情，试穿别人的鞋子，换位思考。最后再想想，生气是拿别人的错来惩罚自己，这样不仅会损害自己的健康，而且于事无补。

（五）冷漠

1. 冷漠表现

大家先来看一项由中国青年报社调查中心联合腾讯教育对 8 895 名大学生开展的校园人际关系大调查。在总分为 10 分的"人际温度"评价中，53%的受访者评价一般（5 分）；感觉比较温暖（8 分）和非常温暖（10 分）的比例分别为 22.3%和 6.2%；觉得有点冷（3 分）和非常冷漠（0 分）的分别占 14.4%和 4.1%。

冷漠是指人对外界刺激缺乏相应的情感反应，对生活中的悲欢离合都无动于衷。具体表现为：凡事漠不关心、冷淡、退让的消极情绪体验。如有的大学生对周围的人和事漠不关心，对集体和同学态度冷淡，对自己的前途命运、国家大事等漠然置之，似乎自己已看破红尘、超凡脱俗。于是，把自己游离于社会群体之外，独来独往，对各种刺激无动于衷。这种冷漠的情绪状态，多是压抑内心情感情绪的一种消极逃避反应。具有这种情绪的人从表面上看虽表现为平静、冷漠，但内心却往往有强烈的痛苦、孤寂和压抑感。如果大学生长时间地处于这种情绪状态下，巨大的心理能量无法释放，超过了一定限度时，就会爆发出来，致使心理平衡遭到破坏，影响身心健康。

2. 冷漠的危害及克服

冷漠与退缩一样，是一种消极情绪的内化而非外显的行为，事实上，冷漠比攻击更可怕。

首先，这种心态表现出大学生心灵的不健全。具有冷漠心态的学生，由于对周围一切的人和事物都持有一种漠视的冷淡态度，因而不能深入学校集体生活中去，看不到人的心灵深处高尚而美好的东西。当冷漠逐渐植入他们的性格，就会使他们的感情变得尤为不丰富。那么，跟随冷漠而来的，必将是内心深处的孤寂、凄凉和空虚。

其次，这种心态标志着大学生心灵上的麻木。大学阶段本应是激扬青春、热情饱满的时期，而对周围的一切采取漠然视之、麻木不仁的态度，那无疑是一种可悲的自我摧残和自我埋葬。

再次，这种心态意味着大学生责任感的泯灭。一个人如果对周围的人或事都表现出冷漠，那么，就会认为自己和集体、和他人是不相干的，是没有义务和责任的。因此，除了自身利益以外，对一切都不会看重。这样的人"事不关己，高高挂起"，其最终结果，只能把自己塑造成为玩世不恭、消极混世的自怜者，无法在竞争激烈、关系复杂的现代社会站稳脚跟。

克服冷漠最根本的方法是改变认知，发现生活的意义，发现自我的价值，改变长此以往形成的对人生消极的看法；从行为上，积极投身到各种有意义的活动中，融入集体中，进行积极的自我暗示与自我提升；正确认识自我与他人，个体与社会，并不断矫正自己的非理性观念。

案例 7 某大学一名学生因家贫面临失学的报道刊出后，引发了该市的助学热潮。某资助者得知这一情况后慷慨解囊，资助100个当年新生完成四年大学学业。细心的资助者在获知特困生名单的当天，就到银行给每位学生办了一张卡，学生持卡每月到银行取100元生活费。四年过去了，没有一位学生忘记过领钱，但这中间只有两名同学与资助者有过信件往来，表达过感激之情，其他人音信皆无，其冷漠程度令人寒心。

案例8 某风景区24岁民警张某在护送受困的18名大学生脱险时，不幸坠崖牺牲。警察张某舍己救人的事迹广为流传，感动了很多网民。然而，作为当事者的高校学生们事后表现出来的冷漠让人心寒，没有反思也没有感恩，而是在校园网论坛大谈面对媒体如何公关，登山社谁来掌权，以及冷漠地说出“你们就该为纳税人服务”的话语。事发一周以后，该大学校长和学生委员会代表大会的部分学生代表进行了零距离交流，首度公开评论此次事件：“我希望大家从这件事中吸取教训，我们应当遇事冷静，但是不应当遇事冷漠。”

（六）嫉妒

1. 嫉妒及危害

案例9 某大学生李某给心理咨询老师来信说：“老师，说句实话，我是个容易嫉妒的人。看到那些长得漂亮、穿着打扮入时的同学，我心里会很不舒服，总觉得她们是在故意出风头。以前我的舍友成绩没有超过我的，但是连着两次考试有一个人成绩都超过了我。我很恼火，觉得她是在故意给我难看。我恨她为什么连我最后的一点优势都要夺去。所以我经常跟她针锋相对。其实我自己也很痛苦，我这种做法让大家对我都‘敬而远之’，宿舍气氛也不如以前了。我感到没有一个知心朋友，我也不喜欢这样的自己，我该怎么办？”这个女孩的问题是由嫉妒心强造成的。

嫉妒是对才能、名誉、地位等比自己强的人产生不愉快和怨恨的情绪，是一种人际交往中普遍的心理反应，在大学生中普遍存在。具体表现为当看到他人学识能力、品行荣誉甚至穿着打扮超过自己时内心产生的不平、痛苦、愤怒等感觉；当别人身陷不幸或处于困境时则幸灾乐祸，甚至落井下石，在人后恶语中伤、诽谤他人。

2. 如何克服嫉妒

（1）正确认识自己和他人。“金无足赤，人无完人。”世界上没有十全十美的人和物。一个人由于主客观条件的限制，不可能样样都比别人强，时时刻刻都走在别人前头。如果某一方面即使自己再努力也赶不上某个同学，也不要因此而苦恼，这没有什么，每个人都有擅长的地方，也有不擅长的领域，只是程度、范围不同罢了。目光不要只盯在别人的优点上，尤其不要拿自己的短处跟别人的长处比，越比你的目光会越狭窄，会泛化到别人处处比你强，越容易怨恨别人。而实际情况却不是这样。要“扬长避短”，让“长”更“长”，如果不能将“短”变“长”，尽可能变成“不短”，而这个过程需要你承认别人的“长”，向别人学习，才能使自己“不短”，甚至“长”。认识到这一点，对于别人的才华不仅不会嫉妒，反而会认为其存在是合理的。

（2）竞争超越法。从心理上说，嫉妒是自卑的表现，嫉妒者正是认为“我不行”，所以才希望“你也别想行”，要改变“我不行，你也别想行”的观念，树立“你行，我更行”的信念与之竞争，做一个敢于向强者挑战的强者，把嫉妒心变为赶超力，努力超越对方。这种态度才是正确的、有益的。相反，如果绞尽脑汁地把对方搞下来或者采取攻击、贬低的手段，既在众人面前暴露自己的狭隘、自私、无能，又会受到他人的鄙视和惩罚，使自己陷入更大的痛苦中。而奋起直追则不仅能浇熄嫉妒之火，而且会燃起奋进之火，通过努力缩小差距，从而达到新的平衡。

（3）换位思考。在嫉妒别人的时候，换位思考一下，假如你是对方，别人这样对你，你会怎么想，有什么感受？如果大家遇事能多想想别人，经常进行心理位置互换，那么，大家就能把许多杂念、邪念、恶念摒弃在心门之外。

（4）充实自己的生活，埋头于自己的目标之中。英国哲学家培根说过："嫉妒是一种四处游离的性欲，能享有它的人只能是闲人。如果我们工作、学习的节奏很紧张，生活过得很有意义，就不会花很大工夫泡在嫉妒里。嫉妒别人，不会增加自己生活快乐的细胞。"当人们生活充实的时候，当人们为实现某一目标而努力奋斗的时候，是没时间去嫉妒别人的。

（七）过分追求完美

追求完美固然是一种积极的人生态度，是不断地努力、不断地超越自我。大学生在追求完美的同时，实际上是在享受一种成就感和优越感。但如果过分追求完美，又达不到完美，就会使大学生浮躁、产生无限的挫折感，造成心理负担、障碍，乃至疾病。

案例 10 某大学本科生黄某，性格外向，与同学相处融洽，学习成绩在班里也名列前茅，连续两年都获得了一等奖学金。然而，在黄某自信开朗的外观下，由过度好强而导致的焦虑和脆弱一直隐隐存在。据同学反映，黄某对自己要求很高，非常要强，从来不把自己的困难向别人说，有什么事都自己承担，即使在产生巨大压力时也不愿寻求社会支持与帮助。学期末，黄某所在班级在五天内要考六门功课，这使下定决心英语六级一定要过的黄某压力陡增。就在考试完没几天后，黄某跳楼身亡。在遗书中，他提到自己已连续七天失眠，自以为英语六级考得不好，担心要重修，并因此不可自拔。

上述案例中黄某对自己要求过高，力图塑造完美的自我，但理想的我与现实的我显然是存在差距的。如果不能正确地看待这种差距，遇到一点挫折和失败，便认为自己"无能"，是个失败者，那么就会使自己陷入悲观的消极状态之中。该生在理想我与现实我发生冲突、无法达到目标时，对自我产生怀疑、否定等心理，在无法排解的焦虑下，最终走上了自杀之路。

克服过分追求完美倾向的方法如下：

（1）面对现实。有时可以适当降低要求，没有必要面面俱到，没有必要事必躬亲。

（2）激励。承认自己能从错误中吸取教训，下一次更正。告诉自己："我已经做得最好，对我来说已经足够好了""金无足赤，人无完人""即使我有时失败，人们仍会喜欢我""有时工作上犯错误并不意味着做人的失败"。

（3）正确认识自己的极限。对自己进行合理的评价与期望，学会面对生活中的不完美和学会接纳不完美的自我。把更多的价值寄于热情和创造力上，而不是仅仅追求成就上。必须承认，人不可能在生活的各个方面都是完美的，没有可能也没有必要事事追求完美。

（4）转移和释放压力。面对压力，转移是一种最好的办法。压力太重"背"不动了，就放下来不去想它，把注意力转到让自己轻松快乐的事情上来。

（八）自杀

从临床心理学的角度看，自杀作为一种巨大的、个体无法承受的心理挫折，是由外部事件引发或个体内部归因不良引起的一种认知和行为体验的极端现象。

大学生之所以选择自杀这样的方式逃避现实，是缺乏精神力量的结果。一旦身处痛苦境地时，就无法从逆境中解救自己，也无法从失望中看到生命具有的积极意义，于是更强烈地放大自己的痛苦而陷入绝境，这种循环加剧的绝望最终不可避免地导致自杀行为的产生。

（1）大学生自杀的心理历程。当今的大学生所面临的社会环境是社会变革及市场经济的迅猛发展，大学生的自我期望也不时地受到这种变化的影响，加上自身生理和心理不成熟，使得他们的心理适应能力面临巨大的挑战。这些心理特点使他们在现实生活中更容易产生反差，导致各种心理挫折，因而更易于形成自杀机制。

自杀的心理过程大致可分为三个阶段。

① 自杀动机的形成。个别学生在遇到挫折或打击时，为逃避现实，将自杀作为寻求解脱的手段。

② 心理矛盾冲突。自杀动机产生后，求生的本能可能使自杀者陷入一种生与死的矛盾冲突之中，难以最终作出自杀决定。此时，自杀者会经常谈论与自杀有关的话题，预言、暗示自杀，或以自杀来威胁别人，从而表现出直接或间接的自杀意图。实际上，我们可以看作欲自杀者发出的寻求帮助或引起别人注意的信号，如能及时得到他人的关注，或在他人的帮助下找到解决问题的办法，欲自杀者很可能会减轻或打消自杀的想法，这也是自杀行为可以预防和救助的心理基础。但周围的人往往认为常喊着要自杀的人其实不会自杀，因而不太关注欲自杀者发出的信号，以致痛失救助良机。

③ 自杀者平静阶段。自杀者似乎已从困扰中解脱出来，不再谈论或暗示自杀，情绪好转，抑郁减轻，显得平静。这时周围的人真以为他的心理状态好转了，从而放松警惕，但这往往是自杀态度已经坚定不移的一种表现，当然也不完全排除是自杀者心理状态好转的表现。因为发展到这个阶段，自杀者认为自己已找到了解决问题的办法，不再为生与死的选择而苦恼，因此他们不再谈论或暗示自杀，甚至表现出各方面的平静，目的可能是为了摆脱旁人对其自杀行为的阻碍和干预。

（2）如何帮助有自杀征兆的人。

① 事先应知道他们可能会拒绝你要提供的帮助。有心理危机的人有时因难以承认他们无法处理自己的问题而加以否认，不要认为他们的拒绝是针对你本人。

② 向他们表达你的关心。询问他们目前面临的困难以及困难给他们带来的影响，鼓励他们向你或其他值得信任的人谈心。

③ 多倾听，少说话。给他们一定的时间说出内心的感受和担忧，不要给出劝告，也不要感到有责任找出一些解决办法。

④ 要有耐心。不要因他们不能很容易与你交谈就轻言放弃，允许谈话中出现沉默，有时重要的信息在沉默之后出现。

⑤ 不要担心他们会出现强烈的情感反应。情感爆发或哭泣会利于他们的情感得到释放。保持冷静。要接纳，不做评判。不要试图说服他们改变自己内心的感受。

⑥ 对他们说实话。如果他们的话或行为吓着你了，直接告诉他们。如果你感到担忧或不知道该做些什么，也直接告诉他们，不要假装没事或假装愉快。

⑦ 询问他们是否有自杀的想法。不要害怕询问他们是否考虑自杀，这样做极可能会挽救他们的生命。“你是否有过很痛苦的时候，以致令你有想结束自己生命的想法？”“有时候一个人经历非常困难的事情时，他们会有结束生命的想法，你有那种感觉吗？”“从你的谈话中我有一种疑惑，不知道你是否有自杀的想法。”

⑧ 相信他们所说的话。任何自杀迹象均应认真对待，不论他们用什么方式流露。

⑨ 不要答应对他的自杀想法给予保密。

⑩ 如有自杀的风险，要尽量取得他人的帮助，以便与你共同承担帮助他的责任。

⑪ 让他们相信别人是可以给予帮助的，并鼓励他们寻求他人的帮助和支持。如果你认为他们需要精神科专业的帮助，向他们提供信息。

⑫ 如果他们对寻求精神科的帮助产生恐惧或担忧，应花时间倾听他们的担心，告诉他们大多数处于这种情况的人需要专业帮助，解释你建议他们见专业人员不是因为你对他们的事情不关心。

⑬ 如果你认为他即刻自杀的危险很高，要立即采取措施：不要让他独处；去除自杀的危险物品，或将他转移至安全的地方；陪他去精神心理卫生机构寻求专业人员的帮助。

⑭ 如果自杀行为已经发生，立即将其送往就近的急诊室。

⑮ 给予希望。让他们知道面临的困境能够有所改变。

在结束谈话时，要鼓励他们再次与你讨论相关的问题，并且要让他们知道你愿意继续帮助他们。

三、大学生常见心理问题产生的原因

当代中国正处于社会变革时期，嬗变的环境条件给大学生的心理带来了极大的冲击。由于大学生正处于生理、心理及思想变化时期，心理状态及情绪动荡不安，且缺乏社会生活的磨炼，心理承受能力相对薄弱，在这些巨大冲击面前，缺乏恰当的适应能力，极易导致焦虑、抑郁、自卑、逆反等情绪问题的产生。

（一）客观因素

1. 社会因素

市场经济中的激烈竞争在促进社会各方面飞速发展的同时亦带来了高速度、快节奏的生活方式。特别是城市生活节奏加快，紧张的生活节奏和巨大的工作压力使人感到精神压抑、身心疲惫，且这种模式已悄然渗透到校园。这首先表现在学习上，大学生不仅必须对自己的所学专业，以及相关知识有所了解和掌握，还必须学习如何有效地支配时间、有效地学习等，这都给学生的心理带来了极大的压力。其次，大学生们背负着就业的巨大压力。这些都容易造成大学生焦虑和紧张的情绪。

2. 家庭教育的影响

家庭是人才成长的启蒙学校，家庭经济状况，家长教育态度、内容与方式，家庭成员之间的亲疏关系，对学生情绪、情感水平的培养起着非常重要的影响。当前，生活节奏的加快、社会的转型，对家庭的冲击较大，也越来越深刻地影响着大学生的情绪。另外，家长对子女过高的期望值或要求，过于急切的“望子成龙”的心态，对加重子女的心理负担、使之产生焦虑不安等情绪体验起了推波助澜的作用。一些大学生因为害怕不能满足家长的要求，因而引发高度焦虑和极度苦闷的情绪反应。个别大学生因体验不到家庭的温暖或感受不到来自老师、同学的关爱和体贴，也极易使他们产生“冷眼看世界”的消极情绪体验和反应。

3. 学校环境因素

就学校环境来看，高校为了适应市场的需要，提高自身办学、培养优秀人才的水平，对学生的学习、综合素质等方面也要求更高，并制定了完善的考核标准。大学生稍有松懈就会在竞争中失利，这也成为产生大学生消极情绪的诱因之一。另外，由于目前高校改革不断深化，招生也不断扩大，由此带来了高校办学的一系列变化，教育产业化实行的上学交费制度、奖贷金制度、考试淘汰机制及择业制度的变更、完善，无不牵动着每一个大学生，冲击着当代大学生的心理，影响着大学生的情绪。

（二）主观因素

外在的环境刺激对大学生情绪问题的产生和影响固然深刻，但大学生情绪变化的决定性因素还取决于大学生自身。

1．不能正确地评价自我

每位大学生的过去都有一段“辉煌的历史”。但是，大学校园是群英荟萃、人才济济的地方，这样的变化，常常会使一部分学生感到失落，变得不知所措而逐渐产生自卑感。因此，每个大学生都需要重新认识自我并摆正位置，寻找新的起点。如果一味沉溺于过去，不愿正视现实，遇到困难挫折时很容易产生自负自卑的情绪。相反，习惯于过高地估价自己，心里常常觉得自己什么都比别人强，自然容易使其滋生骄傲自满的情绪体验，一旦遇到挫折，就会一蹶不振、自暴自弃。

2．依赖性与自主性的矛盾

在大学时代，大学生独立意识日益增强，希望独立自主，凡事想依靠自己的力量，处处想显示个人的主张。大学生渴望在各个方面取得成功，关心时事政治，积极参加校内外的各种活动，力求处处显示出自己的能力。但是，由于大学生的心理成熟落后于生理成熟，认识能力落后于活动能力，在经济、行为上尚不能完全独立，长期形成的依赖心理一时难以摆脱，面对复杂的环境，常常不知所措。另外，多数学生是独生子女，独立性比较差，有较强的依赖性，缺乏社会经验和独立生活能力，生活中的一切事务都要自己处理，这对于部分大学生来说缺乏必要的心理准备。这种依赖性和自主性的矛盾容易导致部分学生对大学生活的严重不适，处于悲伤、抑郁状态。

3．期望值偏高与现实状况的反差

处在青春少年期的大学生，一般比较自信，对自己的前途和未来怀有美好的向往，成就动机很强，自我期望值很高。但现实状况却往往不尽如人意，如果大学生经过一个阶段的努力仍然不能实现自己的愿望，就会感到理想破灭，一旦遇到困难和挫折，就很容易萎靡不振，情绪低落；或者产生逆反情绪，与社会对立。

4．性和恋爱引起的情绪波动

由于大学生的性机能日益成熟，对感情的欲望逐渐加强，渴望与异性交往，追求美好爱情。但由于大学生心理尚未完全成熟，情绪有较大波动性；而且，由于大学生的性格尚未定型，承受挫折的能力不够，对爱情的理解又过于浪漫而不切实际，一旦情感问题上遭受挫折（如失恋、单相思）便难以接受而灰心丧气、一蹶不振，甚至走向极端。

另外，有些大学生们由于缺乏必要的性教育而导致谈性色变，产生罪恶感。性心理常处于受压抑状态，本能的释放性与心理的压抑性的矛盾必然导致性焦虑。个别学生会因此精神蒙受痛苦，心灵备受煎熬，情绪波动明显，陷入惶恐不安、担心害怕、心神不宁、头昏脑胀、失眠多梦的心境之中。

5．人际交往的受挫

一些大学生对友谊的渴求十分强烈，人际交往的期望值过高，一旦期望值难以达到，就容易对人际交往采取消极冷漠的态度。当出现心理困扰，又苦于无人倾诉排解时，若得不到及时的帮助与治疗，就可能引发精神上的疾病。

另外，不少学生或多或少地怀有封闭心理，担心自己在社交场合不善言谈，担心自己缺少社交风度和气质，不被人重视接纳。有些同学很想正常地与人交往，却因生性内向，过于腼腆，存在思想顾虑，从而游离于校园交际圈之外。一旦在心理上与人群格格不入，就不可避免地陷入紧张、焦虑情绪之中。

6. 重要丧失

大学期间的重要丧失也会对大学生的情绪产生重大影响。一是与大学生活有关的重要丧失，如考试失利、学业失败、考研失利等；二是与大学生自我发展有关的荣誉的丧失，如入党、评优、免试读研失利等；三是情感方面的重要丧失，如失恋、好友失和等；四是重要他人的丧失，如亲人去世、家庭发生重大变故等。这些都对大学生的情绪构成影响，特别是负性生活事件对大学生不良情绪的滋长与蔓延起着不容忽视的作用。如果不及时调整，容易引发情绪问题。

四、大学生良好情绪的培养

1. 保持良好的情绪

（1）乐观自信。心情如何，乐观还是悲观，这是情商的重要方面。关于乐观，有这样一个故事：两个人在沙漠里艰难地跋涉。途中，两人都偶然得到了半杯水，其中一个人看到的是空着的上半部分，想着："我只剩下半杯水了，我如何能坚持走出这茫茫的大沙漠啊。"他流下了悲哀的眼泪，悲观失望的他最后死在沙漠里。另一人看到的则是有水的下半部分，想着："真好，我有了这半杯水，我一定能走出这片沙漠。"他也流下了眼泪，不是悲哀的泪而是激动的泪，希望的泪。乐观积极的他凭着那半杯水以及坚强的意志，终于走出了沙漠。所以，有人说，乐观会反败为胜，悲观可能反胜为败。

培养良好的情绪，还有一点很重要，那就是自信。

案例 ***11*** 世界著名指挥家小泽征尔在一次欧洲指挥大赛的决赛中，按照评委会给他的乐谱指挥乐队演奏的时候，发觉有不和谐的地方。起初他以为可能是乐队演奏错了，就停下来重新演奏，但仍然有个地方不和谐、不流畅。小泽向评委会权威人士郑重地说乐谱存在问题。但在场的作曲家和评委会权威人士都郑重地说乐谱没有问题，而是小泽的错觉，请他找出原因，把乐曲演奏好。当时小泽只是一位沉寂无名的参赛者，但他稍加考虑，面对一批音乐界大师和权威人士大吼一声："不，一定是乐谱错了！"话音刚落，评判台上立刻报以热烈的掌声。原来这是评委会精心设计的，以此来检验参赛的指挥家们在发现乐谱有错误并遭到权威人士的"否定"的情况下，能否坚持自己的正确判断。前两位参赛者虽然也发现了问题，终因趋同权威而遭淘汰。小泽征尔却自信坚定，因而摘取了这次世界音乐指挥家大赛的桂冠。

当然，自信不是主观武断，而是以真才实学为基础的。但对许多人来说，最难的不是学习掌握某种专业的学识，而是强化自信主动意识，发挥自己的主体性和能动性，即发挥人的最伟大之处。

（2）宽以待人。我国古来就有"君子宽以待人，严于责己"的处世方法。所谓宽以待人，就是指对他人的要求不过分，不强求于人，而是以宽容为怀，能让人时且让人，能容人处且容人。

正如世上没有尽善尽美的事物一样，每个人在思想、性格方面都有缺点。因此，我们对人不能求全责备，要宽以待人，要善于发现别人的长处和闪光点。比如，急性子的人，要看到慢性子的人考虑问题比较周全，特别是做某种需要耐心的工作时，就比自己合适；慢性子的人，要看到急性子的人性格直爽，做事干脆、利落。对人宽容一些，你会更快乐，内心会更平静。

宽以待人还要求大家大度豁达，当别人指责、批评你时，应当豁达一些，就当自己免费请了一个监督员来帮助自己改正错误。

宽容是能以一种豁达的胸襟理解人生，承认并接受生活中的不完美，而如果不懂得宽容，整天带着苛求的眼光去看待他人或自己，只能使自己的情绪更糟。

（3）要想改变别人，得先改变自己。世界上的事物本来就千差万别，可以说，世界上没有完全相同的两片树叶。如果希望对方改变性格，也许更应该学会适应对方的性格。善于适应环境的人，更能保持一份健康的情绪。

（4）学会发现快乐。大家要善于在寻常中发现快乐，可以把快乐建立在单位的发展上，建立在整个民族的欣欣向荣上；可以把快乐建立在自己的成功上；还可以把快乐建立在帮助他人的成功上。就是这些都没有，但是换一个角度可能就快乐了，换一种思维可能就把不快乐变成快乐了。

（5）提高自己的受挫能力。挫折容易影响一个人的心境。

案例 **12** 某高职院校二年级学生刘某，学习成绩一般。三个月以来他看不进书，坐在教室里总是精神不能集中，对自己的学习很不满意。近来尝试着想改变自己，努力学习，再多考几个证书，但不知从何做起，效果也不好，心情越来越坏，对任何事情都提不起兴趣，还常常自卑，缺乏自信，生活态度比较消极。由于长时间不能摆脱这种心理困境，刘某很苦恼，严重影响了自己的日常生活和学习。不敢想毕业后找工作的事情，觉得前途茫然。这些问题犹如大山压得他喘不过气来，他非常渴望有人能帮助自己排解。

心理学家认为，刘某的苦恼其实是由各种压力源造成的。他正承受着学业压力、择业压力、自我评价压力的几重困扰。这些压力已经明显影响了他的正常生活和学习，需要及时排解。

大学生正处于心理困扰频繁的时期，在这个快节奏、高竞争、高风险、高效率的社会，必然会遇到各种各样的心理压力。大多数学生虽然基本上能适应，但还是难免会对学习和生活造成影响。部分学生则可能因压力过大而出现行为异常、性格怪僻，乃至出走、自残、自杀等消极行为。因此，大学生学会认识压力、缓解压力、利用压力，具有重要的现实意义。

2. 调节不良情绪

人在复杂的社会生活中难免会遇到这样或那样的挫折和失败，会产生各种各样的不良情绪。对大学生来说，不能让这些不良情绪控制自己，影响自己的身心健康及学习和生活，应采用适当的方法，克服不良的情绪。

（1）合理宣泄。情绪既然是健全心理中不可缺少的一面，我们对正常的情绪就不能过多压抑，而是要加以宣泄。凡是能够正确对待各种紧张刺激，善于自我疏泄不良情绪的人，大多数都能保持身心健康。但是宣泄也要注意方法，讲究适度宣泄，如果不管三七二十一乱出气，就不叫宣泄，而叫发泄。情绪宣泄法主要包括找人倾诉、畅快地哭一场、到运动场上跑一阵、写日记等。让不良情绪宣泄出来后，会有一种释放感、轻松感，思维变得更灵活，更开阔。

（2）理性情绪疗法。理性情绪疗法是心理学家艾利斯（Aellis）于20世纪50年代首创的一种心理治疗理论和方法。其核心是去掉非理性的、不合理的信念，建立正确的信念。非理性信念的特点是绝对化、过分概括化、糟糕透顶。艾利斯认为，非理性信念主要包括以下十条：

一是每个人都应该得到在自己生活环境中对自己重要的人的喜爱与赞许。

二是每个人都必须能力十足，在各方面有成就，这样的人才是有价值的。

三是有些人是坏的、卑劣的、恶性的，为了他们的恶行，他们应该受到严厉的责备与惩罚。

四是假如发生的事情是自己不喜欢或期待的，那么它是糟糕、很可怕的，事情应该是自己喜欢与期待的那样。

五是人的不快乐是由外在因素引起的，一个人很少有或根本没有能力控制自己的忧伤和烦闷。

六是一个人对于危险或可怕的事物应该非常上心，而且应该随时考虑到它可能发生。

七是逃避困难、挑战与责任要比面对它们容易。

八是一个人应该依靠别人，而且需要有一个比自己强的人做依靠。

九是一个人过去的历史对他目前的行为是极重要的决定因素，因为某事曾影响一个人，它会继续，甚至永远具有同样的影响效果。

十是一个人碰到种种问题，应该有一个正确、妥当及完善的解决途径，如果无法找到解决方法，那将是糟糕的事。

（3）转移法。转移法是把注意力从引起不良情绪反应的刺激情境转移到其他事物上，或从事其他活动的情绪调控方法。当出现情绪不佳的情况时，要把注意力转移到使自己感兴趣的事情上，或暂时避开令人伤心的地方。如外出散步、看电影、听听笑话、看看幽默小说、打球、下棋、找朋友聊天、换换环境等，这些活动都有助于使情绪平静下来，并从中寻找到新的快乐。这种方法，一方面中止了不良刺激源的作用，防止不良情绪的泛化、蔓延；另一方面，通过参与新的活动，特别是自己感兴趣的活动而达到增进积极情绪的目的。

（4）放松法。身心放松法可以分为想象法和肌肉放松法两种。

① 想象法。选择相对安静的地方，然后闭上眼睛，全身放松，开始想象一些美好景物、幸福经历等。例如，想象自己漫步在大海边，头上是满天的繁星，脚下是柔软的沙滩，海上是起伏的白浪，然后发挥自己的想象力，细心体验海浪的哗哗声，海风拂面吹来的凉爽、潮湿与湿润，脚踩着沙粒贝壳的美好感觉；接着想象自己在海边小憩一下，然后离开海滩回来，深呼吸并感觉自己呼吸气流的运动，再慢慢睁开眼睛。

② 肌肉放松法。可采用站、坐、卧的姿势，放松前充分体验全身肌肉紧张的感觉，而后从头到脚依次放松，同时再一项项感知，如想象一股暖流从头顶慢慢流向全身。肌肉放松可以使人达到全身松弛、轻松舒适、内心宁静的效果。

（5）积极自我暗示法。自我暗示是运用内部语言或书面语言的形式，调节情绪的心理自助方法。它能增强人们自身的自信心和意志力，从而战胜自己，超越自己。例如，情绪激动时，暗示自己“冷静些”；考试怯场时，暗示自己“不要紧张，这次准备很充分，一定能考好”；烦恼时，暗示自己“一切都会过去的”；遇到困难时，暗示自己“车到山前必有路”；面对人生的失败和挫折，我们可以暗示自己“天生我材必有用”“失败乃成功之母”等。

（6）自我安慰法。这种情绪调控方法主要是当一个人追求某个事物而不能实现，为了减少内心失望，找一个理由，以缓解矛盾冲突，消除焦虑、抑郁、烦恼和失望情绪。人不可能处处顺心，事事顺利，学习、就业、人际交往中遇到了困难和挫折，在经过最大努力仍不能改变状况时，可适当地进行自我安慰，要说服自己适当让步，将不成功归因于客观条件和客观现实，同时要勇于承认并接受现实。这种方法，对于帮助人们在大的挫折面前接受现实，保护自己，避免精神崩溃是很有益处的。经常用“胜败乃兵家常事”“塞翁失马，焉知非福”“坏事变好事”之类的话来进行自我安慰，可以摆脱烦恼，缓解矛盾冲突，消除焦虑、抑郁和失望，达到自我激励、总结经验、吸取教训之目的，有助于保持情绪的安宁和稳定。

情绪的调节方式有很多，大学生可根据自己的实际情况选择情绪的调节方式。

第二节 生理健康

青春期是人一生中最活跃的时期，也是人表露感情并不断摸索未知行为和关系的时期。对于正处这一时期的大学生来说，他们易于受外界影响，乐于接触，尝试新鲜事物。性行为就是其中很重要也是充满风险的一部分。由于受传统教育的影响，在孩子的成长发育过程中，家长和老师往往对性避而不谈，导致大学生对性知识知之甚少。但随着心理和生理的逐渐成熟，他们对性既好奇又恐惧，对性知识的无知很容易导致很严重的后果，甚至影响他们的一生。

1．正确的性观念

首先，我们要明白，性并不神秘。性问题既不是神秘的，也不是见不得人的事。正常的性生活是人们所需要的，也是人们所要经历的；其次，性是人类生理发展的必然。随着年龄的增长，当人进入青春期后，生理和心理上都会发生一系列重大的变化，并产生性意识，使男女产生向往、好感和爱慕、追求异性的欲望；最后，美满的婚姻不但能满足人生理上的需要，而且可以变成事业上的动力，对彼此的身心健康大有益处。所以，作为祖国未来栋梁的大学生，要学会维护爱的纯洁，珍惜爱的权利，树立正确的性观念。

2．女性必知性知识

（1）如何判断女性生理安全期。对于月经周期与月经期时间比较稳定的女性，安全期比较容易计算。推算方法是从下次月经来潮的第 1 天算起，倒数 14 天或减去 14 天就是排卵日，排卵日及其前 5 天和后 4 天加在一起称为排卵期，在排卵期有性行为较易怀孕。在现实生活中，如果要避孕，就不宜使用这种计算安全期的方法，因为在这期间，很容易因感情上的激动、性生活的亢奋等因素使排卵期发生改变，导致安全期不安全。最安全的避孕方法就是在发生性行为时，使用避孕套，或者服用口服避孕药。

（2）女性如何判断自己是否怀孕。有过性行为的女性要想知道自己是否怀孕并不难，可参考下面内容。

男女双方身体健康，性行为时没有采取任何避孕措施。平时月经周期正常，突然出现 5 天以上的停经，有可能怀孕。在停经之后出现恶心、呕吐，早晨加重，并伴有头晕、四肢无力、食欲不振、嗜睡等症状，很有可能是早孕反应，应该到医院做相关检查。

如果意外怀孕，一定要去正规医院检查，注意事宜请遵医嘱，切不可因为难为情或者经济上的一些原因，选择小诊所草草了事。人工流产对人体会产生很大的危害，大学生一定要爱惜自己的身体，切不可存在侥幸心理，拿自己的生命开玩笑。

案例 ***13*** 某大学生及其男友从高中相恋，并得到父母认可。步入大学生活后，由于大学课业较少，两人频繁见面约会，先后三次意外怀孕。前两次意外怀孕，都以现在还是学生为由，由男友母亲劝说带去做流产手术。承诺等毕业后一稳定下来就会让她与自己儿子结婚。第三次怀孕时，本以为即将毕业，两人可以结婚把孩子生下来了，但男友父母又以“还没找到工作、没能力建立家庭”为由，劝她再次做人流手术。由于多次人流手术对她的身体造成了极大的伤害，以致其切除了一侧输卵管，医生告知她，她很难再怀孕了，基本丧失生育能力。得知这种情况后，男友及其母亲对她疏远了起来，男友终于向她提出了分手。

第三节　吸烟和酗酒的危害

一、吸烟

一些学生把吸烟当作成人的标志，但是他们却往往忽视了吸烟对人体带来的巨大伤害。

1．吸烟的主要危害

（1）吸烟是以牺牲自己和他人健康为代价的，香烟中的尼古丁、焦油等有害成分是致癌物质。有人认为，每吸一支烟就要减少 12 min 的寿命，而被动吸烟者所受到的身体损害更大。

（2）破坏优美的校园环境。大学是知识的殿堂．只有创造优美的育人环境，才能真正培养出高素质的人才。整天烟不离手，烟蒂不分场合随处丢，既损害自己和他人的健康，又会破坏校园环境。

（3）容易引发火灾。宿舍内随意丢弃的烟头引燃垃圾、被褥，最终导致火灾的事故时有发生。特别是酗酒以后吸烟，更容易引发火灾，给公共财产和自己的财产带来重大损失。

（4）造成不必要的经济负担，从而引发偷盗等犯罪行为，损害大学生的良好社会形象。现在有一些学生爱面子、摆阔气，出手全是名牌高档香烟，经济上负担不起，便把罪恶之手伸向他人钱包，从而走上歧路，荒废学业、虚度年华，严重损害了大学生的群体形象。

2．大学生吸烟行为的预防和干预

（1）健康教育。进行有关健康的教育，如开设选修课、讲座等形式将健康教育普及到全校。教育的效果是要让大学生对吸烟行为有一个正确的认识，同时留下一个深刻的印象。与此同时，针对诱发吸烟行为的压力因素，有必要加强大学生的心理健康教育，加强大学生的心理素质，健全大学生的人格。

（2）进行行政干预。良好习惯的养成一方面要靠大学生自身的努力，另一方面有一个强有力的制度存在，可以促进这种习惯的养成。针对吸烟的行为，可以联合老师、家长、同学等力量相互监督、相互影响，渐渐使吸烟这种行为在校园中绝迹。

（3）提倡健康文明的校园生活方式。通过大力宣传、鼓励提倡大学生形成一种文明的生活方式。在养成文明生活方式的同时，应该注意防止不良行为的滋生。可以鼓励大学生多参加户外体育运动，一方面可以缓解大学生的压力、得到锻炼，另一方面可以增强大学生的自信心，培养积极的心态。

二、酗酒

酒，无论度数高低，都是含有酒精的饮料，而酒精是一种能够刺激和麻痹神经系统、有镇静作用的物质，进入口腔后，经过人体的胃、小肠，渗入血液中，再由血液带到身体的各个部位。在肝脏内，酒精分解成水、二氧化碳和能量；在大脑内，当它麻醉了大脑细胞时，思维过程直接受到干扰而变缓，酒精浓度越高，受影响的脑细胞就越多。如今部分大学生比较软弱，他们不愿去面对问题而是逃避，其中一部分人则选择了酗酒。

1．酗酒的危害

（1）伤害饮酒者身体。过量饮酒，酒精会程度不同地造成心率加快、皮肤升温、神志不清、控制力减弱、动作不协调，或出现疲劳、恶心、头痛、呕吐现象，严重的还会发生酒精中毒而危及生命。酗酒对身体主要危害如下：

① 肝脏伤害：脂肪堆积在肝脏引起脂肪肝。

② 胃溃疡：可引起胃出血而危及生命。

③ 神经系统伤害：如周边神经病变。

④ 大脑皮质萎缩：有报告显示，部分慢性酒瘾者的大脑皮质有萎缩现象，也有部分病人有智力衰退的迹象。

案例 **14** 某高校一大学生在宿舍死亡，其家属要求公安机关查明原因。公安机关侦察后排除了他杀和自杀的可能，后经病理解剖查明，该生符合乙醇中毒而死。因喝酒丧命，实在不值得。

由于大学生群体属于低消费者，经济上的不充裕导致他们常挑选低价位的酒，有的甚至是劣质酒和假酒，对于身体的伤害可想而知。据一些医院急诊室反映，在接待大学生急诊求治中，因酗酒被送进急诊室的已占相当大的比例。

（2）容易引发校园暴力事件。酗酒后，由于身体不由己而常使人行不知所往、手不知所持、食不知所味，人在这种失去理智的状态下很容易与周围的人发生冲突，如打架斗殴、寻衅滋事、伤害他人或者酿成一些莫名其妙的破坏行动。目前，酗酒已成为大学生恶性斗殴事件的主要原因之一，甚至有个别高校学生斗殴事件的50%以上由酗酒所致。一些辅导员反映，有的学生平时彬彬有礼，一旦酒杯在手就难以自控，变得莫名其妙、蛮横无理，打打砸砸自不在话下，酒醒后又后悔不已、发誓决不再现。

案例 **15** 某学院学生马某等4名同学到校外餐馆喝酒。马某醉酒后，无故侮辱个体餐馆女老板，导致双方发生争吵。马某在醉酒情况下，殴打女老板致其受到人身伤害。最终马某被公安机关追究法律责任。

我国有关法律规定，醉酒的人违法犯罪应负相应的法律责任。

（3）影响大学生的良好社会形象，并会带来不必要的经济开支。酗酒后的学生，常常在学校外骂街、在校园内撒野。人们很难把大学生的形象与醉汉联系在一起，也很难想象一个醉汉还能潜心钻研学问。研究表明，酒醉的程度同智力恢复所需的时间大体成正比。在当今社会飞速发展的信息时代，一个经常醉酒的人在工作和学习上的损失相当大。同时，作为纯消费群体，大学生经常喝酒势必会给自己带来一笔额外的经济负担。

2．在饮酒问题上应注意纠正的错误观念和错误做法

（1）“今朝有酒今朝醉”“借酒消愁”的错误观念。这里表现的实质是逃避现实、自暴自弃的消极情绪。

（2）自命风流高雅，试图借酒引发冲动，产生某种“灵感”，到头来“灵感”未寻到，自身却失去正常理智。

（3）片面理解“酒逢知己千杯少”，以为结交朋友离不开饮酒作乐。事实上好多例子说明“酒肉朋友”靠不住。

（4）错误地认为“男子汉天生应当会喝酒”。其实，用这种标准来衡量“男子汉”未免失之偏颇。“会酒未必真豪杰，忌酒如何不丈夫？”

（5）为达到某种目的而特地设酒摆宴，饮酒为名，交易是实。

（6）逢场作戏，为“助兴”而即席端杯，或出于好奇而涉足，这种人最容易成为被摆弄的对象。

（7）故意饮酒滋事，实则是出于报复和宣泄的目的装糊涂，用酒状掩盖其自身不正当的言行。

（8）硬着头皮充好汉，在酒桌上“舍命陪君子”。这种人总想博得他人的诚服，而最终往往授人以笑柄。

3．合理控制饮酒，预防酗酒

（1）不要把不会喝酒当成一种遗憾和缺点。人群中，不擅长饮酒者大有人在。要做到始终如一地禁酒，最难过的关是亲朋相聚、朋友相约的场合。不要被那些“今天难得一聚”“不同寻常的聚会”等之类的言语所打动，这时最好要注意以下几点：

① 开席即声明自己不会喝酒。谢绝要有礼貌，但态度要坚决，不要给人以“在讲客气”的错觉。

② 主动倒上一杯饮料或茶水作陪。

③ 不喝酒是一种权力，态度要大方得体。

（2）无论自斟自饮还是群饮，都不要忘记节制、适度，同时要注意以下几个细节问题：

① 饮酒之前先吃点东西，空腹饮酒是最容易醉倒的。

②“干杯”本是礼节性辞令，演化到“一饮而尽”实属一种错觉。要尽量避免“干杯”，低斟浅饮并不失风雅。

③ 记住自己的酒量，喝酒已感到不适或产生反应时，要态度坚决地结束和拒绝劝酒。

应该指出的是，一个真诚的人是不忍看到自己的同窗好友酒后出洋相的。同学、朋友之间应该相互关照，知己知彼，当止则止，己所不欲，勿施于人，以免失节、失当、失度，产生不应有的后果。

第四节　拒绝“黄、赌、毒”

在社会演进过程中，“黄赌毒”作为一种社会丑恶现象有抬头的趋势，严重毒化社会的良风美俗，损害社会的肌体，也侵袭着高校这块净土。在新时代背景下，牢固树立社会主义核心价值体系，继承中华民族传统美德，弘扬时代精神，自觉抵制“黄赌毒”侵害，做有理想、有道德、有文化、有纪律的社会主义公民，是大学生应尽的社会责任。

一、“黄”害

随着我国的改革开放，境外腐朽文化乘虚而入，一些低级下流的东西通过各种渠道流入我国，不健康的社会文化现象影响着当代大学生的精神追求。

近年来，宣扬西方腐朽文化和生活方式的黄色淫秽书刊、音像制品屡禁不止，暴力、恐怖、色情影视镜头时有出现。当前，在相当一部分大学生中流行着黄色书籍、黄色碟片和黄色网站，就连播放和发行的影视作品、文学作品中也不时有色情镜头和描写。伴随着高科技的发展，这类精神垃圾更是无处不在等。这些不健康的社会文化现象的存在，对于日趋成熟且好奇心较强的大学生群体具有一定的感染力和诱惑力。(1)易导致社会风气败坏，引起各种各样的社会犯罪，损害身心健康。(2)因为中国对于性相对比较保守，所以很多未成年人没有正规的渠道去了解，但越是这样越好奇，于是“黄色文化”也在青少年中有一定的市场，其后果是滋生一系列社会道德问题。

个别高校学生接触“黄色污染”，这不仅严重影响大学生的正常学习和生活，也使他们的心灵和精神受到严重污染和伤害，受其影响个别人甚至走上了违法犯罪的道路。

大学生对于淫秽物品要坚决做到不看、不传，更不能走私、制作和贩卖。要洁身自爱，读好书，结好友，参加有益健康向上的文艺活动，努力使自己成为德、智、体、美、劳全面发展的社会主义建设者和接班人。

二、“赌”害

（1）损健康。赢钱的人乘兴而往，不分昼夜；输钱的人拼命再来，不顾饥寒；不断消耗，疲惫精神。长此以往，控制不住而呈病态赌博，必定会损害健康，甚至自杀、杀人。赌博助长不劳而获的习气，久而久之会使他们的人生观、价值观发生扭曲。

（2）离骨肉。赌博忘记了勤奋工作；忘记了合家亲情，失去了天伦之乐；只顾自己的“豪爽”，不顾家人的怨气，甚至造成骨肉分离，妻离子散。

（3）生事变。有的因赌博反目成仇，使用暴力。有的造成企业破产。有的因缺赌资参与偷抢等犯罪活动而锒铛入狱。

（4）坏心术。一旦赌博，心中千方百计地在想要赢对方的钱财，虽然是至亲至朋对局赌博，也必定暗下戈矛，如同仇敌，只顾自己赢钱，哪管他人破产。

（5）丧品行。在赌场之中，只是问钱少钱多，易产生好逸恶劳、尔虞我诈、投机侥幸等不良心态。

（6）失家教。赌博最易诱发父子赌，兄弟赌，亲戚赌，没有长幼、尊卑之分，彼此任意嘲笑，随便称呼。

（7）费资财。开始时，气势豪壮，挥金如土，面不改色；到后来输多了因而情急，就把家庭财产甚至集体财产、国家财产作为赌注。

（8）耗时间。大量浪费时间，有的通宵达旦，以致严重影响学习、工作、生活，玩物而丧志。

（9）毁前程。法律禁止赌博，赌博违反《刑法》《治安管理处罚条例》《中国共产党纪律处分条例》《国家公务员暂行条例》和地方性法规。违法会受处罚，也将自毁前程。

案例 ***16*** 大学生黄某家庭经济条件比较好，大二开始接触校园周围的游戏机。刚开始只是“好奇”“输赢在5元以内”。不久上了瘾，经常通宵达旦地赌，“从家里拿来的钱一小部分用于吃饭，大部分用于赌，经常身无分文”。仅仅半学期，他就向同学借债3 000多元。“到了这种地步，我已无法收手。”“赌，令我输没了志气，输没了理想，输没了脸面。我不想再活下去了。”最后，他选择了自杀。

案例 ***17*** 在调查一起盗窃案过程中，某县公安局某分局民警掌握一个重要情况：以该县某镇无业青年李某为首的多名社会闲散人员，经常前往该县一所大中专院校，引诱在校大学生到校外参与赌博，同时，“无条件”向赌博输钱的学生放贷。多名学生因输钱数额过大，陷入社会人员组织的赌场难以自拔而荒废了学业。据警方调查，当学生不主动前去参赌时，李某等组织者便以让对方还账为由，强行逼迫学生参赌。“不赌没钱还账，有人放贷让赌还有扳回来的可能。”“赌博欠下的账，学生们全都以借款为由给他写下了欠条。”据警方介绍，该县一大中专院校至少有6名学生多次参与到李某等人组织的聚众赌博中，并且有人赌账已欠至一万元左右。而在李某被拘时，手中还留着参赌大学生为其写下的一万五千元的欠条。

要抵制和拒绝参与赌博，必须做到如下几点：

（1）要自觉遵守校纪校规，养成遵纪守法的良好习惯。

（2）要充分认识赌博的危害，培养高尚的情操，多参加健康积极的文体活动，充实自己的业余活动。

（3）要防微杜渐，分清娱乐和赌博的界限。很多赌博成瘾的人都是从“消遣”“派夜宵”“带点刺激”等开始的，久而久之，陷入赌博的泥潭。

（4）在思想上要警惕，不要因为顾及朋友、同学的情面而参与赌博。遇到他人相邀赌博，要态度坚决地拒绝。

（5）要从根本上关心同学出发，制止他人参与赌博，必要时要向老师或学校有关部门报告。

三、“毒”害

每年6月26日为“国际禁毒日”，以引起世界各国对毒品问题的重视，同时号召全球人民共同来解决及宣传毒品问题。

（一）吸毒对身心的危害

（1）吸毒对身体的毒性作用：毒性作用是指用药剂量过大或用药时间过长引起的对身体的一种有害作用，通常伴有机体的功能失调和组织病理变化。中毒主要特征有嗜睡、感觉迟钝、运动、失调、幻觉、妄想、定向障碍等。

（2）戒断反应：长期吸毒造成的一种严重和具有潜在致命危险的身心损害，通常在突然终止用药或减少用药剂量后发生。许多吸毒者在没有经济来源购毒、吸毒的情况下，或死于严重的身体戒断反应引起的各种并发症，或由于痛苦难忍而自杀身亡。戒断反应也是吸毒者戒断难的重要原因。

（3）精神障碍与变态：吸毒所致最突出的精神障碍是幻觉和思维障碍。他们的行为特点围绕毒品转，甚至为吸毒而丧失人性。

（4）感染性疾病：静脉注射毒品给滥用者带来感染性疾病，最常见的有化脓性感染和乙型肝炎，以及艾滋病问题。此外，还损害神经系统、免疫系统，易感染各种疾病。

（二）吸毒对社会的危害

（1）对家庭的危害：家庭中一旦出现了吸毒者，家便不成其为家了。吸毒者在自我毁灭的同时，也破坏自己的家庭，使家庭陷入经济破产、亲属离散，甚至家破人亡的困难境地。

（2）对社会生产力的巨大破坏：吸毒首先导致身体疾病，影响生产；其次是造成社会财富的巨大损失和浪费，同时毒品活动还造成环境恶化，缩小了人类的生存空间。

（3）毒品活动扰乱社会治安：毒品活动加剧诱发了各种违法犯罪活动，扰乱了社会治安，给社会安定带来巨大危害，等等。

四、“黄、赌、毒”的危害

大学生一旦和“黄、赌、毒”沾上边，轻则违反校纪校规，重则触犯法律，对自己、对他人、对家庭、对社会都将造成严重的危害。

1. 荒废学业

大学生是祖国现代化建设的承担者，是现代科学知识的载体，充满昂扬向上的朝气。而一旦有人被“黄、赌、毒”污染，理想和理智的防线就会崩溃，轻者不思进取、想入非非，终日心神不定、精神萎靡不振，课上不能认真听讲，课后不能及时温习功课。重者沉湎其中而不能自拔，学业完全放弃，以致在原始欲望的支配下坠入犯罪的深渊，成为社会发展的负面因子。

2．污染社会和校园风气

校园内的“方城”大战，可以把学生宿舍搞得乌烟瘴气。“黄”毒不仅会大大污染大学校园风气，有时甚至还会危及社会。

3．伤害身心

大学生正处于黄金年龄段，身体发育已趋于成熟，性意识已经觉醒，如果整日只知寻求欲望的满足，势必要大大消耗身体，极不利于健康成才。在得不到满足的情况下，又容易形成心理障碍或身心疾病。此外，涉黄的歌厅、网吧、游戏机房，经营者往往只注重隐蔽性而忽视安全性，存在重大的安全隐患。

赌博是多种疾病的导火索。经常上赌场者往往嗜赌成瘾，呈现出一种病态心理。一旦进入那种长时间保持精神高度集中的紧张状态，加上废寝忘食，极易导致心理和精神疾病，从而引起消化系统紊乱和腰肌劳损等。近年来，在报刊上常有嗜赌者赌博休克倒毙的事例报道。

毒品之所以被人们称之为“幽灵”“瘟疫”“魔鬼”，是由于吸毒极易上瘾且戒断很难，久而久之，身体严重中毒便产生各种病态反应：烦躁不安、失眠、疲乏、精神不振、腹痛、腹泻、呕吐、性欲减退或丧失等。特别是有些吸毒者往往使用不洁净的针头、器具注射海洛因等毒品，这就为艾滋病的传播提供了通道。毒品在危害吸食者的身体的同时，还对他们的精神造成极大伤害。吸食毒品使人逐渐懒惰无力，意志衰退，智力降低，记忆力减退，从而使工作和学业荒废，对自己、对家庭、对社会都会造成巨大损失。

4．违反校纪

大学校园必须严拒“黄、赌、毒”。面对“黄、赌、毒”的侵害，校纪校规是无情的。参与赌博很容易上瘾，既浪费精力又花费时间，因而赌博者不可能遵守日常作息制度，违反校纪校规现象时有发生。有的因为“恋战”集体逃课、迟到或早退，有的则因为在赌博而大打出手，演变成打架斗殴。

5．诱发犯罪

“黄、赌、毒”不仅对沾染者造成肉体和精神上的伤害，使他们陷于难以解脱的痛苦之中，而且还会诱发多种犯罪，从而在更大范围和程度上危害社会和国家。涉黄者需要黄资和欲望发泄，好赌者需要赌资，吸毒者需要毒资，而大学生是消费者，大多需要依靠父母供给来维持学习和生活。如果大学生与“黄、赌、毒”沾上边，势必围绕上述犯罪又会引发出新的犯罪。

（1）盗窃罪。有些大学生因为赌博输了钱物，为了获取赌资就会进行盗窃，凡赌博活动猖獗的地方均有此类案件发生。如某高校一学生因赌输了钱，经常进行盗窃，赃款达 8 万余元。

（2）抢劫罪。抢劫罪是因参赌而诱发的一种常见的犯罪，这种抢劫带有极端的凶残性。如某高校郭某赌博输了钱，便纠集同龄人将赌徒龚某的 300 元钱劫走，又将其致伤而死。

（3）抢夺罪。如某大学三年级学生张某，因为赌博输了钱，竟在光天化日之下从银行柜台抢夺现金 6 700 余元。

（4）杀人罪。某大学本科生夏某为了挣到购买海洛因的钱，与其弟拦路抢劫，杀死了路人，并抢走了其钱财。

（5）强奸罪。

第五节　艾滋病的危害及预防

当今，艾滋病已成为危害人类健康的重大公共卫生问题之一，我国面临的艾滋病防治问题也不容乐观。性传播是我国目前艾滋病的主要传播途径。

为增进人们对艾滋病的认识，世界卫生组织于1988年将每年的12月1日定为世界艾滋病日，号召世界各国和国际组织在这一天举办相关活动，宣传和普及预防艾滋病的知识 。世界艾滋病日的标志是红丝带，象征着大众对艾滋病病毒感染者和艾滋病病人的关心与支持。

一、艾滋病是什么

艾滋病是一种危害性极大的传染病，又称获得性免疫缺陷综合征，由感染艾滋病病毒（HIV病毒）引起。HIV是一种能攻击人体免疫系统的病毒。它把人体免疫系统中最重要的淋巴细胞作为主要攻击目标，大量破坏该细胞，使人体丧失免疫功能，因此，人体易于感染各种疾病，并可发生恶性肿瘤，病死率较高。HIV在人体内的潜伏期为8～9年，至今尚未研制出根治艾滋病的特效药物，也还没有可用于预防的有效疫苗。艾滋病已被我国列入乙类法定传染病，并被列为国境卫生监测传染病之一。

二、艾滋病的主要传播途径及危害

1．传播途径

（1）性途径传播。性接触是艾滋病最主要的传播途径。

案例 18 赵某是某大学的大四学生，1992年出生，毕业在即，他是老师、家长眼中的“模范生”，是家长们嘴里的“榜样”。“从看到检验试纸出现两条杠的那一瞬间，我的人生就全完了，所有的计划和梦想，再也不可能实现了。”赵某苦笑着说。艾滋病病毒一旦进入人体，就会迅速复制，而且终生传染，最终会使人体免疫系统彻底崩溃，直至死亡。赵某确认自己感染艾滋病病毒的第一天晚上，他选择了割腕自杀。“只想着让一切结束，只要我死了，我长久以来的内疚、自责、痛苦，连同我的责任，就都一起消失了。”赵某说。

（2）血液传播。

① 输入污染了HIV的血液或血液制品。

② 静脉药瘾者共用受HIV污染的、未消毒的针头及注射器。

③ 共用其他医疗器械（口腔科器械、接生器械、外科手术器械、针刺治疗用针）或日常用具（如与感染者共用牙刷、剃刀）也能够经破损处感染，但较为罕见。

④ 救护艾滋患者伤员时，救护者本身破损的肌肤触摸伤员的血液。

（3）母婴传播，也称围产期传播，即感染了HIV的母亲在产前、临产进程中及产后不久将HIV感染给了胎儿或婴儿。可通过胎盘，或临产时通过产道感染，也可通过哺乳感染。

2．艾滋病的危害

（1）艾滋病对个人的危害。生理上讲，艾滋病病毒感染者一旦发展成艾滋病人，健康状况就会迅速恶化，患者身体上要承受巨大的痛苦，最后被夺去生命。从心理、社会层面上讲，艾滋病病毒感染者一旦知道自己感染了艾滋病病毒，心理上会产生巨大的压力。

（2）艾滋病对家庭的危害。艾滋病人的家庭成员，也要背负沉重的心理负担，由此容易产生家庭不和，甚至导致家庭破裂。因为多数艾滋病病人及感染者处于养家糊口的年龄，往往是家庭经济的主要来源。当他们本身不能再工作，又需要支付高额的医药费时，其家庭经济状况就会很快恶化。有艾滋病病人的家庭，其结局一般都是留下孤儿无人抚养，或留下父母无人养老送终。

（3）艾滋病对社会的危害。艾滋病主要侵害20～45岁的成年人，而这些成年人是社会的生产者、家庭的抚养者、国家的保卫者。艾滋病削弱了社会生产力，减缓了经济增长，人均出生期望寿命降低，民族素质下降，国力减弱。

（4）艾滋病对儿童的影响。艾滋病使众多的儿童沦为孤儿，使众多无辜儿童被迫承受失去亲人的痛苦，还要经常忍受营养不良等情况。

三、艾滋病的预防

（1）洁身自爱，不去非法采血站卖血，不涉足色情场所，不轻率地进出某些娱乐场所。

（2）不以任何方式吸毒。

（3）不轻易接受输血和血制品。如必须使用，要求医院提供经艾滋病病毒检测合格的血液和血制品。

（4）尽量不与他人共用针头、针管、纱布、药棉等用具。

（5）不去消毒不严格的医疗机构或其他场所打针、拔牙、穿耳朵眼、文身、文眉、针灸或手术。

（6）尽量避免在日常救护时沾上受伤者的血液。

（7）尽量不与他人共用有可能刺破皮肤的用具，如牙刷、刮脸刀和电动剃须刀。

第七章 突发公共卫生事件及应急处理

第一节 突发公共卫生事件

一、突发公共卫生事件的概念

一般把突发公共卫生事件分为人为事件和自然灾害。突发性的公共卫生事件是人们难以预测和控制的，也就是正在发生的或者即将发生的，威胁人们身体健康或引起疾病的事件。

广义上，凡是突发事件中威胁或潜在威胁公共卫生时，从公共卫生角度来说，都可以看作突发公共卫生事件；狭义上，只有当突发事件导致公共卫生问题时，这种突发事件才能称为突发公共卫生事件。根据国务院 2003 年 5 月 7 日颁布施行 2011 年 1 月 8 日修订的《突发公共卫生事件应急条例》，突发公共卫生事件是指突然发生，造成或者可能造成社会公众健康严重损害的重大传染病疫情、群体性不明原因疾病、重大食物和职业中毒以及其他严重影响公众健康的事件。

二、突发公共卫生事件的特点

1．突发性

突发性是指事件发生突然，出乎意料。它一般不具备事物发生前的征兆，留给人们的思考余地较小，要求人们必须在极短的时间内作出分析、判断。

突发公共卫生事件发生得比较突然，没有固定的发生方式，往往突如其来，带有很大的偶然性，使人们始料不及，难以准确把握和预测。

2．成因复杂，种类多样

引起突发公共卫生事件的原因非常复杂，种类繁多。至今已有数千种化学品及上万种产品进入了人类环境，全球每年发生严重的化学中毒事件 10 万～50 万起，食物中毒更是常常发生；与此同时，人类也被电离辐射、核辐射、电磁辐射等辐射所包围。由不同原因引起的、各种类型、大大小小的公共卫生事件都在世界的不同地方发生着。

3．事件的关联性

同社会理论中被人们描述的“风险共担”或“风险社会化”图景一样，突发公共卫生事件也表现出极强的关联性，任何个体想要逃避突发事件的影响都是不可能的。

突发公共卫生事件一旦发生，就往往会形成连锁反应，产生强大的破坏力，即使一个小小的起因，经过连锁反应，也往往会产生难以想象的严重后果，形成“多米诺骨牌效应”，不仅给人的生命和健康造成威胁和伤害，还会扩展到经济、政治、社会的各个层面，此行业、此地区的突发事件可能影响彼行业、彼地区；地方性的突发事件可能演变为区域性的突发事件，甚至演变为国际性的突发事件；非政治性事件可能演变为政治性事件；自然性的突发事件可能演变为社会性的突发事件，特别是在当今全球化和信息化的世界里尤其如此。例如，1986 年 4 月 26 日的切尔诺贝利核能发电厂发生严重的泄漏及爆炸事故，导致 31 人当场死亡，80 余种强辐射物质倾泻而出，污染遍及居住着 694.5 万人的 15 万 km^2 地区，320 多万人直接遭受核辐射侵害。同时，外泄的辐射尘随着大气飘散到当时苏联的西部地区、东欧地区，以及北欧的芬兰、瑞典、挪威、丹麦等国，还威胁到美国，引起欧洲国家居民的恐慌和不安，以及国际社会的广泛关注。

4. 影响的广泛性

突发公共卫生事件影响的区域比较广，涉及的人员比较多，对社会公众健康造成或可能造成严重损害，引起公众高度关注，能够引发社会担忧甚至恐慌。突发事件虽然在一地发生，但影响均超出其行政区域，波及范围较大，具有较强的偶然性、突发性，总是呈现出一果多因、一因多果、相互关联、牵一发而动全身的复杂态势。它一旦发生，总会持续一个过程，突出表现为蔓延性和传导性。

5. 危害性

突发公共卫生事件一旦发生，会直接危害人民群众的生命安全：轻者可在短时间内造成人群的发病和死亡，使公共卫生和医疗体系面临巨大的压力，致使医疗力量相对短缺、抢救物资相对不足等，甚至冲击医疗卫生体系本身，威胁医务人员自身健康，破坏医疗基础设施；重者可对经济、贸易金融等产生严重影响，甚至可引起一定程度的经济衰退以及给国家安全和社会稳定造成威胁，对人民群众的生产工作和生活造成重大影响。

三、突发公共卫生事件分类

根据《突发公共卫生事件应急条例》和定义，可将突发公共卫生事件分为以下四类。

1. 重大传染病疫情

重大传染病疫情是指传染病的暴发（短期内局部地区突然发生多例同一种传染病患者）和流行（一个地区某种传染病发病率显著超过该病历年的一般发病率水平），包括鼠疫、肺炭疽和霍乱的暴发，动物间鼠疫、布鲁氏菌病和炭疽等流行，乙丙类传染病暴发或多例死亡，出现罕见或已消灭的传染病、新传染病的疑似病例等。

2. 群体性不明原因疾病

群体性不明原因疾病是指一定时间内（通常是指 2 周内），在某个相对集中的区域（如同医疗机构、自然村、社区、建筑工地、学校等集体单位）内同时或者相继出现 3 例及以上相同临床表现，经县级及以上医院组织专家会诊，不能诊断或解释病因，有重症病例或死亡病例发生的疾病。

3. 重大食物中毒和职业中毒

重大食物和职业中毒包括中毒人数超过 30 人或出现死亡 1 例以上的饮用水和食物中毒，短期内发生 3 人以上或出现死亡 1 例以上的职业中毒。

4. 其他严重影响公众健康的事件

其他严重影响公众健康的事件包括医源性感染暴发，药品或免疫接种引起的群体性反应或死亡事件，严重威胁或危害公众健康的水、环境、食品污染，放射性、有毒有害化学性物质丢失、泄漏等事件，生物、化学、核辐射等恐怖袭击事件，有毒有害化学品生物毒素等引起的集体性急性中毒事件，有潜在威胁的传染病动物宿主、媒介生物发生异常等事件。

四、突发公共卫生事件的分级

根据突发公共卫生事件导致人员伤亡和健康危害情况将医疗卫生救援事件分为特别重大事件（Ⅰ级）、重大事件（Ⅱ级）、较大事件（Ⅲ级）和一般事件（Ⅳ级）四级。

1．特别重大事件

（1）一次事件出现特别重大人员伤亡，且危重人员多，或者核事故和突发放射事件、化学品泄漏事故导致大量人员伤亡，事件发生地省级人民政府或有关部门求国家在医疗卫生救援工作上给予支持的突发公共事件。

（2）跨省份的有特别严重人员伤亡的突发公共事件。

（3）国务院及其有关部门确定的其他需要开展医疗卫生救援工作的特别重大突发公共卫生事件。

2．重大事件

（1）一次事件出现重大人员伤亡，其中死亡和危重病例超 5 例的突发公共事件。

（2）跨市（地）的有严重人员伤亡的突发公共事件。

（3）省级人民政府及其有关部门确定的其他需要开展医疗卫生救援工作的重大突发公共卫生事件。

3．较大事件

（1）一次事件出现较大人员伤亡，其中死亡和危重病例超过 3 例的突发公共事件。

（2）市（地）级人民政府及其有关部门确定的其他需要开展医疗卫生救援工作的较大的突发公共卫生事件。

4．一般事件

（1）一次事件出现一定数量人员伤亡，其中死亡和危重病例超过 1 例突发公共事件。

（2）县级人民政府及其有关部门确定的其他需要开展医疗卫生救援工作的一般突发公共事件。

五、突发公共卫生事件的应急处理原则

突发公共卫生事件应急工作首先应当遵循预防为主、常备不懈的方针，要贯彻统一领导、分级负责、反应及时、措施果断、领先科学、加强合作的原则。

第二节　传　染　病

一、传染病的概念

传染病是指由特异病原体（或它们的毒性产物）所引起的一类病症；这种病原体及其毒性产物可以通过感染的人、动物或储存宿主直接或间接（经由中介的动物宿主、昆虫、植物宿主或其他环境因素）传染给易感宿主。

二、传染病的特征

（1）基本特征。传染病的基本特征为有病原体、有传染性、有免疫性、可以预防、有流行病学特征。

（2）流行特征。传染病的流行特征有强度特征和地区特征。

三、传染病疫情的报告

1．报告病种类别

1989 年，我国颁布了《中华人民共和国传染病防治法》，将传染病分为甲、乙、丙三大类，后分别经 2004 年和 2013 年修订。2020 年 1 月，新型冠状病毒感染被纳入乙类传染病。

（1）甲类传染病：鼠疫、霍乱。

（2）乙类传染病：传染性非典型肺炎、艾滋病、病毒性肝炎、脊髓灰质炎、人感染高致病性禽流感、麻疹、流行性出血热、狂犬病、流行性乙型脑炎、登革热、炭疽、细菌性和阿米巴性痢疾、肺结核、伤寒和副伤寒、流行性脑脊髓膜炎、百日咳、白喉、新生儿破伤风、猩红热、布鲁氏菌病、淋病、梅毒、钩端螺旋体病、血吸虫病、疟疾、新型冠状病毒感染。

（3）丙类传染病：流行性感冒、流行性腮腺炎、风疹、急性出血性结膜炎、麻风病、流行性和地方性斑疹伤寒、黑热病、包虫病、丝虫病，除霍乱、细菌性和阿米巴性痢疾、伤寒和副伤寒以外的感染性腹泻病。

国务院卫生行政部门根据传染病暴发、流行情况和危害程度，可以决定增加、减少或者调整乙类、丙类传染病病种并予以公布。

2．责任报告人及报告时限

各级各类医疗机构、疾病预防控制机构、采供血机构、卫生检疫机构、学校、托幼机构、农场、林场、煤矿、劳教及其所有执行职务的医护人员、医学检验人员、卫生检疫人员、疾病预防控制人员、社区卫生服务人员、乡村医生、个体开业医生均为疫情责任报告人。

责任报告单位和责任疫情报告人发现甲类传染病和乙类传染病中的肺炭疽、传染性非典型肺炎等按照甲类管理的传染病患者或疑似患者时，或发现其他传染病和不明原因疾病暴发时，应于 2 小时内将传染病报告卡通过网络报告。

对其他乙、丙类传染病患者、疑似患者和规定报告的传染病病原携带者在诊断后，应于 24 小时内进行网络报告。

不具备网络直报条件的医疗机构及时向属地乡镇卫生院、城市社区卫生服务中心或县级疾病预防控制机构报告，并于 24 小时内寄送出传染病报告卡至代报单位。

四、传染病突发事件的预防与控制

预防：指在传染病发生前采取有效的措施以减少传染病的发生和流行。

控制：指在传染病发生后及时采取综合性防疫措施，消除各种传播因素，对患者进行隔离、治疗，以保护易感人群，使疫情不再继续蔓延。

传染病的预防和控制措施包括传染病报告和针对传染源、传播途径和易感人群等多种预防措施。

1．传染病报告

传染病报告是传染病监测的手段之一，也是控制和消除传染病的重要措施。具体要求参照《传染病信息报告管理规范》。

2．针对传染源的措施

（1）患者：应做到早发现、早诊断、早报告、早隔离、早治疗。对经诊断确定为患有传染病或可能患有传染病的患者，应按《中华人民共和国传染病防治法》规定实行分级管理。只有尽快管理传染源，才能防止传染病在人群中的传播蔓延。

① 对甲类传染病患者和乙类传染病中的传染性非典型肺炎、人感染高致病性禽流感、肺炭疽患者必须实施隔离治疗，必要时可请公安部门协助。

② 乙类传染病患者，根据病情可在医院或家中隔离，隔离通常应至临床或实验室证明已痊愈为止。

③ 丙类传染病中的瘤型麻风患者必须经临床和微生物学检查证实痊愈才可恢复工作、学习。

④ 传染病疑似患者必须接受医学检查、随访和隔离措施，不得拒绝。甲类传染病疑似患者必须在指定场所进行隔离观察、治疗。乙类传染病疑似患者可在医疗机构指导下治疗或隔离治疗。

（2）病原携带者：对病原携带者应做好登记、管理和随访，至其病原体检查 2～3 次阴性后。在饮食、托幼和服务行业工作的病原携带者要暂时离开工作岗位，久治不愈的伤寒或病毒性肝炎病原携带者不得从事威胁性职业。艾滋病、乙型和丙型病毒性肝炎、疟疾病原携带者严禁做献血员。

（3）接触者：凡与传染源有过接触并有可能受感染者都应接受检疫。检疫期为最后接触日至该病的最长潜伏期。

① 留验：即隔离观察。甲类传染病接触者应留验.即在指定场所进行观察，限制活动范围，实施诊察、检验和治疗。

② 医学观察：乙类和丙类传染病接触者可正常工作、学习，但要接受体检、测量体温、病原学检查和必要的卫生处理等医学观察。

③ 应急接种和药物预防：对潜伏期较长的传染病，如麻疹可对接触者施行预防接种。此外，还可采用药物预防。

（4）动物传染源：对危害大且经济价值不大的动物传染源应予以彻底消灭；对危害大的病畜或野生动物应予以捕杀、焚烧或深埋；对危害不大且有经济价值的病畜可予以隔离治疗。此外，还要做好家畜和宠物的预防接种和检疫工作。

3. 针对传播途径的措施

对传染源污染的环境，必须采取有效措施，去除和杀灭病原体。肠道传染病通过粪便等污染环境，因此应加强被污染物品和周围环境的消毒；呼吸道传染病通过痰和呼出的空气污染环境，通风和空气消毒至关重要；艾滋病可通过注射器和性活动传播，因此应大力推荐使用避孕套，杜绝吸毒和共用注射器；杀虫是防止虫媒传染病传播的有效措施。

（1）消毒：是用化学、物理、生物的方法杀灭或消除环境中致病微生物的一种措施，包括预防性消毒和疫源地消毒两大类。

（2）预防性消毒：对可能受到病原微生物污染的场所和物品施行消毒，如乳制品消毒、饮水消毒等。

（3）疫源地消毒：对现有或曾经有传染源存在的场所进行消毒，其目的是消灭传染源排出的致病微生物。疫源地消毒分为随时消毒和终末消毒。随时消毒是当传染源还存在于疫源地时所进行的消毒；终末消毒是当传染源痊愈死亡或离开后所做的一次性彻底消毒，从而完全清除传染源所播散、留下的病原微生物。只有对外界抵抗力较强的致病性病原微生物才需要进行终末消毒，如霍乱、鼠疫、伤寒、病毒性肝炎、结核、炭疽、白喉等。对外界抵抗力较弱的疾病，如水痘、流感、麻疹等一般不需要进行终末消毒。

4．针对易感人群的措施

（1）免疫预防：传染病的免疫预防包括主动免疫和被动免疫，是计划预防传染病流行的重要措施。此外，当传染病流行时，被动免疫可以为易感者提供及时的保护抗体，如注射胎盘球蛋白和丙种球蛋白预防麻疹、流行性腮腺炎、甲型肝炎等，但因为血液制品的安全性尚存在隐患，除非必要，目前已不主张使用。高危人群应急接种可以通过提高群体免疫力来及时制止传染病大面积流行，如麻疹疫苗在感染麻疹 3 天后或潜伏期早期接种均可控制发病。

（2）药物预防：药物预防也可以作为一种应急措施来预防传染病的传播，但药物预防作用时间短，效果不巩固，易产生耐药性，因此，其应用具有较大的局限性。

（3）个人防护：接触传染病的医务人员和实验室工作人员应严格遵守操作规程，配置和使用必要的个人防护用品。有可能暴露于传染病生物传播媒介的个人要穿戴防护用品，如口罩、手套、护腿、鞋套等。疟疾流行区可使用个人防护蚊帐。安全的性生活应使用安全套。

5．传染病暴发、流行的紧急措施

根据《中华人民共和国传染病防治法》规定，在传染病暴发、流行时，当地政府应立即组织力量防治，报经上一级政府决定后，可采取下列紧急措施：

（1）限制或停止集市、集会、影剧院演出或者其他人群聚集活动。

（2）停工，停业，停课。

（3）临时征用房屋、交通工具。

（4）封闭被传染病病原体污染的公共饮用水源。

在采用紧急措施防止传染病传播的同时，政府卫生部门、科研院所的流行病学、传染病学和微生物学专家、各级卫生防疫机构的防疫检疫人员、各级医院的临床医务人员和社会各相关部门应立即组织开展传染病暴发调查，并实施有效的措施控制疫情，包括隔离传染源，治疗患者尤其是抢救危重患者，检验和分离病原体，采取措施消除在暴发调查过程中发现的传播途径和危险因素，如封闭可疑水源、饮水消毒、禁食可疑食物、捕杀动物传染源和应急接种等。

五、常见传染病及其预防

1．新型冠状病毒感染

2023 年 1 月，依据《中华人民共和国传染病防治法》有关规定，按照《关于对新型冠状病毒感染实施“乙类乙管”的总体方案》及其配套文件的相关要求，国务院联防联控机制综合组织修订形成《新型冠状病毒感染防控方案（第十版）》。

（1）新型冠状病毒（SARS-CoV-2，以下简称新冠病毒）。

新型冠状病毒属于 β 属冠状病毒，对紫外线和热敏感，乙醚、75%乙醇、含氯消毒剂、过氧乙酸和氯仿等脂溶剂均可有效灭活病毒。人群普遍易感。传染源主要是新型冠状病毒感染者；主要传播途径为经呼吸道飞沫和密切接触传播，在相对封闭的环境中经气溶胶传播，接触被病毒污染的物品后也可能造成感染。目前，奥密克戎变异株已成为国内外流行优势毒株，其潜伏期缩短，多为 2～4 天，传播能力更强，传播速度更快，致病力减弱，具有更强的免疫逃逸能力，现有疫苗对预防该变异株所致的重症和死亡仍有效。

（2）个人防护与宣传教育。

① 强调“每个人都是自己健康的第一责任人”，倡导公众遵守防疫基本行为准则，坚持勤洗手、戴口罩、常通风、公筷制、保持社交距离、咳嗽礼仪、清洁消毒等良好卫生习惯和合理膳食、适量运动等健康生活方式，自觉提高健康素养和自我防护能力；疫情严重期间减少聚集，患有基础疾病的老年人及孕妇、3 岁以下婴幼儿等尽量减少前往人员密集场所。

② 充分发挥广播、电视、报纸、宣传品和网站、微博、微信、客户端等互联网平台的作用，全方位、多渠道开展新型冠状病毒感染防控知识宣传教育。

③ 深入开展爱国卫生运动，突出农村、城乡结合部等重点地区和薄弱环节，创新方式方法，持续推进城乡环境整治，不断完善公共卫生设施。充分发挥村（居）民委员会公共卫生委员会作用，发动群众广泛参与，推动爱国卫生运动进社区、进村镇、进家庭、进学校、进企业、进机关，推动将健康融入所有政策。

（3）传染源管理。

① 新型冠状病毒感染者不再实行隔离措施，实施分级分类收治；不再判定密切接触者，不再划定高低风险区。

② 未合并严重基础疾病的无症状感染者、轻型病例可采取居家自我照护，其他病例应及时到医疗机构就诊。

③ 感染者居家期间，尽可能待在通风较好、相对独立的房间，减少与同住人员近距离接触。感染者非必要不外出，避免前往人群密集的公共场所，不参加聚集性活动；如需外出，应全程佩戴 N95 或 KN95 口罩。

④ 感染者要做好居室台面、门把手、电灯开关等接触频繁部位及浴室、卫生间等共用区域的清洁和消毒；自觉收集、消毒、包装、封存和投放生活垃圾。社区应针对感染者产生的生活垃圾，采取科学收运管理。

（4）流行期间紧急防控措施。

在常态化情况下，一般不需要采取紧急防控措施。在疫情流行期间，结合病毒变异情况、疫情流行强度、医疗资源负荷和社会运转情况综合评估，可根据人群感染率和医疗资源紧张程度，适时依法采取临时性的防控措施，减少人员聚集，降低人员流动，减轻感染者短时期剧增对社会运行和医疗资源等的冲击，有效统筹疫情防控和经济社会发展。可以选择性采取下列措施：

① 暂缓非必要的大型活动（会展、赛事、演出、大型会议等）；

② 暂停大型娱乐场所营业活动；

③ 博物馆、艺术馆等室内公共场所采取限流措施；

④ 严格管理养老机构、社会福利机构、精神病院等脆弱人群集中场所；

⑤ 企事业单位、工厂等实行错时上下班，弹性工作制或采取居家办公措施；

⑥ 幼儿园、中小学和高等教育机构采取临时性线上教学；

⑦ 其他紧急防控措施。

2. 甲型 H1N1 流行性感冒

该病系流感病毒引起，病毒属正粘病毒科，直径为 80～120 mm，球形或丝状。流感病毒可分为甲（A）、乙（B）、丙（C）三型，其中甲型病毒经常发生抗原变异，传染性大，传播迅速，易发生大范围流行。

（1）感染症状。起病急骤，畏寒、发热，体温在数小时至 24 h 内升达 39～40 ℃甚至更高。伴头痛、全身酸痛、乏力、食欲减退，呼吸道症状较轻，出现咽干喉痛、干咳，可有腹泻。颜面潮红，眼结膜充血，咽部充血，软腭上有滤泡。

（2）预防方法。

① 控制传染源：早发现、早报告、早隔离、早治疗。隔离1周或至主要症状消失。

② 切断传播途径：流行期间，避免集会或集体娱乐活动，老幼病残易感者少去公共场所，注意通风，必要时对公共场所进行消毒；医护人员戴口罩、洗手、防交叉感染；患者用具及分泌物要彻底消毒。

③ 疫苗预防：流感疫苗预防效果较好，接种对象为老人、儿童、严重慢性病患者、免疫力低下及可能密切接触患者的人员；接种时间为每年10～11月中旬，每年接种1次，2周可产生有效抗体。

下列情况禁用流感疫苗：对鸡蛋过敏者；急性传染病患者，精神病患者，妊娠早期，6个月以下婴儿。

④ 药物预防。

预防流感的几种常用小措施：

- 室内经常开窗通风，保持空气新鲜。
- 少去人群密集的公共场所，避免感染流感病毒。
- 加强户外体育锻炼，提高身体抗病能力。
- 秋冬气候多变，注意加减衣服。
- 多饮开水，多吃清淡食物。
- 注射流感疫苗。

3．病毒性肝炎

病毒性肝炎是由多种不同肝炎病毒引起的一组以肝脏损害为主的传染病，包括甲型肝炎、乙型肝炎、丙型肝炎、丁型肝炎及戊型肝炎。

（1）肝炎患者自发病之日起必须进行3周隔离。

（2）对从事食品加工和销售，水源管理、托幼保教工作的患者，应暂时调离工作岗位。

（3）肝炎患者用过的餐具要在开水中煮15 min以上进行消毒。

（4）不要与肝炎患者共用生活用品，用过的或接触过的要及时消毒。如与肝炎患者共用同一卫生间，要用消毒液或漂白粉对便池消毒。

（5）不要与乙型、丙型、丁型肝炎患者及病毒携带者共用剃刀、牙具等。

（6）不要与乙型肝炎患者发生性关系。如发生要使用避孕套或提前接种乙肝疫苗。

（7）不要与他人共用生活用品。

目前教育部明确了这方面的规定，只要肝功能正常，不管是大三阳还是小三阳或者其他种类的携带者都允许上学。

4．禽流感

禽流感主要是由A型禽流感病毒引起的一种禽烈性传染病，也称真性鸡瘟或欧洲鸡瘟（1926年印度在禽类中发现还有一种相似的疾病，称为新城疫或伪鸡瘟或亚洲鸡瘟）；主要发生于鸡、鸭、鹅、鸽子等禽类。

禽流感病毒于1900年被发现，至1955年被分离成功，并被确认为甲型禽流感病毒。

人禽流感是指由禽流感病毒中的某些毒株在人群中所引起的一种急性呼吸道传染病。受感染的人会出现类似流行性感冒症状，发病过程极快速，从轻微的上呼吸道症状至出现急性呼吸窘迫综合征和多器官功能衰竭，最终导致死亡。依其外膜血细胞凝集素(即H)和神经氨酸酶(即N)，H又分16个亚型（H1～H16），N分9个亚型（N1～N9）。所有人类的流感病毒都可以引起禽类流感，但不是所有的禽流感病毒都可以引起人类流感，禽流感病毒中，H3、H5、H7、H9可以传染给人，其中H5为高致病性。H7H9是禽流感的一种亚型。

（1）传染源。禽流感的传染源主要为患禽流感或携带禽流感病毒的家禽，另外，野禽或猪也可成为传染源。许多家禽都可感染病毒发病，火鸡、鸡、鸽子、珍珠鸡、鹌鹑、鹦鹉等陆禽都可感染发病，但以火鸡和鸡最为易感，发病率和死亡率都很高。

（2）传播途径。携带病毒的禽类是人感染禽流感的主要传染源。高致病性禽流感在禽群之间主要为水平传播，如空气、粪便、饲料和饮水等，而垂直传播的证据很少。被病禽粪便、分泌物污染的任何物体，如饲料、禽舍、笼具、饲养管理用具、饮水、空气、运输车辆、人、昆虫等都可能传播病毒。

（3）禽流感的预防：

① 加强饲养管理。加强禽场的防疫管理，禽场门口设消毒池，严禁外人进入禽舍，工作人员出入要更换消毒过的胶靴、工作服，用具、器材、车辆要定时消毒。当发生高致病性禽流感疫情后，应尽量避免接触死亡的禽类。处理死亡家禽时，应穿防护衣、戴手套和口罩，处理结束后马上消毒或用肥皂洗手。接触禽类后，如出现发热、头痛、发冷、多处或浑身疼痛无力、咽喉痛、咳嗽等症状且48 h内不退热者，应马上到医院就诊。

② 个人预防。一是锻炼身体，提高身体素质和免疫能力。二是避免触摸家禽/雀鸟及它们的排泄物，不要喂饲野鸽及其他野生雀鸟，如接触禽鸟后，应马上用肥皂或消毒液洗手。三是注意食物卫生，鸡蛋、鸡肉等食物要彻底煮熟。四是不提倡带病坚持工作，感冒患者要尽快回家自我休息、自我隔离，避免前往挤迫和空气不流通的公共场所。五是接种流感疫苗。尽管流感疫苗只能预防季节性流感，但研究表明，人禽流感是人和禽的流感病毒遇到后出现了基因重组，所以接种流感疫苗可以使这种基因重组的概率大大减小。禽类工作人员应及时接种禽流感疫苗。

随着我国社会、经济发展水平的提高，急需加快推动传统家禽养殖和流通向现代生产方式转型升级，从散养方式向集中规模化养殖、宰杀处理和科学运输的转变，提高家禽和家畜的养殖、流通生物安全水平，从而减少人群的活禽或病死禽暴露机会。同时，要持续开展健康教育，倡导和培养个人呼吸道卫生和预防习惯。需特别加强人感染禽流感高危人群和医护人员的健康教育和卫生防护。

第八章　实验、实习、实践安全

随着高等教育的发展和社会需求的变化，高校越来越重视学生实际动手能力的培养。每天都在进行着大量的实践教学活动，学生的实际能力确实得到了锻炼和提高，但与此同时也出现了因为实验室安全、实训实习安全和社会实践安全状况的复杂性而产生的安全问题。这些问题关系到教学秩序的稳定、教学质量的保证、师生的安危。因此，大学生要充分认识实验室、实训实习和社会实践安全的重要性，增强安全意识，了解安全隐患，严格执行有关规定，防止安全事故的发生。

第一节　实验、实训、实习、社会实践安全

一、实验、实训、实习、社会实践

实验，是用来检验或者验证某种假说、假设、原理、理论而进行的技术操作行为。一般是在实验室里，学生按照教师根据教学要求提出的题目和步骤动手完成。

实训，是职业技能实际训练的简称，是在学校及培训单位能够控制的状态下，按照人才培养的规格要求，对学生进行的职业技术应用能力训练的教学活动。

实习，一般是在企业工作现场进行，是把学到的理论知识拿到实际工作中去应用，从而锻炼、提高、收获现场工作能力。学生通过一段时间的实习，在各岗位、各工种间轮换，以完成多方面的训练，达到某些培养目标要求。

社会实践，是有组织、有计划、有目的地引导学生深入实际、深入社会、体验社会，加强学生思想政治教育，培养学生综合素质的教育活动。

实验、实训、实习、社会实践安全，是在各类实验实训实习教学活动过程中，危险、威胁、隐患、危害、损失在可控范围内，避免人身伤害、财产损失和环境破坏事件的发生，从而达到对人、财、物及环境的最大保护。

实验、实训、实习和社会实践安全的相互联系如图 8–1 所示。

二、实验、实训、实习、社会实践安全事故分类

学校实验、实训、实习、社会实践面对的安全状况非常复杂，可能发生的事故主要有以下几种。

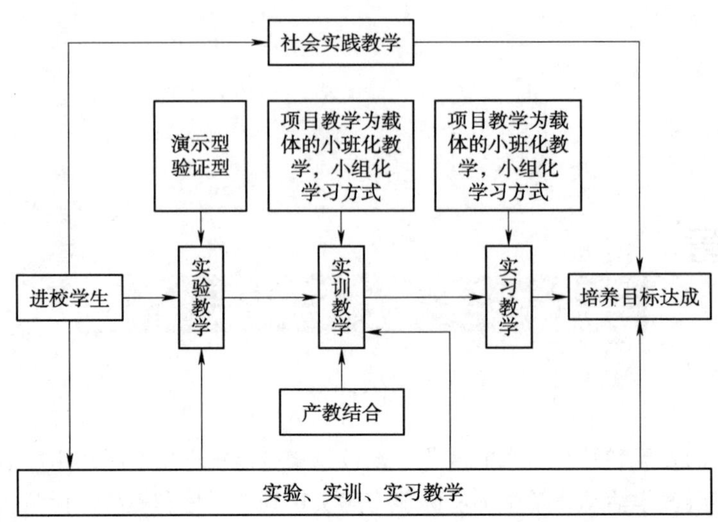

图 8-1　实验、实训、实习、社会实践安全的相互联系

（1）按事故发生在校园内外分类，可以分为校园内和校园外安全事故。

随着教育教学改革的深入，学生参加校园内外的实践活动越来越多，相对校内的实践活动，影响校外实践活动的安全因素更加复杂和难以控制，所以，教师在组织学生进行此类教学活动时，对学校实践教学的组织经验和组织水平要求更高。

（2）按事故发生场所分类，可以分为实验室安全事故、实训室安全事故和实习场所安全事故。

三个场所没有本质的区别，只是教学的环境条件有所不同，相比之下，学生在实训室和实习场所接触的工具设备更真实，动手机会更多，尤其是实习场所因其更加开放，人员更加分散，更要求师生注意加强安全防护工作。

（3）按事故发生对人身伤害种类分类，可以分为机械伤害、高温气体液体伤害、化学试剂及杀虫剂伤害、毒性气体伤害、强光及电磁辐射的伤害、射线照射的伤害、吸入粉尘的伤害、噪声伤害、触电伤害以及实验用动物对人身的伤害等安全事故。

根据院校自身的特点，在实验实训实习过程容易发生的安全事故有各自特殊性，如农业院校容易受到化学试剂及杀虫剂伤害、毒性气体伤害、射线照射的伤害、实验用动物对人体的伤害；工程院校容易受到机械伤害等。

（4）按事故对国有资产不同的毁坏分类，可以分为淋水浸水损害、火灾损害、爆炸损害、电源超压损害安全事故。

淋水浸水会造成仪器设备、木制实验台柜进水损坏，所以要定期检修实验、实训实习场所输水管道（含暖气管道），有条件的情况下可以安装跑水报警器，减少跑水事故发生。实验、实训实习场所用的高压设备、易燃助燃气体，如果发生爆炸，不但会使资产毁坏，还会造成较大的人员伤亡，所以一定要按消防管理规定储存、使用好；还要保证供电质量，供电质量差，不但影响仪器设备的正常工作，影响测量的精度，如果电源超压还会造成仪器设备损坏，建议电源要安装稳压及超压保护装置，减少电源电压波动对仪器设备的影响。

（5）按事故发生对环境的污染分类，可以分为空气污染、水体污染和土壤污染安全事故。

目前国家对环境安全越来越重视，作为学校也要增强环保意识，在防止各种事故发生的同时，从小事做起，加强对学生的环保意识教育，并采取有效措施。例如，尽量选择一些无污染或对环境污染小的实验项目，从源头上减少污染；化学类实验后产生的废液、动物实验后产生的尸体残骸不得直接排放和丢弃，要经无害化处理后集中处置等。为了减少空气污染对师生的伤害，可能产生有毒气体的封闭实验实训场所一定要安装通风系统。

案例*1* 2010年12月19日下午，某大学畜禽生产教育0801班30名学生在动物医学学院实验室进行“羊活体解剖学实验”。2011年1月，临近寒假，王同学连续高烧很多天。3月回到学校时，发现与他症状一样的同学还有很多。校方很快组织学生进行检查，最终发现，共5个班级28人感染“布鲁氏菌病”，其中包括27名学生、1名老师，酿成重大教学事故。按规定，购入实验山羊时，校方本应要求养殖场出具检疫合格证明，但几位教职工没有按规定办理。在5次实验之前，实验指导教师均未按规定对实验山羊进行现场检疫。接下来，两位教师在指导学生实验过程中，也没有切实按照标准的实验规范严格要求学生进行有效防护。相关责任人都得到了相关处理。

案例*2* 2010年6月19日下午，某大学一重点实验室发生大火，消防大队接警后立即赶赴现场扑救，所幸没有人员伤亡。当时，两个粗心的学生正在该实验室做实验：用电磁炉熔化石蜡，中途暂时离开了一会，没想到就发生了火灾。

第二节 实验室安全

高校实验室是承担科研项目、性能检测，以及研发科研成果的重要场所，同时也是学生理论与实践相互印证的重要场所。对于实验室的建设与管理涉及内容较多，其中实验室安全管理是不可或缺的重要组成部分。实验室往往具有以下特点：承担课题多，任务重，环境条件复杂，经常使用各种机械设备、多种化学试剂、药品和气体，而且涉及少量易燃易爆危险品。有的实验室还存在高温高压、设备使用等潜在危险，如操作不当、管理不严，会造成爆炸、失火、人体伤害等意外事故。在实验过程中，产生的废水、废气、废渣，如管理不善或处置不当，也会对环境和人员健康产生危害。因而，必须采取严格的安全管理手段和科学的防护措施，以保证实验室布局合理、应急防护设施齐备、管理制度科学、人员遵章守纪。

一、实验室常见危险

1. 触电的危险

实验室涉及电气设备较多，如防护设施有缺陷或不严格遵守安全操作规程，有触电的危险。

案例*3* 某大学大二学生曹某，进行电工实验时不慎触电，实验名为“三相异步电动机的继电接触控制”，实验电压380 V，每个学生一个实验台。11点半左右，部分学生在做完实验后离开，实验室内剩下不到20人。在实验室倒数第二排的曹某双手与实验电路相连，被电击，喊出“我——触——电——”的声音，嘴张着话却没有说完，持续了五六秒。随后曹某倒在了身后的椅子上，双手与电路脱离。送医院抢救无效后身亡。

2. 机械伤害的危险

实验室涉及各种机械设备，如果这些设备的快速移动部件、摆动部件缺乏良好的防护设施，有可能伤及人员的手、脚、头发及其他身体部位；没有配备和正确穿戴必需的劳动防护用品时，也可能造成机械伤害；没有按照正确使用规定操作机械设备，也会带来损害；等等。

案例*4* 2011年某高校一位女生在车床上实习时，因为实习中途要外出开会而抱侥幸心理没有戴安全帽，在操作时一根辫子不慎被车床丝杠绞了进去，她当即惊慌失措，出于本能用手紧紧抓住辫子拼命叫喊，幸亏不远处的指导教师眼疾手快，及时拉下总电闸，才未酿成大祸。但由于丝杠旋转的惯性，该同学的头皮还是受了伤。

案例 5 某高校一位男生在铣床上实习即将结束时，指导教师要求学生停车清理工作现场，但该同学工作积极性高，想再干一件活。当用两把三面刃铣刀自动走刀铣一个铜件台阶时．本应用毛刷清除碎切屑，但该同学心急求快，用戴着手套的手去拨抹切屑，手套连同手一起被绞了进去。虽然指导教师及时切断了电源，但该同学的中指已被切掉 1 cm，造成了终身的遗憾。该同学未按照指导教师要求进行实习，并且在工作中违反了“严禁戴手套操作”和“严禁用手清除切屑”等安全操作规程，造成了不该发生的人身伤害事故。

3．噪声造成的危险

实验室中泵、风机等高速运转的机械设备，如无消声、减声、隔声等补救措施，运行时对人体可造成噪声危害。

4．火灾、爆炸的危险

实验室中有火灾、爆炸等危险的化学品种类繁多，如常见的乙醇、丙酮、石油醚、乙酸丁酯、二甲苯等。在实验过程中，物料发生泄漏，遇火源可能发生火灾或爆炸事故。由于物料多为玻璃瓶装液体，如果包装物发生破裂，泄漏出的物料与空气混合达到爆炸极限，遇火源引发火灾、爆炸事故。泄漏出的物料直接与明火或高热接触，也可能发生火灾事故。

案例 6 某高校化学实验室的李某在进行实验时，往玻璃封管内加入氨水 20 mL，硫酸亚铁 1 g，原料 4 g，加热温度 160 ℃。当事人在观察油浴温度时，封管突然发生爆炸，整个反应体系被完全炸碎。当事人额头受伤，幸亏当时戴防护眼镜，才使双眼没有受到伤害。事故原因是玻璃封管不耐高压，且在反应过程中无法检测管内压力。氨水在高温下变为氨气和水蒸气，产生较大的压力，致使玻璃封管爆炸。化学实验必须在通风柜内进行，密闭系统和有压力的实验必须在特种实验室里进行。

5．中毒的危险

实验室涉及的物料中多数有毒，如二甲苯、石油醚、乙酸丁酯、丙酮等。如果密封不好或是标识不清，在工作空间会存在一定浓度的蒸气，实验人员如果没有做好防护工作，发生泄漏或者误吸误食，则可能会引起不同程度的中毒事故。

案例 7 某大学一工作人员，误将冰箱中含苯胺的试剂当酸梅汤喝了引起中毒，原因是冰箱中曾存放过工作人员饮用的酸梅汤。事故直接原因是实验人员违反操作规程，将食物带进实验室。

案例 8 2015 年 3 月 3 日下午 1 时许，某大学实验室供货单位的业务员在更换硫化氢气体气瓶过程中发生泄漏，这名业务员经送医抢救无效，不幸身亡。一份刑事报告显示，硫化氢对人体有全身性毒作用，主要表现在中枢神经系统症状。急性中毒死亡几乎和氰化物中毒同样迅速。硫化氢气体浓度达 1 000 mg/m^3 以上时，吸一口即致命。

6．腐蚀的危险

实验室涉及的物料中多数具有腐蚀性，如盐酸、硫酸、磷酸、乙酸、氢氧化钠、氢氧化钾、氨水、氯化铁、氯化锌等。在实验过程中，如果实验人员操作不慎、容器破裂等导致腐蚀性物质外泄或实验人员直接接触，会造成人员灼伤并对设备造成腐蚀。

案例 ***9*** 2005 年 8 月 2 日，某高校化学实验室王某、赵某等人在安装高压釜的紧固件和阀门。在前几日拆卸时已将管道内氯硅烷液体放出，为挡灰尘用简易塞将氯硅烷液相管塞住，当时并没有感觉到有压力和液体积存。在安装氯硅烷液相管时，当事人将简易塞拔下的一刹那，突然有一股氯硅烷气体冲出，此时正值王某俯身紧固螺钉，来不及躲闪，正好喷到脸上和两手臂上，将其灼伤。事故原因是这套高压釜反应装置被安置在棚内，当时又正值高温时节，棚内温度超过 40 ℃，管内残留的氯硅烷变为气体，产生了一定的压力，拔去塞子时氯硅烷气体就冲了出来。科研人员对高温对化学试剂可能带来的危险性认识不足，又忽视了防护用品的使用，扩大了受伤部位。

7. 危险化学品库房危险

危险化学品储存过程中的主要危险有：禁忌物混放，若发生泄漏，有导致火灾、爆炸的危险；储存中发生包装物的破裂或泄漏等，人员与有毒物料接触或吸入其蒸气而中毒；泄漏出的易燃物料与高热或明火接触发生火灾事故；如果泄漏出的物料与空气混合形成爆炸性的混合物，遇火源能够发生爆炸事故，并引发火灾事故；泄漏出的物料与明火接触，引起火灾事故；如果库房内的电气设施安装不符合要求等，可能产生电火花等点火源，有引发爆炸火灾的可能。

案例 ***10*** 某学院实验楼发生火灾，随后发生轻微爆炸，随后被紧急控制住。实验室内堆放着乙醇、丙酮、食用醚等化学危险物品，周围其他实验室也有不少化学危险品，食用醚就有 250 kg 左右，如果大火引爆这些化学危险品，后果相当严重。

二、实验室安全管理的措施

1. 人为因素的安全管理

实验中实验人员的精神状况、综合素质和安全意识等，对实验室的安全管理工作有着直接影响，是实验室安全管理的重要内容之一。对实验人员进行实验基本操作技能和安全知识的教育，提高实验人员的综合素质，使之具有较强的安全意识和安全知识，树立“安全第一，预防为主”的思想，是加强实验室安全管理工作的基本内容。

（1）进行基本操作技能的教育。在实验人员进入实验室之前，加强实验人员对各种仪器及器皿的基本操作技能的学习，全面提高实验人员从事实验的操作技能和理论水平，使之树立“安全操作，人人遵守”的思想，具有分析实验现象和影响因素的能力，具有控制实验全过程的能力，从而减少安全事故的发生。

（2）进行安全知识的教育。对实验人员进行安全知识的教育，使之掌握相应的安全知识和安全操作技能，树立牢固的安全意识，增强安全责任心，学会避险技术，养成良好的安全习惯，从而保证实验的安全进行。加强实验人员的安全知识的教育，既是对实验人员人身安全的负责，又是对资产的保障。

（3）养成良好的实验习惯。牢固的安全意识和良好的实验习惯，是杜绝安全事故发生、确保实验安全进行的重要保障。实验室内严禁饮食、吸烟，一切化学药品禁止入口；实验完毕后必须洗手，及时切断电源、气源、火源等，消除火种；离开实验室时应仔细检查水、电、门、窗是否关闭；在实验过程中注意个人防护，包括使用专用服装、隔离衣帽、口罩，使用护目镜、防护手套等必备的防护用品。反应过程中生成有毒或有腐蚀性气体的实验，应在通风橱内进行，并佩戴防护用具，尽可能避免有毒蒸气扩散在实验室内；接触过有毒物质的器皿，实验完毕后及时妥善处理，以消除其毒性。严禁用湿手开启仪器设备；需要连续通电运行的仪器和设备，必须有专人守护，不得擅离职守。

（4）建立实验室负责制等制度。每个实验室均有1～2名负责人，确保在实验过程中，实验室的安全管理工作落实到人，从而减少安全事故的发生。建立实验室使用登记制度，对实验室使用过程进行详细登记，加强实验人员的责任心，做到“发生事故，有据可查”，严厉追责。

开展定期检查和不定期抽查。检查实验室的各项安全管理制度，如易燃、易爆、剧毒物品的使用和存放；机械设备的使用、维护保养的情况；水、电等设施的规范使用及通风情况、安全记录；实验室的“三废”处理等各项制度的落实情况，及时发现隐患，督促实验人员养成良好的习惯，并经常进行安全自查，发现问题协调有关部门解决，做到万无一失。

2．操作方法因素的安全管理

操作方法因素的安全管理是指，对实验中所采用的操作方法和操作步骤进行安全性审核，使其符合安全要求。

（1）在开始一个新的实验之前，对所采用的原料、试剂、操作方法、操作步骤进行严格的安全性分析，针对每一个具体步骤，制定严格的安全措施，确保实验人员的安全。

（2）提前了解、熟悉使用实验中的机械设备，熟知操作规定，按要求进行。

（3）在实验中，针对每个实验制订操作程序和动作标准，实现标准化操作。实验人员要严格按照操作规程进行实验，严禁违章操作。

3．仪器设备因素的安全管理

对仪器设备因素的安全管理主要包括：仪器设备的适用性、建立仪器设备维护保养制度和建立仪器设备操作使用制度。

（1）仪器设备适用性。实验室应配有必要的通风和消防灭火设施，各种实验仪器设备的性能要符合实验要求，并定期检查，确保运转正常。

（2）建立仪器设备维护保养制度。建立完善的仪器设备维护保养制度，由专人负责，定期检查，确保实验室的各种仪器设备始终处于完好状态，严禁仪器设备带病运行。

（3）建立仪器设备操作使用制度。建立完善的仪器设备操作使用制度，将实验人员使用仪器设备的情况进行登记，使实验室的各种仪器设备的运行状态始终处于实验人员的监控之下，杜绝仪器设备运行异常或突发偶然事件而造成安全事故的可能性。

4．化学试剂、样品的安全管理

加强对试剂、样品的安全管理是化学实验室安全管理的一个重要方面，主要包括建立化学试剂、样品的分类存放制度、建立危险试剂、样品的保管使用制度和化学废物的处理。

（1）建立化学试剂、样品的分类存放制度。

① 一切试剂、样品必须有书写清楚的标签，并保证密封合格。对危险品应标有醒目的警示标志。

② 易燃易爆试剂、样品应在低温干燥处分别存放于通风橱内并严禁烟火。

③ 实验室尤其是涂料制备实验室存放化学试剂，应根据不同的化学性质，分类、隔开存放，并采取必要的安全措施，还要经常检查，及时排除安全隐患。

④ 一般单质和无机盐类固体应放在试剂柜内；无机试剂与有机试剂分开、酸碱分开，氧化

剂与还原剂分开存放等；强氧化性物质与强还原性物质不能混放，以免发生反应，造成燃烧、爆炸、放出有毒气体；遇水燃烧物质的储存，必须注意防潮、防水。

（2）建立危险试剂、样品的保管使用制度。

① 建立严格的化学试剂的领取、退回制度，尽量减少化学实验室的药品存放量。

② 在实验前后，对实验人员所用试剂进行登记、检查核实，防止实验人员私自将试剂带出实验室，造成安全事故。

③ 尽量不使用剧毒试剂。非用不可的情况下，剧毒试剂应存放在专门的毒品柜中，双人、双锁保管。领用时，要实行专人审批、限量发放、双人登记签字的制度。称量或使用时必须戴橡皮手套，并在有防护的通风柜里进行，使用后的空容器和有毒残物必须做妥善而有效的处理，不可随便丢入垃圾桶或倒入下水道。

④ 使用易燃易爆试剂或剧毒样品时，尽量减少用量，使用完毕后要及时退还库房，或采取可靠的手段进行无害化处理。

（3）化学废物的处理。实验室应制定并掌握各类有毒废液处理程序和处理方法。实验室内有害气体、污水、废液应经适当的无害化处理后才能排放，不许将废弃化学品、剧毒残渣和废液直接倒入下水道。应进行分类收集，妥善贮存，容器外加贴标签，注明废液名称。存放废液的容器应密闭可靠，防止泄漏。固体废物和不能处理的有毒有害废液应分类收集后交专业部门处理。

5. 环境因素的安全管理

环境因素的安全管理，就是对实验室内的实验环境，如水、电、气、消防器材和通风设施等进行规范、整理，使其符合实验室的安全要求，以保证实验过程的安全。

（1）实验台应保持整洁、有序，不得有影响实验工作的杂物；张贴国际通用的有毒、有害、危险等标志。

（2）在实验室应装备灭火器等常规灭火设备，定期检查其完好状况，使之处于随时可以使用状态。

（3）确保正确用电，应具有良好接地保护。严禁使用不合格电气设备和私拉、私接电线；使用大功率设备应有人看守，不得将易燃易爆物品直接放在烘箱或高温炉中加热；在使用高压电源时应穿绝缘鞋、戴绝缘手套并站在绝缘垫上；用电线路和各种开关、插座、插头等装置均应经常检查，保持完好可用状态；经常检查电器设备状况，发现异常及时切断电源并检查报修。

（4）实验中会用到多种压缩气体，应特别注意钢瓶用气安全，防止泄漏与爆炸，特别是易燃性气体，如乙炔气等。钢瓶应置于阴凉通风处，远离火种、热源；要轻搬轻放，防止倾倒、碰撞；气瓶应分类放置，严禁混放；经常检查有无漏气，定期核验钢瓶和压力阀，核验不合格者，一律禁用；所有钢瓶均应直立固定，严禁横卧滚动；气体应在贮存期限内使用，并定期做技术检验和耐压实验。

（5）实验室应保持良好的通风条件，经常检查通风管道；产生较大气味或有毒气体的实验室，应设有规范的通风橱。

第三节 实训实习安全

由于社会对毕业生的实践技能方面要求越来越高，高校实训实习教学越来越频繁，随之而来的安全管理问题也变得尤为重要和突出。在实训实习过程中发生安全事故，甚至造成人员伤亡的严重后果时有发生。应了解、认知、分析影响高职院校实训实习安全的因素，总结以往经验教训，构建安全管理体系，建立安全防范机制，建立应急处置预案，确保参与人员安全和财产安全。

一、影响实训实习安全的常见因素

1．安全管理体制不完善，安全管理职责不明确

现行的安全管理体制不完善，难以对整个安全工作实行全面管理，高职教育的实践教学管理、持续快速发展得不到保障。

2．制定的管理制度没有落到实处

实验实训室的安全管理制度不仅存在需要进一步完善的问题，也存在现有制度检查督促不力、执行落实不严的问题。随着实验实训增多，相应的岗位培训、管理措施没有及时跟上。

案例 ***11*** 实习期权责不清。2011 年 9 月 20 日，一根七八米长，约 1 t 重的钢材缓缓上升，突然，钢材倾斜坠落，在工厂实习的大三学生黄某某还未反应过来，就被钢材压住了腹部和腿。黄某某父母介绍，黄某某双腿小腿粉碎性骨折、腹部严重被挤压，住院两个月，花了近 10 万元。为了解决黄某某的医疗费用和后继费用，黄某某的父母将实习单位和学校告上了法庭。

3．人员安全意识淡漠，安全意识不强

一些师生的安全意识淡薄，实验实训中精神注意力不集中、实训实习技能及知识缺乏。存在着一部分学生对实验过程中可能出现的危险不了解的情况；存在着安全工作是有投入没产出的错误观念；存在着实验实训室安全工作只要实验实训室工作人员注意了就出不了事的麻痹意识和侥幸心理，对学生安全教育流于形式，从而由不安全行为导致事故发生。

案例 ***12*** 某校实习生，参加毕业实习。在粉末加工面过程中，由于操作不熟练，心理紧张，反应不灵敏，伸出去的右手没及时抽回，导致右前臂被机器缠绞轧伤。

案例 ***13*** 某校实习生，进入公司实习时，随指导师傅进行拌料操作，拌料过程结束后，带班师傅进入隔壁车间闲聊，留下实习生一人清洁该混合机中的剩余底料，实习生误启动了混合机，左手被卷入而导致残疾。

4．人员缺乏所需的安全知识

部分实验实训室管理人员未受到正规、标准化的安全教育，对安全知识的了解有限，不会辨识一些常见的安全警示标志、符号和消防器材，不会使用消防器材，缺乏对火灾中有毒有害气体的预防和自救逃生技能的学习，在实验过程中存在操作不规范现象。

案例 ***14*** 小陈等 13 名学生经校方推荐，由某机电公司安排在车间进行实习。公司与学校、小陈分别签订实习协议，约定学生在实习期如因个人原因或其他原因遭受事故伤害，责任由实习学生及其所在学校自行承担。同月 28 日，小陈在车间内从事加热热缩管工作，缺乏所需的安全知识，将加热的管子搁在车间内的桶上，不料发生火焰爆燃，被灼伤。后经司法鉴定，小陈遭热力作用灼伤面颈、躯干、左上肢及双下肢，分别评定八级、十级伤残。按照公司、校方及小陈签订的实习协议，学生在实习期如发生伤害事故，应由学校承担责任，而实习单位可以免责。

5．硬件设施和安全设施陈旧老化

实训实习时使用的设备陈旧老化、损坏，实验实训中产生排放的三废处理不及时，或因设施不完善而只好随便处理，消防设备配备不足或配备的已过期等，这些因素没有及时处置都会发生安全事故。

案例 15 某职校生实习时，因操作对象是台旧车床，且车床皮带轮防护罩缺失，使学生在生产过程中不慎袖子被绞，经医院抢救后右手被截肢。

6. 实验实训用房、场地不足

实验实训室场地拥挤不堪，安全通道时常被占用，放置实验实训器材的仓库拥挤，一些需要分开存放的物品不能完全做到分开，存放各物品放置间距过小甚至堵塞了过道，引发了安全隐患。

案例 16 某大学实验室发生化学原料爆炸，该实验室堆放着很多研究用的化学原料，爆炸可能因电线短路引起。

7. 实训实习环境不安全

对于高校来讲，虽然较少存在重大危险源，但师生实训实习时与环境（仪器设备、配套设施、化学药品、实验实训场地等物理因素）发生相互作用，并经常使用到较多的危险物品及机械动力设备，时常处于不安全状态。如化工实训实习时会使用到爆炸性物质、燃烧性物质、自燃物质、剧毒化学品、易制毒化学品等危险物品，这些危险物品的使用极易导致事故的发生。此外，还有管理漏洞及盲区存在，导致责权不清、安全管理机制不健全等隐患，安全业绩等也是影响实训实习安全的环境因素之一。

二、实训、实习安全管理的措施

实训实习环境必须有利于学生安全，有利于学生身心健康，有利于培养学生良好的职业道德，有利于学生综合职业技能和从业能力的提高。保证实训实习安全，杜绝安全事故的发生，是一项系统工程，要考虑的因素很多。学校要从以下方面抓起。

1. 建立健全和完善实训实习安全的管理制度

学校要建立健全和完善实训实习安全的管理制度，如《实验实训场所消防安全制度》《危险化学试剂管理规定》《压力容器使用管理规定》《学生实习、实训守则》等，明确岗位分工及责任，实行安全管理；建立安全责任制，要求每位参与实训实习教职员工和学院签订安全责任书；要加强安全管理的监督工作，多个部门定期联合检查，增强工作人员的安全责任感，确保各项安全措施落到实处。

2. 严格执行实训实习安全管理制度

有了好的安全管理制度和措施，还要设立相应的管理人、工作人员负责管理与监督，这样可使安全工作制度做到“上头有人抓，下头有人管”，上下协调一致，一管到底。从体制上完善安全工作管理机构，为学校创建安全稳定的环境打下坚实的基础，在有条件的情况下可以考虑设立实训实习安全小组作为主管实训实习安全工作部门的指导机构。实验实训室的安全管理工作组成员应由实验实训室安全方面的专家组成，他们的任务是为全体教职员工、学生提供一个健康安全的实验实训环境。小组可以弥补主管部门和实验实训室安全管理人员在专业知识上的不足，并且可以根据不同实验实训室的具体情况提出相对合理的整改措施，为进一步建设好安全实验实训室提供有力的帮助。

3. 实行全员、全方位、全过程的监督管理

形成学院领导、系部领导和企业主管领导、班主任、实训指导老师、安全员齐抓共管的氛围，进一步增强全员安全的危机感和责任感。在新生入校的安全教育中，学院主管安全的领导进行实训安全教育；学生实训前，系部主管实训安全负责人和企业主管领导做实训安全教育动员；学生到实训车间，实训指导老师再进行实训安全指导；实训车间里的师生比往往超出 1∶20，单靠实训指导老师督促安全制度的落实，其力度是不够的，为此，可在班主任的协助下，挑选班里平时成绩好、悟性高、动手能力较强、工作认真负责、敢于管理的学生骨干担任实训小组长和安全员，让他们在实训中协助指导老师管理实训。由于他们平时学习和生活都在同学们中间，能熟知每个同学的具体情况，可以大大减少指导老师的压力，取得事半功倍的效果。实行实训安全的全程监控，做到多提醒、多留意、多观察、多巡视、多监督检查，一旦发现违规现象及时制止和严肃教育，并通告全班，警示学生。

4．设置安全防护管理系统

某些实验实训项目如果比较危险，一定要给师生配备必要的防护器材，如防护眼镜、手套，并注意室内通风，增加新鲜空气，减少空气污染事故的发生。实验实训现场还要配备小药箱和必要的药品和材料，但注意定期维护保养和正确使用，注意药品和材料的有效期等。在实验实训场所，应该按照建筑消防规定配备必要的安全设备设施。如采用防火建筑材料，便于人员疏散的通道、通风系统，安装消防指示标志；在配备手提灭火器、消火栓的基础上，还要设置先进的消防安全管理系统。该系统包括智能型防火系统和安全监控防范系统，如智能型防火系统，包括火灾自动报警及消防联动控制系统。该系统能够做到预防为主，防消结合，在火灾发生的最初阶段就能及早发现、及早报警并将其扑灭，有效地减少火灾事故的发生。

一种火灾自动报警及消防联动控制系统结构框图，如图 8–2 所示。

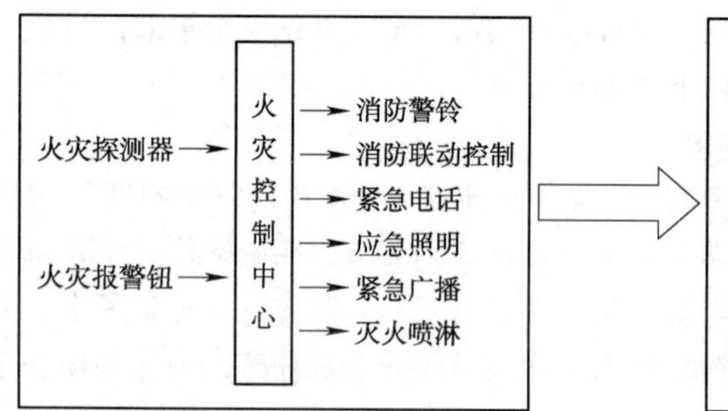

当火灾探测器探测到有火灾发生或有人发现火情后按下消防报警钮后，消防控制中心的火灾自动报警及消防联动控制系统工作，消防警铃就会响起，自动喷水灭火系统、泡沫灭火系统、CO_2灭火系统，开始自动灭火。

安全监控防范系统包括建筑设备监控和安防监控管理系统，其中的设备监控管理系统，就是将建筑物的水、电、气、热等设备监控并统一管理，当设备运转发生异常时能够快速处理，减少由于设备故障造成的事故

图 8–2　火灾自动报警及消防联动控制系统结构框图

5．加强安全教育和培训

要注意加强安全教育，定期培训有关工作人员，尤其是刚刚从事这项工作的人员。把安全教育纳入新生的入学教育，启动安全培训准入制，只有经过安全教育培训并考试合格后才能进入实验、实训、实习。根据各自的专业特点对学生进行专业安全知识培训，将安全知识和技能纳入考核的范围并给予学分承认，以切实提高学生的安全意识和重视程度，进行安全教育把倡导安全文化作为高校师生日常生活的一部分，还要利用各种形式。例如，实现安全教育进课堂，开展安全知识讲座，组织进行防火防灾演练，组织安全知识竞赛、安全事故分析会等形式进行安全教育，真正使广大教师学生认识到“事事要安全、人人要安全”。

6．学校、企业在双赢的条件下合作，两者的职责必须明确

学校在组织学生进行实习、实训工作之前，必须以高度的责任心认真考察和选择学生将进入的劳动场所和生活环境，必须对学生进行劳动纪律（含企业秘密保密制度）、生产安全、自救自护和心理健康等方面的教育，对学生的实习、实训过程进行全程监管，指导老师要定期将学生实

习、实训情况以书面形式报告学校。到行业、企业顶岗实习，必须选派有责任心的专任教师陪同前往实习、实训地点，不得放任学生自行进行实习。学生进行实习、实训的合作单位必须是遵守法律法规、管理严格、经营规范、生产技术先进，具有良好的社会信誉的企事业单位或其他社会组织。学校必须与合作单位签订符合法律规定的劳动合同，明确双方的权利、义务以及学生在实习期间双方的管理责任。

7．变事后管理为事先管理，变被动管理为主动管理

强调对安全危害和风险进行事前控制，在尚未构成危害时及时纠正，而不是通过总结事故教训开展工作。实训、实习前集中对学生进行安全教育，学习实训、实习守则、设备的安全操作规程等，与学生一起分析典型事故案例；可利用学院网站、宣传栏、安全教育挂图、标语等宣传工具和阵地大力宣传、倡导“安全第一”理念。营造“安全在我身边，从我做起”的氛围，开展有针对性、知识性、趣味性、有吸引力、贴近生产、贴近学生实训教学的宣传教育活动。通过图文并茂、直观性强的宣传方式，让学生认识到安全的重要性和存在侥幸心理与麻痹大意的危害性，使安全教育贯彻整个实习教学和技能训练的始终，最终达到“要我安全—我要安全—我懂安全—我会安全”的转变，形成安全意识。

8．学校应主动与企业联系沟通，设计学生实习的方案，保障实训实习环境

实习生伤害事故案例均发生在企业存在的事故隐患中，但对熟练工人又不常发生，是容易被忽视的地方。作为学生培养的主体，学校应积极主动地与企业联系，考察学生实训实习的企业、学生实训实习的内容，考虑可能发生的事故隐患，特别是实训实习指导教师要了解学生实训实习的每一个环节，对可能存在的问题及时提醒企业实习指导师傅。学校的学生实习，不仅仅要对学生进行安排、组织、管理，而且要了解企业的管理制度，了解实习的工作环境，了解实习的工作内容，结合学生的特点，向企业提供学生实习的方案，争取企业的支持。

9．制定相应的安全应急预案

为以防万一，有必要对可能发生的安全事故进行预案准备，在有情况发生时能够及时采取正确的处理措施。必须配备治疗一般伤害的药品和急救箱等并制定安全急救措施，对相关的管理人员、工作人员进行急救培训，以便在出现人员受伤或发生安全事故情况时能及时地进行合理的急救处理；积极引进保险机制，鼓励学生购买顶岗实习工伤和意外伤害保险，使社会、家庭共同参与管理。

10．购买实习责任保险

充分发挥责任保险机制在化解学生实习责任风险中的作用，真正做到参加实习的学生人人参保，保障职业学校及实习学生的正当权益。

第四节　社会实践安全

大学生社会实践活动是顺应国家经济社会建设的需要而产生和发展的，已经成为高校全面实施素质教育改革、加强实践育人工作和促进大学生全面成长的重要环节。除了学校教学计划规定的学习实验和实训实习内容外，广大学生也积极主动通过网络、报纸等宣传媒体、人才劳务市场应聘、亲朋好友介绍岗位等方式方法参加社会实践，深入社会，了解国情，开拓视野，锻炼能力，提高素质，增长才干。但是，部分大学生由于在参加社会实践活动过程中安全意识较淡薄，安全措施保障不足，安全事故时有发生。为了保证大学生参与社会实践活动的安全性，必须加强大学生的安全教育。

一、社会实践常见影响安全的因素

1．网络、媒体信息安全因素

现代社会，网络、媒体技术发达，既给人们的生活带来了便利，也让人们面对无穷信息难以辨识真伪，从而给了社会上的不法分子以可乘之机。例如，一些不法组织利用发达的宣传媒体，以“介绍工作”“招聘”等名义，通过高薪报酬、良好的锻炼机会等手段，拉拢、诱骗大学生参与传销等不法活动。

案例 ***17*** 2010年4月，小云（化名）通过网络得知一则家庭地址为A市家教信息。通过网上的联系方式，她很快与“家长”取得了联系。在交谈过程中，小云发现“家长”并不在A市，而是在B市。将信将疑的小云通过在B市的朋友前去探问，而朋友在打探虚实的过程中被传销组织控制。适逢学校放假期间，小云和同班同学小赵在朋友“错误”的引导下，仓促地踏上了去往B市的列车。假期结束后，辅导员未见这两名学生返校，通过电话联系得到“我在外面家教，几天就回”的答复。次日，B市某大学教师（其学生刚被解救出）通过电话告知小云所在学校，说明小云、小赵两名学生在B市被传销组织控制的事情。学校得知情况后，在学校党委的指导下，辅导员和学生的家长及其同学达成初步的安全约定，以防他们的不当言行对受困学生的人身安全造成伤害。与此同时，辅导员通过电话间接稳定学生的情绪，并传递解救相关信息，为开展营救争取时间。在通过各种渠道了解学生被困的详细情况后，学校和公安机关积极采取措施，在当地公安机关的大力帮助下，学生最终成功获救。

2．交通安全因素

交通安全因素主要包括在马路上行走随意穿行，不走人行横道，闯红灯；乘坐不具有营运资格的“黑车”；骑自行车、电力车或助力车时，车速过快，不注意避让过往行人、车辆等。

案例 ***18*** 某高校的两名女大学生乘坐“黑车”去火车站。“黑车”行驶过程中与其他车辆相撞，“黑车”被撞得面目全非，玻璃碎片遍地都是。乘坐“黑车”的两名大学生其中一名女大学生死亡，另一名女生重伤。

3．治安、消防安全因素

治安、消防安全因素包括因条件限制或节约经费，住在简易帐篷或不具有营业许可，治安、消防安全条件不达标的地方；实践活动住宿周边环境复杂，人员杂乱，没有安全保证；住宿时没有将房门反锁，轻易给陌生人开门；不注意防火、防电及电器安全使用，出门前没有切断充电器等电器的电源等。

4．疾病、卫生安全因素

疾病、卫生安全因素包括初到陌生环境，水土不服，患上感冒等日常疾病；由于高温、高湿、蚊虫叮咬等原因引起皮肤病；作息时间不合理，过度劳累，身体虚脱；在不具备卫生许可条件或条件较差的场所用餐；食用变质的食品、饮用生水，食用和饮用野外采集的食物和水源，发生肠道传染病；暴饮暴食，引起肠胃不适等。

5．交往安全因素

交往安全因素包括出门在外，不了解当地的风俗与礼仪；随便与陌生人打交道；与他人产生误解，引起矛盾甚至冲突；因参与酗酒、赌博等行为与他人发生纠纷；围观打架斗殴行为，和他人发生冲突；卷入各种群体性事件，被人利用和胁迫等。

案例 **19** 某高校学生包某在实践活动结束后，邀其老乡及同学十余人聚餐。其间，包某的老乡谢某不断劝其喝酒并以言语相激，导致两人产生严重冲突。冲突过程中，包某掏出随身携带的小刀威胁谢某，被旁人劝住。随后，谢某用随身携带的匕首将包某右脸颊刺中，随即逃走。

6．人身安全因素

青春、活泼、靓丽的大学生在社会实践活动中，容易受到“关注”，尤其是女大学生穿戴奇特暴露、夜间单独出行或到僻静的地方去；就寝时没有关好门窗等容易遭受人身侵害；在没有被允许的情况下单独活动，随意改变活动路线，或因为当地地理位置不熟悉而迷路、走失等。

7．联络、通信安全因素

发生不可抗拒的意外情况，手机等通信设备却因电池充电耗尽、欠费停机或是没有其他成员的联系方式而无法联系；随意向陌生人泄露自己的手机号码、身份证号、家庭联系方式等。

8．环境安全因素

不关注实践地点的天气、水文和地质情况；不了解当地的洪涝灾害和地质灾害高危地区，在存在灾害隐患的地点长时间活动；活动时接近危险设施或到危险地段；私自下河游泳造成溺水身亡；被狗等动物咬伤；参与大型社会活动时，人群发生拥挤、踩踏并可能由此产生伤害；活动中发生火灾等突发事件；等等。

案例 **20** 2011 年 7 月，某高校二年级学生小刚（化名）参加了学校组织的暑期社会实践活动。实践活动结束前的一个下午，小刚和其他几位实践队员到 A 村去开展社会调查。活动结束后，小刚和队员发现村边有一条清澈见底、水流平缓的河，由于天气炎热，他们便跳入河中游泳，小刚水性很好，在河边游了几分钟，他便一个潜水朝远处游去，过了几分钟，仍不见他回来。几位同学上岸大声呼喊，并沿岸寻找，仍不见小刚的踪影，于是立即报警。直到第二天上午，小刚的尸体才被打捞上来。

即使是自认为熟悉水性的同学，因不明当地水情，也不可下河游泳。发生队员溺水事故，不习水性的队员切不可下河施救，要大声呼救，及时报警，寻求专业帮助，并第一时间通知有关人员或组织单位、部门。参加社会实践活动过程中，严禁在野外下河游泳。

二、社会实践安全保障措施

1．树立安全思想

必须牢固树立“安全第一、预防为主、综合治理”的思想，贯彻“预防为主”的方针，自觉遵守学生日常行为规范，始终保持学生本色，加强自身修养，把安全摆在工作和学习的首位。

2．提高警惕，明辨安全信息

面对社会上中介市场资质和人员素质的良莠不齐、鱼龙混杂，部分大学生在社会实践过程中容易被欺骗，社会实践应尽量选择登记注册或信誉良好的单位、部门。在交换意见、签订协议时，应仔细研究对方提出的要求和协议中的条款，不要匆忙允诺或签字，以防止上当受骗。大学生应及时了解认知网络、电话、招聘、社交等多种多样的骗术，加强学习和掌握社会实践相关安全常识；增强安全防范意识，提高信息辨识能力；不要轻易将卡号、密码及身份证信息告诉陌生人；严格遵守单位的信息保密制度，不得将技术或商业情报泄露，维护单位利益；如遇到陌生消息或事关家庭亲人、财产安全的信息，应及时向带队教师和学校有关部门反映，做好联系、沟通，切勿向陌生人或者陌生账号转账汇款等。

3．遵纪守法，预防交通事故

交通事故中，人员伤亡是最常见、最直接、最严重的损失。为确保人身安全，大学生在社会实践中要加强交通法则的学习，树立交通安全观念。乘坐交通工具，要注意上下车（船）、飞机的安全和遵守城市交通规则；行走和骑自行车要自觉遵守交通规则，严禁酒后或无证驾驶机动车。若发生交通安全事故，要依靠当地交通安全管理部门，依照交通安全法律、法规进行妥善处理。

4．提高治安、消防意识

注意实践地点的治安状况，保管好自己的财物，某些贵重物品，如文件、钱包、手机、护照等物品不要同时放在一起，要分开存放；贵重背包做到包不离身；队员之间互相熟悉携带的行李，互相照看；外出行走时注意防范飞车抢夺、抢劫等行为，尽量不佩戴首饰；实践活动后应及时返回驻地，夜间宿舍寝室门要及时上锁；尽量避免夜间外出或夜不归宿，如遇例外情况，应向周围同伴告知外出理由、前往地点、返回时间并确保联络畅通；加强安全用火、用电的安全意识，掌握基本的安全消防知识，要做到“三知”：知火灾的危险性，知防火防爆知识，知灭火知识；“四会”：会报警，会使用消防器材，会扑灭初期火灾，会逃生自救。

5．预防疾病，防止食物中毒

养成良好的个人卫生习惯，保持公共环境卫生。实践活动应避免在高温、高湿、高热等环境下进行，如不能避免，应做好防护措施，备足饮水，备好防暑、防热药品，备足防蚊、防虫药品，尽量减少中暑、蚊虫叮咬等引起的疾病和其他不利情况的发生。合理安排作息时间，保证睡眠；避免高强度劳动，如无法避免，应保证活动后充分休息。注意饮食卫生，选择新鲜、安全的食品，增强食品安全防范意识，防止病从口入。不要随便到无证照的饭馆和小摊就餐；不要购买“三无”食品；不要食用过期的食品与饮料；夏季尽量不要食用剩菜、剩饭，少食用生冷食品，少饮用生水。要自带一些常用药物，如出现一般常见病可对症下药，严重时应立即到医院就诊。

6．学会交往，通情晓理

大学生要遵守实践所在地的风俗习惯，避免因违背风俗习惯而导致的冲突；要注意文明礼仪，自我保护；要学会与人交往，谈话态度要好，要谦逊谨慎，问路问事要有称谓；一般不要和陌生人说话，特别是和一些“十分热情”的陌生人交谈或结伴而行；遇到不顺心的事情，受到不公道的礼遇，要忍耐，要善解人意，学会换位思考。

7．遵守公德，维护形象

大学生在实践活动中注重社会影响，严禁吸毒赌博、打架斗殴等行为，要互帮互助，自尊自爱，自觉维护学校和实习单位声誉；不看不健康的书刊、音像；尽量不接触陌生人，如有外出活动需接触的，应结伴或请接待单位安排人员随行，防范不良后果，影响社会实践实效。

8．保障联络、通信顺畅

参加社会实践活动前，学生应征得家长同意，告知家长实践地点、实践内容、实践时间、带队教师的联系方式等信息，以便随时联系；实践的学生应带好手机、充电器等设备，确保手机话费充足，要确保手机、QQ 等联系方式的畅通；实践期间如更换手机号码或改变活动方案，要及时告知相关人员；保存好带队教师和队员的手机号码，确保联络顺畅；了解实践地点接待单位的联系方式、地理方位；熟悉掌握 110、120、119 等紧急电话的使用方法。

9．适应环境，沉着应对

注意实践活动地区的地质、天气和水文状况，不要在危险地区进行实践活动。严禁野外攀爬、野外用火。严守工作岗位的“安全操作规程”，严禁违章作业，爱护实习单位的设备仪器；如遇到安全事故，拨打求救电话，及时通知相关人员；保持心态平稳，不着急、不惊慌，冷静、妥善处置。

10．社会实践安全事故应急处理

开展实践活动期间，若遇到突发事件，应该沉着冷静，保护好自身安全，及时与有关救援部门联系，并在第一时间向相关人员和学校汇报。

（1）发生交通意外，立即拨打 110，并做好现场的保护工作。随后将交通事故告知老师和学院，并配合当地交管部门处理事故。

（2）发生食物中毒事件，或队员发生重大疾病，或因意外严重受伤，立即拨打 120，及时到当地医院就诊。

（3）遇到暴雨、洪水、泥石流、山体滑坡等自然灾害，要保持镇定，快速转移到较为安全的地带，必要时报警，并服从当地有关部门的指挥。

（4）如队员不幸遭遇雷击，应马上进行抢救，若伤者虽失去意识，但仍有呼吸或心跳，则自行恢复的可能性很大，应让伤者舒适平卧，安静休息后，再送医院治疗。若伤者已停止呼吸或心脏跳动，应迅速对其进行口对口人工呼吸和心脏按压，在送往医院的途中要继续进行心肺复苏的急救。

（5）若与外出队员失去联系，必要时及时拨打 110，寻求当地警方帮助。

（6）若与他人发生冲突，必须保持冷静、忍让、克制，如与社会人员发生争吵甚至斗殴，现场同学应及时制止，防止事态恶化；如不听劝阻，应迅速联系公安部门共同处理。

（7）如遇队员溺水，不习水性的人不应入水施救，应大声呼救，立即寻求帮助。

第五节　社会兼职安全

社会兼职已经成为在校大学生的一种生活方式。利用课余时间进行兼职，一方面可以增加收入，减轻家庭负担；另一方面可以增长见识，积累工作经验，提高工作能力，为自己将来就业创业增添砝码。然而，由于大学生的社会经验不足、防范意识不强，在兼职过程中，上当受骗情况屡屡发生。这不仅使大学生遭受了财产损失，有时甚至威胁到大学生的人身安全。

案例 *21*　2017 年暑假，某记者走访时发现，暑期过半，不少大学生在暑期兼职的路上遭遇陷阱重重：黑中介、假公司，稍不谨慎就踩入雷区。

（1）交了押金，发现公司人去楼空。某大学的一名大二学生张某某。这个暑假她没回老家，而是选择找一份暑期兼职工作挣些生活费，没想遭遇了骗子公司。小张告诉记者，她和同学看到路边张贴的某公司暑假招工广告，称教授刻字工艺，学会即可接活，轻松日挣百元。刚一放假，她和同学便相邀来到了该公司，应聘暑假工。在一栋写字楼上，小张找到了该公司的办公室。一位工作人员接待了她们，并介绍称，学习刻字工艺需要先交 600 元押金，学习后即可接活，每完成一项刻字工作就能获得 50 元的酬劳。“当时也没多想，看着公司挺大的，里面也有不少人。而且说押金可以退还，所以，就把钱交了。”小张说。交了钱，公司还让她们签了合同书，然后就让她们回到学校准备，三天后准时到公司参加培训。三天过去了，小张和同学如约来到该公司报到，准备学习刻字技术，可是原先的办公室已经是大门紧闭，人去楼空。小倩赶紧拨打了"培训教师"的电话，然而并没有接通。小张这才知道自己被骗了，无奈之下只好选择报警。"想着挣生活费，没想到这个月的饭钱也被骗走了。"

（2）黑中介"带入坑"，说好的工资少一千。"本来中介公司说好的一个月 3 500 元，结果到了工厂以后，告诉我们每月工资是 2 500 元。"小冀（化名）气愤地对记者抱怨道。小冀告诉记者，这份工作是在校园附近看到的一份招聘广告上找的。"广告上说工作地点是某市的某工厂，待遇非常好，包吃包住，工作时间是一天 8 小时，月工资 3 500 元。"小冀说，看到广告，他们还专门电话咨询，确认招聘广告信息的准确性后才一起报了名。暑假开始，小冀就和同学一起坐火车赶往工厂报到。报到第一天，工厂负责人便告诉小冀，每天工作时间为 12 小时，月工资 2 500 元，包住不包吃。听到消息，小冀和同学很气愤。工厂负责人表示，他们之前看到的招聘广告并非工厂发出的，工厂也从未承诺过每天 8 小时，月工资 3 500 元。小冀意识到，他们是遇到了"黑中介"，用虚假消息骗了他们。"中介在广告中写的工作情况与实际的工作差距实在太大了，可是，坐了那么远车来到这里，也不能因此就不干了，而且在陌生的城市重新找份可靠的工作也不是件容易的事。"小冀坦言，很无奈，也很委屈，也只好选择接受。

（3）网络刷单、文字录入，"套路"重重。来自焦作市的王甜甜（化名）是赣州师范大学的大二学生，暑假回到老家，准备找份兼职打工。"正在找工作呢，一个同学联系我，给我发了某招聘网站刷单的消息，当时觉得刷单挣钱比较简单，想着试试看。"王甜甜说明情况后，便被同学要求交 198 元的入会费。"因为是同学嘛，也没想那么多，而且觉得交会费算比较正常吧，没什么不妥的。"王甜甜麻利地交了会费，便被同学推荐到了刷单系统的"总监"处。"总监"很快给了王甜甜一份刷单任务，从中王甜甜赚取了 3 元。紧接着，她又接到了第二单任务，赚取 1 元。"当时想着还挺快，一会儿就挣了 4 元钱，没想到，从那之后，就再也没有单子了。"王甜甜告诉记者，一个月来，"总监"再也没有派过一单任务，心急的王甜甜找到客服咨询。客服表示最近没有任务，如果能拉到新人加入就可以获得相应的酬劳，每拉一个人加入并交纳会费，能得到 110 元的酬金。不愿意骗人的王甜甜放弃了刷单工作，退出了工作群。王甜甜告诉记者："网络上这种工作不靠谱，我身边有同学做网上发布的小说录入，可是录完以后对方找各种理由，以录入不合格为由拒绝给工资。"

1. 慎重选择工作类型

大学生进行社会兼职时，应当对即将从事的工作进行辨别，选择安全性高的工作类型。

（1）通过同学或朋友介绍。通过同学或朋友介绍的兼职，有去做过的，也有知道兼职信息的，相对比较可靠，对于涉世未深的学生而言，可以有效降低了遭遇骗子的概率。

（2）选择知名正规大企业。大学生假期做兼职时最好选择到信誉好的大企业工作， 因为一般知名的大企业会统一管理兼职的员工，也会进行相关培训，对求职者也是一种技能的提升，而且会按企业的发工资流程，正常、按时发放工资。

（3）通过知名网站推荐。大学生假期兼职除了通过朋友之间介绍外，更多的会通过网络来寻找，毕竟这是方便有效的方式之一，当然这样的网站非常多，信息量也很大，建议通过知名网站寻找工作，这样相对更有保证。

（4）谨慎对待校园张贴的招聘广告。校园张贴的一些招聘广告往往言过其实，最后只写联系方式和联系地址，其他什么也不说明，用这样的文字去吸引急于找工作的大学生，对于这样的信息大家一定要谨慎对待。

（5）选择适当的兼职。大学生假期找兼职，往往盲目性很大，预期比较高。应该适时选择适合自己的工作，不仅要快乐工作，更要在工作中找到自己的正确位置。

（6）谨慎对待交押金和身份证。大学生们利用假期所做的兼职工作，一般是在各商场、超市、展馆、娱乐场所做促销员、服务员、迎宾员等，如果是在超市、商场做促销，有的商家会要求学生交数额不等的押金或要求学生们把自己的身份证作为抵押。此时应该慎重对待。

2．社会兼职安全防范

大学生从事社会兼职，要学会保护自己，提高警惕，防止上当受骗，切实维护自己的合法权益。一般要注意以下几点。

（1）应自觉学习与遵守相关法律、法规，如劳动法、合同法和税法等，学会依法保护自己的合法权益。要遵纪守法，讲诚信，不能做违法的事情；对用工单位的无理要求，应坚决予以抵制。

（2）要通过学校勤工助学服务中心推荐参加，并尽可能到学校有关部门登记，同时学习、掌握有关安全常识。

（3）尽量签订工作协议。签订时，应仔细研究对方提出的要求和协议中的条款，不要匆忙允诺或签字，防止上当受骗。

（4）兼职工作的来回路上要注意遵守交通规则，避免发生交通事故。

（5）要注意文明礼仪、自我保护；不要随意动用雇主家的物品，不要住在雇主家里，避免发生意外事情。

（6）识破虚假广告真面目，以防上当受骗。“高薪诚聘”是小广告中的诈骗“典范”，其主要手段是以收取押金为名进行诈骗。同学们不要因为高薪诱惑而轻信广告宣传，以免上当受骗。

（7）如果利用晚上时间到校外从事大学生社会兼职，在第一次正式工作前，一定要熟悉周边环境，走夜路时尽量走有路灯的大道，要注意交通安全。遇到恶劣天气最好乘坐公共汽车。北方冬季路上还有冰雪，更要小心。

（8）利用寒暑假社会兼职，在校外租房的同学，一定要签订房屋租赁书或协议书，内容越详细越好。

（9）有一部分男生在假期从事以体力劳动为主的勤工俭学工作，如到建筑工地做小工等重体力劳动，要注意人身安全，千万不能疏忽大意。

（10）如果发生劳资纠纷，首先要与厂家协商解决。如果协商意见不一致，可以向政府劳动争议仲裁机关或职能部门依法申请调解、仲裁或提起诉讼，从而有效维护自己的合法权益。如果发生盗窃、诈骗、工伤、交通、中毒等意外情况，要及时向学校、公安部门、卫生防疫部门、劳资管理部门报告寻求帮助。

3．社会兼职的八大骗局

（1）提防黑中介骗取中介费。

许多非法中介看准了在校大学生缺少社会经验，同时又挣钱心切的心理，在收了高额中介费后却不履行合同，不能够及时为大学生找到合适的工作；或者给你找一家招聘公司，然后该公司又以种种名义推脱；更有甚者，打一枪换一个地方，交钱后连人都找不到了。

防范方法：大学生找工作进门先看该职介中心是否有《职业介绍许可证》和工商部门颁发的营业执照。正规中介机构除具有中介许可证外，一般会将营业执照悬挂在大厅较显眼的位置。

（2）拒交各种押金、保证金。

一些用人单位会要求大学生支付押金，承诺交了押金后就可以上班，但之后又以人员已满等借口要求大学生等消息，而且拒绝返还押金，之后就没有音信了。有的单位收取保证金，称以此“保证”学生按要求上班，并答应在打工结束后退还。可是到结算工资的时候，却不履行承诺。

防范方法：任何招聘单位以任何名义向求职者收取押金、风险金、报名费等行为，都属非法行为。招聘单位培训本单位的职工也不准收取培训费。求职者遇到此类情况要坚持拒交并举报，以确保自己的合法权益不受侵害。坚决不抵押任何证件。

（3）远离传销，误入当止。

传销公司一般先安排学生以销售人员的名义上岗工作，然后公司让学生缴纳一定的提货款，再让学生去哄骗他人。有的大学生在高回扣的诱饵下，甚至去欺骗自己的同学、朋友。上当之后又往往骑虎难下，最终只得自己白搭上一笔钱。

防范方法：了解传销特征。传销通常具有以下特征中的一个或几个：在“入会”时告诉你的职责之一是发展更多的人；缴纳昂贵的会费；在工作场所很多人情绪激昂。如果识别出传销，大学生应立即停止打工，及时报警。

（4）不要轻信到外地上岗。

对非法中介或私招滥雇者为外地企业或总公司某某外地分公司、分厂的高薪招聘，不论其待遇多么好，求职者千万要保持清醒的头脑和高度的警惕，不要轻信他们的口头许诺。

防范方法：一是不去；二是到劳动保障部门咨询，并办理相关的手续，否则易被骗工、骗钱甚至被人贩子骗卖。

（5）签订书面协议要慎重。

有些单位以种种借口拒绝与学生签订书面协议书，结果工作结束后，因没有书面协议，劳务费无处可讨。有的单位在协议里为自己规定的权利很多，而给大学生的权利很少，这样的协议要谨慎对待。

防范方法：大学生务工一定要与用人单位签订权责明确的书面协议书。

（6）去娱乐场所务工要小心。

一般来说，这类行业大都以高薪来吸引求职者。工种有代客泊车、导游、陪练等。青年学生到这种场所务工往往容易上当受骗。

防范方法：学生在应聘前要清楚应聘岗位从事的工作内容和性质，不要被眼前的高薪所迷惑。

（7）做家教、秘书谨防被骗。

一些不法分子以高薪聘请家教、秘书等名义把目光瞄上涉世不深、找工作心切的大学生。一不小心落入陷阱后，容易危及人身安全。

防范方法：增强分辨能力和防范意识、法律意识，不要贪小便宜。外出时要结伴，坐车要记车牌号。经常与家人、朋友、同学保持联系，准确告知家教或工作地点。

（8）防范扣取高额培训费。

一些不法分子在面试学生后，通常要求参加公司的上岗培训，并要交培训费，有的进行一些培训，发培训资料、光盘等，但这些资料与考试内容无任何关系。有的甚至根本不培训，收钱后做个样子。

防范方法：招聘单位培训本单位的职工也不准收取培训费。正规企业有岗前培训，都是免费或者带薪的，劳动合同法对于企业培训、培训费及服务期也有具体规定。

第六节 职 业 病

一、职业病的概念

广义上讲，职业病是指与工作有关并直接与职业性有害因素有因果关系的疾病，即当职业性有害因素作用于人体的强度与时间超过一定限度，人体不能代偿其所造成的功能性或器质性病理改变，并出现相应的临床征象，影响劳动能力。2018 年 12 月 29 日修正的《中华人民共和国职业病防治法》中规定："本法所称职业病，是指企业、事业单位和个体经济组织等用人单位的劳动者在职业活动中，因接触粉尘、放射性物质和其他有毒、有害因素而引起的疾病。"世界卫生组织对职业病的定义，除医学的含义外，还赋予立法的意义，即由国家所规定的"法定职业病"。我国政府规定，确诊的法定职业病必须向主管部门和同级卫生行政部门报告。

二、职业病的发病条件

人体直接或间接接触职业性有害因素时，不一定都发生职业病，职业病的发病主要取决于以下三个条件：职业有害因素的性质；有害因素作用于人体的量；劳动者个体易感性。只有当职业性有害因素、作用条件和接触者个体特征三者联合在一起，符合一般疾病的致病模式，才可能造成人体职业性病损。

1. 职业性有害因素

职业性有害因素主要是指接触职业性有害因素的性质、浓度和强度等。职业性有害因素的性质主要是指其基本结构和理化性质。职业性有害因素包括有生产性粉尘、生产性毒物、高温作业、噪声、震动以及其他危害劳动者健康的有害因素。在确认大多数职业病时，必须要对职业性有害因素作用的浓度或强度进行估计。

2. 作用条件

接触强度（接触的浓度或水平）、接触时间（每天或职业工作时间中累积接触的总时间）、接触途径（呼吸道、皮肤或其他途径进入人体或由于意外事故造成病伤）、接触方式等决定有害因素作用于人体的量，当职业性有害因素作用于人体的强度、时间超过机体代偿时即造成职业性病损。

3. 个体易感性

不同个体在同一作业条件下发生职业性病损的机会和程度有一定的差别，有一些因素使机体对职业性有害因素较易感，这些因素称个体危险因素，主要包括遗传、年龄、性别、性别、营养、文化水平和生活方式等因素。存在这些因素的个体称为易感者或高危人群。

只有充分识别和评价各种职业性有害因素及其作用条件以及个体特征，掌握三者之间的内在关联，采取措施阻断其因果链，才能预防职业病发生。

三、职业病的特点

职业病涉及的领域很广，病因比较复杂，疾病表现形式多种多样，但它们又有共同的特点：

① 病因明确，即为职业性有害因素；在控制病因或作用条件后，可以减少或消除发病。

② 所接触的病因大多是可识别和检测的，需达到一定的强度（浓度或剂量）才能致病，一般存在接触水平（剂量）-效应（反应）关系。

③ 在接触同一职业性有害因素的人群中常有一定的发病率，很少出现个别病例。

④ 大多数职业病如果能早期发现、早期诊断、及时合理治疗，则愈后康复效果较好。

⑤ 重在预防。除职业性传染病外，治疗个体无助于控制人群发病。大多数职业病目前尚无特效治疗方法，发现愈晚，疗效愈差，应着眼于保护职业人群健康的预防措施。

四、职业病的分类

职业病分为 10 类 132 种。

（1）职业性尘肺病及其其他呼吸系统疾病（19 种），包括硅肺、煤工尘肺、石墨尘肺、过敏性肺炎、棉尘病等。

（2）职业性皮肤病（9 种），包括接触性皮炎、光接触性皮炎、电光性皮炎等。

（3）职业性眼病（3 种），包括化学性眼部灼伤电光性眼炎、白内障（含放射性内障，三硝基甲苯白内障）。

（4）职业性耳鼻喉口腔疾病（4 种），包括噪声聋、铬鼻病、牙酸蚀病、爆震聋。

（5）职业性化学中毒（60 种），包括铅及其化合物中毒（不包括四乙基铅）、汞及其化合物中毒、锰及其化合物中毒等。

（6）物理因素所致职业病（7 种），包括中暑、减压病、高原病等。

（7）职业性放射性疾病（11 种），包括外照射急性放射病、外照射亚急性放射病、外照射慢性放射病等。

（8）职业性传染病（5 种），包括森林脑炎、布鲁氏菌病、莱姆病等。

（9）职业性肿瘤（11 种），包括联苯胺所致膀胱癌、苯所致白血病、氯乙烯所致肝血管肉瘤等。

（10）其他职业病（3 种），包括金属烟热、滑囊炎（限于井下工人），股静脉血栓综合征、股动脉闭塞症或淋巴管闭塞症（限于刮研作业人员）。

五、职业病的诊断

1．职业病的构成条件

《中华人民共和国职业病防治法》规定的职业病，必须具备以下四个条件，缺一不可。

（1）患病主体是企业、事业单位或个体经济组织等用人单位的劳动者。

（2）必须是在从事职业活动的过程中产生的。

（3）必须是因接触粉尘、放射性物质和其他有毒、有害物质等职业病危害因素引起的。

（4）必须是国家公布的职业病分类和目录所列的职业病。

2．职业病的诊断与处理

根据新修正的《中华人民共和国职业病防治法》和《职业病诊断与鉴定管理办法》，职业病诊断应当由省级以上人民政府卫生行政部门批准的医疗卫生机构承担。劳动者可以在用人单位所在地或者本人居住地依法承担职业病诊断的医疗卫生机构进行职业病诊断。承担职业病诊断的医疗卫生机构在进行职业病诊断时，应当组织 3 名以上取得职业病诊断资格的执业医师进行集体诊断。对职业病诊断有意见分歧的，应当按多数人的意见诊断，对不同意见应当如实记录。作出职业病诊断后，应当向当事人出具职业病诊断证明书，并按规定向所在地卫生行政部门报告。职业病诊断证明书应当由参与诊断的医师共同签署，并经承担职业病诊断的医疗卫生机构审核盖章。用人单位和医疗卫生机构发现职业病患者或者疑似职业病患者时，应当及时向所在地区卫生行政部门报告。确诊为职业病的，用人单位还应向所在地劳动保障行政部门报告。卫生行政部门和劳动保障行政部门接到报告后，还应当依法做出处理。

职业病的处理主要包括对职业病患者的治疗和及时依法落实职业病患者应享有的待遇。职业病患者依法享受国家规定的职业病待遇，包括：①用人单位应当按照国家有关规定，安排职业病患者进行治疗、康复和定期检查；②用人单位对不适合继续从事原工作的职业病患者，应当将其调离原岗位，并妥善安置；③用人单位对从接触职业病危害作业的劳动者，应当给予适当岗位津贴。

3. 职业病的诊断依据

职业病的诊断具有很强的政策性和科学性，它直接关系到职工的健康和劳动保险待遇，也关系到国家和企业的利益以及国家劳动保护政策的贯彻执行。所以，职业病的诊断应根据国家颁布的职业病诊断标准及有关规定，依据准确可靠的职业史、职业危害接触史、生产环境监测和调查、相应的临床表现和必要的实验室检查，并排除非职业因素所致的类似疾病，综合分析，方可做出合理的诊断。

（1）职业史。详细询问、认真核对职业史与职业接触史，内容包括：①全面、系统地了解患者所从事全部职业的工种和年龄；②接触职业性有害因素的种类、时间、强度、生产劳动方式、接触方式与防护措施实施情况；③同工种其他工人患病情况；④排除可引起类似职业中毒症状的非职业性接触，如家庭生产生活中使用农药、有机溶剂，服药史等。职业史是职业病诊断的重要前提。

（2）生产环境监测和现场危害调查。通过收集有关环境监测和环境卫生调查资料，深入作业现场了解患者接触职业病有害因素的种类、浓度或强度，以及生产工艺过程、劳动过程及防护设备等情况，并结合历年生产工作环境中职业性有害因素的监测资料、同一工作场所工人健康状况及职业病发病情况进行分析。现场调查是诊断职业病的重要依据。

（3）临床表现和实验室检查。临床表现包括患者的症状和体征，鉴定患者受职业性有害因素损害的后果及其病情程度。

① 病史和症状。应详细询问及分析各种症状，特别是早期和典型症状出现的时间、发展顺序、严重程度，分析判断其与接触职业性有害因素之间的关系。

② 体格检查。除一般检查项目外，还应根据职业性有害因素毒作用的特点，有针对性地进行一些特殊检查，包括接触生物标志物和效应生物标志物的检查。检查结果可提供职业性有害因素作用于机体，并引起功能性或器官性损害的有关资料，可作为是否符合某种职业病临床表现的证据。

对上述各项诊断原则，要全面、综合、客观、科学分析，才能作出符合实际的诊断。对有些暂时不能明确诊断的患者，应当先做对症处理、加强随访、动态观察、逐步深化认识，再做出正确的诊断。

六、职业病报告制度

用人单位和医疗卫生机构（包括没有取得职业病诊断资质的综合医院）发现职业病患者或

者疑似职业病患者时，应当及时向所在地卫生行政部门和安全生产监督管理部门报告；对确诊为职业病的患者，用人单位还应当向所在地劳动保障行政部门报告。接到报告的部门应当依法做出处理。

职业病报告工作是卫生行政主管部门、工作场所职业卫生监督管理主管部门和人力资源和社会保障主管部门掌握职业病发病状态，制订有针对性的防治措施和保障职业病患者权益的重要前提，是国家统计工作的一部分。各级负责职业病报告工作的单位和人员，必须树立法制观念，不得虚报、漏报、拒报、伪造和篡改。依据《中华人民共和国职业病防治法》及《职业病报告办法》和《职业病诊断鉴定管理办法》的规定，主要要求有：

（1）急性职业中毒和急性职业病应在诊断 24 h 内报告，卫生行政部门应会同有关单位进入危害现场进行调查，提出报告，以便督促企业做好职业病预防工作，防止中毒事故再次发生。

（2）慢性职业中毒和慢性职业病在 15 天会同有关部门进行调查，提出报告并进行登记，以便及时掌握和研究职业中毒和职业病的动态，制订预防措施。

七、职业病的三级预防

职业病防治工作坚持预防为主、防治结合的方针，建立用人单位负责，行政机关监管、行业自律、职工参与和社会监督的机制，实行分类管理、综合治理。其基本准则应按三级预防加以控制，以保护和促进职业人群的健康。

第一级预防：又称病因预防，是从根本上消除或控制职业性有害因素对人的作用和损害，即改进生产工艺和生产设备，合理利用防护设施及个人防护用品，以减少或消除工作接触的机会。

第二级预防：是早期检测和诊断人体受到职业性有害因素所致的健康损害并予以早期治疗、干预。尽管第一级预防措施是理想的办法，但所需的费用较高，在现有的技术条件下，有时难以达到理想的效果，仍然可出现不同健康损害的人群，因此，第二级预防也是十分必要的。其主要手段是定期进行职业性有害因素的监测和对接触者的定期体格检查，以早期发现病损和诊断疾病，特别是早期健康损害的发现，及时预防、处理。定期体格检查的间隔期可根据下列原则而定：①疾病的发病时间和严重程度；②触及职业性有害因素的浓度或强度和时间；接触人群的易感性。体格检查项目应鼓励常规检查并结合特异、敏感的监测指标。肺通气功能检查或肺部 X 射线影像，常作为判断接触粉尘作业者的功能性和病理性改变的依据；心电图、脑电图和神经传导速度和听力检查；微核率可以用于接触如放射线、多环芳烃等职业性致癌因素的早期检测等，都是早期职业性损害的监测方法。尽管早期健康损害的检查和发现是二级预防的重要环节，但是积极、正确、有效的干预措施与方案更为重要。

第三级预防：是指在患病以后，给予积极治疗和促进康复的措施。第三级预防原则主要包括：①对已有健康损害的接触者应调离原工作岗位，并结合合理的治疗；②根据接触者受到健康损害的原因，对生产环境和工艺过程进行改进，既能治疗患者，又能加强第一级预防；③促进患者康复，预防并发症的发生和发展。除少数职业中毒有特殊的解毒治疗外，大多数职业病主要依据受损的靶器官或系统，采用临床治疗原则，给予对症治疗。特别对接触粉尘所致肺纤维化，目前尚无特效方法治疗。

三级预防体系相辅相成。第一级预防针对整个人群，是最重要的；第二级预防和第三级预防是第一级预防的延伸和补充。

第九章 校外安全

随着经济和社会的飞速发展，人员交往和流动日益频繁。大学生理应做校外安全与防范的模范。克服思想麻痹，知晓安全知识，沉着处理问题，是做好校外安全与防范的基本原则。

第一节　交通与旅行安全

交通安全，是指人们在道路上进行活动中，按照交通法规的规定，安全地行车、走路，避免发生人身伤亡或财物损失。交通安全有三个构成要素，即人、车、道。人是交通安全中最主要的因素，道路是交通安全的基础，而车辆是交通安全的重要因素。

每年12月2日为“中国交通安全日”。公安部要求各地公安机关积极会同文明办、交通、教育、安监等部门，组织开展交通安全主题宣传活动。

案例1　2014年2月7日12时许，姚某持A2驾驶证于雨中驾驶大型客车（核载29人，实载27人），行驶途中，在路段右转弯直线上坡26.2 m处操作不当，致使车辆驶出公路左侧道路，车辆翻滚至河内，造成车上乘客3人死亡、2人重伤（无生命危险）、其他21名乘客轻微伤及车辆受损的较大道路交通事故。

本次事故中驾驶人姚某持A2驾驶证驾驶大型客车，遇雨天驾驶大型客车，麻痹大意，致使惨剧的发生。驾驶员应严格按照驾驶证的准驾车型驾驶机动车，更应集中注意力驾驶机动车，遇雨天驾驶员应降低行驶速度，避免道路交通事故的发生。

一、财物安全

1. 不法分子在交通工具上的主要盗窃手段

（1）偷梁换柱。不法分子往往利用这种手段，事先物色好目标，在乘客的行李（旅行袋、提包、密码箱）旁边，放置一个相似的行李（里面装上一些极不值钱的东西），然后寻找机会或制造机会进行掉包。如果当场被失主发现，不法分子则会很“客气”地赔礼道歉，佯装成拿错了而掩盖自己的罪行。

（2）浑水摸鱼。车（船）到站（码头），上下的旅客较多且拥挤时，车船上发生纠纷吵闹时，乘客与送行者话别时，这些都是不法分子作案的好时机。更值得注意的是，有时不法分子会有意制造混乱，然后伺机行窃。

（3）窗外黑手。不法分子通常在夜间采用此手段。不法分子或混在送行者中间，或在站台上向车厢里窥视，或进入车厢寻找目标。当选准了目标后，等到列车开动的一刹那，突然窜到车窗前，抢走茶桌上的财物，然后溜走，当你发现呼叫时，列车已开动，旁边的人也来不及作出反应。

（4）抛砖引玉。拉关系，套近乎，设诱饵，投你所好，骗取信任，以假象麻痹你，然后伺机盗走财物。

案例 **2** 乘客孙某，在车上“认识”了一位“热情大方”的“老乡”，双方谈得十分投机。孙某进晚餐时，“老乡”拿出烧鸡与白酒同孙某开怀畅饮，孙某不胜酒力，酒后酣然入睡。次日晨孙某醒来时，列车已停过两站，自己的钱和票证已无踪影，“老乡”也早已溜之大吉。

（5）瞒天过海。做笼子、设圈套、花言巧语、千方百计骗取钱财，这是近年来不法分子惯用的手段之一。

（6）顺手牵羊。趁便利之机或专门寻找便利的时机，随手拿走人家的东西，这是行窃者惯用的又一手段。

2．预防手段与对策

（1）时刻提高警惕。俗话说：“害人之心不可有，防人之心不可无。”违法犯罪的是极少数，通常只能采用隐蔽、狡猾的手段，所以需要时刻提高警惕。

（2）要有充分的心理准备。不法分子虽然狡猾凶顽，但毕竟做贼心虚。一旦发现有人违法犯罪或行窃，要记住邪不压正，国家法律是保护你的。因此，要勇敢机智地取得群众和乘务人员的支持，同不法分子做斗争。

（3）尽量把物品集中放在可以经常照看得到的地方，使物品随时在你的视线内，不要乱堆乱放，或放得过于零散。

（4）要事先准备好零用钱，将暂时不用的钱及贵重物品清点整理好，放在身上或其他可靠地方（如身上穿着的内衣口袋里）。

（5）不要当众频繁地打开钱包，以免暴露给他人。

（6）有条件时可用链条锁将行李锁在行李架上。

（7）上下车船时提前做好准备，把行李归拢在一起，清点一下。车（船）到站（码头）时，不要慌张，不要拥挤。

（8）当已经知道谁是作案者或有可疑人时，要及时大胆地向车（船）上公安人员或乘务员报告、检举，并争取其他旅客支持，从而制伏违法不法分子。

二、人身安全

乘坐车船时，有时出现意外事故，如车出轨、船碰撞翻沉等。尽管这些情况的出现是极少数的，但也应注意。

1．乘列车时的人身安全

火车出事前通常没有什么迹象，不过旅客会察觉到一些异常现象（紧急刹车），这时，应充分利用出事前短短几分钟或几秒的时间，使自己身体处于较为安全的姿势，采取一些自防自救的措施。

（1）离开门窗或趴下来，抓住牢固的物体，以防碰撞或被抛出车厢。

（2）身体紧靠在牢固的物体上，低下头，下巴紧贴胸前，以防头部受伤。

（3）如座位不靠门窗，则应留在原位，保持不动；若接近门窗，就应尽快离开。

（4）火车出轨没有停车时，不要尝试跳车，否则身体会因惯性力撞向路轨造成人身伤害，危及生命安全。

（5）火车停下来后，看清周围环境如何，如果环境允许，则在原地不动等待救援人员到来。此外，要呼救，有条件可拨打110报警，尽快将遇险的信息传递出去。

2. 乘船时的人身安全

船舶在江河湖海里航行时，也存在着意外事故的威胁，如碰撞、火灾、爆炸、触礁、搁浅，甚至船舶翻沉等，乘客的安全受到严重的威胁。因此，要掌握一定的自救互救知识。

（1）船舶发生事故，求生者遇到的最初的危险有三点。一是溺水。如果落入水中，不会游泳而又没有任何救生漂浮工具，在水中就无法保持漂浮。二是浸泡和暴晒。人体浸泡在水中，散热比在陆地上快得多，容易造成体热消耗过大，时间久了就会使人处于低温昏迷直至死亡。人体在酷热阳光暴晒下，则容易发生晒伤、衰竭、中暑等。三是晕浪。救生者在救生艇、救生筏上晕船会引起过度呕吐，使身体大量失水，出现头晕、虚弱。

（2）水上求生有四个原则。一是要搞好自身保护。镇定情绪，寻找救生及漂浮工具，扣好救生衣，找出哨笛。漂浮在水中不要轻易游动，除非是要接近附近的船只或可攀附的漂浮物。在水中采取好的姿势对保存体热很重要，双腿并拢屈到胸部，两肘紧贴身旁，两臂交叉放在救生衣前，并使头部和颈部露出水面，保持清醒，不能入睡，振作精神，坚持时间越长获救机会越大。二是要搞清船舶出事的准确位置，并想法呼（求）救。三是对于海上求生者来说，千万不要喝海水。海水含盐量往往比淡水大5%，饮用海水，身体反而失水更快，更感到口渴，严重的会出现腹胀、幻觉、神志昏迷、精神错乱等症状。四是在求生过程中要尽量节省食物，在没有充足淡水供应时，更应注意少进食或尽可能不进食，以免大量消耗体内水分。

（3）登船后，应了解自己的和船上备用的救生衣（具）存放位置，以及救生艇救生筏存放的位置，要熟悉和了解本船的各通道、出入口处以及通往甲板的最近逃生口，以便在紧急情况下能迅速地离开危险的地方。

（4）弃船逃生。有时不得不跳水游泳离开船，跳水前尽量选择较低的位置；要查看水面，避开水面上的漂浮物；应从船的上风舷跳下，如船左右倾斜时应从船首或船尾跳下；跳水姿势要正确，左手紧握右侧救生衣，夹紧并往下拉，入水后也不要松开左手，待浮出水面后再放松，右手五指并拢，将鼻口捂紧，双脚并拢，身体保持垂直，头朝上，脚向下跳水；跳入水后尽快游离出事的船只。

跳水时，如果船舶四周的水面上漂浮着燃烧的油火，这时要冷静看清周围情况，在船的上风侧选择适当位置，然后深吸一口气，一手捂鼻口，另一只手遮着眼睛及面部，两脚伸直并拢，侧身垂直向下跳入水中。入水后要向上风方向潜游。露出水面换气时，应先将手伸出并拨动水面，拨开火苗，头出水后立即向下风作一深呼吸再下潜，向上风方向游去，如此反复直至游离着火水面。如果遇到没有燃烧的漂油时，必须将头部高高仰出水面，紧闭嘴，防止油进入鼻口，同时还要注意不要让油进入眼内。

3. 乘坐飞机时的人身安全

（1）登机前，旅客及其随身携带的一切行李物品，必须接受机场安全部门的安全检查，否则不准登机。这是为了防止枪支、弹药、凶器、易燃、易爆、腐蚀、放射性物品以及其他危害民航安全的危险品被带入机场和机舱，以便维护飞机和乘客的安全。

（2）乘坐国内班机，在机舱内一律不允许吸烟；乘坐国际班机，旅客只能在指定的吸烟区内吸烟，烟头必须掐灭后放进烟灰盒内。禁止在机内的厕所里吸烟。

（3）机舱内有灭火设备、氧气设备及紧急出口设施，飞经海上的飞机还有救生衣。这些设施只能在发生紧急情况时，由机组人员组织旅客使用。

（4）飞机最容易发生危险的时候是起飞和降落的时候，这时要系好安全带，仔细听乘务员讲解怎样应付紧急事故。

（5）发生紧急情况处理办法：

① 留意安全门的位置及开启方法，万一失事，要能在浓烟中找到出口，会开门。

② 取下眼镜、假牙，脱下高跟鞋，取下口袋里的尖锐物品（如钢笔），以防碰撞伤害身体。

③ 如机舱内有浓雾，用毛巾（最好是湿的）掩住鼻子和嘴。走向安全门时应尽可能俯屈身体，临近机舱下部。

④ 机舱门一开，充气救生梯会自行膨胀，跳到梯上用坐着的姿势滑到地面。

⑤ 滑到地面后，尽可能快速地远离飞机，不要返回机上取行李。

⑥ 如果自己和别人受伤，应通知服务员。等待救援时，设法和其他乘客交谈，保持求生意志。

三、住宿安全

1. 如何选择住宿的旅馆酒店

（1）交通要方便。旅行者时间比较紧迫，所以交通问题要放在重要位置。

（2）收费要经济。

2. 住宿安全

（1）随身带好身份证、护照或当地派出所开出的身份证明。

（2）贵重物品随身携带，离开房间时关好房门和窗户。

（3）住宿期间旅客如有贵重物品而又携带不便，可交到服务台办理保管手续（一般的星级宾馆都有这项服务）。

（4）不要在酒店房间内使用电炉、电饭煲、电熨斗等。也不要躺在床上吸烟（很容易因烟灰掉落在床上而引起火灾）。

（5）根据政府的有关规定，易燃易爆品、放射性危险品是不能带进酒店的。更不能从事嫖娼、吸毒、赌博等活动。

（6）万一发生失窃，尽快通知服务台。

案例 3 刘先生和夫人入住某酒店的 1112 房间，入住的第三天上午购买了些土特产放在了房间，中午就去当地有名的菜馆品尝美食。当小两口兴冲冲回到酒店，准备收拾行李返家时，却发现房内一片狼藉，有人在他们出去吃饭的时候进入了房间并洗劫了房间内的贵重物品。经警方核查，丢失白金项链一条、笔记本电脑一台、人民币 3 000 多元，总价值超过了 2 万元。刘先生十分肯定就一张房卡，而且一直带在身上，出房间门时还将房门带上了。监控录像上显示，两名男子是推门而入的。警方仔细检查，发现房门上被做了手脚，推断刘先生买完东西回来时就被小偷跟踪，趁刘先生开门后不注意，在房间门的磁卡锁上做了手脚，刘先生放下东西出门吃饭时，认为饭店门上有复位器，就随手带上门，没有核实是否关上就匆匆离开了，给了小偷可乘之机。最终监控录像证实了警方判断。

案例4　某大酒店1020房间发生火灾，造成住在1022房间的两名旅游的女学生死亡，住在1021房间的一名女学生受伤。

四、旅行途中易发生的疾病及简易预防治疗方法

人们在日常生活中难免发生这样那样的疾病，在旅途中也是如此，或是初染新疾，或是旧病复发，或是意外伤害，这里简要介绍一些旅途中易发的疾病及其预防和治疗方法。旅途中易发的疾病有晕动病、急性胃炎、伤风感冒、中暑、痛经等。

（1）晕动病，也叫“运动病”。有的人在乘车、船、飞机时发生头晕、恶心、呕吐等现象，其中少数人可能发展到面色苍白、大量出冷汗甚至虚脱不省人事。对此病应以积极预防为好，在乘车、船、飞机前30 min口服防治晕动病的药物，也可临时口含一片生姜或一颗话梅；或在前额、太阳穴处涂点清凉油（或风油精）；或在肚脐上贴一张伤湿止痛膏；自己用手指按压对侧内关穴或第二掌骨侧的胃穴，也有一定的防治效果。

（2）急性胃炎。系指各种病因引起的胃黏膜急性炎症。引起急性胃炎的原因较多，如吃了被细菌或其毒素污染了的食物，饮食过量和酗酒，使用对胃有刺激性的药物，方法不当等均可引起此病。旅途中预防急性胃炎主要是注意饮食卫生，少吃油腻、生冷和不易消化的食物，不要吃得过饱，多喝开水或茶水，同时要休息好，睡眠充足。一旦发病，要及时吃药治疗。

（3）感冒，也叫“伤风”，是由多种病毒引起的常见呼吸道传染病，四季均有发生，但以冬、春季多见。气候骤变、受凉、过劳、空气污浊等情况下更易发生。本病主要表现为鼻塞、打喷嚏、流清涕、咽部发痒，有的伴有畏冷、发热、食欲不振、头痛、咳嗽、胸闷及全身酸痛等。对此病的预防，要随气温变化及时增减衣服，防止受凉，经常吃些生姜、大蒜、食醋等。治疗中要注意休息好，多饮开水或茶水，忌冷饮冷食。

（4）中暑。遇上闷热潮湿的气候，人体散热困难，随着活动量增大，体内热量增加，就容易使体内热量贮积过多，当超过人体耐受限度时会发生中暑。表现为头痛、头昏、恶心、呕吐、耳鸣、眼花、心慌、气短、持续高热不退、无汗，严重者伴有昏迷抽风等症状。如有头昏、恶心等中暑征兆，应立即到通风阴凉处休息，服一支十滴水，口含人丹，或用清凉油、风油精涂太阳穴，一般能很快好转；较重者应平卧，用湿冷毛巾盖在头部，用冷开水或白酒擦身，同时用扇子扇风，促进皮肤降温，或喝些盐凉开水、清凉饮料等，必要时送医院治疗。

（5）痛经。女生在旅途中，由于生活紧张，身体劳累，住处湿冷，饮食过凉等原因，可引起或加重痛经。痛经发作时，应卧床休息，精神放松，下腹部可放置热水袋，用热水洗脚，自我按压血海穴（在膝关节内上方约两寸，屈膝时肌肉隆起处），有很好的止痛效果。腹痛较重时，应就医治疗。

第二节　求职与防传销陷阱

一、求职安全

随着高等教育大众化，高校毕业生人数急剧增加，高校毕业生的就业形势日益严峻，就业问题已经成为重要的民生问题。正是这种严峻形势，造成了大学生就业选择缺乏安全性，许多大学生在求职中被骗，不仅使大学生的权益得不到保障，还使他们的心理严重受挫，甚至威胁到生命

财产安全。

案例 **5** 某大学 2016 届毕业生李某一直在找工作，面试了 10 余家公司均未被录用。5 月 15 日，事情发生“转机”，李某通过网络招聘平台发简历给“某公司人事部薛某某”，得到回复。4 天后，他收到入职聘用书，职务为 Java 开发工程师，试用期一个月，基本月薪 5 000 元，报到起止时间仅为次日一天。当时，该公司在该网络招聘平台的账号被冻结，李某感觉这个工作不靠谱，怀疑是传销。同学胡某劝他先不要去，但李某很坚持，潜台词是：“没有退路了，就算知道不靠谱，也得试一试。”5 月 19 日，李某赴 A 市“面试”的前一天晚上，李某打电话给母亲，“他说第二天就要面试，看看环境好就留下，环境不好就回老家来看我”。母亲没能等到儿子回来。5 月 20 日 10 时 27 分，李某前往 A 市面试。5 月 20 日当晚，胡某多次发送信息给李某，但迟迟没收到回复，直到次日中午他才回了句，“昨天来晚了，在宾馆住的，刚吃了饭，一会儿去公司看看”。5 月 21 日，李某与母亲通话，称要去 B 市工作，因其一位同学在该公司做主管。“我当时还纳闷，怎么刚去 A 市又要到 B 市？”李某解释，A 市的公司环境不好，她也没有疑心。之后，李某和外界联系，都是以文字或语音，再也没有视频通过话，但频繁借钱。6 月 28 日 10 时 25 分，李某给母亲发消息称手机丢了，“先别打我电话，等我买了手机再打给你”。当天 19 时许，在母亲多次发起视频聊天无人应答后，李某回复称忘记父母号码，让母亲发来。7 月 8 日，李某又换了号码，嘱咐母亲打 170 打头的最新号码，并说：“谁打电话要钱，你们都不要给。”自此之后，他和家里再无联系。直到 7 月 15 日，李某丧生的噩耗传来。

1．大学生求职就业安全防范

（1）根据自身情况合理择业，端正求职态度。大学生在求职过程中不能眼高手低，更不能对自身信心不足，过于自卑，应当端正自身态度，正确评估自己，合理择业，不仅能避开求职陷阱，还能找到更适合自己的工作，从而更好地在工作岗位上发挥自身优势。

（2）耐心进行就业准备，戒贪心戒焦躁。面对招聘时认真考虑用人单位提出的条件，深入分析各方面因素，做出正确判断，确保就业安全。不要让“高薪”蒙蔽双眼，不顾工作条件和内容，一切向钱看，被人利用，做出违法行为。也不要因一时找不到合适的职业而焦躁不安，自暴自弃，做出危害自身及他人安全的荒唐行为。

（3）加强法律知识学习，提高维权意识。求职前或求职中应加强对就业有关政策法律法规的学习，提高自身的法律意识，在必要时维护自己的合法权益。当遇到求职骗局或不合理待遇后，应马上报警或求助于劳动监察部门和劳动仲裁部门及学校的相关部门，利用法律武器维护自身的合法权益。

（4）谨慎抉择，不要轻易签字交费。《中华人民共和国劳动合同法》明确规定：用人单位招聘时，不得以担保或其他任何名义，收取求职者任何形式的报名费、培训费、押金等费用。因此，求职者应提高警惕，坚决拒交各种费用。根据法律规定，招聘单位录用人员时与劳动者签订的是劳动合同，而不是产品推销协议，因此，毕业生要提高警惕，在签订就业协议时，务必谨慎认真，字字句句推敲，方可签字。签完就业协议后，还要记得签订劳动合同。一旦发现上当受骗，求职者应立即向当地劳动监察部门和劳动仲裁部门或公安部门报警，寻求法律保护。

（5）全面了解企业信息，防止虚假招聘。在选择企业时，应仔细鉴别招聘信息及招聘企业的合法性，应尽量通过正规途径来获取信息，尽量选择信誉佳的公司应聘，对于那些不熟悉的或没听说过的企业，应聘前先上网或打电话求证公司信息的真实性。如果可能，可联系在该地工作的学长询问有关情况，以确保信息安全。

（6）加强个人隐私保护。很多毕业生在求职或面试时，不注重个人信息的保护，导致个人信息泄露，合法权益遭遇到侵害。建议毕业生不要将个人的所有联系方式都提供给招聘单位，一般提供手机号码和电子邮箱即可，最好不要提供宿舍或家庭电话。对于互联网上的招聘信息，一定要慎重核实，不要轻易填写过于翔实的个人信息。

2. 大学生求职就业八大陷阱

① 虚假广告陷阱。一些用人单位在招聘会上为了招到条件较好的毕业生，会夸大或隐瞒自己的某些情况。比如，在发布招聘信息时，往往故意扩大用人单位规模和岗位数量，进行虚假宣传；或者把招聘职位写得冠冕堂皇，不是“经理”就是“总监”，但实际上却只是“办事员”“业务员”，根本没有广告上写得那么诱人。

② 色情陷阱。一些用人单位利用招聘、面试等侵犯学生。有一些招聘广告上称招聘男女公关人员，月薪数千元或上万元，令一些涉世不深的毕业生落入陷阱。所谓“男女公关”实则是从事性服务；所谓“高薪”实则是从事性服务时客人所给的小费。面对这样的问题或遇到这样的情况，学生一定要提高警惕。

③ 传销陷阱。传销原指生产企业不通过店铺销售，而由传销者将本企业产品直接销售给消费者的经营方式。该经营方式受到国家的严令禁止。现在的传销者首选对象常常是急于挣钱的打工者特别是刚刚毕业的学生，他们通过各种渠道得到欲骗对象的电话后，便打着同乡、同学、亲戚等幌子，以帮忙找工作为由，以高薪为诱饵，因人而异，投其所好，骗求职者去进行非法传销活动。求职者一旦落入陷阱，便被限制人身自由，被迫从事传销，要么交 3 000～4 000 元入门费，要么花 3 000～4 000 元购买传销产品作为入门条件。传销者还采取扣留身份证、控制通信工具、监视等手段不让受骗者离开，强迫他们联系亲友前来，或者寄钱寄物，从中牟利。

④ 协议陷阱。就业协议是明确毕业生、用人单位在毕业生就业择业过程中权利和义务的书面协议。就业协议一经签订，对双方都具有约束力。按照有关规定，就业协议不能代替劳动合同或聘用合同，这样就可能在毕业生和用人单位之间产生纠纷。常见的毕业生签订就业协议过程中遇到的陷阱又分为以下几种：用人单位不与毕业生签订就业协议书；用人单位不跟应聘者签订劳动合同；用人单位不将承诺写入合同；用人单位与毕业生签订“霸王合同”。

⑤ 试用期陷阱。试用期就是劳动关系的试验阶段，但绝非是用人单位对劳动者的单方“试用”。我们这里所说的试用期，是指用人单位和劳动者为了相互了解而选择、约定的考查期。一般来说，单位用人有试用期是正常的，试用期的薪水一般都不高，等到转正之后，薪水会有较大幅度提高，可是有的用人单位便通过无休止的“试用”来获得廉价劳动力。很多公司为了使用廉价劳动力，抓住毕业生急于找工作的心理，堂而皇之地打出试用期的牌子，看起来非常规范，待试用期一过，以种种理由告诉求职者不符合录用条件就将其解聘。

⑥ 收费陷阱。当前，在就业市场中，一些用人单位利用毕业生求职心切，设立各种名目向毕业生收取各种不合理费用，如保证金、违约金、培训费等。一些用人单位可能规模不大，薪水不高，但是开出了一些诱人的条件。比如，在某大中城市工作，或者能解决这些大中城市的户口问题。希望留在大中城市工作的学生很容易被这样的条件迷惑。双方谈得差不多了，单位又表示，为了增加双方的信任，学生在工作之前必须交押金。等学生交完押金，工作一段时间后，单位的有关人员就表示，聘用之初说定的工作岗位要有些调整，可能把你派到偏僻地区或冷僻部门，而这些地方是学生肯定不愿意去的；单位算准了学生不愿意去，就说学生不服从单位安排，主动毁约放弃这个岗位，这样，学生交的押金自然就收不回来了。

⑦ 薪酬陷阱。薪酬陷阱是指用人单位在招聘时以优厚的待遇吸引前来求职的毕业生，等到其正式上班时，招聘时的承诺则以种种理由不予兑现；或是针对薪酬中的一些不确定收入，进行虚假或模糊的承诺，最终不能兑现；或者“缩水兑现”。

⑧ 智力陷阱。有些单位按程序假装对应聘毕业生进行面试，再进行笔试。在面试、笔试时，把本单位遇到的问题以考题的形式要求前来应聘者作答或设计，待毕业生利用专业优势完成其承担的项目后，再找出各种理由推辞，结果无一人被录用，用人单位却将应聘者的劳动果实据为己有，使毕业生陷入智力陷阱。

二、传销

随着高等教育大众化的不断发展，大学生求职面临更大的压力。由于急于求职找工作，加之社会阅历过浅，常常被网上和社会中一些高薪信息所蒙蔽，陷入传销组织，有的难于脱身，有的不愿脱身，对学业和身心造成很大伤害。大学生须认清传销本来面目，扫清障碍，顺利实现就业。

案例 6 女大学生小董在网上找工作，险些被人诱入传销陷阱。亏得她在网上无意中看到有人发的内幕帖，才逃过一劫。

小董是某学院大二学生，想利用假期实习。6 月 23 日，她在网上试着投了几份简历。两天后，一自称某公司公关部的人员打来电话，称在网上看到了她的个人简历，问她愿不愿意到该公司工作。小董求职心切，满口答应下来。她上网查了查该公司资料，感觉待遇还可以，就通过邮箱发了份详细简历及资料给对方。

该公司通过网络给小董发来笔试题目。小董收到题目后，在网上搜索答案，意外看到一女大学生误入传销公司的内幕帖，帖中所写传销公司的电话，竟然和小董所联系公司的电话一模一样。

虽然两家公司名称并不一样，但浏览两家公司的网站后小董发现，里面的办公大楼、餐厅和活动室是一样的。显然，小董遇到的这家公司，就是女大学生受骗的那家传销公司。

1. 传销的基本概念

在国家颁发的《禁止传销条例》中，对传销进行了一个概念的定义：传销是指组织者或者经营者发展人员，通过对被发展人员以其直接或者间接发展的人员数量或者销售业绩为依据计算和给付报酬，或者要求被发展人员以交纳一定费用为条件取得加入资格等方式牟取非法利益，扰乱经济秩序，影响社会稳定的行为。

2. 求职者如何防止陷入传销组织

求职时，如何防止陷入传销组织？第一，要警惕传销组织打着“国家高新科技项目”“国家新开发产业”“政府鼓励扶持发展”等幌子，以所谓的“资本运作”“特许经营”“加盟连锁”“连锁销售”“电子商务”等形式，以“快速致富”为诱饵，诱骗求职者从事传销活动。第二，要警惕传销组织披着合法企业的外衣，以销售商品为掩护，以“消费积分返利”“自己消费省钱，介绍他人消费赚钱”等宣传，通过发展“加盟商”“商务代表”“商务代理”“业务员”等形式从事传销活动。第三，警惕传销组织利用互联网以“电子商务”“网络直销”“网络营销”“网络代理”“开设网店”“无成本开店”等幌子，诱骗人们通过银行汇款交纳“入门费”、网上注册为所谓会员或代理商等方式，发展下线，从事网络传销活动。第四，求职者在找工作或应聘时，一定要认真查看对方单位的营业执照原件，或者联系当地工商部门咨询核实。第五，不要轻信他人以各种名义介绍的轻松高薪工作，也不要轻易外出前往。第六，求职者如果真想去面试，最好不要单独去，可以多找几个人陪同，事先踩踩点，需要缴费的都是假的。心中若没有底，可以把自己要去地方、对方电话都留给家人，多长时间不回电话给他们或给个暗语就让他们来找你，这样能避免自己受到伤害。

第三节 游泳与防溺水

游泳是一项很好的运动，同时也是风险性较大的一种运动方式，稍有不慎就可能发生溺水事故。游泳死亡事故有多种原因，有的是溺水而死，有的是被水呛着而死，有的是在游泳时被杂草、渔网缠身摆脱不掉而被淹死，有的是不了解水情一头扎入水中头部触到石头或扎入泥中而死，也有的是在游泳过程中突然发病，然后导致溺水死亡。因此游泳安全必须引起大学生的高度重视。

一、游泳注意事项

（1）不要独自一个人外出游泳，最好组织几位同学一起去，而且其中必须有熟悉水性的人，以便互相照顾。如果集体组织外出游泳，下水前后都要清点人数，并做好安全保护。

（2）游泳前要了解自己的身体健康状况，最好经医生检查，按有关部门要求办理游泳证。平时四肢就容易抽筋者，不要参加游泳或不要到深水区游泳，以防发生危险。心脏不好的、感冒未愈的、皮肤溃烂的、有中耳炎症状的人，不能游泳。

（3）要到专门的游泳场（池）游泳，了解游泳场哪些地方是浅水区，哪些地方是深水区，水下有无礁石、杂草，有无渔网，以及水域是否卫生等。不到有关部门和单位禁止游泳的地方游泳，不到不了解情况的水域贸然游泳。

（4）下水前要活动身体。如水温较低，应先在浅水处用水淋湿身体，适应后再下水游泳。镶有假牙的同学应将假牙取下，以防呛水时假牙落入食管和气管。

（5）正确估计自己的水性，水性不好、游泳水平不高的应在浅水区游泳，千万不能到深水区去。不会游泳的人，应在游泳技术高的人的辅导下在浅水安全区内学习。不会游泳的人，即便带上救生圈、气垫床等工具，也不要独自到深水区游泳，否则在遇到大风大浪等复杂情况时容易溺水。

（6）对水底情况不明时，决不能贸然跳水、游泳，以防碰上残存的木桩、树根、蛤蜊皮、碎玻璃瓶、渔网、尖石、密集水草地等受到伤害。跳水救人时，要采用下蹲式跳入水中，以防受到伤害。

（7）天气不好及云层较低时不要下水游泳，如果此时正在游泳，应尽快撤离水面，以防雷击。不可在有漩涡或有急流的水域游泳，游泳时万一遇到漩涡，应采用自由泳或仰泳方式，尽快避开漩涡区，切不可踩水，因为水面与身体垂直，人极易被漩涡吸入水底而造成溺水。

（8）不要在大船附近游泳，至少要离开大船 10 m，否则离大船越近越容易被吸入船底。

（9）在水中不要打闹，以免呛水或溺水。禁止酒后游泳，也不要在精疲力竭时游泳。

（10）游泳过程中如果突然感觉眩晕、恶心、心慌气短或四肢抽筋，要立即上岸或呼救。

案例7 2011 年 4 月 30 日，3 名女大学生趁五一放假到某海滨游玩。下午，她们 3 人和一名已毕业的校友，在第二海水浴场的堤坝上拍照时先后被海浪卷下了海。现场巡逻的两名特警听到呼救迅速跳下海施救。不一会，110 民警也赶到，民警和市民联手最终将落水者救上了岸。随后，4 人被送到医院进行抢救。遗憾的是，虽然经过一个小时的抢救，但其中一名女生不幸身亡，年仅 20 岁。

案例 ***8*** 2013 年 5 月 5 日，某大学的十余名学生相约前往某水库北岸大坝露营烧烤。中午游玩过程中，两名男生相约到大坝西侧的水域游泳，中途，其中一名男生往岸边游时不慎溺水。下午 3 点，红箭救援队和民警、消防人员一起，乘坐冲锋舟到目标水域排查。最终搜救人员找到了溺水男生。据了解，发现溺水者的位置有 4 m 深，不少水草缠绕在溺水学生身上。

二、游泳意外事故应对

1．抽筋处理

在游泳中身体一些部位有时会发生抽筋现象。常发生抽筋的部位是小腿和大腿，但有时手指、脚趾甚至胃部也会抽筋。抽筋的原因通常是在下水之前没做好准备活动，或者身体过于疲劳，或者突然遇到寒冷的刺激等。此外，过分紧张、动作不协调，也容易引起抽筋。

发生抽筋的时候，首先必须保持冷静，不要慌张，可叫人来救护或自己解脱。在水中解除抽筋的办法主要是牵引抽筋的肌肉，使收缩的肌肉松弛和伸展。

当小腿或脚抽筋时，可用力蹬腿或跳跃，或自己用力按摩、拉扯抽筋部位，也可迅速改为仰泳姿势，发生抽筋的腿部保持不动。

发生抽筋后，一般不要再继续游泳，应立即上岸擦干身体，按摩抽筋部位。

2．溺水自救方法

遇到溺水危险时，可按下述方法自救。

（1）身体放松，深吸一口气后，面向水底四肢放松下垂，让头、后颈部露出水面，直至需要呼吸时为止。

（2）当想呼吸时，将双臂慢慢抬到肩部高度，同时一腿向上提高到腹部高度，另一腿尽量向上屈，头部姿势不变，以节省气力和防止身体下沉。

（3）将头仰起呼吸的同时，双手猛力向下推，双脚向下蹬，换气时向别人呼救。

（4）吸气后恢复开始姿势，反复进行，可保持身体不会下沉，直到获救。

3．救护溺水者的方法

溺水救护可分为间接救护和直接救护。间接救护是根据现场条件在岸上就地取材，将溺水者救出水面。直接救护是救护者不借助任何救护器材，徒手对溺水者施救的一种技术。直接救护是一种技术救护方法，也就是说，不具备这种技术的人一般不要去直接救护。进行直接救护者还要有好的游泳水平，这样才能既保证自己的安全，又能将溺水者救护上来。直接救护包括入水前的观察、入水、游近溺水者、托运、上岸等过程。在直接救护中要注意以下几点。

（1）在救护前要告诉溺水者不要慌乱，保持镇静。

（2）大声喊叫，让溺水者按自己的救护步骤进行配合，禁止溺水者乱推乱拉。

（3）如果溺水者精神无法自控，应采取果断措施，如猛击其头部使其暂时昏晕（但下手不能太狠），再实施救护。

（4）将溺水者救上岸后要立即清除其口腔、鼻咽腔的呕吐物和泥沙等杂物，保持呼吸通畅；应将其舌头拉出，以免后翻堵塞呼吸道；将溺水者的腹部垫高，使胸及头部下垂，或抱其双腿将腹部放在急救者肩部做走动或跳动“倒水”动作。恢复溺水者呼吸是急救成败的关键，应立即进行人工呼吸，可采取口对口或口对鼻的人工呼吸方式，在急救的同时应迅速送往医院救治。

案例9 某学院的40多名同学，在长江干堤沙滩上秋游野炊。下午，在离大学生活动的地方约 10 m 远的沙滩上玩耍的两名七八岁少年，不慎落入江中，正巧被一名女大学生看见，她大声呼救。听到呼救声，在场的十几名同学立刻向少年落水处冲去。会游泳的同学跳入水中开始营救，其他不会游泳的同学毫不犹豫地手拉着手，形成一根长长的生命链条，迅速向江中延伸，拯救落水者。突然，中间的一名同学因体力不支，手从相邻同学的手中滑落，前端的九名同学顷刻落入江中。最终，三名大学生遇难。

4. 其他事故处理

发生呛水时不要慌张，调整好呼吸动作即可防止继续呛水。如发生在深水区，又自觉身体十分疲劳不能再游时，也可呼叫旁人帮助上岸休息。

在水中游泳时间过长或恰好腹中空空，上岸时动作过猛，有的人会出现头晕、目眩、恶心等反应，个别人会突然晕倒，一般情况下这是疲劳缺氧所致，针对性措施是注意保暖，按摩肌肉，喝些糖水或吃些水果等，很快可恢复。

第四节 旅游安全

旅游是一种深受大学生喜爱的户外活动，它既是体育锻炼的好方式，又是娱乐休息的最佳选择，也是增长见识的有效途径之一。旅游安全通常是指在旅游中不发生或少发生安全事故的主观条件，即在旅行活动中旅游者应遵守旅行活动的各项安全规定，增强安全意识，不因麻痹大意而发生安全事故。

旅游安全具体包括旅途安全、登山安全、野营安全、游泳安全等。前面已经讲了旅途安全和游泳安全，下面着重讲讲登山安全和野营安全。

一、登山安全

登山是一项很危险的活动，稍有不慎就会发生意外，所以一定要尤其注意安全。登山通常要懂得以下几个方面的安全知识。

（1）要合理携带行装用具，最好带上拐杖、绳子和手电筒。

（2）天黑以前一定要到达预定目的地，以免夜间露宿造成诸多不便。

（3）登山要根据个人的体质量力而行，最好结伴而行。

（4）雨天、雾天时不要冒失走险路，以免因浮土、活动石头、路滑、视线不清而失足滑跌。

（5）雷雨天气登山要防雷击，不要攀登高峰，不要手扶铁索，不要在树下避雨。

（6）不要穿塑料底鞋或高跟鞋登山，随身要带一些厚衣服。

（7）要注意山林防火，入山不带火，走路不吸烟，更不能在山林野炊，严格遵守山林防火规定。

（8）要防毒虫（蛇）咬伤及野兽袭击。在树林中穿行要注意穿好鞋袜，衣边要适当扎紧，防止有毒虫类的侵害（如松毛虫、毒蜘蛛等小动物的侵袭）。最好手拿一根木（竹）棍，既可防蛇咬，也可当拐杖或防护工具使用。

（9）在深山、树林中行走，要注意防止迷路，特别是在阴雨或大雾天气。因此事先最好找个向导同行，不要单独行动，更不要单独到深山密林里去。

（10）为了防止迷路，可每隔几步在同一个方向做上不易消失又明显的记号，以便返回时识别。另外，还可以用一些简单方法辨别方向：看树冠，枝叶茂盛、树冠大的一侧是南方；看树干，阴湿多苔藓、树皮粗糙一侧是北方；看蚁窝边积土，土多的一侧是北方。

案例 ***10*** 2012 年 10 月 5 日下午，14 名大学生在从化石门森林公园游玩时迷路被困山中，至 6 日上午才有家长获悉后报警，经过近 9 个小时的营救，至 6 日晚 7 时 40 分许，14 名被困人员全部被营救出来，除了身体疲倦之外，并无大碍。

二、野营安全

1．野营前的注意事项

为了保证野营活动中的人身安全，应该了解和掌握以下几点。

（1）选择安全的地点，掌握地理环境情况，了解途经路段有无危险。野营地点，首先应该选择靠近水源和公路的地方，同时还要考虑防风避雨和蚊虫。此外，还应注意泥石流以及突如其来的山洪和涨水等。夏季，应选择在干燥、地势较高、通风良好、蚊虫较少的地方露营。冬季，应以避风、燃料充足、取水方便等为露营选址的原则。

（2）选择良好的天气、季节，不要选择风、雾、雨等坏天气。

（3）要有组织、有计划，制定相应的切实可行的规章制度，有专业人员各司其职进行安全防卫。

（4）帐篷的入口处要背风，四角要用重物（如石块等）压住。扎营后，最好在篷顶边线正下方挖一条排水沟，避免下雨时帐篷被淹。

（5）注意防火。郊游或野外宿营易发生火灾，篝火、炉灶、照明用的可燃性液体、气体或临时性的供电架线都具有潜在危险，一定要多加注意。不要在帐篷内生火做饭，临睡前要检查是否熄灭了所有火源。

（6）防止毒虫猛兽咬伤。事先要考察目的地，做好防范工作，如宿营时有人值班，打出隔离带等。

（7）搞好饮食卫生，减少疾病传染机会，防止食物中毒。饮食得当，不要暴饮暴食。

（8）进行游泳、爬山等具有危险性的活动时，必须组织得当，搞好预防工作，对可能发生的事故做到心中有数。

案例 ***11*** 2021 年 12 月 11 日上午，某镇漂流景区内一公园里发生了一起意外事故。一家三口夜间在野外宿营时，因在帐篷里烧炭取暖时操作不当而发生了一氧化碳中毒事故，造成一名男子不幸身亡。

2．野外意外事故急救

基本原则：遇到事故时，应沉着大胆，细心负责，分清轻重缓急，果断实施急救方法；先处理危重病人，再处理病情较轻的病人，在救治同一患者时，先救治生命，再处理局部；观察现场环境，确保自己及伤者的安全；充分运用现场可供支配的人力、物力来协助急救。

（1）被蛇、昆虫咬伤。被无毒蛇咬伤的，一般有两排“八”字形牙痕，小而浅，排列整齐，伤处无明显疼痛。被毒蛇咬伤的，一般可在患处发现有 2～4 个大而深的牙痕，局部疼痛。对一时无法确定的，则应按毒蛇咬伤处理。这时要迅速用布条、手帕、绷带等将伤口上部扎紧，以防止蛇毒扩散，然后用消过毒的刀在伤口处划开一个长 1 cm、深 0.5 cm 左右的刀口，用嘴将毒液吸出。如口腔黏膜没有损伤，其消化液可起到中和作用，所以不必担心中毒。

（2）被蜂蜇伤。

① 被毒蜂蜇伤后，首先要镇静，不要惊慌奔跑，更不要随便扑打，必要时以衣物包裹头、面部等暴露部位，就地趴下。其次，查看被蜇处是否留有蜂刺，并立即拔除。

② 如果被蜜蜂蜇伤了，用肥皂水、碱水等涂抹伤口，能有效减轻疼痛。

③ 被昆虫叮咬或蜇伤时，用冰或凉水冷敷后在伤口处涂抹氨水。被蜂蜇伤 20 min 后无症状者，可以放心。

（3）骨折。骨折或脱臼时，应及时正确地固定断肢，这样不仅可以减少伤员的疼痛及周围组织继续损伤，而且便于伤员的搬运和转送。但急救时的固定是暂时的。因此，固定时应力求简单而有效，不要求对骨折准确复位；开放性骨折有骨端外露者更不宜复位，而应原位固定。急救现场可就地取材，如木棍、板条、树枝、手杖或硬纸板等都可作为固定器材，其长短以固定住骨折处上下两个关节为准。如找不到固定的硬物，也可用布带直接将伤肢绑在身上，骨折的上肢可固定在胸壁上，使前臂悬于胸前；骨折的下肢可同健肢固定在一起。从大树或岩石上摔下来损伤脊椎时，应立即将伤者放在平坦而坚硬的担架上固定，不让身体晃动，然后立即送往医院救治。

（4）外伤出血。在野外备餐时如被刀等利器割伤，可用清水冲洗，然后用毛巾等物包住。轻微出血可采用压迫止血法，1 小时后每隔 10 min 左右要松开一下，以保障血液循环。

（5）食物中毒。吃了腐败变质的食物，除腹痛、腹泻外，还伴有发烧和衰弱等症状，应多喝些饮料或盐水，也可采取催吐的方法将食物吐出来。

（6）野外迷路。在野外旅行可能会遇到道路稀疏、大雾天、风雪盖路或缺少参照物，在这种情况下迷失方向是在所难免的。当发现迷路时，不要慌张，收拢队伍集体商议对策。可寻找地理参照物，如山峰、溪流、村庄等，并根据参照物再参考地图、指南针进行判断。要特别注意以下几点：一是不能无计划、无具体要求、过多地分散人员探路；二是不能在夜间探路，夜间探路危险很大；三是大雾、大雪天、大风天均不适合探路，应待天气好转些再进行。

（7）晕倒昏厥。这种情况下，千万不可随意搬动患者，应首先观察其心跳和呼吸是否正常。若心跳、呼吸正常，可轻拍患者并大声呼唤使其清醒。如患者无反应则说明情况比较严重，应使其头部偏向一侧并稍放低，取后仰头姿势，然后采取人工呼吸和心脏按压的方法进行急救。

（8）野外游玩溺水。暑假时间较长，天气炎热，暴雨较多，旅游、外出办事、野外活动时，应注意避免溺水事故的发生。一是出发前要了解目的地及经过的路段是否经常有山洪和泥石流暴发。山洪和泥石流的发生通常有一定的季节特征，在多发季节内一般不要到这些地区旅游等。二是要随时关注天气变化。大学生参加野外活动，必须每天收听（看）天气预报，并随时观察天气变化情况，如有可能出现暴雨天气，就不要贸然前行。如正在活动，应立即停止活动，做好防洪准备。三是要注意选择地形，野外组织活动时，最好是请当地人做向导，避开河槽（滩）、低洼地、易于滑坡的山体等危险地方，选择较高的地方停留。四是要注意选择正确的防洪路线。如遇有暴雨，要注意观察山洪和水势，切忌沿着河槽、谷底、川道行走；避雨时切忌躲在山体下、谷底的洞中等。要克服侥幸、麻痹思想，不要在禁忌的路线赶路，在禁忌的地方避雨。五是如果已被困在水中，应尽量躲在行洪道两侧高处、坚固物体旁，或抱住漂浮物。如桥梁已冲垮，无法过河但又必须向对岸目的地进发时，可沿山涧寻找河岸较直、水流不急、河水不深的河段结好绳子，手拄一根竹棍或木棒（探水的深浅或做辅助），三五人挽在一起，在经过尝试并确有把握的基础上迅速过河，有条件的要尽量报警，设法与 110 或者当地政府取得联系，努力坚持到救援人员赶到。

第十章 自然灾害的预防和自救

第一节 地震灾害的应急处置

一、地震概述

1. 地震的概念

地震被称为所有的自然灾害中的“头号杀手”，是一种危害性极大的灾害。广义地说，地震是地球表层的震动；狭义而言，人们平时所说的地震是指能够形成灾害的天然地震，指地下岩层受应力作用颤动，从而产生破裂造成的地面震动。它的表现形式是大地（地壳）的快速而剧烈的颤动。

地球上每年约发生 500 多万次地震，不过，它们之中绝大多数太小或离人们太远，人们感觉不到。真正能对人类造成严重危害的地震，全世界每年大约有一二十次；特别严重灾害的地震，每年大约有一两次。

2. 地震的分类

根据震动性质不同，可分为天然地震、人工地震、脉动等。天然地震是指自然界发生的地震现象；人工地震是由爆破、核试验等人为因素引起的地面震动；脉动是由于大气活动、海浪冲击等原因引起的地球表层的经常性微动。

按震动诱因，可分为构造地震、火山地震等。构造地震主要是地下深处的岩层错动、破裂而引发的；火山地震主要是由火山喷发引起的。此外，还有因地下溶洞或矿井塌陷、水库蓄水或油田抽注水而诱发的地震等。

构造地震是全球规模最大、发生频率最高的一类地震，占全球地震的90%以上。构造地震也是危害性最大的地震，它主要以直接破坏和间接破坏的方式，造成建筑物倒塌、人员伤亡、生命线工程（水、气、电、通信、交通等）受损、地基沙土液化、山崩、滑坡、良田毁坏和导致火灾、洪水、毒气泄漏及疫病的发生，给人类的生存空间和人类社会带来极大的威胁和严重的破坏。

3. 地震灾害的特点

地震具有突发性强、破坏性大、社会影响深远、防御难度大等特点。

二、地震的预防

（1）做好预防灾害的准备。一般家庭常备的东西有粮食和饮水，以每人平均保存 5 天的分量为佳。另外，再准备一些防灾用品，组成“防灾包”，如防灾头巾、手电筒、口哨、急救药品、蜡烛、半导体收音机，以及一些逃生用具，如毛毯、便携式炊具、固体燃料等。

（2）地震时，搁板上放置的重物很容易掉下来伤人，平时放置东西要多加考虑。

（3）人们对黑暗很难适应，这不仅仅是看不见，在房间内很难分辨东西南北，还在心理上增加了压力和恐惧。因地震容易造成停电，所以手电筒需随时带在身边。

（4）地震发生后，电视中断，电话不通，报纸停刊，信息来源完全被断绝。此时，只有小型的收音机可以获得源源不断的重要情报，从而可以更好地应付不断变化的情况。

（5）当大地震平息后，首先需要解决的是饮用水的问题。这种场合，断水是经常的事，城市中水井很少，所以，在不知道什么时候发生地震的情况下，有必要每晚睡前准备一些应急的饮用水。如可在浴室中存水，或用水桶存水。既可在火灾一旦发生时急救，又可当成震后因输水中断的饮水储存。

（6）考虑到地震后的混乱情况，准备好 3 个月的现金花销是必要的。因为地震之后，银行、邮局等处往往取不出款。

（7）把急救用具放在某一固定并且容易拿到的地方。

（8）平时应穿或备用跑得快、耐用、平跟的棉鞋或运动鞋。

（9）准备灭火器，及时扑灭因地震引起的小型火灾。

（10）在学校要不断加强防灾逃生演练，确定震时的躲避场所，准备联络方法，约定一个到室外集合的地点，因为地震说不定什么时间发生。如果地震发生在夜里，有了集合地点，大家跑出去后，用不着你呼我喊，就可以集合到一起了。并且可以有序地撤出，避免拥挤踩踏事故的发生。

（11）不要听信和传播地震谣言。

三、地震发生后的自救与互救

无论有无救援力量到达，广大灾民自救与互救都是不可缺少的救生措施。被倒塌建筑物压埋的人，只要神志清醒，身体没有重大创伤，都应该坚定获救的信心，妥善保护好自己，积极实施自救与互救。

1. 自救原则

（1）克服恐惧心理，坚定生存信念，自谋策略，尽快脱离险地。如不能自行脱险，应保持镇静，捂住口鼻，防止倒塌建筑物的灰尘使自己窒息。

（2）清除压在身上的物体，支撑可能坠落的重物，创造生存空间。

（3）不要大声呼叫，以减少体力消耗。在周围十分安静或听到上面（外面）有人活动时，用砖、铁管等物敲打墙壁，向外界传递消息。

（4）搜寻可食用的饮水、食品，节约使用，延续生命，静待援救。

（5）几个人同时被埋压时，要互相鼓励，共同计划，团结配合，必要时采取脱险行动。

（6）寻找和开辟通道，设法逃离险境，朝着有光亮、更安全、宽敞的地方移动。

2. 互救原则

幸免于难的人员在救助亲人、邻里、同事和其他被埋人员时应做到：

（1）注意探听被埋人的呼喊、呻吟、敲击器物的声音。

（2）根据房屋结构，先确定被埋人员位置，再行抢救，防止再次受伤。

（3）先抢救建筑物边沿瓦砾中和其他容易获救的被埋人员，扩大互救队伍。

（4）先抢救医院、学校、旅馆等人口密集人群。

（5）勿用利器刨挖。实施抢救时首先应使被埋者暴露头部，清除口内尘土再行抢救。

（6）对被埋较长时间的幸存者，有条件的应先输送食品、饮料，再边挖边支撑，注意保护其眼睛。

（7）对颈、腰椎受伤者，切忌猛拉硬拽，应待其暴露全身后，慢慢将其移至硬木板担架上。

（8）对一息尚存的危重伤员，应现场急救，再送医疗点或医院。

3．地震发生时避险方法

（1）地震具有突发性，使人措手不及。地震开始时，如果正在屋内，切勿试图冲出房屋，这样砸死的可能性极大。适宜之计是躲在坚固的床或桌下，倘若没有坚实的家具，应站在门口，门框多少有点保护作用。应远离窗户，因为窗玻璃可能震碎。

（2）如在室外，不要靠近楼房、树木、电线杆或其他任何可能倒塌的高大建筑物。尽可能远离高大建筑物，跑到空地上去。为避免地震时失去平衡，应躺在地上。倘若附近没有空地，应该暂时在门口躲避。

（3）切勿躲在地窖、隧道或地下通道内，因为地震产生的碎石瓦砾会填满或堵塞出口。除非它们十分坚固，否则地道等本身也可能会震塌陷。

（4）地震时，木结构的房子容易倾斜而导致房门打不开，这时就可能会无法出屋。所以，不管出不出门，首先打开房门是明智之举。

（5）发生大地震时，搁板上的东西及书架上的书等可能往下掉。这时，可利用身边的棉坐垫、毛毯、枕头等物盖住头部，以免被砸伤。

（6）外出避难时要尽量穿上厚的棉衣和棉制的鞋袜，并且要避免穿易着火的化纤制品。

（7）如在医院住院时碰到地震，应及时钻进床下避免被从天窗或头顶掉下的物品砸伤。

（8）地震时，不要在道路上奔跑，这时所到之处都是飞泻而下的招牌、门窗等物品。此时到危险场合，最好能戴上安全帽之类的东西。

（9）地震时，大桥也会震塌坠落河中，此时停车于桥上或躲避于桥下均十分危险的。如在桥上遇到地震，就应迅速离开桥身。

（10）大地震有时发生在海底，会出现海啸。掀起的海浪会急剧升高，靠近岸边的小舟就十分危险。此时，最好是迅速离开沙滩，远离浪高的海面，才算是安全的。

（11）在公共场所遇到地震时，里面的人会因惊恐而导致拥挤，这是由于惊恐的人们找不到逃生出口的缘故。这时需要镇静，定下心来寻找出口，不要乱跑乱窜。

案例 1 2008 年 5 月 12 日 14 时 28 分 04 秒，四川汶川、北川发生里氏 8.0 级地震。此次地震为新中国成立以来国内破坏性最强、波及范围最广、总伤亡人数最多的地震之一，被称为“汶川大地震”。为表达全国各族人民对四川汶川大地震遇难同胞的深切哀悼，国务院决定，2008 年 5 月 19 日至 21 日为全国哀悼日。自 2009 年起，每年 5 月 12 日为全国防灾减灾日。

案例 2 2013 年 4 月 20 日 8 时 02 分，四川省雅安市芦山县发生 7.0 级地震。震源深度 13 km。震中距成都约 100 km。震中芦山县龙门乡多数房屋垮塌，卫生院、住院部停止工作，停水停电，并造成重大人员伤亡。

案例 3 1966 年 3 月 8 日 5 时 29 分 14 秒，河北省邢台专区隆尧县发生震级为 6.8 级的大地震，震中烈度 9 度；3 月 22 日 16 时 19 分 46 秒，河北省邢台专区宁晋县发生震级为 7.2 级的大地震，震中烈度 10 度。造成重大人员伤亡，经济损失 10 亿元。

案例 *4*　1976 年 7 月 28 日 3 时 42 分 53.8 秒，中国河北省唐山、丰南一带发生了强度里氏 7.8 级（矩震级 7.5 级）、震中烈度 XI 度、震源深度 23 km 的地震。地震持续约 12 s。整个唐山市顷刻间夷为平地，全市交通、通信、供水、供电中断。地震发生于凌晨人们熟睡之时，使得绝大部分人毫无防备。

第二节　洪水灾害的安全防范

一、洪灾概述

洪灾也称水灾或泛滥，是由洪水引发的一种自然灾害，指河流、湖泊、海洋所含的水体上涨，超过常规水位，造成堤坝漫溢或溃决，使洪水入境而造成的灾害。洪灾分两类：河流洪水，海岸洪水。河流洪水包括暴雨洪水、山洪、泥石流、融雪洪水、冰凌洪水和溃坝洪水，均发生在江河。海岸洪水包括天文潮、风暴潮和海啸，均发生在沿海地区。

洪灾是因自然降水过量或排水不及时造成的人员伤亡、财物损坏、建筑倒塌等现象。洪灾发生时不单会淹浸沿海地区，洪水更会破坏农作物，淹死牲畜，冲毁房屋。此外，泛滥使商业活动停顿，学校停课，古迹文物受破坏，水电、煤气供应中断。洪水还会污染食物、饮水，传播疾病。

二、洪灾的预防

1. 学习防洪知识

学习防洪的相关知识，加强并完善自身环境内的防灾措施，发现异常征兆，如堤坝渗水、出现管涌、水位异常猛涨等，应及时向有关部门报告。

2. 做好防洪准备

准备必要的医疗用品，妥善安置贵重物品，准备必要的衣物、食品、矿泉水，做好自救和救援的准备，将人、畜等尽早转移到安全的地方。

3. 远离可能发生洪灾的地点

在汛期紧张时期，当气象台预报有连续暴雨或有台风袭击时，在易受洪水淹没的低洼、滞洪地带或湖泊、海边、河边的人群，更要提高警惕，随时注意水位的变化，及时了解洪水的情况，采取适当的措施。必要时，要及时离开可能发生洪灾的地区，避免或减轻洪水的危害。

三、遇到洪水的自救

（1）洪水到来时，来不及转移的人员，要就近迅速向山坡、高地、楼房、避洪台等地转移，或者立即爬上屋顶、楼房高层、大树、高墙等高的地方暂避。

（2）如洪水继续上涨，暂避的地方已难自保，则要充分利用准备好的救生器材逃生，或者迅速找一些门板、桌椅、木床、大块的泡沫塑料等能漂浮的材料扎成筏逃生。

（3）如果已被洪水包围，要设法尽快与当地政府防汛部门取得联系，报告自己的方位和险情，积极寻求救援。千万不要游泳逃生，不可攀爬带电的电线杆、铁塔，也不要爬到泥坯房的屋顶。

（4）如已被卷入洪水中，一定要尽可能抓住固定的或能漂浮的东西，寻找机会逃生。

（5）发现高压线铁塔倾斜或者电线断头下垂时，一定要迅速远避，防止直接触电或因地面“跨步电压”触电。

（6）洪水过后，要做好各项卫生防疫工作，预防疫病的流行。

案例5　2021 年 7 月，河南省郑州市连遭暴雨袭击，尤其在 7 月 20 日 8 时至 17 时期间，郑州市出现大暴雨，局部特大暴雨，最大降水量达 438.0 mm。

案例6　2019 年 6 月 6 日至 13 日，江南、华南北部等地出现持续强降雨天气。其中，广西桂林和柳州、江西吉安、赣州、抚州和上饶、浙江衢州、福建南平等地部分地区 250～400 mm。此次强降雨导致广西、广东、江西、浙江、福建、湖南等地遭受洪涝、风雹、滑坡、泥石流等灾害。

案例7　2019 年 8 月 19 日至 22 日，四川盆地西部累计降雨量 50～200 mm，成都、雅安及阿坝州、乐山、绵阳等部分地区达 250～400 mm，成都大邑县和邛崃市、雅安芦山县局地 418～567 mm。此次降雨时间持续较长，雨量较为集中，导致部分地区爆发山洪泥石流灾害。

第三节　滑坡、泥石流灾害的安全防范

一、滑坡、泥石流概述

1. 对滑坡的认识

滑坡是指斜坡上某一部分岩土在重力（包括岩土本身重力及地下水的动静压力）作用下，沿着一定的软弱结构面（带）产生剪切位移而整体向斜坡下方移动的现象。

滑坡常发生在雨季或春季冰雪融化的时候。滑动的地方主要是山谷坡地、海洋、湖泊、水库、渠道和河流的岸坡及露天采矿场所。滑坡的活动时间主要与诱发滑坡的各种外界因素有关，如地震、降雨、冻融、海啸、风暴潮及人类活动等。

多数滑坡，特别是大规模的滑坡会掩埋村镇，摧毁厂矿，破坏铁路和公路交通，堵塞江河，损坏农田和森林，给人类生命和经济建设带来巨大危害。

2. 对泥石流的认识

泥石流是在山区沟谷中，因暴雨、冰雪融化等水源激发的、含有大量泥沙石块的特殊洪流。泥石流是一种灾害性的地质现象，大多伴随山区洪水而发生。它与一般洪水的区别是泥石流中含有足够数量的泥、沙、石等固体碎屑物，其体积含量最少为 15%，最高可达 80%，因此比洪水更具有破坏力。

泥石流的形成必须同时具备以下三个条件：陡峻便于集水、集物的地形地貌；丰富的松散物质；短时间内有大量水源。

泥石流对人类的危害包括：毁坏房屋，危害人的生命，造成人员伤亡；危害公路、铁路和河道，中断交通；危害农作物，淤埋农田，造成农业减产减收。

二、对滑坡、泥石流的防范

雨季往往是泥石流、山体滑坡的多发季节。因此，处于泥石流、山体滑坡多发地带的人们，更要多加警惕。

（1）养成每天收听天气预报的习惯。白天降雨较多后，晚上或夜间要密切注意雨情，做好提前转移、撤离的准备。

（2）路经山谷地带，留心观察周围环境，若道路两旁植被严重破坏，又突遇暴雨，切勿停留，要迅速转移至安全的地方。

（3）山区降雨普遍具有局部性特点，“一山分四季，十里不同天”，沟谷下游是晴天，沟谷上游可能是倾盆大雨。因此，即使在雨季的晴天，同样也要提防泥石流灾害。

（4）地质灾害大多发生在雨季，特别是深夜入睡时造成的损失更大。暴雨期间，夜晚不要在高危险区内留宿。

（5）如在野外露营，要选择高处平坦、安全的地方，尽可能避开有滚石和易发生山体滑坡的坡地下边，不要在山谷及河沟底驻扎。切忌在危岩附近停留，不能在凹形陡坡、危岩突出的地方避雨、休息和穿行，不能攀登危岩。

（6）可能的情况下，应在避灾场所预先做好必要的物资准备：

① 事先将部分生活用品转移到避灾场所。

② 根据实际情况，适当地准备交通工具、通信工具、常用药品及雨具等。

③ 准备充足的食品和饮用水。

（7）地质专家告诉我们，泥石流、滑坡、崩塌的发生也有迹可循：

① 坡度较陡或坡体成孤立山嘴，或为凹形陡坡、坡体上有明显的裂缝、坡体前部存在凌空空间或有崩塌物，这说明曾经发生过滑坡或崩塌，今后还可能再次发生。

② 河流突然断流或水势突然加大，并夹有较多柴草、树木，深谷或沟内传来轰鸣或闷雷般的声音，沟谷深处突然变得昏暗，还有轻微震动感，这些迹象都表明沟谷上游可能已发生泥石流。

三、遇到滑坡、泥石流的自救

（1）根据各种现象判断泥石流发生之后，应立即逃逸，选择最短、最安全的路径向沟谷两侧山坡或高地跑，要向其垂直的方向逃生。爬得越高越好，跑得越快越好，绝对不能向泥石流的流动方向或山体滑坡的方向跑。离山谷越远越好，不要在谷底过多停留。

（2）一定要设法从房屋里跑出来到开阔地带，尽可能防止被埋压。

（3）不要停留在有滚石和大量堆积物的山坡，以及坡度大、土层厚的凹处。

（4）不要上树躲避，因泥石流可扫除沿途一切障碍。

（5）避开河（沟）道弯曲的凹岸或地方狭小、高度又低的凸岸。

（6）不要躲在陡峻山体下，防止坡面泥石流或崩塌的发生。

（7）长时间降雨、暴雨渐小之后或雨刚停，不能马上返回危险区，因为泥石流常滞后于暴雨。

（8）当无法继续逃离时，应迅速抱住身边的树木等固定物体。

（9）如果不幸被困，应注意不能饮用被污染的水，以免发生中毒现象，可收集雨水饮用。

（10）食品不足时，少量进食维持生命；若食物短缺，应一边寻找山果等充饥，一边等待救援。

（11）如果不幸受伤，又找不到脱离险境的好办法时，应该尽量保存体力，不要乱动。

（12）用石块敲击能发出声响的物体，向外发出呼救信号，不要哭喊，等待救援。

第四节　雷电灾害的安全防范

一、雷电灾害概述

雷电是常见的自然现象，它实质上是天空中雷暴云中的火花放电，放电时产生的光就是闪电，闪电使空气受热迅速膨胀而发出巨大的雷声。在雷雨交加的天气里，很容易遭受雷击，严重的时候还可能致人死亡。雷电分直击雷、电磁脉冲、球形雷、云闪四种。

如被雷电击伤，亦可使人体出现树枝状雷击纹，表皮剥脱，皮内出血；也能造成耳鼓膜或内脏破裂等。

二、对雷电灾害的防范

1. 室内预防雷击

（1）电视机的室外天线在雷雨天要与电视机分离，并与接地线连接。

（2）雷雨天应紧闭门窗，尽量离窗户远一点，不靠近屋舍的外围墙，防止雷电窜入室内造成危害。

（3）雷雨时，尽量不用电器、不打电话、不看电视、不听广播、不使用计算机，关闭使用中的电器，拔掉电源插座，不用手接触或靠近电源线，以防止这些线路和设备对人体的二次放电。

（4）雷雨时远离门窗、炉灶和烟囱等，不要靠近室内的金属设备如暖气片、自来水管、煤气管、下水管等。

（5）不要穿潮湿的衣服，不要靠近潮湿的墙壁。不宜在雷电交加时用喷头冲凉，因为巨大的雷电会沿着水流袭击淋浴者。

2. 室外预防雷击

雷电通常会击中户外最高的物体尖顶，所以孤立的高大树木或建筑物往往最易遭雷击。雷电大作时，人们在户外应遵守以下规则：

（1）雷雨天气时，不要停留在高楼平台上，在户外空旷处不宜进入孤立的棚屋、亭台等。最好躲入一栋装有金属门窗或设有避雷针的建筑物内。一辆金属车身的汽车也是最好的“避雷所”，一旦这些建筑物或汽车被雷击中，它们的金属构架或避雷装置以及金属本身会将闪电电流导入地下，即利用避雷装置将雷电流引向大地。

（2）远离建筑物外露的水管、煤气管、高压电线，以及孤立的高楼、烟囱、电杆、大树、旗杆等。

（3）在郊区或露天作业时，如果手中有导电的物体（如铁锹、金属杆雨伞），要迅速抛到远处，千万不能拿着这些物品在旷野中奔跑，否则很可能会成为雷击的目标。不要穿潮湿的衣服靠近或站在露天金属商品的货垛上。

（4）不宜在大树下躲避雷雨，如万不得已，至少要与树干保持 3 m 距离下蹲，尽量降低身体的高度。

（5）雷雨天气时，在高山顶上不要开手机，更不要打电话。

（6）雷雨天不要触摸和接近避雷装置的接地导线。

（7）雷雨天气，不要去江、河、湖里游泳、划船、垂钓等。

（8）在户外躲避雷雨时，应注意不要用手撑地，可同时双手抱膝，胸口紧贴膝盖，尽量低头（头部较身体其他部位更易遭到雷击）。

（9）如果在户外遭遇雷雨，来不及离开高大物体时，应马上找些干燥的绝缘物放在地上，并将双脚合拢站在上面，切勿将脚放在绝缘物以外的地面上。

（10）如果在雷电交加时，头、颈、手处有蚂蚁爬的感觉，头发竖起，说明将发生雷击，应赶紧趴在地上，这样可以减少遭雷击的危险，并迅速取掉身上佩戴的金属饰品如发卡、项链等。

（11）在雷雨天气中，不宜在旷野中打伞，或高举羽毛球拍、高尔夫球棍、锄头等；不宜进行户外球类运动，雷暴天气进行高尔夫球、足球等运动是非常危险的。

（12）在雷雨天气中，不宜快速开摩托、快骑自行车和在雨中狂奔，因为身体的跨步越大，电压就越大，也越容易伤人。

（13）如果在户外看到高压线遭雷击断裂，应提高警惕，因为高压线断点附近存在跨步电压，身处附近的人此时千万不要跑动，而应双脚并拢，跳离现场。

三、遭受雷击时的急救常识

强大的雷电电流通过人体时，对人体的主要危险不是灼伤而是神经和心脏麻痹。人体受雷电电流冲击后，心脏跳动速率极不规则，出现停跳或者颤动，血液循环中止，造成脑神经损伤，人在几分钟内就可能死亡。如果抢救及时，如做人工呼吸、心肺复苏来恢复心跳和呼吸，则有复活的可能。

（1）人体在遭受雷击后，往往会出现“假死”状态，此时应采取紧急措施进行抢救。首先是就地做口对口人工呼吸和胸外心脏按压，积极进行现场抢救。雷击后进行人工呼吸的时间越早，对伤者的身体恢复越好，因为人脑缺氧时间超过十几分钟就会有致命危险。

（2）迅速通知医院进行抢救处理。

（3）如果遭受雷击后引起衣服着火，一定不要惊慌和奔跑，否则火会越烧越旺。要立即让伤者躺下，以免烧及面部，并往伤者身上泼水；或者用厚外衣、毯子等把伤者裹住，以扑灭火焰。

（4）要注意给伤者保温。若有狂躁不安、痉挛抽搐等精神、神智症状时，还要为其作头部冷敷。对电灼伤的部位，在急救条件下，只需保持干燥或包扎即可。

案例 ***8***　某高校多处建筑遭雷击，其中一大楼内的计算机主板、传真机等各种设备损坏，同时该校还有多处设备遭雷击受损，直接经济损失约10万元。

第五节　雪灾的安全防范

一、雪灾概述

雪灾亦称白灾，是因长时间大量降雪造成大范围积雪成灾的自然现象。

根据我国雪灾的形成条件、分布范围和表现形式，将雪灾分为三种类型：雪崩、风吹雪灾（风雪流）和牧区雪灾。

雪灾一般发生在冬春季节。危害较重的，一般是秋末冬初大雪形成的所谓“坐冬雪”。随后又不断有降雪过程，使积雪越来越厚。

暴雪会阻塞道路，影响交通，还易压断通信、输电线路，导致通信中断，停电停水，能源短缺；同时，暴雪过后往往伴随大风降温天气，如不及时采取防范措施，灾害程度将会加剧。

二、雪灾的预防

（1）及时关注气象部门发布的关于暴雪的预报信息。

（2）暴雪来临之前，尽量待在室内，减少外出活动，及时调整出行计划，因为机场、码头、高速公路都可能停航或封闭。

（3）做好防寒保暖准备，储存足够的食物、水、衣物、燃料、雪地用品及药物等。

（4）不要在不结实或不安全的建筑物内逗留。

三、遭遇暴雪的自救

（1）暴雪发生时，最好待在屋子里，并尽量使自己暖和。暴雪中不要去铲雪或在雪中长时间行走，在极度寒冷的环境下，过多的流汗会使体温降低。

（2）如需外出，最好戴防雪盲眼镜，外层穿上防水衣，戴上帽子，注意保暖；行走过程中，留心掉下来的电线和雪地里的凸出物体，小心滑倒。

（3）暴雪来临时，注意节省能源，因为暴雪封路可能造成能源供应系统瘫痪的情况。

（4）雪天骑自行车或开车，应给轮胎少量放气，以增加轮胎与路面的摩擦力。

四、遭遇雪崩的自救

在积雪很厚的山间，有可能发生雪崩。为了尽可能减少和避免雪崩所造成的损失，应掌握一些安全保护方法。

（1）大雪过后，最好不要进入山间。如果一定要进入山间，也不要单独行动。外出时，必须在规定的时间并按预定的路线行动，以便发生雪崩后其他人员进行救护。

（2）雪崩的速度可达 200 km/h。遇到雪崩时，切勿向山下跑，而应该向山坡两边或地势较高的地方跑。

（3）来不及躲避雪崩时，闭口屏气是唯一选择，因为气浪的冲击比雪团本身更可怕。雪崩时，大量的积雪会往下泻，如果雪崩不是很大，可以抓住树木、岩石等坚固物体，待冰雪泻完后，便可脱险。如果被冲下山坡，一定要设法爬到冰雪表面，同时以仰泳或狗扒式泳姿逆流而上，逃向雪流边缘。

（4）在雪崩板块破裂使你跌倒之前，赶快以 45° 向下侧方逃离。

（5）如果雪崩已经发生了，立即平躺，用爬行姿势在雪崩面的底部活动，丢掉包裹、雪橇、手杖或者其他累赘，覆盖住口、鼻部分，避免被雪堵塞。

（6）如果跌倒、翻滚，要抓住树干或者其他安全的物体，采用游泳姿势，尽力保持浮在流雪上面。

（7）当雪流开始减速时，清理自己眼前的呼吸通道，努力把一只手伸出雪面，保持镇定。

（8）若被雪掩埋，则应冷静下来，让口水流出以判断上下方向，然后奋力向上挖掘。因为雪崩停止数分钟后，碎雪就会凝成硬块，手脚活动困难，逃生难度加大。

（9）如果雪堆很大，一时无法破雪而出，就双手抱头，尽量给自己创造最大的呼吸空间。

（10）休息时尽可能在身边造一个大的洞穴。在雪凝固前，试着到达表面，当听到有人来时就大声呼救。

案例9 2019年年初，青海省玉树出现了十余次连续降雪，降雪量达到了历史同期最高，并且多地出现了持续性积雪，最大积雪深度高达 22 cm，外出通行道路也被迫中断。这次雪灾，共造成了青海 13 个县 20.7 万人受灾，5.3 万头牲畜死亡，直接经济损失高达 2.1 亿元。

第六节 冻雨灾害的安全防范

一、冻雨灾害概述

冻雨是初冬或初春时节可能出现的一种灾害性天气现象，在南方俗称“下冰凌”，在北方称为“地油子”。

低于 0 ℃的雨滴在温度略低于 0 ℃的空气中能够保持过冷状态，其外观同一般雨滴相同，当它落到温度为 0 ℃以下的物体上时，立刻冻结成外表光滑而透明的冰层，称为雨凇。严重的雨凇会压断树木、电线杆，使通信、供电中止，妨碍公路和铁路交通，威胁飞机的飞行安全。

冻雨的危害主要包括：输电、通信中断；交通受阻；在农业上，农田表面结冰，冻坏返青的冬麦，或冻死早春播种的作物幼苗；冻雨还能大面积地破坏幼林、冻伤果树等。

冻雨扰乱了人们的日常生活，严重的冻雨还会把房子压塌。

二、冻雨的预防

（1）注意收听天气预报和交通信息，避免因机场、铁路、高速公路、轮渡码头等停航、延迟或封闭而耽误出行。

（2）在冻雨天气里，人们应尽量减少外出。如果外出，要采取防寒保暖和防滑措施，行人要注意远离或避让机动车和非机动车辆。

（3）出门当心路滑跌倒，特别是要尽量少骑自行车。

（4）乘车时要注意路况，乘坐采取防滑措施（如装防滑链）的车辆。

（5）在室外，要远离广告牌、临时搭建物和老树，避免被砸伤。

（6）路过桥下、屋檐等处时，要小心观察或绕道通过，以免因冰凌融化脱落伤人。

（7）不要在结冰的操场或空地上过久逗留，也要避免在结冰的地方锻炼身体。

（8）司机在冻雨天气里要减速慢行，不要超车、加速、急转弯或者紧急制动，应及时安装轮胎防滑链。

三、遭遇冻雨的自救

（1）在冻雨天气中，外出一般以滑跌意外伤害为主。如果有出血现象，应立即用比较清洁的布类包扎伤口止血。

（2）如果造成骨折，若无专业救护知识，不要随意移动伤者，应立即与医院联系请求救护，同时注意伤者的保暖。

（3）伤者应迅速搬离低温现场和冰冻物体，移至室内。

（4）如果衣服与人体冻结在一起，应用温水融化后再轻轻脱去衣服。

（5）保持冻伤部位清洁，外涂冻伤膏。切记冻伤部位不要用热水泡或用火烤。

（6）加盖衣物、毛毯以保温。

（7）尽快去医院治疗。

案例 *10* 2013 年 1 月 31 日早晨，某市冻雨致道路湿滑，某高架桥 100 多辆车连环追尾，该路彻底瘫痪。31 日，雾霾未散，雨雪又起，且混杂着冰粒和冻雨，导致路面湿滑，加上能见度很差，对交通影响很大。

案例 *11* 2009 年 2 月 25 日，霍山县发生大范围冻雨灾害，全县 16 个乡镇不同程度受灾，小麦、油菜、蔬菜等农作物受灾 8.2 万亩，农业损失 1.04 亿元；灾害造成毛竹折断 190 万根，林木受损 1.08 万方，林业经济损失 5 680 万元。此外，霍山县供电公司共有 127 条线路因灾受损，倒断线杆 122 根，停电户 5 011 户；另外，该县小水电 4 条主线路出现故障，影响 36 座电站正常发电，致使 2 万余户 9 万人无电可用。因灾倒房 41 户 92 间，损坏房屋 1 812 间，紧急转移安置群众 2 802 人，因树木倒覆造成 7 人轻伤，直接经济损失 2 亿余元。

案例 *12* 2008 年 1 月中旬，一场罕见的雨雪冰冻灾害，袭击中国南方 19 个省份，造成 36 740 条 10 kV 及以上电力线路、2 016 座 35 kV 及以上变电站停运，导致 3 330 多万户停电。此次低温雨雪冰冻灾害共造成 107 人死亡，8 人失踪，因灾直接经济损失 1 111 亿元。

第七节 风灾的安全防范

一、风灾概述

平均风力达 6 级或以上（即风速达 10.8 m/s 以上），瞬时风力达 8 级或以上（风速大于 17.8 m/s），以及对生活、生产产生严重影响的风称为大风。在我国，东南沿海是风灾最为严重的地域，并且风灾经常夹杂暴雨的来临。

大风除有时会造成少量人员伤亡、失踪外，主要破坏房屋、车辆、船舶、树木、农作物，以及通信、电力设施等，由此造成的灾害称为风灾。

风灾的常见类型有暴风（台风）、龙卷风、飓风三种。

1. 台风

台风指中心附近最大风力 12 级或以上（风速 32.7 m/s 或以上）的风。台风作为一种强烈旋转的空气涡旋，在北半球作逆时针旋转，在南半球作顺时针旋转，常常带来狂风暴雨和强烈的风暴潮，是一种极其严重的自然灾害。

2. 龙卷风

龙卷风是指风力极强而范围不大的旋风，系自积雨云中下伸的漏斗状云体。形状像一个大漏斗，轴线一般垂直于地面。在发展的后期，因上下层风速相差较大，可成倾斜状或弯曲状。龙卷风登陆时，能把大树连根拔起，毁坏各种建筑物和农作物，甚至把人、畜一并卷起。在海洋上，龙卷风可以把海水吸到空中，形成水柱。这种风范围小，但造成的灾情却很严重。

3. 飓风

飓风是指发生在大西洋西部的热带空气旋涡，是一种极强烈的风暴，相当于西太平洋上的台风。高出地面 10 m，平均风速大于 32.7 m/s。

二、风灾的防范

风灾是一种极端天气现象，要采取措施积极应对，加以防护，尽量减少灾害造成的人员伤亡和财产损失。

1. 风灾的基本防范

（1）加固堤防和各种危险建筑设施，特别是在台风季节到来之前，应全面检查安全设施，消除各种隐患，保证平安度过台风期。

（2）积极开展植树造林，兴修水利，改善生态环境及气象条件，增强综合抗风灾的能力。大面积种植防风林，以减轻台风等的破坏力。

2. 城市居民防范风灾的措施

（1）气象台根据台风可能产生的影响，在预报时采用“消息”“警报”“紧急警报”三种形式向社会发布；同时，按台风可能造成的影响程度，从轻到重向社会发布蓝、黄、橙、红四色台风预警信号。公众应密切关注媒体有关台风的报道，及时采取预防措施。

（2）台风来临前，应准备好手电筒、收音机、食物、饮用水及常用药品等，以备急需。

（3）关好门窗，检查门窗是否坚固；取下悬挂的东西；检查电路、炉火、煤气等设施是否安全。

（4）将养在室外的动植物及其他物品移至室内，特别是要将楼顶的杂物搬进来；室外易被吹动的东西要加固。

（5）不要去台风经过的地区旅游，更不要在台风影响期间到海滩游泳或驾船出海。

（6）住在低洼地区和危房中的人员要及时转移到安全场所。

（7）及时清理排水管道，保持排水畅通。

（8）有关部门要做好户外广告牌的加固工作；建筑工地要做好临时用房的加固工作，并整理、堆放好建筑器材和工具；园林部门要加固城区的行道树。

（9）遇到危险时，应拨打当地政府的防灾电话求救。

3. 沿海居民防范台风的措施

（1）台风引发的风暴潮容易冲毁海塘、涵闸、码头、护岸等设施，甚至可能直接冲走附近的人。台风来临前，海洋养殖人员、病险水库下游的人员、临时工棚等危险地段的人员都应及时转移。

（2）沿海乡镇在台风来临前要加固各类危旧住房、厂房、工棚、临时建筑、在建工程、市政公用设施（如路灯等）、吊机、施工电梯、脚手架、电线杆、树木、广告牌、铁塔等，千万不要在以上地方躲风避雨。

（3）台风来临时，千万不要在河、湖、海的堤岸或桥上行走，不要在强风影响区域开车。

（4）台风带来的暴雨容易引发洪水、山体滑坡、泥石流等灾害，发现危险征兆应及早转移。

三、遭遇风灾的自救

1. 台风蓝色预警信号

含义：24小时内可能受热带低压影响,平均风力可达6级以上，或阵风7级以上；或者已经受热带低压影响，平均风力为6～7级，或阵风7～8级并可能持续。

防范措施：

（1）做好防风准备。

（2）注意有关媒体报道的热带低压最新消息和有关防风通知。

（3）把门窗、围板、棚架、临时搭建物等易被风吹动的搭建物固紧，妥善安置易受热带低压影响的室外物品。

2．台风黄色预警信号

含义：24 小时内可能受热带风暴影响，平均风力可达 8 级以上，或阵风 9 级以上；或者已经受热带风暴影响，平均风力为 8～9 级，或阵风 9～10 级并可能持续。

防范措施：

（1）进入防风状态，建议幼儿园、托儿所停课。

（2）关紧门窗，处于危险地带和危房中的居民，以及船舶应到避风场所避风，通知高空、水上等户外作业人员停止作业，危险地带工作人员撤离。

（3）切断霓虹灯招牌及危险的室外电源。

（4）停止露天集体活动，立即疏散人员。

其他同台风蓝色预警信号。

3．台风橙色预警信号

含义：12 小时内可能受强热带风暴影响,平均风力可达 10 级以上，或阵风 11 级以上；或者已经受强热带风暴影响，平均风力为 10～11 级，或阵风 11～12 级并可能持续。

防范措施：

（1）进入紧急防风状态，建议中小学停课。

（2）居民切勿随意外出，确保老人小孩留在家中最安全的地方。

（3）相关应急处置部门和抢险单位加强值班，密切监视灾情，落实应对措施。

（4）停止室内大型集会，立即疏散人员。

（5）加固港口设施，防止船只走锚、搁浅和碰撞。

其他同台风黄色预警信号。

4．台风红色预警信号

含义：6 小时内可能或者已经受台风影响，平均风力可达 12 级以上，或者已达 12 级以上并可能持续。

防范措施：

（1）进入特别紧急防风状态，建议停业、停课（除特殊行业）。

（2）人员应尽可能待在防风安全的地方，相关应急处置部门和抢险单位随时准备启动抢险应急方案。

（3）当台风中心经过时风力会减小或静止一段时间，切记强风将会突然吹袭，应继续留在安全处避风。

其他同台风橙色预警信号。

案例 *13* 2018 年 9 月 7 日 20 时，超强台风“山竹”在西北太平洋洋面上生成并于 9 月 15 日从菲律宾北部登陆。“山竹”于 2018 年 9 月 7 日 20 时起编，11 日 8 时加强为超强台风，15 日 5 时仍为超强台风级别，中心附近最大风力达 17 级以上（65 m/s），“山竹”云系庞大，直径范围达 1 000 km，七级风圈半径达到 350～600 km，远超“飞燕”同期。2018 年 9 月 16—18 日，华南中西部沿海风力达 14～16 级，阵风达 17 级以上；广东南部、香港、澳门、广西南部、海南岛、云南南部等地部分地区有大暴雨，局地有特大暴雨；广东西南部、广西南部、海南岛北部和云南东南部暴雨灾害风险高或极高。台风“山竹”造成广东、广西、海南、湖南、贵州 5 省近 300 万人受灾，5 人死亡，1 人失踪，160.1 万人紧急避险转移和安置，5 省的 1 200 余间房屋倒塌，800 余间严重损坏，近 3 500 间一般损坏；农作物受灾面积 174.4 千公顷，其中绝收 3.3 千公顷，直接经济损失52亿元。

案例 ***14***　2021年12月10日晚间，美国中西部及南部地区遭遇多场致命龙卷风的侵袭，多地被夷为平地，导致上百人死亡。在这一系列的龙卷风中，其中有许多龙卷风规模达到EF-4或EF-5等级，风速到了200英里每小时，美国气象学家克雷格·西西（Craig Ceecee）直言，这是“有史以来最强烈的风暴之一，也是一场极其猛烈的龙卷风”。

案例 ***15***　2021年3月15日，一场强沙尘暴袭击了北京，北京首都国际机场大批航班因此延误，北京街头黄沙漫天。气象部门的数据分析表明，这场沙尘暴在中国境内达到了十年以来最大强度，也是本世纪初北京遭遇沙尘暴威胁、大量防风固沙措施全面落实以来，北方城市少有的一次与强沙尘暴的“亲密接触”。

案例 ***16***　沈阳市气象台2022年06月25日08时04分发布大风蓝色预警信号，预计25日白天，沈阳地区，沈抚改革创新示范区偏南风4～6级，阵风7～8级。

气象部门防御指南:（1）政府及相关部门按照职责做好防大风工作。（2）关好门窗，加固围板、棚架、广告牌等易被风吹动的搭建物，妥善安置易受大风影响的室外物品，遮盖建筑物资。（3）相关水域水上作业采取积极的应对措施,停止游船等水上活动。（4）行人注意尽量少骑自行车，刮风时不要在广告牌、临时搭建物等下面逗留。

案例 ***17***　2021年4月28日16时30分，北京市应急管理局预警发布中心发布大风蓝色预警信号，受冷空气影响，预计29日07时至21时，北京市大部分地区有4、5级偏北风，阵风7、8级。

气象部门防御指南：（1）地方各级人民政府、有关部门和单位按照职责做好防大风准备工作，密切关注森林、草场和城区防火，机场、铁路和交通管理部门应采取措施保障交通安全。（2）停止高空、水上户外作业和游乐活动。（3）加固围板、棚架、广告牌等易被大风吹动的搭建物，妥善安置易受大风损坏的室外物品；检查大棚薄膜，粘补漏洞，暂停农业灌溉。（4）行人尽量少骑自行车，在施工工地附近行走时应尽量远离工地并快速通过；行人与车辆不要在高大建筑物、广告牌、临时搭建物或大树的下方停留。

第十一章 生活安全常识

第一节　紧急情况下的自救与互救

了解意外伤害事件，认识大学生发生意外伤害事故的类型和特点，采取相应的应对措施，是减少意外伤害事件，维持学校正常教学秩序的重要环节。

一、意外伤害事件的救护原则

（1）不要惊慌失措，要保持镇静，并设法维持好现场的秩序。

（2）在周围环境不危及生命条件下，一般不要随便搬动伤员。

（3）暂时不要给伤员喝任何饮料和进食。

（4）如果发生意外，而且现场无人时，应向周围大声呼救，请求来人帮助或设法联系有关部门，不要单独留下伤员无人照管。

（5）遇到严重事故、灾害或中毒时，除急救呼叫外，还应立即向有关政府、卫生、防疫、公安、新闻媒介等部门报告，现场在什么地方、伤员有多少、伤情如何、都做过什么处理等。

（6）要根据伤情对伤员边分类边抢救，处理的原则是先重后轻、先急后缓、先近后远。

（7）对呼吸困难、窒息和心跳停止的伤员，要从速置头于后仰位，托起下颌，使呼吸道畅通，同时施行人工呼吸、胸外心脏按压等复苏操作，原地抢救。

（8）对伤情稳定，估计转运途中不会加重伤情的伤员，应迅速组织人力，利用各种交通工具分别转运到附近的医疗单位进行急救。

（9）现场抢救一切行动必须服从有关领导的统一指挥，不可各自为政。

二、日常急救常识

1．外伤的处理方法

外伤是指身体由于外界物体的打击、碰撞或化学物质的侵蚀等造成的外部损伤。外伤的急救原则如下：

（1）首先观察伤员的四大生命体征（呼吸、脉搏、血压、体温）以及意识状态、面容、体位姿势等，尤其要注意有无窒息、昏迷等现象。

（2）受伤的原因及程度。如头面部受伤需要观察头皮、颅骨、瞳孔、耳道、鼻腔、口腔、反射等，四肢受伤需观察肢体肿胀畸形等情况。

（3）开放性损伤（指皮肤发生破损者，一般由较锐利的物体所造成，常见的如刺伤、切伤、火器伤等，其特点是伤口一般小而深）。观察伤者的伤口及伤面，注意其形状、出血、污染、渗出物、创口位置等。

① 切伤的处理。如果出血较少，伤势并不严重，可以先用冷开水清洗，然后在伤口贴上创可贴。不提倡在伤口上涂抹红药水或止血粉等药物，必须保持伤口干净。

如果伤口很大，出血不止，应该先止血，然后立即到医院处理。具体止血方法是：伤口用干净纱布包扎。使用橡皮止血带效果会更好，但要注意，每隔 20～30 min 必须把止血带放松几分钟。

② 刺伤的处理。肉眼看得见的小刺可以用镊子拔出，但要注意卫生，必须洗净双手。如果小刺扎得较深，必须找医生处理，不要自己动手。如果是大刺或已经深入皮肤，不要自行取出，应该找医生或到医院急救部门处理。

③ 擦伤、拉伤与跌伤的处理。擦伤后一般用3%双氧水清洗，再用酒精消毒，然后在伤处涂上龙胆紫，不需要包扎。

拉伤常见于摔跤、投掷比赛中，往往因为用力过猛，超出肌肉、韧带正常生理范围的耐受力所致，可以采用局部封闭治疗。

跌伤常见于足球、篮球比赛和运动过程中，单纯性跌伤可以采用包扎和冷敷方法，必要时口服去痛片。

④ 刀伤的急救。人被刀或者其他利器割伤，如果伤口流血血色鲜红，流速较快，即为动脉出血，必须尽快止住；如果血色暗红，即是静脉血，也要尽快止住；如果伤口渗血，那是毛细血管出血，可以直接敷药包扎。

刀伤的急救方法有以下几种：

- 如果是较严重的刀伤，首先必须及时有效地止血，然后再送到医院。
- 先用纱布之类盖住伤口，再用绷带紧紧包扎。
- 在出血血管接近心脏的一端，用手指极力压迫，以达到止血的目的。
- 利用关节极度弯曲压迫血管，以达到止血的目的，还可以用止血带止血。

无论哪种止血法，如果出血较多，都要在紧急救护后及时送到医院。

⑤ 撞伤的急救。人被车辆撞伤后，容易造成头部、胸腹部和四肢的伤害。要根据具体情况，采取恰当的急救方法。

如果有头部外伤，应该立即使伤者平卧或者把伤者头部稍稍垫高，就近送进技术条件好的医院治疗。伤者如果是开放性骨折，要用干净的纱布保护好受伤部位，以免加重感染。

如果胸部受伤，应把伤者取半卧体位，尽快送医院治疗。如果伤者上腹部持续疼痛并不断加重，呼吸时疼痛更为显著，应用手压腹部，应该迅速送进医院治疗。

如果伤者四肢、脊柱、骨盆等部位非常疼痛，不能让伤者作任何活动，也不能按摩伤痛处，更不能搀扶伤者行走，应该用木板或其他硬板固定，平稳地将伤者送进医院。

2. 烧、烫伤的处理措施

日常生活中烧伤、烫伤时有发生，掌握基本急救措施可以为治疗赢得时间。

（1）明火烧伤。伤员身上燃烧着的衣服如果难以脱下来，可卧倒在地滚压灭火，或用水浇灭火焰。切勿带火奔跑或用手拍打，否则可能使得火借风势越烧越旺，也不可在火场大声呼喊，以免导致呼吸道烧伤。要用湿毛巾捂住口鼻，以防烟雾吸入导致窒息或中毒。烧伤急救的时候，谨记

“冲、脱、泡、包、送”的五字要诀。

① 冲：用清水冲洗烧伤创面。

② 脱：边冲边用轻柔的动作脱掉烧伤者的外衣，如果衣服粘住皮肉，不能强扯，可用剪刀剪开。

③ 泡：用冷水浸泡创面。

④ 包：用干净的纱布、衣物包扎伤处。

⑤ 送：尽快送到具有救治烧伤经验的医院治疗。

（2）电击烧伤。电击烧伤最大的危险是体内烧伤。当发现有人触电时，应立即切断电源，或用绝缘体将电源移开，如干木棒、树枝、扫帚柄等。电源不明时，切记不要直接用手接触触电者；在浴室或潮湿的地方，救护人要穿绝缘胶鞋、戴胶皮手套或站在干燥木板上以保护自身安全。如伤员无心跳、呼吸，应拨打120呼叫救护车，并立即施行心肺复苏术，不要轻易放弃，一直坚持到医生护士到来。局部烧伤病人应马上降温，然后就地取材进行创面的简易包扎，再送医院救治。

（3）化学品灼伤。化学性皮肤烧伤的现场处理方法：立即将伤者移离现场，迅速脱去被化学物质污染的衣裤、鞋袜等。被浓硫酸和生石灰烧伤不能马上用水冲洗，更不要任意涂上油膏或红药水，也不能用脏布包裹，要用干净的布条擦干。现场经及时、简单、有效的处理后，再将烧伤病人及时送往医院。

（4）开水烫伤。被开水烫伤后，最为简单有效的办法就是用大量的流动水持续冲洗降温，持续20 min左右，让患处温度与周边正常皮肤温度一致。在冲洗的过程中应该注意流水冲力不应过大，要尽量保存烫伤后水泡的完整性。如有衣物，应降温后予以剪除，不能强行剥离，以免撕破水泡。经过上述简单处理后，可以使用冰袋冷敷创面止痛，并及时到专科医院或烧伤科就诊。

（5）滚油烫伤。被热油烫到时，应立即用柔软的棉布轻轻擦去溅到的油，再用干净毛巾蘸冷水湿敷烫伤处。当然，前提是患处没有破损。这样做的目的是降温、减轻疼痛。尽量减轻烫伤的深度。在伤口愈合前最好忌辛辣刺激性食物，忌烟酒，尽量不吃姜和酱油。

（6）电熨斗烫伤。首先要立即断电，然后用冷水冲洗，或用毛巾包裹冰块敷在烫伤处。大面积烫伤必须立即送医院急救。

（7）喝开水烫伤。若发生咽喉烫伤，可以马上慢慢吞咽凉开水，减轻疼痛，不要吃硬的或热的食物，而以流质食物为主；避免刺激，忌吃辛辣的食物。对咽喉水肿严重、已明显影响呼吸者，应立即送医院诊治。

3．关节扭伤的护理与骨折的应急处置

（1）关节扭伤。关节扭伤后，不要立即按摩推拿，否则会导致包肿扩大，伤势加重。正确的急救方法是：把扭伤的关节立即浸入冷水中或用毛巾冷敷。然后抬高扭伤关节体位，限制它的运动，使患部血液流量减少。3天以后再进行按摩推拿，还可以适当运用药物和热敷增强疗效。

（2）骨折。骨骼因外伤发生完全断裂或不完全断裂叫骨折。骨折时局部疼痛，活动时剧烈疼痛并有明显肿胀或者功能障碍。骨折的急救措施有以下几种：

如果伤口出血，应该先止血，再进行骨折固定。固定时应用木板、纸箱等器材做支撑物固定伤肢，不要试图自己扭动或复位。要在骨突处用棉花或布片等柔软物垫好，绷带松紧应该适度，并露出手指或脚趾尖。

肱骨骨折时，应该使患者手臂呈曲肘状，用两块夹板固定，木板与皮肤间加垫，一块放在上臂内侧，另一块放在外侧，用绷带固定。

大腿骨折时，用两块夹板固定，外侧夹板长度上至腋窝，下至外踝，内侧夹板上至大腿根部，下至内踝，夹板与皮肤间加垫，用绷带或三角巾固定。

脊柱骨折时，严禁随意移动，确须移动时，在保持脊柱轴向运动的情况下，放到硬质担架上移动，并且尽快就医送到医院。

颈椎骨折时，应该让伤者平躺，用沙土袋放置在伤员颈部两侧，使颈部固定不动。

腰椎骨折时，应该把伤员放在硬木板上，并把腰椎躯干及下肢一同进行固定，搬运时应多人合作，保持平稳。

4．流血不止的处理措施

人的身体受伤后，往往会流血不止，一旦出现这种情况，应该采取下列措施：

（1）四肢或手指出血。应该马上用干净的纱布或较宽的干净布条将伤口紧紧包扎住，如有条件，最好洒一些云南白药在伤口上再进行包扎。

（2）鼻子出血。可以把头仰起，用手指紧捏住出血一侧的鼻根部，直到不出血为止。如果有干净棉球，可以把棉球塞进鼻孔里压迫止血。另外，可以用冷水浇在后脑，这样会使血管收缩，达到止血的目的。

（3）外伤后出血。情况较严重，现场无法处理，必须迅速送到医院处理。

5．中暑的防治

在夏季湿热无风的时候旅行，人容易中暑。中暑的主要症状为头痛、晕眩、烦躁不安、脉搏强而有力，呼吸有杂音，体温可能上升至40 ℃以上，皮肤干燥泛红。如果不及时救治，中暑的人可能会失去意识，导致意外的发生。因此，在夏季旅行前一定要准备好预防和治疗中暑用的药物，如十滴水、清凉油、人丹等。另外，还应准备一些清凉饮料和太阳镜、遮阳帽等防暑装备。

一旦有人中暑，应尽快将其移至阴凉通风处，将其衣服用冷水浸湿，裹住身体，并保持潮湿。或不停扇风散热并用冷毛巾擦拭患者，直到其体温降到 38 ℃以下。中暑者意识清醒后，应让其半坐姿势休息，头与肩部给予支撑，若中暑者已失去意识，则应让其平躺，送医院进一步救治。经过救治，中暑者体温如已下降，则以衣物覆盖，让其充分休息，避免体力消耗过大的活动，多喝一些含有盐分的水或凉开水，及时对体内的电解质损失给予补充。

案例 *1*　某学院大一学生胡某在暑假去往某工地帮人绑扎钢筋，由于高温天气深度中暑。医生介绍说，胡某是高温中暑引发脑水肿，导致大脑缺氧，送至医院时体温高达 41.6 ℃，造成脑细胞损坏。

6．溺水的急救

人员在溺水时，只要有其他方法，抢救者尽量不要下水救人；如果下水救人，注意不要让溺水者缠上身体，可以从背后接近，把溺水者牢牢抓住托出水面，设法让其镇定后拖上岸。溺水者被抬出水面后，立即用纱布等物裹上手指，把其舌头拉出，清除口鼻内的水以及污物，并解开衣扣和领子，保持呼吸道畅通。然后再把溺水者的腰腹部垫高，使溺水者背朝上，头下垂，进行控水。

救治水中抽筋人员，可以在水中托住抽筋的人，或让其在水中仰卧、伸直身体，拖上岸后按摩其患部。

如果溺水者呼吸已经停止，应该立即进行人工呼吸。

如果溺水者心脏停止跳动，应该立即进行胸外按压。

在对溺水者进行现场急救处理的同时，应该尽快呼叫 120，在送至医院途中不能中断急救。

案例2 2012 年 7 月 26 日，某学院 4 名大学生结伴到某湖内游泳，其中一名大学生在游泳过程中突然溺水，沉入湖底，其他同学在搜寻无果后拨打 119 求助。市消防支队的消防队员赶到后，分成 7 个搜救小组到湖中展开搜寻，最终找到该大学生，但其已不幸死亡。

案例3 2012 年 8 月 12 日下午 6 点左右，某大学的 13 名大二学生在某海域游泳时，一名学生不慎遭海浪袭击以致失踪，经过搜救人员 3 个多小时的紧急救援仍未找到。“小颜（化名）不会游泳，没有下海，只是在浅滩边玩水，没想到会发生这样的事情。”一名同学无奈地说。

7. 中毒的处置

（1）煤气中毒。煤气中毒是煤在燃烧不完全时产生的有毒气体，主要成分是一氧化碳。居住在煤炉取暖房间的人员，应安装通向室外的烟囱，并注意房间通风，夜间睡觉应提高警惕，一旦感到头痛、头晕、恶心、无力等情况，应立即唤醒同屋的其他人员。迅速打开门窗通风换气。如无力行走，也应努力爬出门外，呼叫他人来抢救。当发现有人煤气中毒时，应首先打开门窗通风，以免抢救人员进入室内时发生中毒。然后，迅速将病人抬到空气新鲜处，解开衣领、领带，清除口腔、鼻腔分泌物，保持呼吸道通畅。如有呕吐，应将病人的头偏向一边以免呕吐物吸入气管引起窒息。同时应注意病人保护，防止冻伤或受凉。轻度中毒者，在空气流畅处休息 2～3 h 后症状即可消失。中度和重度煤气中毒者经过紧急处理，应马上送往医院进一步抢救治疗。在送往医院时，应将病人的头偏向一侧，以免呕吐物阻塞呼吸道而窒息。

当室内使用煤气时，怀疑有煤气泄漏，应迅速关闭控制阀，打开窗户，切勿开灯、点火、开抽风扇或穿装有鞋钉的皮鞋进屋等，因为这样做容易产生火花，引起爆炸。一个小小的火花，就会引爆屋中高浓度的煤气，导致火灾的发生。

案例4 2013 年 2 月 4 日，某市××东街 3 号楼发生一起严重的煤气中毒事件，导致某大学 09 级 5 名实习学生死亡。2 月 4 日，学生董某要帮老师整理资料，整夜未归，一直到早晨 7 点，令他感到奇怪的是，这个时间，与他一起实习的另外 5 名同学，应该出现在医院才对。他习惯地摸出电话，董某给另外 5 个同学打去电话，没有一个人接。董某有些慌了，感觉有事情要发生。他飞奔回他们共同居住的地方——××东街 3 号楼。先是拍门，无人回应，董博掏出钥匙开门，迎面的是一股浓重的煤气味儿，他冲入屋内，几个同学都在床上，一动不动，有的口吐白沫，有的鼻子出血。此时，燃气热水器仍然是开启的，发出“吱吱”的响声。

（2）急性中毒的处理措施。

① 尽早了解中毒时间、毒物种类数量和中毒途径。

② 密切注意患者的体温、血压、脉搏、呼吸、意识、瞳孔大小和对光反射的变化，要保持安静、空气流通和呼吸道通畅。

③ 消除毒物，将病人移离毒物污染场所，脱去受毒物污染的衣服，用清水、肥皂洗刷接触毒物的皮肤。

④ 遇有消化道中毒者，除强酸强碱中毒外，可用手指、牙刷柄或不锈钢匙柄刺激咽喉以催吐，同时可用小苏打水洗胃。

⑤ 立即打 120 报警或送医院抢救，准确向医务人员提供中毒时间、毒物品种数量及中毒途径，以便及时采取相应的解毒措施，使病人脱离危险。

案例 *5* 某化工厂装载着成品三氯化磷液体的槽车在过地磅时因地面不平被颠覆，车内三氯化磷液体溢出约300 kg。当时天下中雨，三氯化磷遇水剧烈反应，产生大量黄白色烟雾，向约80 m处的小学飘去，学生正在午睡，吸入烟气后呛咳，在未辨明风向时四处逃避。在校学生约180人，吸入毒气程度不同，均有呼吸道刺激症状；61名学生因症状较多而住院。此次事件没有造成人员死亡。

8．触电的处理措施

电流对人体的损伤主要是电热所致的灼伤和强烈的肌肉痉挛，会影响到呼吸中枢及心脏，引起呼吸抑制或心搏骤停，甚至危及生命。处理方法如下：

（1）无法及时找到或断开电源时，可用干燥的竹竿、木棒等绝缘物挑开电线。

（2）将脱离电源的触电者迅速移至通风干燥处仰卧。将其上衣和裤带松开，观察触电者有无呼吸，摸摸颈动脉有无搏动。

（3）施行急救。若触电者呼吸及心跳均停止，应在做人工呼吸的同时实施心肺复苏抢救，另外要及时打电话呼叫救护车。

（4）尽快送往医院，途中应继续施救。

警示：切勿用潮湿的工具或金属物质拨开电线；切勿用手触及带电者；切勿用潮湿的物件搬动触电者。

案例 *6* 2012年6月的一天，某大学生小雅（化名）跟同学在外面玩，晚上没有回学校，住进某宾馆。当天夜里11点左右，小雅去洗澡，可刚进去大约5 min，她突然大叫起来。怎么了？同伴听到喊声赶紧奔进浴室，看到小雅已倒在地上，大口吐着气，后来心跳呼吸都没了。同伴赶紧报警，小雅被送去医院。事故发生后，安监、公安等部门展开调查，很快结果就出来了，原来宾馆的洗澡间有问题，安装的插座违反规定，没有防水功能，不符合安全标准。小雅当天洗澡时突然倒地，正是插座漏电惹的祸。经过医护人员抢救，她脱离了生命危险，但让小雅的脑部受到伤害，经鉴定为八级伤残，经法院判决，宾馆赔偿22万余元。

9．手脚冻僵的处理措施

在寒冷的冬季外出活动时，常常冻得手脚发僵。手脚冻僵时，千万不要在炉火上烤或者在热水中浸泡，那样会形成冻疮甚至溃烂。正确的方法如下：

（1）到温暖的环境中去，使冻僵部位的温度慢慢上升。

（2）如果在野外，应当设法用大衣等将手脚包裹起来，还可以互相借助体温使冻僵的手脚暖和过来。

（3）最有效的方法是用手搓，通过摩擦增加温度，促进自身的血液循环，以恢复正常。

10．两种常用的急救方法

（1）胸外心脏按压。当病人发生心脏骤停时，需要靠外力挤压心脏，暂时维持心脏派送血液功能的方法，叫作胸外心脏按压急救法。

发现病人心脏停搏时，应立即在患者胸前区胸骨体上急速敲击2～3次，如果没有效果，应该立即施行胸外心脏按压。具体做法如下：

① 患者仰卧，背部放一块硬木板，或者把患者连同褥子移到地上。救者一手掌根部紧贴于胸部按压部位，另一只手掌放在此手背上，两手平行重叠且手指交叉互握稍抬起，使手指脱离胸壁。

② 抢救者双臂应绷直，双肩中点垂直于按压部位，利用上半身体重和肩、臂部肌肉力量垂直向下按压。

③ 按压应平稳、有规律地进行，不能间断，下压与向上放松时间相等；按压至最低点处，应有一明显的停顿，不能冲击式地猛压或跳跃式按压；放松时定位的手掌根部不要离开胸部按压部位，但应尽量放松，使胸骨不受任何压力。

④ 按压频率为80～100次/min，小儿90～100次/min，按压与放松时间比例以1∶1为适当。

⑤ 按压深度成人为4～5 cm，5～13岁者3 cm，婴幼儿2 cm。

（2）人工呼吸。人工呼吸是对呼吸停止的患者进行紧急呼吸复苏的方法，是现场急救的重要手段。人工呼吸有多种方法，效果最好的是嘴对嘴人工呼吸与口对鼻人工呼吸。具体做法如下。

① 病人取仰卧位，即胸腹朝上。

② 首先清理患者呼吸道，保持呼吸道清洁。

③ 使患者头部尽量后仰，以保持呼吸道畅通。

④ 救护人站在其头部的一侧，自己深吸一口气，对着伤病人的口（两嘴要对紧不要漏气）将气吹入，造成吸气。为使空气不从鼻孔漏出，此时可用一手将其鼻孔捏住，然后救护人嘴离开，将捏住的鼻孔放开，并用一手压其胸部，以帮助呼气。这样反复进行，每分钟进行14～16次。如果病人口腔有严重外伤或牙关紧闭时，可对其鼻孔吹气（必须堵住口）即为口对鼻吹气。救护人吹气力量的大小，依病人的具体情况而定。一般以吹进气后，病人的胸廓稍微隆起为最合适。口对口之间，如果有纱布，则放一块叠二层厚的纱布，或一块一层的薄手帕，但注意，不要因此影响空气出入。对婴儿进行人工呼吸，可以不捏住鼻子，采用口对口的方法，吹气力量不要过大。

案例7 2016年3月22日下午，一名老人挑着两捆废纸板，突然昏倒在街口。附近群众束手无策，只得打电话向110、120求援。这时，一名女孩骑着自行车路过，见此情形立即下车，跑到老人面前，在检查了老人的瞳孔和脉搏后，先后采用心肺复苏术、清理呼吸道梗阻和人工呼吸等多种方法，对老人跪地施救。事后，女孩婉拒老人家属的感谢，未留下任何信息便悄然离开。通过网友和记者的努力，这名救人的女孩终于被找到。她叫余某某，罗田人，21岁，某学院护理专业三年级学生。

三、自救与互救常识

1．拥挤、踩踏的自救

（1）拥挤、踩踏常识。拥挤是指一种在很短的时间内，因为某种突发的原因在人员集中的场所引起的情绪亢奋、行动过激的失控现象。这种现象常发生在人员密度大、活动空间窄小的地区，尤其是在举办大型活动的场所。拥挤常常会造成人员的意外伤害，轻者可造成被挤压人员皮肤、软组织损伤，重者可使人骨折、窒息，甚至造成死亡。

（2）容易产生拥挤、踩踏的场所。空间有限而人群又相对集中的场所，如球场、商场、狭窄的街道、室内通道或楼梯、影院、酒吧、彩票销售点、超载的车辆、航行的船舱等都隐藏着危险。人群的情绪如果因为某种原因而变得过于激动，置身其中的人就可能受到伤害。

（3）拥挤、踩踏时的逃生和自救。遭遇拥挤踩踏时，如何逃生和自救呢？

首先，要预防踩踏。

① 在拥挤的人群中，要时刻保持警惕，当发现有人情绪不对，或人群开始骚动时，就要做好准备保护好自己和他人。不要俯身捡拾东西或提鞋、系鞋带等，防止被挤倒在地面而被踩伤。

② 不论在任何地方，在突然被大多数人裹挟向一个方向行动时，不要因为任何原因逆向行动，也许人流前进方向与你要去的目的地背道而驰，也不要做逆流而动的尝试，以免被众人挤伤。

③ 保持警惕，做好准备保护自己和他人的心理准备。当发现自己前面有人突然摔倒了，要马上停下脚步，同时大声呼救，告知后面的人不要向前靠近。

④ 发生拥挤时，要防止被绊倒，避免自己成为踩踏事件的诱发因素。

其次，要逃生和自救。

① 两手十指交叉相扣、护住后脑和颈部；两肘向前，护住双侧太阳穴。

② 左手握拳，右手握住左手手腕，双肘撑开平放胸前，形成一定空间以保证呼吸。

③ 若被推倒，要设法靠近墙壁。面向墙壁，身体蜷成球状，双手在颈后紧扣，以保护身体最脆弱的部位。

④ 不慎倒地时，双膝尽量前屈，护住胸腔和腹腔重要脏器，侧躺在地。

2．电梯事故自救常识

案例 8 某工厂一名男子从五楼搭乘电梯，电梯刚开始下降就突然停止运行。半小时后消防人员撬开电梯门，发现电梯已经坠落到一楼，而该男子紧贴在电梯地板上，已经死亡。后经查看电梯内摄像头的记录，发现事发时该男子先是用手拍打电梯门，没多久便开始砸门、踢门。最后，在他企图掰开电梯门的时候，发生了惨剧。

电梯是高层建筑中重要的运载工具，一旦出现故障，可能发生乘客被困、坠落等危险事故。

乘坐电梯时要注意：

（1）不要搭乘无安全检验合格标志的电梯。

（2）电梯速度不正常时，应两腿微微弯曲，上身向前倾斜，以应对可能受到的冲击。

（3）电梯突然停运时，不要轻易扒门爬出，以防电梯突然开动。

（4）被困电梯内时，应保持镇静，立即用电梯内警铃、对讲机或电话与有关人员联系，等待外部救援。如果报警无效，可以大声呼叫，或间歇性地拍打电梯门。如无人回应，需镇静等待。观察动静，不要不停呼喊，应保持体力，等待营救。

（5）如电梯运行途中发生火灾，应使电梯在就近楼层停靠，并迅速利用楼梯逃生。

3．爆炸事故的防护

爆炸是一种十分严重的伤害事故，极易造成人身伤亡。如果公共场所发生爆炸，伤亡和损失更大。

（1）发现可疑爆炸物应采取的措施：

① 不要触动。

② 及时报警。

③ 迅速撤离。疏散时不要互相拥挤，要有序撤离，以免发生踩踏造成伤亡。

④ 协助警方调查。目击者应尽量识别可疑物发现的时间、大小、位置、外观，有无人动过等情况，如有可能，用手中的手机、照相机进行照相或录像，为警方提供有价值的线索。

（2）遇有匿名威胁爆炸或扬言爆炸应采取的措施：

① 信：要“宁可信其有，不可信其无”，不能心存侥幸。

② 快：尽快从“现场”撤离。

③ 细：细致观察周围的可疑人、事、物。

④ 报：迅速报警，有助于警方了解情况。

⑤ 记：用照相机或者摄像机等将“现场”记录下来。

（3）大型体育场馆发生爆炸应采取的措施：

① 迅速有序地远离爆炸现场，避免拥挤、踩踏造成伤亡。

② 撤离时要注意观察场馆内的安全疏散指示和标志。

③ 场内的观众应按照场内的疏散指示和标志从看台向疏散口撤离。

④ 场馆内部的体育官员、工作人员以及运动员，应根据沿途的疏散指示和标志通过内部通道疏散。

⑤ 不要因贪恋财物浪费逃生时间。

⑥ 实施必要的自救和救助他人活动。

⑦ 拨打报警电话，客观详细地描述事件发生、发展经过。

⑧ 注意观察现场可疑人、可疑物，协助警方调查。

（4）商场和娱乐场所发生爆炸应采取的措施：

① 保持镇静，迅速就近隐蔽或者卧倒，就近寻找简易遮掩物，护住身体重要部位和器官。

② 寻找、观察安全出口。

③ 不要用打火机点火照明，以免形成再次爆炸或燃烧。

④ 服从工作人员的指挥，迅速有序撤离现场，避免出现踩踏等事件。

⑤ 不要因顾及贵重物品浪费宝贵的逃生时间。

⑥ 迅速报警，客观详细地向警方描述事件发生、发展的经过。

⑦ 注意观察现场可疑人、可疑物，协助警方调查。

4．陷入冰层后的逃生及自救

案例 ***9*** 某村3个小孩在村东南一个深水坑的冰面上玩耍时不慎落入冰窟，女大学生王某跳入冰水和随后赶到的村民和民警展开营救，成功救出3个小孩。

一旦落水陷入冰层，不要惊慌，要保持镇定，大声呼救，争取他人相救。用脚踩冰，使身体尽量上浮，保持头部露出水面。

双臂向前伸张增加全身接触冰面的面积，一点一点爬行，使身体逐渐远离冰窟。

离开冰窟后，不要立即站立，要卧在冰面上，用滚动式爬行的方式到岸边再上岸，以防冰面再次破裂。

营救他人时须趴在冰面上以木棍、绳索等物救人，以防止冰面破裂和自己落水。

5．火灾

案例 ***10*** 2010年11月15日14时，某栋正在进行外立面墙壁施工的高层住宅脚手架忽然起火，火势较大，并开始向楼里蔓延。起火高楼外表被烧黑，浓烟滚滚，周边方圆数百米内充满烟雾和刺鼻气味。着火点位于1号楼20层，初步查明为工人焊接时引燃某种易燃物所致。

火灾无情。当被困在火场内生命受到威胁时，在等待消防员救助的时间里，如果能够利用地形和身边的物体采取积极有效的自救措施，就可以让自己命运由“被动”转化为“主动”，为生命赢得更多的“生机”。

（1）轻微火情的处理方法。发生火灾时，应及时报警。对突然发生的比较轻微的火情，应掌握简便易行的方法。

① 水是常用的灭火剂，木头、纸张、棉布等起火，可直接浇水扑灭。

② 用土、沙、浸湿的棉被或毛毯等迅速覆盖在起火处可以有效地灭火。

③ 用扫帚、拖把等扑打，也能扑灭小火。

④ 油类、酒精等起火，不可用水直接去扑救，可用沙土或浸湿的棉被迅速覆盖。

⑤ 煤气起火，可用湿毛巾盖住火点，迅速切断气源。

⑥ 电器起火，不能先用水扑灭，也不可用潮湿的物品捂盖。水是导体，这样做会发生触电。正确的方法是先切断电源，然后再灭火。

（2）高层建筑着火。

① 要保持头脑清醒，当发现火情时，首先要迅速辨明起火方位再决定逃生路线，以免误入“火口”。如房间内起火且门已被火封住时，可先通过阳台或走廊转移到相邻未起火房间再疏散。若楼下着火，楼梯被封，无法向下疏散，或所住房间距楼顶较近，可先疏散到屋顶、阳台。若楼上着火，应立刻从防火楼梯或是避难通道向下疏散。如果火势不大，应奋力将小火控制、扑灭，避免酿成大灾。

② 选择正确逃生通道。按要求，建筑物都有两条以上逃生楼梯、通道或安全出口。发生火灾时，要根据情况选择进入相对较为安全的楼梯通道，还可以利用建筑物的阳台、窗台、天台、屋顶等攀爬到周围的安全地点，或沿着落水管、避雷线等建筑结构中凸出物滑下楼。千万不要乘普通的电梯逃生，以防因电梯断电或受热变形“卡壳”而被困。

如果处于楼层较低（3 层以下）的被困位置，火势危及生命又无其他方法自救时，可将室内床垫、被子等软物抛到楼底，从窗口跳至软物上或跳到水池、软雨篷、草地等处逃生。跳楼时应尽量抱棉被、沙发垫或打开大雨伞跳下，以减缓冲击力。如果徒手跳楼，一定要扒窗台或阳台使身体自然下垂，尽量降低垂直距离跳下，落地前双手抱头，身体蜷曲以减少伤害。跳楼虽可求生，但会对身体造成一定的伤害，所以要慎之又慎。

（3）公共场所。要了解和熟悉环境。当走进商场、宾馆、酒楼、歌舞厅等公共场所时，要留心安全出口、灭火器的位置，以便在发生意外时及时疏散和灭火。利用标志引导脱险，在公共场所的墙上、顶棚上、门上、转弯处都设置有太平门、紧急出口、安全通道、火警电话和逃生方向箭头等标志，被困人员按标志指示方向顺序逃离，可解“燃眉之急”。

（4）火灾自救方法。

① 绳索自救法。利用绳索滑行，用结实的绳子或将窗帘、床单被褥等撕成条，拧成绳，用水蘸湿后将其拴在牢固的管道、窗框、床架上，被困人员逐个顺绳索滑到下一楼层或地面。滑行过程中，脚要夹紧绳子，双手交替往下爬，并尽量用手套、毛巾将手保护好。

② 匍匐前进法。由于火灾发生时烟气大多聚集在上部空间，烟雾较浓，因此在逃生过程中应尽量将身体贴近地面，膝、肘着地，匍匐或弯腰前进。

③ 毛巾捂鼻法。火灾烟气具有温度高、毒性大的特点，一旦吸入后很容易引起呼吸系统烫伤或中毒，因此在逃生时用水蘸湿毛巾、衣服、布类等物品，掩住口鼻，起到降温及过滤的作用，避免烟雾熏人导致昏迷或者中毒和被热空气灼伤呼吸系统软组织，甚至窒息致死的危险。

④ 棉被、毛毯护身法。用浸泡过的棉被或毛毯、棉大衣盖在身上，或夹在门上，并不断往上浇水冷却，以防止外部火焰及烟气侵入，从而达到抑制火势蔓延速度、增加逃生时间的目的，确定逃生路线后以最快的速度穿过火场并冲到安全区域。

⑤ 跳楼求生法。火场切勿轻易跳楼。在万不得已的情况下，处于低楼层的居民可采取跳楼

的方法进行逃生，可以将席梦思床垫、沙发垫、厚棉被等抛下做缓冲物。

⑥ 管线下滑法。当建筑物外墙或阳台边有排水管、电线杆、避雷针引线等强直管线时，可借助其下滑至地面，同时应注意一次下滑时人数不宜过多，以防止逃生途中管线损坏而致人坠落。

⑦ 竹竿插地法。将结实的晾衣竿直接从阳台或窗台斜插到室外地面或下一层平台，两头固定好后顺杆滑下。

⑧ 楼梯转移法。当火势自下而上迅速蔓延而将楼梯封死时，住在上部楼层的居民可通过老虎窗、天窗等迅速爬到屋顶，转移到另一家或另一单元的楼梯进行疏散。

⑨ 卫生间避难法。当实在无路可逃时，可用卫生间进行避难，用毛巾紧塞门缝，用水喷淋迎火门窗，把水泼在地上降温，把房间内一切可燃物淋湿，延长时间，也可躺在放满水的浴缸里躲避，但千万不要钻到床底、阁楼、大橱等处避难，因为这些地方可燃物多，且容易聚集烟气。

⑩ 火场求救法。发生火灾时，可在窗口、阳台或屋顶处向外大声呼叫、敲击金属物品或投掷软物品，白天应挥动鲜艳布条发出求救信号，晚上可挥动手电筒或白布条引起救援人员的注意。

四、交通事故的应急措施与自救方法

车祸猛于虎，世界上每天发生的车祸不计其数。避免交通事故的最好办法是遵守交通规则和各类交通工具的使用规定。但如果不幸卷入交通事故，伤者或他人通知急救部门后，应争取时间采取自救，以减轻车祸给自己或者他人造成的危害。那么掌握各种交通工具的特性及相应的逃生办法和事故处置办法就显得十分重要。

1. 发生交通事故的应急措施

（1）保护自己，救护他人。首先查看自己有没有受伤，如果有伤，要立即到附近医院救治。同一起事故中有多少人受伤，自己属于轻伤的，要帮助别人共同脱离危险。遇有人身伤亡事故时，在无人救助的情况下，要尽可能将伤者转移至安全地带，以免再次受伤：暴露的伤口要尽可能先用干净布覆盖，再进行包扎。

（2）保护交通事故现场。事故现场的勘查结论是划分事故责任的依据之一，若现场没有保护好，会给交通事故的处理带来困难，造成“有理说不清”的情况，所以切记发生交通事故后要保护好事故现场。

（3）及时报案。无论在校外还是校内，一旦发生交通事故，首先要及时拨打 122 交通事故报警电话（高速公路交通事故拨打 12122）和 120 急救中心报警电话，这有利于事故的公证处理和伤者的抢救，千万不能与肇事者“私了”。若在校外发生交通事故，除及时报案外还应该及时与学校取得联系，由学校出面处理有关事宜。

（4）控制肇事者。若肇事者想逃跑，一定要设法控制住，可以发动周围的人帮忙控制。若实在无法控制，也要记住肇事者车辆的车牌号码、车辆颜色、车型等特征。

（5）了解轻微交通事故的处置方法。

① 机动车与机动车、机动车与非机动车在道路上发生未造成人身伤亡的交通事故，当事人对事实及成因无争议的，在记录交通事故的时间、地点、对方当事人的姓名和联系方式、机动车辆号、驾驶证号、保险凭证号、碰撞部位，并进行共同签名后，撤离现场，自行协商损害赔偿事宜。当事人对交通事故事实及成因有争议的，应当迅速拨打 122 等报警电话。

② 非机动车与非机动车或者行人在道路上发生交通事故，未造成人身伤亡，且基本事实及

成因清楚的，当事人应当先撤离现场，再自行协商处理损害赔偿事宜。当事人对交通事故事实及成因有争议的，应当迅速拨打 122 等报警电话。

2．交通事故的自救与救人

（1）汽车车祸自救与救人。若在车辆发生事故前的瞬间能发现险情，可以采取以下自救措施：

① 紧紧握住面前的扶手、椅背，同时两腿微弯用力向前蹬地，这样即使身体有被撞的可能，也能缓解身体前冲的速度，从而减轻受伤的程度。

② 如果车祸发生的十分突然，来不及做缓冲动作，可迅速抱住头部并缩身成球形，这样可以减少头部、胸部受到撞击。

③ 车祸发生后应迅速检查车祸现场，积极寻找伤员，并对重伤员进行优先救助处理。

④ 对呼吸、心脏骤停的伤员，应立即清理其上呼吸道，进行人工呼吸。

⑤ 对昏迷伤员，迅速解开其衣领，采取侧俯卧位，如遇舌头后坠时可将舌尖牵出，也可将伤员的头部后仰，以保证呼吸道畅通，防止窒息。

⑥ 对创伤出血，可临时采用指压止血法，也可利用身边现有材料如三角巾、手绢、布条等，折成条状缠绕在伤口上再用力勒紧来止血。

⑦ 对骨关节伤、肢体挤压伤和大块软组织伤，应灵活采用木棍、树枝、玉米秸、铁锹等固定；对已断离的肢体应妥善包扎，送往医院以后再移植。

⑧ 对大面积的烧伤，可用较清洁的衣服、雨衣、布单保护创面，粘在伤面上的衣服可不脱掉。

⑨ 运送伤员应力求迅速。受伤后至手术时所间隔的时间与死亡时间成正比，危重伤病员每延迟 30 min，死亡率增加三倍，因此运送伤员应力求迅速。

（2）水上交通事故的自救与救人。船舶在江河湖海里航行时，也存在着安全隐患，如出现碰撞、火灾、包扎、触礁、搁浅，甚至船舶翻沉等，乘客的安全都会受到严重威胁。因此要掌握一定的自救与救人知识。

① 要做好自身保护。镇定情绪，寻找救生及漂浮工具，漂浮在水中不要轻易游动，除非是要接近附近的船只或可攀附的漂浮物。在水中采取好的姿势对保存体能很重要，双腿并拢屈到胸部，两肘紧贴身旁，两臂交叉放到救生衣前，并使头部和颈部露出水面，保持清醒状态，不能入睡，振作精神，坚持时间越长获救的机会越大。

② 跳水逃生前不要慌张，要观察船只周围情况，要避开水上漂流硬物。如船只正在下沉，千万不要在倾倒的一侧下水，以防被船体压入水中难以逃生。

③ 落水后往下沉时要保持镇静，紧闭嘴唇咬紧牙齿闭住气，不要在水中拼命挣扎，应仰起头使自己身体倾斜，保持这种姿态就可以慢慢浮出水面。

④ 要搞清船舶出事的准确位置，并通过各种方式（呼喊或摇动色彩鲜艳物等）发出求救信号。

（3）火车事故自救。乘坐火车时有时也会出现意外事故，如火车出轨等，尽管这种情况的出现是极少数的，也应引起注意。

火车出事前通常没有什么迹象，不过有时旅客会觉察到一些异常现象（如紧急刹车），这时应充分利用出事前短短几分钟或几秒的时间，采取一些自救的措施。

① 离开门窗或趴下来抓住牢固的物体，以避免碰撞或被抛出车厢。身体紧靠在牢固的物体上，低下头，下巴紧贴胸前，以防头部受伤。如座位不靠近门窗，则应留在原位保持不动；若接

近门窗，就应尽快离开。

② 火车出轨向前时，不要尝试跳车。

③ 火车停下来后，看清周围环境如何。如果环境允许，则在原地不动，等待救援人员到来。此外不论怎样，要大声呼救，想办法尽快将遇险的消息传递出去。

第二节　个人权益的维护及义务的履行

相对社会整体来说，尽管大学生在知识和技能方面素质较高，但大学生脱离社会，社会经验较少，思想十分单纯，安全意识较为淡薄，缺乏自我保护意识，对于通过用什么方式方法来保障自己的权益不受侵害，许多人都未认真考虑过。

一、大学生的权益和义务

权益，是指宪法和法律所规定并保障公民从事某种行为的权力和从中获取某种利益。义务，是指宪法和法律规定公民必须履行的某种责任。义务的履行是实现权益的前提和保障。权益和义务是互相依存、互相结合、互相促进、相辅相成的。大学生只有认真履行法律规定的各种义务，才能更好地享有各种法定的权益。大学生在校期间除依法享有公民的权益和履行公民的义务外，还应根据国家有关法律法规的规定，享有大学生的权益和履行大学生的义务。

大学生在学校学习期间享有的权利，一般从大学生在学校注册取得学籍开始，到学籍注销时终止，如学生每日上学，则应从学校规定的上学到校时间开始，到学校规定的离校时间为止。在校享受各种权利的同时，相应的义务也同时产生，学生在享有特有权利的同时承担相应的义务，实际上就是在依法保护自己的生活与学习空间的安全。

1. 大学生在校期间享有的权利

依据《中华人民共和国高等教育法》和《中华人民共和国教育法》的规定，大学生在校期间享有以下权利：

（1）参加教育教学计划安排的各种活动，使用教育教学设施、设备、图书资料。

（2）按照国家有关规定获得奖学金、贷学金、助学金、困难补助金等。国家设立的或由其他组织或个人设立的奖学金、助学金等项目，是一项社会公益性措施，它可以用于对品学兼优的学生、国家规定的专业以及到规定地区工作的学生给予奖励。

（3）在学业成绩和品行上获得公正的评价。完成规定的学业后，学校应给大学生颁发相应的学历、学位证书。老师对学生完成学业情况有评价权，但是这种权利不能滥用，对学生的评价一定要公正，以免对学生的发展带来不利影响。

（4）学生有申诉的权利。如果对学校给予的处分不服，大学生有权向有关部门申诉；对学校、老师侵犯大学生的合法权益，可提出申诉或依法提起诉讼。

（5）学生在课余时间可以参加社会服务和勤工助学活动，但不能影响学业任务的完成。学校应鼓励学生志愿参加社会服务和勤工助学活动，并做好引导和管理工作。

（6）在法律法规允许的范围内可以在校内组织学生团体，其活动必须服从学校的管理。

（7）在规定的学制年限内，学完规定的课程，成绩合格或取得相应的学分，思想品德合格者，应准予毕业。

（8）学校应尽力为毕业、结业学生提供就业指导和择业服务。

（9）法律、法规规定的其他权利。

2．大学生在校期间应履行的义务

依据《中华人民共和国高等教育法》和《中华人民共和国教育法》的相关规定，大学生在校期间应履行以下义务：

（1）遵守法律、法规。国家颁发的法律法规，具有普遍的约束力和强制力，在校学生也不能例外。

（2）努力学习马列主义、毛泽东思想、邓小平理论、“三个代表”重要思想、科学发展观、习近平新时代中国特色社会主义思想，树立爱国主义、集体主义和社会主义思想，遵守学生行为规范，养成良好的思想品德和行为习惯。

（3）努力学习，完成规定的学习任务，掌握扎实的科学文化知识和专业技能。

（4）按照国家规定的项目缴纳学习和生活费用。

（5）遵守学校的管理制度。大学校园是一个开放的“小社会”，为保证学校教学、科研、生活等各项活动正常有序地开展，学校必须进行规范化管理。在校大学生必须自觉遵守各项管理制度。

（6）获得贷学金、助学金的学生，应履行相应的义务。

（7）接受国防教育，增强国防意识，积极履行保卫祖国的义务。

3．大学生在校期间在安全管理中应履行的义务

根据国家有关规定，大学生在安全管理中应履行以下义务：

（1）持学校颁发的有效证件进出校门和校内凭证件进出的场所。

（2）接待探亲访友的境外人员应当履行门卫登记手续，如有违反，学校保卫部门有权令其说明情况或离开学校。

（3）学生集体宿舍不得留宿校外人员，更不能留宿异性。违反规定者，学校保卫部门有权责令留宿人员离校。

（4）应在学校规定的地点张贴或摆放告示、通知、广告、启事、海报等宣传品，散发宣传品、印刷品应得到学校相关部门批准后进行。

（5）组织、使用学校广播、影视设施，须经学校有关部门批准。

（6）在校园内开展文化娱乐活动，不得干扰学校的正常教学、科研和生活秩序，举办文化娱乐活动，须经学校相关部门批准，跨校活动须经公安部门批准。

（7）在校内举办集会、演讲等活动，须按规定经学校相关部门批准。

（8）校园内禁止赌博、酗酒、打架斗殴以及其他干扰教学、科研和生活秩序的行为。

（9）爱惜和保护学校公物，损坏公物要赔偿。

（10）成立学生社团和创办校内发行刊物，须经学校相关部门批准，并接受学校管理，校园内严禁非法组织活动和非法出版物。

（11）举行游行、示威活动，须按法律程序申报。

（12）校园内禁止张贴大字报、小字报。

（13）不得在校园内进行宗教活动。

二、大学生行使权利和履行义务的基本原则

世界科技的飞速发展，中华民族的迅速复兴，不但给大学生成长、成才提供了广阔的发展空

间，也给当代大学生增添了新的历史重任。这就要求在校学生牢固树立正确的世界观、人生观和价值观，加强思想道德修养，自觉遵守国家法律法规和学校规章制度。在正确行使自己享有的权利与认真履行应尽的义务过程中，大学生应该坚持以下三方面的统一。

1．大学生要坚持权利和义务相统一的原则

《中华人民共和国宪法》第三十三条规定："任何公民享有宪法和法律规定的权利，同时必须履行宪法和法律规定的义务。"由此表明，在我国公民享有权利的同时，必须履行应尽的义务；不允许只享受权利而不履行义务。权利和义务的统一是指权利和义务互相依存、互相促进、互为条件的辩证统一。在现实生活中，有些人片面地、过多地强调享有的权利而忽视法定的应尽义务。作为大学生，应该注重权利和义务的结合和统一，无论何时何地都要正确地行使权利和履行义务。而大学生履行义务的自觉性越高，越能促进学校的和谐发展。反过来，自己享有的权利保障也越有力。

2．大学生要坚持遵纪守法和道德修养相统一的原则

法律和道德从不同的角度指导和规范人的行为。大学生应该自觉学习国家的法律法规和学校的校纪校规，养成学法、懂法、守法、用法的好习惯，做自我教育、自我管理、自我约束的模范。同时，要加强道德修养，注意学习名师名家的人品和做人之道，不断培养自己的道德情操和行为修养，树立正确的世界观、人生观和价值观，学会自我控制、自我调节、自我保护，成为德才兼备的人才。

3．大学生要坚持理论和实际相统一的原则

高校校园日趋社会化，校园内人员结构多样，周边环境复杂，大学生在这种复杂的环境中，就要运用学到的理论知识，正确处理个人与个人之间、个人与集体之间、个人与社会之间的关系，明是非，分善恶，辨美丑，识荣辱，懂法规。在学习和生活中，能有效预防和应对各种灾害事故和突发事件，保证自己的权益不受损害。

三、大学生要树立法治观念，依法维护合法权益

公民的合法权益受法律保护，大学生要学会用法律赋予的权利保护好自己的合法权益。

1．正确行使好正当防卫权

《刑法》规定："为了使国家、公共利益、本人或者他人的人身、财产和其他权利免受正在进行的不法侵害，而采取的制止不法侵害的行为，对不法侵害人造成损害的，属于正当防卫，不负刑事责任。"这是《刑法》赋予公民的正当防卫权。大学生在合法权益遭受不法侵害时，就应使用正当防卫权。

（1）正当防卫时应注意的方面。

根据《刑法》的规定：

① 正当防卫必须是针对不法侵害行为，这是指公民自身或他人、国家公共利益遭到不法行为侵害时实行的防卫。

② 正当防卫必须是针对实际发生并正在进行的不法侵害。这是指侵害行为不是想象、推测、非实际存在的行为，或者是已经发生过的行为，它必须是正在进行而且尚未结束的行为。

③ 正当防卫必须是针对实施不法侵害者本人，而不能针对未参与不法侵害的其他人。

④ 正当防卫必须是为了使合法权益免受不法侵害而实施。

⑤ 正当防卫不能明显超过必要限度并造成重大伤害，如果超过限度并造成重大伤害的属防卫过当。防卫过当应负刑事责任，但是应当减轻或免除处罚。《刑法》对严重危害人身安全的犯罪行为赋予了公民无限防卫权。

《刑法》第二十条第三款明确规定："对正在进行行凶、杀人、抢劫、强奸、绑架以及其他严重危及人身安全的暴力犯罪，采取防卫行为，造成不法侵害人伤亡的，不属于防卫过当，不负刑事责任。"

国家支持正当防卫，司法也加大了对正当防卫的保护，目的是鼓励人民群众同不法分子作斗争。在不法分子实施不法侵害时，应拿起正当防卫的武器，勇敢地同不法分子作斗争，及时制止不法侵害，避免自身或人民群众受到伤害。但这里要特别注意的是，上述构成正当防卫的要件因素缺一不可，否则就不属于正当防卫。在大学生活中，同学之间难免出现一些矛盾、纠纷和碰撞，如果在处理矛盾、纠纷和碰撞的过程中，担心吃亏，怕失面子而抢先动手，致人伤亡的，就要负刑事责任。如果发现过去曾侵害过自己或侵害过他人的犯罪嫌疑人，便突然袭击，将其打伤或打死的，也要负刑事责任。这类行为都不属于正当防卫。

（2）非正当防卫的类型。为了正确行使好正当防卫权，必须严格把握正当防卫与非正当防卫之间的区别。

① 防卫过当。这是指行为人在实施正当防卫时，明显超出了必要限度，并给防卫对象造成了重大损失。

② 防卫挑拨。这是指行为人故意挑逗，致使被挑逗方对自己进行侵害，而行为人以此为借口实施防卫加害对方。

③ 局外防卫。这是指对正在进行不法侵害者以外的人实施的打击行为。

④ 假想防卫。这是指不法侵害行为根本不存在，行为人猜想、估计、推断不法侵害行为存在，而对其臆断的侵害者实施的打击行为。

⑤ 事前防卫，也称提前防卫。这是指行为人在不法侵害行为尚未发生或尚未到来的时候，对准备进行不法侵害者采取防卫的行为。

⑥ 事后防卫。这是指在不法侵害行为终止后对不法侵害者实施的报复性防卫行为。

2. 紧急避险

紧急避险是指为了使国家、共同利益、本人或他人的人身、财产和其他权利免受正在发生的危险，不得已采取的行为。

《刑法》第二十一条规定：为了使国家、公共利益、本人或他人的人身、财产和其他权利免受正在发生的危险，不得已才发生的紧急避险行为，造成损害的，不负刑事责任。紧急避险超过必要限度造成不应有的损害的，应当负刑事责任，但是应当减轻或者免除处罚。

紧急避险必须符合以下条件：

（1）紧急避险的主观条件，即紧急避险的目的，是为了保护合法权益免受正在发生的危险的损害。

（2）紧急避险的起因条件，即紧急避险必须有需要避免的危险存在。危险的主要来源有四种：一是人为危害行为；二是自然灾害；三是动物的袭击；四是人的各种疾患。

（3）紧急避险的时间条件必须是危险正在发生。所谓危险正在发生，是指已经发生的危险将立即造成损害或正在造成损害而尚未结束的。

（4）紧急避险的对象条件，只能是第三者的合法利益，即通过损害无辜者的合法权益保全公共利益或者本人的合法权益。

（5）紧急避险的可行性条件，是紧急避险只能是出于迫不得已。

（6）紧急避险的限度条件，是指紧急避险对合法权益所造成的损害不能超过必要限度。所谓必要限度，是指紧急避险行为所引起的损害必须小于所避免的损害。紧急避险还有例外的限制，即为避免本人遭受的危险，不适用于职务上的、业务上的有特定责任的人。

3．强化保险意识，积极投保，防患于未然

在社会生活中，每个人都可能遇到各种各样的灾害或事故。国家为了分散灾害和事故所造成的损失，而建立了社会保险制度，通过多数人参加保险建立保险基金，以分担少数人由于灾害或事故带来的损失。大学生应该树立和强化保险意识，积极投保，防患于未然。

保险，是一种社会经济保障机制。它以概率论为技术基础，通过合理计算，集合多数单位（或个人）共同建立的保险基金，用以在特定危险事故或事件发生而导致损失时，对特定人的财产损失或人身伤亡给予或给付的经济制度。

保险又是一种契约性的法律关系，它根据有关法律法规或当事人双方的约定，一方承担支付保险费，以换取另一方对自己由于意外事故或特定事件的出现而导致的损失，负责给予经济补偿的一种法定关系。

保险分为商业保险和社会保险两种类型。商业保险以营利为目的，是保险公司依法从事的一种商业行为。社会保险不以营利为目的，是国家为了保障劳动者在丧失劳动能力或在职业中断期间的基本生活条件而依法强制实行的一种社会保障制度。社会保险是国家强制执行的，所有的企事业单位的工作人员都必须缴纳国家规定险种的保险费，到规定的年龄即可享受相应权利。而商业保险是自愿参加的，只要个人与保险公司签订保险合同并缴纳相应的保险费，保险公司就会依法承担相应的保险责任。商业保险中有若干险种，通常分为两类，即财产保险和人身保险。财产保险是指以财产及有关利益为保险标的（以财产为保险对象）的保险。人身保险则以人的生命和身体机能为保险标，包括人寿保险、健康保险、意外伤害保险等。

4．意外伤害保险与医疗保险

按照国家目前的有关政策，在校大学生关系密切的险种有意外伤害保险和医疗保险。

（1）意外伤害保险。意外伤害保险，是以被保险人因遭受意外伤害而造成残疾、死亡、支出医疗费或暂时丧失劳动能力等情况给付保险金的一种人身保险。意外伤害保险理赔时应注意以下几点：

① 意外伤害，是指由外来的、非本意的、突然发生的情况而致被保险人伤害。它是由被保险人身体外部的偶发事件瞬间直接作用而引起的伤害，如空中坠物击伤等意外伤害。由于高血压、心肌炎等疾病所导致的伤害则不属于意外伤害。

② 意外伤害保险并非对所有意外伤害都予以理赔。如系被保险人实施犯罪活动、寻衅斗殴、打架致伤，酗酒后驾车致伤或因吸毒致残等，都属于除外责任，保险人均不予负责。如被保险人是从事登山、跳伞、滑雪、江河漂流、赛车、拳击、摔跤等活动的，则在保险合同的附加条件中予以明确。

③ 意外伤害保险的适用保障范围，主要是死亡、残疾、医疗和停工收入给付。死亡保险金一般为全额保险金；残疾总收入保险金则要依据致残程度，分等级酌情给付；医疗费的给付，一般都订有免赔额条款，被保险人需与保险人一起承担医疗费用，只是被保险人自己承担的比例比

较小；意外伤害的停工给付是专门针对临时丧失全部劳动能力的，而非针对永久丧失全部或部分劳动能力而言。保险金给付一般采用定额方式，按日或按周给付。

④ 意外伤害保险的投保人必须履行以下几方面的义务。首先是按照合同的约定按期交付保险费。通常是一次性交清，一次交清有困难的也可以分期交付。其次，是据实告知的义务。投保人必须将自己的相关情况真实、全面、详细地告诉保险人。如果故意掩盖实情，将会导致合同无效并且保险费不予退还的结果。最后，投保人必须根据保险人的要求，对保险人的身体进行健康检查，保险人不作此项要求的除外。

目前，高校对在校大学生普遍实行了意外伤害保险，而且随着社会经济的发展，意外伤害保险的范围将不断扩大。在校大学生的意外伤害保险通常由学校组织，以身体健康、能正常参加学习的学生为被保险人，以意外事故致残或死亡为保险事故。保险事故的保险范围比较广，学生在学校学习期间，无论在校内和校外，凡因发生爆炸、倒塌、烫伤、碰撞、雷击、触电、中暑、淹溺、窒息、坠跌、人兽袭击、车船飞机失事等意外事故而导致伤残或死亡的，都属于保险事故。高校组织大学生参加学生意外伤害保险，一方面是为了学生的自身利益，另一方面也是为了减轻学校因学生发生意外伤害事故而造成的经济负担。

（2）医疗保险。医疗保险，是向法定范围内的劳动者部分或全部提供预防和治疗疾病的费用，并保证其在病假期间的经济来源，保障其基本生活需求的一种社会保障制度，它是以保险合同约定的医疗行为的发生为给付保险金条件，为被保险人接受诊疗期间的医疗费用支出提供保障的保险。医疗保险以合同的方式预先向受疾病威胁的人收取医疗保险费，当被保险人患病并去医疗机构就诊而发生医疗费用后，由医疗保险机构给予一定的经济补偿。医疗保险是把个体身上的由疾病风险所致的经济损失分摊给所有受同样风险威胁的成员，用集中起来的医疗保险基金来补偿由疾病所带来的经济损失。

5. 大学生消费权益的保护

（1）根据《消费者权益保护法》的规定，大学生可以享有多种消费权益：

① 大学生享有人身和财产安全不受侵犯的权利。

② 大学生享有知晓购买和使用的商品或者接受的服务真实情况的权利，即知情权。

③ 大学生享有自主选择商品或接受服务的权利，即选择权。

④ 大学生享有公平交易的权利，即公平交易权。

⑤ 大学生享有在人身和财产遭到损害时依法获得赔偿的权利，即赔偿权。

⑥ 大学生享有人格尊严和民族习惯得到尊重的权利。

（2）大学生如发生消费权益纠纷，可通过下列途径解决：

① 协商解决。如果消费的纠纷争议不是很大，双方没有严重的分歧，这种情况下，双方可以通过协商来解决。

② 调解解决。消费的纠纷意见较大，双方协商达不成统一的意见，这种情况可以请社会消费组织或者政府有关部门、学校有关部门进行调解解决。

③ 法律途径解决。如果通过协商、调解不能解决纠纷，还可以通过法律途径来解决。

四、勤工助学

1. 勤工助学的内容

勤工助学是指学生在学校的组织下利用课余时间，通过自己的劳动取得合法报酬，用于改善学习和生活条件的社会实践活动。勤工助学是学校学生资助工作的重要组成部分，是提高学生综合素质和资助家庭经济困难学生的有效途径。

学生在学有余力的前提下，向学校提出勤工助学的申请，接受必要的勤工助学岗前培训和安全教育，再由学校统一安排到校内或校外的岗位上进行勤工助学活动。学校不得安排学生参加有毒、有害和危险的生产作业以及超过身体承受能力、有碍健康的劳动。任何单位和个人未经学校同意，不得聘用在校学生。

学生参加校内固定岗位的勤工助学，其劳动报酬由学校按月计算。每月 40 个工时的酬金原则上不低于当地政府或有关部门制定的最低工资标准或居民最低生活保障标准，可以适当上下浮动。学生参加校内临时岗位的勤工助学，其劳动报酬由学校按小时计算。每小时酬金原则上不低于 8 元人民币。学生参加校外勤工助学的酬金标准不低于学校所在地政府或有关部门规定的最低工资标准，具体数额由用人单位、学校与学生协商确定，并写进聘用协议。

2．权益保护

学生在开始勤工助学活动前应当与有关单位签订协议，保护自身的合法权益。学生在进行校内勤工助学前，应当与学校的学生勤工助学管理服务组织签订具有法律效力的协议书。学生在进行校外勤工助学前，应当与代表学校的学生勤工助学管理服务组织、用人单位签订具有法律效力的三方协议书。协议书应当明确学校、用人单位和学生三方的权利和义务，意外伤害事故的处理办法以及争议解决方案，并且具有获得岗前业务知识和安全知识培训的权利。

案例 *11* 某高校英语系大三学生小谢，在看到某信息咨询有限公司在媒体上刊登的招聘广告后，决定应聘该公司的兼职英文翻译岗位。经过简单面试，小谢交了 500 元押金和 50 元信息费，拿到一篇文章回去翻译。过了一个星期交稿时，小谢得到了 80 元稿费，并又拿到一篇稿件回去翻译。再过了两个礼拜，小谢致电公司准备交稿，可电话怎么也打不通。赶到公司却发现办公室里黑灯瞎火，问大楼的保安，说公司已经搬走好几天了，去处不详。

五、户籍管理

2003 年，公安部公布“户籍管理七项便民利民措施”：

（1）到西部地区工作的应届大学生毕业，可以根据本人意愿，将户口迁到工作地区，也可以迁回原籍。

（2）到西部地区投资、兴办实业的人员以及西部开发建设所需要的各类人才，可以不迁户口；户口已经迁入西部地区的，如果返回原迁出地工作、生活，可以根据本人意愿，将户口迁回原迁出地。

（3）在大、中城市落户的高中级专门人才到小城镇或者农村工作的，可以不迁户口。

（4）考取普通高等学校、普通中等专业学校的学生，入学时也以自愿选择是否办理户口迁移手续。

（5）新出生婴儿的常住户口登记，随父母自愿选择。

（6）取消出国、出境 1 年以上的人员注销户口的规定（在国外、境外定居的除外）。

（7）取消被判处徒刑、被决定劳动教养的人员注销户口的规定。

六、国家助学金

根据教育部、财政部有关《普通本科高校、高等职业学校国家助学金管理暂行办法》的规定，如果在校学生生活简朴，家庭经济困难，可以申请国家助学金。国家助学金的参评对象是普通全日制本、专科学生，金额标准是 3 000 元。特别说明的是，申请国家励志奖金的学生可以同时申请国家助学金，但不能同时申请国家奖学金和省政府奖学金。在校学生可以根据自己的情况按正常程序提出相应申请。

七、国家奖学金

国家奖学金是由中华人民共和国教育部颁发给普通本科高校、高等职业学校与普通高等学校全日制研究生的一项奖学金。

2007 年，为激励普通本科高校、高等职业学校学生勤奋学习、努力进取，在德、智、体、美等方面得到全面发展，根据《国务院关于建立健全普通本科高校、高等职业学校和中等职业学校家庭经济困难学生资助政策体系的意见》〔国发〔2007〕13 号〕有关精神，财政部、教育部制定了《普通本科高校、高等职业学校国家奖学金管理暂行办法》。本办法所称普通本科高校、高等职业学校是指根据国家有关规定批准设立、实施高等学历教育的全日制普通本科高等学校、高等职业学校和高等专科学校（以下简称高校）。国家奖学金是由中央政府出资设立，用于奖励高校全日制本专科（含高职、第二学士学位）学生（以下简称学生）中特别优秀的学生。本、专科国家奖学金的奖励标准为每人每年 8 000 元。

2012 年 10 月 22 日，中国政府网发布《财政部、教育部关于印发〈研究生国家奖学金管理暂行办法〉的通知》，为发展中国特色研究生教育，促进研究生培养机制改革，提高研究生培养质量，从 2012 年 9 月 1 日起，实施研究生国家奖学金制度，每年奖励 4.5 万名在读研究生——博士研究生 1 万名，硕士研究生 3.5 万名。博士研究生国家奖学金奖励标准定为每生每年 3 万元；硕士研究生国家奖学金奖励标准定为每生每年 2 万元。

每年评审一次，所有符合条件的高校全日制本专科、攻读硕士、博士学位的全日制研究生均有资格申请。

八、助学贷款

国家助学贷款是党中央、国务院在社会主义市场经济条件下，利用金融手段完善我国普通高校资助政策体系，加大对普通高校贫困家庭学生资助力度所采取的一项重大措施。国家助学贷款是由政府主导、财政贴息、财政和高校共同给予银行一定风险补偿金，银行、教育行政部门与高校共同操作的专门帮助高校贫困家庭学生的银行贷款。借款学生不需要办理贷款担保或抵押，但需要承诺按期还款，并承担相关法律责任。借款学生通过学校向银行申请贷款，用于弥补在校期间各项费用不足，毕业后分期偿还。

2015 年 7 月 20 日，教育部等部门联合发布了《关于完善国家助学贷款政策的若干意见》（以下简称《意见》）。《意见》表示，为切实减轻借款学生的经济负担，将贷款最长期限从 14 年延长至 20 年，还本宽限期从 2 年延长至 3 年整，学生在读期间贷款利息由财政全额补贴。

2020 年 7 月 21 日，教育部、财政部、中国人民银行、银保监会等四部门联合印发《关于调整完善国家助学贷款有关政策的通知》（教财〔2020〕4 号），通知明确，从还本宽限期、贷款期限和贷款利率等三个方面对助学贷款有关政策作出调整。一是助学贷款还本宽限期从 3 年延长至 5 年。二是助学贷款期限从学制加 13 年、最长不超过 20 年调整为学制加 15 年、最长不超过 22 年。

三是 2020 年 1 月 1 日起，新签订合同的助学贷款利率按照同期同档次贷款市场报价利率（LPR）减 30 个基点执行。

第三节　报警与求助

一、安全标志

案例 ***12*** 某施工队在 A 先生回家的必经路段进行断路施工，已经有一周时间没回家的 A 先生不知道这个情况，一接到家中有事的电话，便连夜骑着自行车往家赶。由于天黑看不清路，车子骑得又快，A 先生骑到施工路段时撞到路边水泥板并翻进沟里，造成右臂骨折，花去医疗费 1 800 元。就经济赔偿问题，施工队和 A 先生双方争执不下，来到街道司法所请求司法调解。调解结果是：施工队赔偿 A 先生的全部医疗费用。理由是：依据《中华人民共和国民法典》相关规定，在公共场所、道旁或通道上挖坑，修缮安装地下设施等，没有设置明显警示标志和采取安全措施造成他人损害的，施工人应承担民事责任。

施工队开工后在路边放置了小木牌，这种方式在白天可以起到一定的作用，在晚上就起不了什么作用，因此不能认定施工队在施工区域设置了明显的安全警示标志。

从上述案例可以看出安全标志在人们日常生活中的重要性。

1．安全标志的定义

安全标志是用以表达特定安全信息的标志，一般由图形符号、安全色、几何形状（边、框）或文字构成，对提醒人们注意不安全因素、防止事故发生起着积极作用。

2．安全标志的作用

《安全标志及其使用导则》（GB 2894—2008）中规定了四类传递安全信息的安全标志。在各种行业中正确使用安全标志，可以使人们能够及时得到提醒和警示，以防止事故和危害发生。

安全标志通过不同颜色向人们发出不同的信息，使人们能够迅速发现或分辨安全标志，提醒人们注意和警觉，从而达到安全生产的目的。

（1）红色用来表示禁止、停止。如“禁止吸烟”“禁止合闸，线路有人工作”“严禁超速”“非安全出口”等标示牌均提醒人们提高警惕，禁止某些动作。此外，也可用于提示各种消防器材、设施，如“室内消防栓”“火情报警电话”“火情报警按钮”等。

（2）黄色用来表示注意危险。如“当心触电”“注意安全”“注意防尘”“当心瓦斯”“危险废物”等标示牌都用黄色作底色，提醒人们不要草率行动。

（3）蓝色用来表示命令、强制执行。如“必须戴安全帽”“必须戴绝缘手套”“必须穿绝缘鞋”等标示牌。

（4）绿色用来表示各种提示标志。如“已接地”“在此工作”“从此上下”“消防疏散通道”等标示牌都用绿色作为底色，告诉人们生产场所安全或已经采取安全措施。

3．安全标志的基本类型

根据安全标志传达的信号、目的、意义等的不同，可将安全标志分为四类。

（1）禁止标志。禁止标志是禁止人们不安全行为的图形标志，禁止标志的基本形式是带斜杠的圆边框，如图 11-1 所示。

禁止标志的基本参数为：外径 d_1=0.025L，内径 d_2=0.800d_1，斜杠宽 c=0.080d_1，斜杠与水平线的夹角 α =45°，L 为观察距离。

（2）警告标志。警告标志是提醒人们对周围环境引起注意，以避免发生危险。警告标志的基本形式是等边三角形边框，如图 11–2 所示。

警告标志的基本参数为：外径 a_1 =0.034L，内径 a_2 =0.700 a_1，斜杠宽 r=0.080 a_2，L 为观察距离。

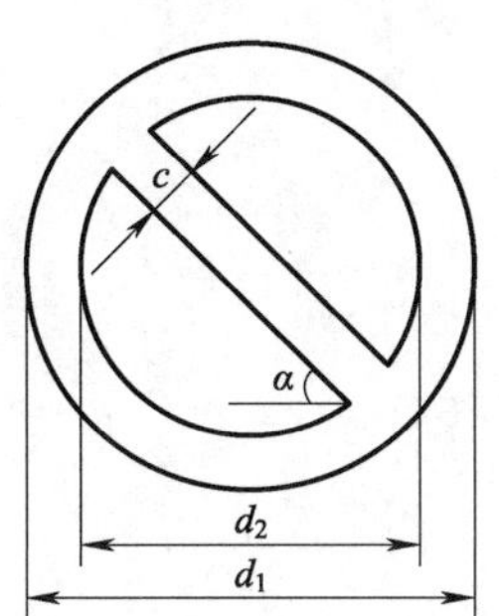

图 11–1 禁止标志的基本形式

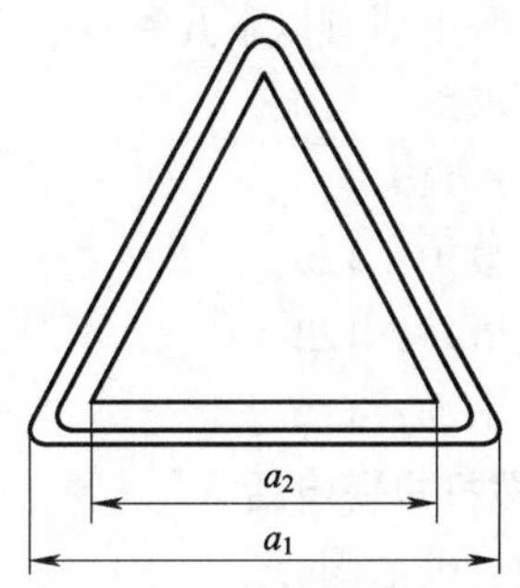

图 11–2 警告标志的基本形式

（3）指令标志。指令标志是强制人们必须做出某种动作或采取防范措施的图形标志。指令标志的基本形式是圆形边框，如图 11–3 所示。

指令标志的基本参数为：外径 d=0.025L；L 为观察距离。

（4）提示标志。提示标志是向人们提供某种信息（如标明安全设施或场所等）的图形标志。提示标志的基本形式是正方形边框，如图 11–4 所示。

指令标志的基本参数为：外径 a =0.025L；L 为观察距离。

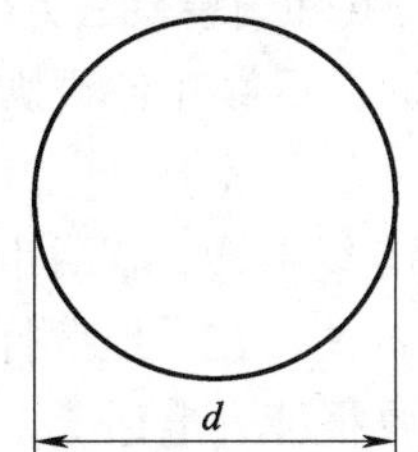

图 11–3 指令标志的基本形式

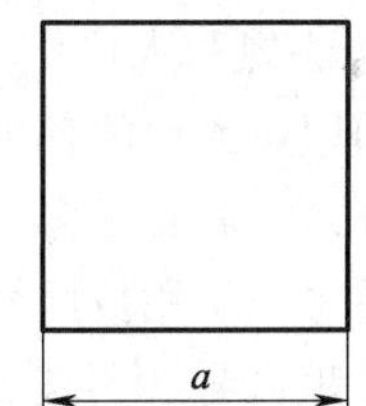

图 11–4 提示标志的基本形式

二、报警与求助方法

在日常生活中，不可避免地会遇到一些麻烦，甚至困难，凭借一己之力难以克服，需要及时获得社会有关组织的帮助。特别是当自己、他人、社会等面临危险或可能遭遇伤害甚至已经遭到伤害的情急关头，应当懂得借助公共力量避免危险的发生来减少损失，使事情得到公平、合理的解决。这就是要求每个公民都要具备基本的报警常识，懂得报警方法。

案例 13 有 3 位自驾游的朋友不慎连人带车跌落至 150 m 深的山谷，受困四日三夜后才获救。其间他们曾多次想用手机向外求救，无奈一只被摔坏，一只没电了，一只信号不良。他们还多次移动位置以寻找较佳的收发信号地，但都不成功。如果这 3 位人士平常就知道 112 专线，紧急时刻也能知道如何用那只信号不良的手机拨出 112 专线，相信他们可以很快获救。

全国各地通用的 112 专线，手机即使没有接收信号，或者电力极为微弱，皆可拨通。拨出

112后，马上会进入语音说明：“这里是行动电话112紧急救难专线，如果您要报案，请拨0，我们将会为您转接警察局；如果您需要救助，请拨 9，我们将为您转接消防局”。中文讲完后，会以英文重述一遍。此时只要拨 0 或 9，一定会有人接听。以上 3 位人士所处的情况，或登山迷途或遭遇其他困境时，应拨 9，将可获得及时的救助。

1. 常用报警电话

常用的报警电话有以下几种：

（1）报警求助：110。

（2）火警：119。

（3）医疗救护：120。

（4）交通事故：122。

（5）紧急求助：112。

2. 如何拨打报警电话

（1）报警受理范围。

① 受理报警范围：刑事案件、自然灾害、治安案件危害人身、财产安全或社会治安秩序的群体事件，其他需要公安机关处置的违法犯罪有关的报警。

② 受理求助范围：发生溺水、坠楼、自杀等事故，需要公安机关紧急救助的；老人、儿童以及智障人员、精神病患者等人员走失、需要公安机关在一定范围内帮助查找的；公众遇到危难，处于孤立无援状况，需要立即救助的；涉及水、电、气、热等公共设施出现险情，威胁公共安全、人身或者财产安全和工作、学习、生活秩序，需要公安机关先期紧急处置的；需要公安机关处置的其他紧急情况。

③ 受理警务投诉范围：公安机关及人民警察违反《中华人民共和国警察法》《公安机关督察条例》等法律、法规和人民警察各项纪律规定，不履行法定职责，不遵守各项执法、服务、组织、管理制度和职业道德的各种行为。

（2）报警方式。需要报警、求助或进行警务投诉时，可通过有线电话（普通市话、投币电话等）、移动电话等，不用拨区号，直接拨 110 即可接通当地公安机关。在异地拨打案发地的 110 时，可先拨案发地区号，再拨 110。拨打 110 电话，电信部门免收报警人电话费，投币电话不用投币，直接拿起话筒即可拨通。

发生一切紧急情况都可拨打 110。若有交通事故可拨打 122，火警拨打 119，医疗急救拨打 120，为保障报警系统畅通有效，不得随意拨打无效或骚扰电话。

（3）报警内容。

① 警情发生的时间和具体位置。在郊区，要说明乡镇和村落的名称。为了缩短民警到达现场的时间，尽量在村委会或村牌处等候，如果实在不能离开现场，要尽量说明在村庄的哪个方位；在市区，要说明确切位置，也可找周围的明显建筑物或商店名称，来表明所处的位置；在公路上，要说明具体哪一路段，附近是否有明显的标志物和路牌。

② 报警人的姓名和报警电话。留下真实姓名和电话，以方便警务人员及时联系。需要报警台替报警人保密的，报警台会采取保密措施，切实做好报警人的安全保护工作。

③ 交代清楚警情内容。在报警过程中，要保持冷静，讲话要清晰、简练、易懂。电话拨通后，应再确认一下，以免打错电话误事。必须说清楚事件主要情况及伤病员的年龄、性别、主要症状或伤情，便于准确派车。报警后要尽量提前接应急救车辆，选择路口、公交车站、高大建筑

物等明显标志的地方，见到警车应主动挥手示意。拨打 120 后，等车时不要急于将患者搀扶或抬出来以免影响救治。

（4）交通事故需要说明的内容。

① 肇事车辆类型，如大货车、小货车、客车、轿车等。

② 人员伤亡情况。

③ 如果肇事车辆逃逸，应详细地说明车辆的特征、车牌号及逃逸方向等。

（5）抢劫、抢夺、盗窃等刑事案件需要说明的内容。

① 案发时间和作案人数。

② 作案人特征。重点说明身高、体型、面貌特征（如长发或者短发、是否戴眼镜、作案人大致年龄、口音、衣服颜色式样等）。

③ 作案人的逃逸方向，交通工具（包括车型、车号、车辆颜色）、作案工具。

④ 作案人或群众是否受伤。

（6）火警需要说明的内容。

① 起火的场所，如民房、工厂、仓库、商场等。

② 燃烧物品，如草垛、木材、液化气、电路等。

③ 火场内是否有被阻人员，现场是否有人受伤等。

④ 如遇山林火灾，要说明山火的火势，山上树木的疏密程度及大火经过面积等。

⑤ 易燃易爆液体或气体泄漏，也要及时拨打火警电话 119。

（7）报警求救时的注意事项。

① 平静心态，及时报警：当发现自己身处危机（险）时，要克服恐惧，保持平静心态，及时报警。报警时要讲清楚求助的事项，报警人的姓名、电话、所处的地点等，以便联系。例如，在拨打 119 报警电话时，要详细说明火警发生的地址、处所、建筑物状况，并尽可能地讲清着火的类型、对象和范围等，以便消防车辆及时前往救火。

报警要及时、准确。在遭遇意外事件后，报警越及时和准确，人身和财产损失就越小。

② 保护现场，配合调查：保护现场。当发生被盗案件时，应迅速组织在场人员保护好现场，不要进入和翻动现场的物品。现场有关的痕迹、物证一旦遭破坏，将不利于调查取证。完整的现场对公安人员准确分析、正确判断侦查范围，收集罪证有十分重要的意义。在遭遇被骗等事件后，要注意对作案人员遗留下来的文字资料、身份证件、电话号码、残留的物品等予以保留，并及时提供给前来破案的有关人员。

配合调查。实事求是地回答公安、保卫人员提出的问题，积极提供线索，不得隐瞒情况不报。假如受骗，应积极向公安机关和学校保卫处提供诈骗嫌疑人的体貌特征、年龄、单位和住址及与其交往的经过等线索，尽可能地回忆每一个细节，配合调查，协助公安、保卫部门破案。

3. 网络报警

网上举报是指举报人通过互联网，将所要举报的网络违法案件线索直接在举报网站填写举报表单或写成电子邮件进行举报的一种方式。公民上网举报，要注意网上举报方式、网上举报的受理范围，还应该注意网上举报的注意事项等内容。

（1）网上举报方式。

举报人可以通过公安部公布的相关网站（网络违法犯罪网站）通过在线举报或电子邮件两种途径进行举报。

通过网站在线举报时，单击“网络报警”，按照提示填写相关内容后提交。通过电子邮件举报时，单击“邮件报警”，进入电子邮件客户端后填写举报内容后发送。

（2）举报受理范围。

举报网站受理范围包括网络违法案件线索，以及网上违法和不良信息三类。详细分类如下：

第一类 网络违法案件指在互联网和其他信息系统上从事的违法犯罪案件：

（1）利用互联网进行的违法案件。

① 利用互联网煽动危害国家安全的。

② 利用互联网进行邪教组织活动的。

③ 利用互联网捏造或者歪曲事实、散布谣言，扰乱社会秩序的。

④ 在互联网上建立淫秽色情网站、网页，提供淫秽站点链接，传播淫秽色情信息，组织网上淫秽色情表演的。

⑤ 利用互联网进行赌博的。

⑥ 利用互联网进行盗窃、诈骗和敲诈勒索的。

⑦ 利用互联网侮辱诽谤他人或捏造事实诽谤他人的。

⑧ 利用互联网窃取、篡改、删除他人电子邮件或其他数据资料，侵犯公民通信自由和通信秘密的。

⑨ 利用互联网进行其他违法犯罪活动的。

（2）危害互联网和其他信息系统运行安全的违法案件。

① 进行网络入侵和攻击破坏活动的。

② 故意制作、传播计算机病毒等破坏程序的。

③ 违反国家规定，擅自中断网络运行或互联网服务的。

④ 违反国家规定，对信息系统中存储、处理或者传输的数据和应用程序进行删除、修改、增加的操作，造成严重后果的。

⑤ 其他危害网络安全的。

此外，还包括影响互联网和涉及国计民生的重要信息系统运行安全的重大突发事件。

第二类 违法信息是指违背《中华人民共和国宪法》《全国人大常委会关于维护互联网安全的决定》《互联网信息服务管理办法》所明文严禁的信息以及其他法律法规明文禁止传播的各类信息。

《互联网信息服务管理办法》所严禁的九类信息是：

① 反对宪法所确定的基本原则的。

② 危害国家安全，泄露国家秘密，颠覆国家政权，破坏国家统一的。

③ 损害国家荣誉和利益的。

④ 煽动民族仇恨、民族歧视，破坏民族团结的。

⑤ 破坏国家宗教政策，宣扬邪教和封建迷信的。

⑥ 散布谣言，扰乱社会秩序，破坏社会稳定的。

⑦ 散布淫秽、色情、赌博、暴力、凶杀、恐怖或者教唆犯罪的。

⑧ 侮辱或者诽谤他人，侵害他人合法权益的。

⑨ 含有法律、行政法规禁止的其他内容的。

第三类 不良信息是指违背社会主义精神文明建设要求、违背中华民族优良文化传统与习惯，以及其他违背社会公德的各类信息，包括文字、图片、音视频等。主要包括淫秽信息和色情信息。

（3）网上举报的注意事项。

① 提倡署实名举报，署实名举报的请详细填写联系方式。

② 请如实填写举报表单中的各栏目，力求详尽。标有“***”的为必填项目。

③ 为了方便查询处理结果，请进行用户注册。注册用户登录后可查询历次举报的处理结果，非注册用户只能凭报警编码和查询密码查询单条举报查处情况。举报人在查询举报线索处理结果时，从严格保密、保护举报人的合法权益考虑，要求举报人提供举报线索编码及查询密码，才能查询处理结果。

④ 公安部网络违法案件举报网站将认真对待每一条举报线索。经核查后情况属实的，公安机关将依法对被举报网站以及相关人员做出处理，主动通过举报网站和电子邮件两种方式给举报人以答复，并将处理情况反馈给举报人。

⑤ 举报网站严格保护举报人的合法权益，不泄露举报人的任何个人信息。

案例14　2015 年 4 月，公安部对第二十批举报人员分别给予 1 000 元奖励。自 2009 年 12 月 4 日《举报互联网和手机媒体淫秽色情及低俗信息奖励办法》，2014 年 8 月 22 日《关于鼓励网民举报涉枪涉爆、管制器具等违法犯罪线索的公告》公布以来，公安部网络违法犯罪举报网站已分二十批奖励举报人 171 名。

附录A 中华人民共和国国家安全法

（2015年7月1日第十二届全国人民代表大会常务委员会第十五次会议通过）

目　录

第一章　总　　则

第一条　为了维护国家安全，保卫人民民主专政的政权和中国特色社会主义制度，保护人民的根本利益，保障改革开放和社会主义现代化建设的顺利进行，实现中华民族伟大复兴，根据宪法，制定本法。

第二条　国家安全是指国家政权、主权、统一和领土完整、人民福祉、经济社会可持续发展和国家其他重大利益相对处于没有危险和不受内外威胁的状态，以及保障持续安全状态的能力。

第三条　国家安全工作应当坚持总体国家安全观，以人民安全为宗旨，以政治安全为根本，以经济安全为基础，以军事、文化、社会安全为保障，以促进国际安全为依托，维护各领域国家安全，构建国家安全体系，走中国特色国家安全道路。

第四条　坚持中国共产党对国家安全工作的领导，建立集中统一、高效权威的国家安全领导体制。

第五条　中央国家安全领导机构负责国家安全工作的决策和议事协调，研究制定、指导实施国家安全战略和有关重大方针政策，统筹协调国家安全重大事项和重要工作，推动国家安全法治建设。

第六条　国家制定并不断完善国家安全战略，全面评估国际、国内安全形势，明确国家安全战略的指导方针、中长期目标、重点领域的国家安全政策、工作任务和措施。

第七条　维护国家安全，应当遵守宪法和法律，坚持社会主义法治原则，尊重和保障人权，依法保护公民的权利和自由。

第八条　维护国家安全，应当与经济社会发展相协调。

国家安全工作应当统筹内部安全和外部安全、国土安全和国民安全、传统安全和非传统安全、自身安全和共同安全。

第九条　维护国家安全，应当坚持预防为主、标本兼治，专门工作与群众路线相结合，充分发挥专门机关和其他有关机关维护国家安全的职能作用，广泛动员公民和组织，防范、制止和依法惩治危害国家安全的行为。

第十条　维护国家安全，应当坚持互信、互利、平等、协作，积极同外国政府和国际组织开展安全交流合作，履行国际安全义务，促进共同安全，维护世界和平。

第十一条　中华人民共和国公民、一切国家机关和武装力量、各政党和各人民团体、企业事业组织和其他社会组织，都有维护国家安全的责任和义务。

中国的主权和领土完整不容侵犯和分割。维护国家主权、统一和领土完整是包括港澳同胞和台湾同胞在内的全中国人民的共同义务。

第十二条　国家对在维护国家安全工作中作出突出贡献的个人和组织给予表彰和奖励。

第十三条　国家机关工作人员在国家安全工作和涉及国家安全活动中，滥用职权、玩忽职守、徇私舞弊的，依法追究法律责任。

任何个人和组织违反本法和有关法律，不履行维护国家安全义务或者从事危害国家安全活动的，依法追究法律责任。

第十四条　每年4月15日为全民国家安全教育日。

第二章　维护国家安全的任务

第十五条　国家坚持中国共产党的领导，维护中国特色社会主义制度，发展社会主义民主政治，健全社会主义法治，强化权力运行制约和监督机制，保障人民当家作主的各项权利。

国家防范、制止和依法惩治任何叛国、分裂国家、煽动叛乱、颠覆或者煽动颠覆人民民主专政政权的行为；防范、制止和依法惩治窃取、泄露国家秘密等危害国家安全的行为；防范、制止和依法惩治境外势力的渗透、破坏、颠覆、分裂活动。

第十六条　国家维护和发展最广大人民的根本利益，保卫人民安全，创造良好生存发展条件和安定工作生活环境，保障公民的生命财产安全和其他合法权益。

第十七条　国家加强边防、海防和空防建设，采取一切必要的防卫和管控措施，保卫领陆、内水、领海和领空安全，维护国家领土主权和海洋权益。

第十八条　国家加强武装力量革命化、现代化、正规化建设，建设与保卫国家安全和发展利益需要相适应的武装力量；实施积极防御军事战略方针，防备和抵御侵略，制止武装颠覆和分裂；开展国际军事安全合作，实施联合国维和、国际救援、海上护航和维护国家海外利益的军事行动，维护国家主权、安全、领土完整、发展利益和世界和平。

第十九条 国家维护国家基本经济制度和社会主义市场经济秩序，健全预防和化解经济安全风险的制度机制，保障关系国民经济命脉的重要行业和关键领域、重点产业、重大基础设施和重大建设项目以及其他重大经济利益安全。

第二十条 国家健全金融宏观审慎管理和金融风险防范、处置机制，加强金融基础设施和基础能力建设，防范和化解系统性、区域性金融风险，防范和抵御外部金融风险的冲击。

第二十一条 国家合理利用和保护资源能源，有效管控战略资源能源的开发，加强战略资源能源储备，完善资源能源运输战略通道建设和安全保护措施，加强国际资源能源合作，全面提升应急保障能力，保障经济社会发展所需的资源能源持续、可靠和有效供给。

第二十二条 国家健全粮食安全保障体系，保护和提高粮食综合生产能力，完善粮食储备制度、流通体系和市场调控机制，健全粮食安全预警制度，保障粮食供给和质量安全。

第二十三条 国家坚持社会主义先进文化前进方向，继承和弘扬中华民族优秀传统文化，培育和践行社会主义核心价值观，防范和抵制不良文化的影响，掌握意识形态领域主导权，增强文化整体实力和竞争力。

第二十四条 国家加强自主创新能力建设，加快发展自主可控的战略高新技术和重要领域核心关键技术，加强知识产权的运用、保护和科技保密能力建设，保障重大技术和工程的安全。

第二十五条 国家建设网络与信息安全保障体系，提升网络与信息安全保护能力，加强网络和信息技术的创新研究和开发应用，实现网络和信息核心技术、关键基础设施和重要领域信息系统及数据的安全可控；加强网络管理，防范、制止和依法惩治网络攻击、网络入侵、网络窃密、散布违法有害信息等网络违法犯罪行为，维护国家网络空间主权、安全和发展利益。

第二十六条 国家坚持和完善民族区域自治制度，巩固和发展平等团结互助和谐的社会主义民族关系。坚持各民族一律平等，加强民族交往、交流、交融，防范、制止和依法惩治民族分裂活动，维护国家统一、民族团结和社会和谐，实现各民族共同团结奋斗、共同繁荣发展。

第二十七条 国家依法保护公民宗教信仰自由和正常宗教活动，坚持宗教独立自主自办的原则，防范、制止和依法惩治利用宗教名义进行危害国家安全的违法犯罪活动，反对境外势力干涉境内宗教事务，维护正常宗教活动秩序。

国家依法取缔邪教组织，防范、制止和依法惩治邪教违法犯罪活动。

第二十八条 国家反对一切形式的恐怖主义和极端主义，加强防范和处置恐怖主义的能力建设，依法开展情报、调查、防范、处置以及资金监管等工作，依法取缔恐怖活动组织和严厉惩治暴力恐怖活动。

第二十九条 国家健全有效预防和化解社会矛盾的体制机制，健全公共安全体系，积极预防、减少和化解社会矛盾，妥善处置公共卫生、社会安全等影响国家安全和社会稳定的突发事件，促进社会和谐，维护公共安全和社会安定。

第三十条 国家完善生态环境保护制度体系，加大生态建设和环境保护力度，划定生态保护红线，强化生态风险的预警和防控，妥善处置突发环境事件，保障人民赖以生存发展的大气、水、土壤等自然环境和条件不受威胁和破坏，促进人与自然和谐发展。

第三十一条 国家坚持和平利用核能和核技术，加强国际合作，防止核扩散，完善防扩散机制，加强对核设施、核材料、核活动和核废料处置的安全管理、监管和保护，加强核事故应急体系和应急能力建设，防止、控制和消除核事故对公民生命健康和生态环境的危害，不断增强有效应对和防范核威胁、核攻击的能力。

第三十二条 国家坚持和平探索和利用外层空间、国际海底区域和极地，增强安全进出、科学考察、开发利用的能力，加强国际合作，维护我国在外层空间、国际海底区域和极地的活动、资产和其他利益的安全。

第三十三条 国家依法采取必要措施，保护海外中国公民、组织和机构的安全和正当权益，保护国家的海外利益不受威胁和侵害。

第三十四条 国家根据经济社会发展和国家发展利益的需要，不断完善维护国家安全的任务。

第三章 维护国家安全的职责

第三十五条 全国人民代表大会依照宪法规定，决定战争和和平的问题，行使宪法规定的涉及国家安全的其他职权。

全国人民代表大会常务委员会依照宪法规定，决定战争状态的宣布，决定全国总动员或者局部动员，决定全国或者个别省、自治区、直辖市进入紧急状态，行使宪法规定的和全国人民代表大会授予的涉及国家安全的其他职权。

第三十六条 中华人民共和国主席根据全国人民代表大会的决定和全国人民代表大会常务委员会的决定，宣布进入紧急状态，宣布战争状态，发布动员令，行使宪法规定的涉及国家安全的其他职权。

第三十七条 国务院根据宪法和法律，制定涉及国家安全的行政法规，规定有关行政措施，发布有关决定和命令；实施国家安全法律法规和政策；依照法律规定决定省、自治区、直辖市的范围内部分地区进入紧急状态；行使宪法法律规定的和全国人民代表大会及其常务委员会授予的涉及国家安全的其他职权。

第三十八条 中央军事委员会领导全国武装力量，决定军事战略和武装力量的作战方针，统一指挥维护国家安全的军事行动，制定涉及国家安全的军事法规，发布有关决定和命令。

第三十九条 中央国家机关各部门按照职责分工，贯彻执行国家安全方针政策和法律法规，管理指导本系统、本领域国家安全工作。

第四十条 地方各级人民代表大会和县级以上地方各级人民代表大会常务委员会在本行政区域内，保证国家安全法律法规的遵守和执行。

地方各级人民政府依照法律法规规定管理本行政区域内的国家安全工作。

香港特别行政区、澳门特别行政区应当履行维护国家安全的责任。

第四十一条 人民法院依照法律规定行使审判权，人民检察院依照法律规定行使检察权，惩治危害国家安全的犯罪。

第四十二条 国家安全机关、公安机关依法搜集涉及国家安全的情报信息，在国家安全工作中依法行使侦查、拘留、预审和执行逮捕以及法律规定的其他职权。

有关军事机关在国家安全工作中依法行使相关职权。

第四十三条 国家机关及其工作人员在履行职责时，应当贯彻维护国家安全的原则。

国家机关及其工作人员在国家安全工作和涉及国家安全活动中，应当严格依法履行职责，不得超越职权、滥用职权，不得侵犯个人和组织的合法权益。

第四章　国家安全制度

第一节　一般规定

第四十四条　中央国家安全领导机构实行统分结合、协调高效的国家安全制度与工作机制。

第四十五条　国家建立国家安全重点领域工作协调机制，统筹协调中央有关职能部门推进相关工作。

第四十六条　国家建立国家安全工作督促检查和责任追究机制，确保国家安全战略和重大部署贯彻落实。

第四十七条　各部门、各地区应当采取有效措施，贯彻实施国家安全战略。

第四十八条　国家根据维护国家安全工作需要，建立跨部门会商工作机制，就维护国家安全工作的重大事项进行会商研判，提出意见和建议。

第四十九条　国家建立中央与地方之间、部门之间、军地之间以及地区之间关于国家安全的协同联动机制。

第五十条　国家建立国家安全决策咨询机制，组织专家和有关方面开展对国家安全形势的分析研判，推进国家安全的科学决策。

第二节　情报信息

第五十一条　国家健全统一归口、反应灵敏、准确高效、运转顺畅的情报信息收集、研判和使用制度，建立情报信息工作协调机制，实现情报信息的及时收集、准确研判、有效使用和共享。

第五十二条　国家安全机关、公安机关、有关军事机关根据职责分工，依法搜集涉及国家安全的情报信息。

国家机关各部门在履行职责过程中，对于获取的涉及国家安全的有关信息应当及时上报。

第五十三条　开展情报信息工作，应当充分运用现代科学技术手段，加强对情报信息的鉴别、筛选、综合和研判分析。

第五十四条　情报信息的报送应当及时、准确、客观，不得迟报、漏报、瞒报和谎报。

第三节　风险预防、评估和预警

第五十五条　国家制定完善应对各领域国家安全风险预案。

第五十六条　国家建立国家安全风险评估机制，定期开展各领域国家安全风险调查评估。

有关部门应当定期向中央国家安全领导机构提交国家安全风险评估报告。

第五十七条　国家健全国家安全风险监测预警制度，根据国家安全风险程度，及时发布相应风险预警。

第五十八条　对可能即将发生或者已经发生的危害国家安全的事件，县级以上地方人民政府及其有关主管部门应当立即按照规定向上一级人民政府及其有关主管部门报告，必要时可以越级上报。

第四节　审查监管

第五十九条　国家建立国家安全审查和监管的制度和机制，对影响或者可能影响国家安全的外商投资、特定物项和关键技术、网络信息技术产品和服务、涉及国家安全事项的建设项目，以及其他重大事项和活动，进行国家安全审查，有效预防和化解国家安全风险。

第六十条　中央国家机关各部门依照法律、行政法规行使国家安全审查职责，依法作出国家安全审查决定或者提出安全审查意见并监督执行。

第六十一条 省、自治区、直辖市依法负责本行政区域内有关国家安全审查和监管工作。

第五节 危机管控

第六十二条 国家建立统一领导、协同联动、有序高效的国家安全危机管控制度。

第六十三条 发生危及国家安全的重大事件，中央有关部门和有关地方根据中央国家安全领导机构的统一部署，依法启动应急预案，采取管控处置措施。

第六十四条 发生危及国家安全的特别重大事件，需要进入紧急状态、战争状态或者进行全国总动员、局部动员的，由全国人民代表大会、全国人民代表大会常务委员会或者国务院依照宪法和有关法律规定的权限和程序决定。

第六十五条 国家决定进入紧急状态、战争状态或者实施国防动员后，履行国家安全危机管控职责的有关机关依照法律规定或者全国人民代表大会常务委员会规定，有权采取限制公民和组织权利、增加公民和组织义务的特别措施。

第六十六条 履行国家安全危机管控职责的有关机关依法采取处置国家安全危机的管控措施，应当与国家安全危机可能造成的危害的性质、程度和范围相适应；有多种措施可供选择的，应当选择有利于最大程度保护公民、组织权益的措施。

第六十七条 国家健全国家安全危机的信息报告和发布机制。

国家安全危机事件发生后，履行国家安全危机管控职责的有关机关，应当按照规定准确、及时报告，并依法将有关国家安全危机事件发生、发展、管控处置及善后情况统一向社会发布。

第六十八条 国家安全威胁和危害得到控制或者消除后，应当及时解除管控处置措施，做好善后工作。

第五章 国家安全保障

第六十九条 国家健全国家安全保障体系，增强维护国家安全的能力。

第七十条 国家健全国家安全法律制度体系，推动国家安全法治建设。

第七十一条 国家加大对国家安全各项建设的投入，保障国家安全工作所需经费和装备。

第七十二条 承担国家安全战略物资储备任务的单位，应当按照国家有关规定和标准对国家安全物资进行收储、保管和维护，定期调整更换，保证储备物资的使用效能和安全。

第七十三条 鼓励国家安全领域科技创新，发挥科技在维护国家安全中的作用。

第七十四条 国家采取必要措施，招录、培养和管理国家安全工作专门人才和特殊人才。

根据维护国家安全工作的需要，国家依法保护有关机关专门从事国家安全工作人员的身份和合法权益，加大人身保护和安置保障力度。

第七十五条 国家安全机关、公安机关、有关军事机关开展国家安全专门工作，可以依法采取必要手段和方式，有关部门和地方应当在职责范围内提供支持和配合。

第七十六条 国家加强国家安全新闻宣传和舆论引导，通过多种形式开展国家安全宣传教育活动，将国家安全教育纳入国民教育体系和公务员教育培训体系，增强全民国家安全意识。

第六章 公民、组织的义务和权利

第七十七条 公民和组织应当履行下列维护国家安全的义务：

（一）遵守宪法、法律法规关于国家安全的有关规定；

（二）及时报告危害国家安全活动的线索；

（三）如实提供所知悉的涉及危害国家安全活动的证据；

（四）为国家安全工作提供便利条件或者其他协助；

（五）向国家安全机关、公安机关和有关军事机关提供必要的支持和协助；

（六）保守所知悉的国家秘密；

（七）法律、行政法规规定的其他义务。

任何个人和组织不得有危害国家安全的行为，不得向危害国家安全的个人或者组织提供任何资助或者协助。

第七十八条　机关、人民团体、企业事业组织和其他社会组织应当对本单位的人员进行维护国家安全的教育，动员、组织本单位的人员防范、制止危害国家安全的行为。

第七十九条　企业事业组织根据国家安全工作的要求，应当配合有关部门采取相关安全措施。

第八十条　公民和组织支持、协助国家安全工作的行为受法律保护。

因支持、协助国家安全工作，本人或者其近亲属的人身安全面临危险的，可以向公安机关、国家安全机关请求予以保护。公安机关、国家安全机关应当会同有关部门依法采取保护措施。

第八十一条　公民和组织因支持、协助国家安全工作导致财产损失的，按照国家有关规定给予补偿；造成人身伤害或者死亡的，按照国家有关规定给予抚恤优待。

第八十二条　公民和组织对国家安全工作有向国家机关提出批评建议的权利，对国家机关及其工作人员在国家安全工作中的违法失职行为有提出申诉、控告和检举的权利。

第八十三条　在国家安全工作中，需要采取限制公民权利和自由的特别措施时，应当依法进行，并以维护国家安全的实际需要为限度。

第七章　附　则

第八十四条　本法自公布之日起施行。

附录B

中华人民共和国网络安全法

（2016年11月7日第十二届全国人民代表大会常务委员会第二十四次会议通过）

目　　录

第一章　总　　则

第一条　为了保障网络安全，维护网络空间主权和国家安全、社会公共利益，保护公民、法人和其他组织的合法权益，促进经济社会信息化健康发展，制定本法。

第二条　在中华人民共和国境内建设、运营、维护和使用网络，以及网络安全的监督管理，适用本法。

第三条　国家坚持网络安全与信息化发展并重，遵循积极利用、科学发展、依法管理、确保安全的方针，推进网络基础设施建设和互联互通，鼓励网络技术创新和应用，支持培养网络安全人才，建立健全网络安全保障体系，提高网络安全保护能力。

第四条　国家制定并不断完善网络安全战略，明确保障网络安全的基本要求和主要目标，提出重点领域的网络安全政策、工作任务和措施。

第五条　国家采取措施，监测、防御、处置来源于中华人民共和国境内外的网络安全风险和威胁，保护关键信息基础设施免受攻击、侵入、干扰和破坏，依法惩治网络违法犯罪活动，维护网络空间安全和秩序。

第六条　国家倡导诚实守信、健康文明的网络行为，推动传播社会主义核心价值观，采取措施提高全社会的网络安全意识和水平，形成全社会共同参与促进网络安全的良好环境。

第七条 国家积极开展网络空间治理、网络技术研发和标准制定、打击网络违法犯罪等方面的国际交流与合作，推动构建和平、安全、开放、合作的网络空间，建立多边、民主、透明的网络治理体系。

第八条 国家网信部门负责统筹协调网络安全工作和相关监督管理工作。国务院电信主管部门、公安部门和其他有关机关依照本法和有关法律、行政法规的规定，在各自职责范围内负责网络安全保护和监督管理工作。

县级以上地方人民政府有关部门的网络安全保护和监督管理职责，按照国家有关规定确定。

第九条 网络运营者开展经营和服务活动，必须遵守法律、行政法规，尊重社会公德，遵守商业道德，诚实信用，履行网络安全保护义务，接受政府和社会的监督，承担社会责任。

第十条 建设、运营网络或者通过网络提供服务，应当依照法律、行政法规的规定和国家标准的强制性要求，采取技术措施和其他必要措施，保障网络安全、稳定运行，有效应对网络安全事件，防范网络违法犯罪活动，维护网络数据的完整性、保密性和可用性。

第十一条 网络相关行业组织按照章程，加强行业自律，制定网络安全行为规范，指导会员加强网络安全保护，提高网络安全保护水平，促进行业健康发展。

第十二条 国家保护公民、法人和其他组织依法使用网络的权利，促进网络接入普及，提升网络服务水平，为社会提供安全、便利的网络服务，保障网络信息依法有序自由流动。

任何个人和组织使用网络应当遵守宪法法律，遵守公共秩序，尊重社会公德，不得危害网络安全，不得利用网络从事危害国家安全、荣誉和利益，煽动颠覆国家政权、推翻社会主义制度，煽动分裂国家、破坏国家统一，宣扬恐怖主义、极端主义，宣扬民族仇恨、民族歧视，传播暴力、淫秽色情信息，编造、传播虚假信息扰乱经济秩序和社会秩序，以及侵害他人名誉、隐私、知识产权和其他合法权益等活动。

第十三条 国家支持研究开发有利于未成年人健康成长的网络产品和服务，依法惩治利用网络从事危害未成年人身心健康的活动，为未成年人提供安全、健康的网络环境。

第十四条 任何个人和组织有权对危害网络安全的行为向网信、电信、公安等部门举报。收到举报的部门应当及时依法作出处理；不属于本部门职责的，应当及时移送有权处理的部门。

有关部门应当对举报人的相关信息予以保密，保护举报人的合法权益。

第二章　网络安全支持与促进

第十五条 国家建立和完善网络安全标准体系。国务院标准化行政主管部门和国务院其他有关部门根据各自的职责，组织制定并适时修订有关网络安全管理以及网络产品、服务和运行安全的国家标准、行业标准。

国家支持企业、研究机构、高等学校、网络相关行业组织参与网络安全国家标准、行业标准的制定。

第十六条 国务院和省、自治区、直辖市人民政府应当统筹规划，加大投入，扶持重点网络安全技术产业和项目，支持网络安全技术的研究开发和应用，推广安全可信的网络产品和服务，保护网络技术知识产权，支持企业、研究机构和高等学校等参与国家网络安全技术创新项目。

第十七条 国家推进网络安全社会化服务体系建设，鼓励有关企业、机构开展网络安全认证、检测和风险评估等安全服务。

第十八条 国家鼓励开发网络数据安全保护和利用技术，促进公共数据资源开放，推动技术创新和经济社会发展。

国家支持创新网络安全管理方式，运用网络新技术，提升网络安全保护水平。

第十九条 各级人民政府及其有关部门应当组织开展经常性的网络安全宣传教育，并指导、督促有关单位做好网络安全宣传教育工作。

大众传播媒介应当有针对性地面向社会进行网络安全宣传教育。

第二十条 国家支持企业和高等学校、职业学校等教育培训机构开展网络安全相关教育与培训，采取多种方式培养网络安全人才，促进网络安全人才交流。

第三章 网络运行安全

第一节 一般规定

第二十一条 国家实行网络安全等级保护制度。网络运营者应当按照网络安全等级保护制度的要求，履行下列安全保护义务，保障网络免受干扰、破坏或者未经授权的访问，防止网络数据泄露或者被窃取、篡改：

（一）制定内部安全管理制度和操作规程，确定网络安全负责人，落实网络安全保护责任；

（二）采取防范计算机病毒和网络攻击、网络侵入等危害网络安全行为的技术措施；

（三）采取监测、记录网络运行状态、网络安全事件的技术措施，并按照规定留存相关的网络日志不少于六个月；

（四）采取数据分类、重要数据备份和加密等措施；

（五）法律、行政法规规定的其他义务。

第二十二条 网络产品、服务应当符合相关国家标准的强制性要求。网络产品、服务的提供者不得设置恶意程序；发现其网络产品、服务存在安全缺陷、漏洞等风险时，应当立即采取补救措施，按照规定及时告知用户并向有关主管部门报告。

网络产品、服务的提供者应当为其产品、服务持续提供安全维护；在规定或者当事人约定的期限内，不得终止提供安全维护。

网络产品、服务具有收集用户信息功能的，其提供者应当向用户明示并取得同意；涉及用户个人信息的，还应当遵守本法和有关法律、行政法规关于个人信息保护的规定。

第二十三条 网络关键设备和网络安全专用产品应当按照相关国家标准的强制性要求，由具备资格的机构安全认证合格或者安全检测符合要求后，方可销售或者提供。国家网信部门会同国务院有关部门制定、公布网络关键设备和网络安全专用产品目录，并推动安全认证和安全检测结果互认，避免重复认证、检测。

第二十四条 网络运营者为用户办理网络接入、域名注册服务，办理固定电话、移动电话等入网手续，或者为用户提供信息发布、即时通讯等服务，在与用户签订协议或者确认提供服务时，应当要求用户提供真实身份信息。用户不提供真实身份信息的，网络运营者不得为其提供相关服务。

国家实施网络可信身份战略，支持研究开发安全、方便的电子身份认证技术，推动不同电子身份认证之间的互认。

第二十五条 网络运营者应当制定网络安全事件应急预案，及时处置系统漏洞、计算机病毒、网络攻击、网络侵入等安全风险；在发生危害网络安全的事件时，立即启动应急预案，采取相应的补救措施，并按照规定向有关主管部门报告。

第二十六条 开展网络安全认证、检测、风险评估等活动，向社会发布系统漏洞、计算机病毒、网络攻击、网络侵入等网络安全信息，应当遵守国家有关规定。

第二十七条 任何个人和组织不得从事非法侵入他人网络、干扰他人网络正常功能、窃取网络数据等危害网络安全的活动；不得提供专门用于从事侵入网络、干扰网络正常功能及防护措施、窃取网络数据等危害网络安全活动的程序、工具；明知他人从事危害网络安全的活动的，不得为其提供技术支持、广告推广、支付结算等帮助。

第二十八条 网络运营者应当为公安机关、国家安全机关依法维护国家安全和侦查犯罪的活动提供技术支持和协助。

第二十九条 国家支持网络运营者之间在网络安全信息收集、分析、通报和应急处置等方面进行合作，提高网络运营者的安全保障能力。

有关行业组织建立健全本行业的网络安全保护规范和协作机制，加强对网络安全风险的分析评估，定期向会员进行风险警示，支持、协助会员应对网络安全风险。

第三十条 网信部门和有关部门在履行网络安全保护职责中获取的信息，只能用于维护网络安全的需要，不得用于其他用途。

第二节 关键信息基础设施的运行安全

第三十一条 国家对公共通信和信息服务、能源、交通、水利、金融、公共服务、电子政务等重要行业和领域，以及其他一旦遭到破坏、丧失功能或者数据泄露，可能严重危害国家安全、国计民生、公共利益的关键信息基础设施，在网络安全等级保护制度的基础上，实行重点保护。关键信息基础设施的具体范围和安全保护办法由国务院制定。

国家鼓励关键信息基础设施以外的网络运营者自愿参与关键信息基础设施保护体系。

第三十二条 按照国务院规定的职责分工，负责关键信息基础设施安全保护工作的部门分别编制并组织实施本行业、本领域的关键信息基础设施安全规划，指导和监督关键信息基础设施运行安全保护工作。

第三十三条 建设关键信息基础设施应当确保其具有支持业务稳定、持续运行的性能，并保证安全技术措施同步规划、同步建设、同步使用。

第三十四条 除本法第二十一条的规定外，关键信息基础设施的运营者还应当履行下列安全保护义务:

（一）设置专门安全管理机构和安全管理负责人，并对该负责人和关键岗位的人员进行安全背景审查；

（二）定期对从业人员进行网络安全教育、技术培训和技能考核；

（三）对重要系统和数据库进行容灾备份；

（四）制定网络安全事件应急预案，并定期进行演练；

（五）法律、行政法规规定的其他义务。

第三十五条 关键信息基础设施的运营者采购网络产品和服务，可能影响国家安全的，应当通过国家网信部门会同国务院有关部门组织的国家安全审查。

第三十六条 关键信息基础设施的运营者采购网络产品和服务，应当按照规定与提供者签订安全保密协议，明确安全和保密义务与责任。

第三十七条 关键信息基础设施的运营者在中华人民共和国境内运营中收集和产生的个人

信息和重要数据应当在境内存储。因业务需要，确需向境外提供的，应当按照国家网信部门会同国务院有关部门制定的办法进行安全评估；法律、行政法规另有规定的，依照其规定。

第三十八条　关键信息基础设施的运营者应当自行或者委托网络安全服务机构对其网络的安全性和可能存在的风险每年至少进行一次检测评估，并将检测评估情况和改进措施报送相关负责关键信息基础设施安全保护工作的部门。

第三十九条　国家网信部门应当统筹协调有关部门对关键信息基础设施的安全保护采取下列措施:

（一）对关键信息基础设施的安全风险进行抽查检测，提出改进措施，必要时可以委托网络安全服务机构对网络存在的安全风险进行检测评估；

（二）定期组织关键信息基础设施的运营者进行网络安全应急演练，提高应对网络安全事件的水平和协同配合能力；

（三）促进有关部门、关键信息基础设施的运营者以及有关研究机构、网络安全服务机构等之间的网络安全信息共享；

（四）对网络安全事件的应急处置与网络功能的恢复等，提供技术支持和协助。

第四章　网络信息安全

第四十条　网络运营者应当对其收集的用户信息严格保密，并建立健全用户信息保护制度。

第四十一条　网络运营者收集、使用个人信息，应当遵循合法、正当、必要的原则，公开收集、使用规则，明示收集、使用信息的目的、方式和范围，并经被收集者同意。

网络运营者不得收集与其提供的服务无关的个人信息，不得违反法律、行政法规的规定和双方的约定收集、使用个人信息，并应当依照法律、行政法规的规定和与用户的约定，处理其保存的个人信息。

第四十二条　网络运营者不得泄露、篡改、毁损其收集的个人信息；未经被收集者同意，不得向他人提供个人信息。但是，经过处理无法识别特定个人且不能复原的除外。

网络运营者应当采取技术措施和其他必要措施，确保其收集的个人信息安全，防止信息泄露、毁损、丢失。在发生或者可能发生个人信息泄露、毁损、丢失的情况时，应当立即采取补救措施，按照规定及时告知用户并向有关主管部门报告。

第四十三条　个人发现网络运营者违反法律、行政法规的规定或者双方的约定收集、使用其个人信息的，有权要求网络运营者删除其个人信息；发现网络运营者收集、存储的其个人信息有错误的，有权要求网络运营者予以更正。网络运营者应当采取措施予以删除或者更正。

第四十四条　任何个人和组织不得窃取或者以其他非法方式获取个人信息，不得非法出售或者非法向他人提供个人信息。

第四十五条　依法负有网络安全监督管理职责的部门及其工作人员，必须对在履行职责中知悉的个人信息、隐私和商业秘密严格保密，不得泄露、出售或者非法向他人提供。

第四十六条　任何个人和组织应当对其使用网络的行为负责，不得设立用于实施诈骗，传授犯罪方法，制作或者销售违禁物品、管制物品等违法犯罪活动的网站、通讯群组，不得利用网络发布涉及实施诈骗，制作或者销售违禁物品、管制物品以及其他违法犯罪活动的信息。

第四十七条　网络运营者应当加强对其用户发布的信息的管理，发现法律、行政法规禁止发布或者传输的信息的，应当立即停止传输该信息，采取消除等处置措施，防止信息扩散，保存有关记录，并向有关主管部门报告。

第四十八条 任何个人和组织发送的电子信息、提供的应用软件，不得设置恶意程序，不得含有法律、行政法规禁止发布或者传输的信息。

电子信息发送服务提供者和应用软件下载服务提供者，应当履行安全管理义务，知道其用户有前款规定行为的，应当停止提供服务，采取消除等处置措施，保存有关记录，并向有关主管部门报告。

第四十九条 网络运营者应当建立网络信息安全投诉、举报制度，公布投诉、举报方式等信息，及时受理并处理有关网络信息安全的投诉和举报。

网络运营者对网信部门和有关部门依法实施的监督检查，应当予以配合。

第五十条 国家网信部门和有关部门依法履行网络信息安全监督管理职责，发现法律、行政法规禁止发布或者传输的信息的，应当要求网络运营者停止传输，采取消除等处置措施，保存有关记录；对来源于中华人民共和国境外的上述信息，应当通知有关机构采取技术措施和其他必要措施阻断传播。

第五章 监测预警与应急处置

第五十一条 国家建立网络安全监测预警和信息通报制度。国家网信部门应当统筹协调有关部门加强网络安全信息收集、分析和通报工作，按照规定统一发布网络安全监测预警信息。

第五十二条 负责关键信息基础设施安全保护工作的部门，应当建立健全本行业、本领域的网络安全监测预警和信息通报制度，并按照规定报送网络安全监测预警信息。

第五十三条 国家网信部门协调有关部门建立健全网络安全风险评估和应急工作机制，制定网络安全事件应急预案，并定期组织演练。

负责关键信息基础设施安全保护工作的部门应当制定本行业、本领域的网络安全事件应急预案，并定期组织演练。

网络安全事件应急预案应当按照事件发生后的危害程度、影响范围等因素对网络安全事件进行分级，并规定相应的应急处置措施。

第五十四条 网络安全事件发生的风险增大时，省级以上人民政府有关部门应当按照规定的权限和程序，并根据网络安全风险的特点和可能造成的危害，采取下列措施:

（一）要求有关部门、机构和人员及时收集、报告有关信息，加强对网络安全风险的监测；

（二）组织有关部门、机构和专业人员，对网络安全风险信息进行分析评估，预测事件发生的可能性、影响范围和危害程度；

（三）向社会发布网络安全风险预警，发布避免、减轻危害的措施。

第五十五条 发生网络安全事件，应当立即启动网络安全事件应急预案，对网络安全事件进行调查和评估，要求网络运营者采取技术措施和其他必要措施，消除安全隐患，防止危害扩大，并及时向社会发布与公众有关的警示信息。

第五十六条 省级以上人民政府有关部门在履行网络安全监督管理职责中，发现网络存在较大安全风险或者发生安全事件的，可以按照规定的权限和程序对该网络的运营者的法定代表人或者主要负责人进行约谈。网络运营者应当按照要求采取措施，进行整改，消除隐患。

第五十七条 因网络安全事件，发生突发事件或者生产安全事故的，应当依照《中华人民共和国突发事件应对法》、《中华人民共和国安全生产法》等有关法律、行政法规的规定处置。

第五十八条 因维护国家安全和社会公共秩序，处置重大突发社会安全事件的需要，经国务院决定或者批准，可以在特定区域对网络通信采取限制等临时措施。

第六章 法律责任

第五十九条 网络运营者不履行本法第二十一条、第二十五条规定的网络安全保护义务的，由有关主管部门责令改正，给予警告；拒不改正或者导致危害网络安全等后果的，处一万元以上十万元以下罚款，对直接负责的主管人员处五千元以上五万元以下罚款。

关键信息基础设施的运营者不履行本法第三十三条、第三十四条、第三十六条、第三十八条规定的网络安全保护义务的，由有关主管部门责令改正，给予警告；拒不改正或者导致危害网络安全等后果的，处十万元以上一百万元以下罚款，对直接负责的主管人员处一万元以上十万元以下罚款。

第六十条 违反本法第二十二条第一款、第二款和第四十八条第一款规定，有下列行为之一的，由有关主管部门责令改正，给予警告；拒不改正或者导致危害网络安全等后果的，处五万元以上五十万元以下罚款，对直接负责的主管人员处一万元以上十万元以下罚款:

（一）设置恶意程序的；

（二）对其产品、服务存在的安全缺陷、漏洞等风险未立即采取补救措施，或者未按照规定及时告知用户并向有关主管部门报告的；

（三）擅自终止为其产品、服务提供安全维护的。

第六十一条 网络运营者违反本法第二十四条第一款规定，未要求用户提供真实身份信息，或者对不提供真实身份信息的用户提供相关服务的，由有关主管部门责令改正；拒不改正或者情节严重的，处五万元以上五十万元以下罚款，并可以由有关主管部门责令暂停相关业务、停业整顿、关闭网站、吊销相关业务许可证或者吊销营业执照，对直接负责的主管人员和其他直接责任人员处一万元以上十万元以下罚款。

第六十二条 违反本法第二十六条规定，开展网络安全认证、检测、风险评估等活动，或者向社会发布系统漏洞、计算机病毒、网络攻击、网络侵入等网络安全信息的，由有关主管部门责令改正，给予警告；拒不改正或者情节严重的，处一万元以上十万元以下罚款，并可以由有关主管部门责令暂停相关业务、停业整顿、关闭网站、吊销相关业务许可证或者吊销营业执照，对直接负责的主管人员和其他直接责任人员处五千元以上五万元以下罚款。

第六十三条 违反本法第二十七条规定，从事危害网络安全的活动，或者提供专门用于从事危害网络安全活动的程序、工具，或者为他人从事危害网络安全的活动提供技术支持、广告推广、支付结算等帮助，尚不构成犯罪的，由公安机关没收违法所得，处五日以下拘留，可以并处五万元以上五十万元以下罚款；情节较重的，处五日以上十五日以下拘留，可以并处十万元以上一百万元以下罚款。

单位有前款行为的，由公安机关没收违法所得，处十万元以上一百万元以下罚款，并对直接负责的主管人员和其他直接责任人员依照前款规定处罚。

违反本法第二十七条规定，受到治安管理处罚的人员，五年内不得从事网络安全管理和网络运营关键岗位的工作；受到刑事处罚的人员，终身不得从事网络安全管理和网络运营关键岗位的工作。

第六十四条 网络运营者、网络产品或者服务的提供者违反本法第二十二条第三款、第四十一条至第四十三条规定，侵害个人信息依法得到保护的权利的，由有关主管部门责令改正，可以根据情节单处或者并处警告、没收违法所得、处违法所得一倍以上十倍以下罚款，没有违法所得的，处一百万元以下罚款，对直接负责的主管人员和其他直接责任人员处一万元以上十万元以下罚款；情节严重的，并可以责令暂停相关业务、停业整顿、关闭网站、吊销相关业务许可证或者吊销营业执照。

违反本法第四十四条规定，窃取或者以其他非法方式获取、非法出售或者非法向他人提供个人信息，尚不构成犯罪的，由公安机关没收违法所得，并处违法所得一倍以上十倍以下罚款，没有违法所得的，处一百万元以下罚款。

第六十五条 关键信息基础设施的运营者违反本法第三十五条规定，使用未经安全审查或者安全审查未通过的网络产品或者服务的，由有关主管部门责令停止使用，处采购金额一倍以上十倍以下罚款；对直接负责的主管人员和其他直接责任人员处一万元以上十万元以下罚款。

第六十六条 关键信息基础设施的运营者违反本法第三十七条规定，在境外存储网络数据，或者向境外提供网络数据的，由有关主管部门责令改正，给予警告，没收违法所得，处五万元以上五十万元以下罚款，并可以责令暂停相关业务、停业整顿、关闭网站、吊销相关业务许可证或者吊销营业执照；对直接负责的主管人员和其他直接责任人员处一万元以上十万元以下罚款。

第六十七条 违反本法第四十六条规定，设立用于实施违法犯罪活动的网站、通讯群组，或者利用网络发布涉及实施违法犯罪活动的信息，尚不构成犯罪的，由公安机关处五日以下拘留，可以并处一万元以上十万元以下罚款；情节较重的，处五日以上十五日以下拘留，可以并处五万元以上五十万元以下罚款。关闭用于实施违法犯罪活动的网站、通讯群组。

单位有前款行为的，由公安机关处十万元以上五十万元以下罚款，并对直接负责的主管人员和其他直接责任人员依照前款规定处罚。

第六十八条 网络运营者违反本法第四十七条规定，对法律、行政法规禁止发布或者传输的信息未停止传输、采取消除等处置措施、保存有关记录的，由有关主管部门责令改正，给予警告，没收违法所得；拒不改正或者情节严重的，处十万元以上五十万元以下罚款，并可以责令暂停相关业务、停业整顿、关闭网站、吊销相关业务许可证或者吊销营业执照，对直接负责的主管人员和其他直接责任人员处一万元以上十万元以下罚款。

电子信息发送服务提供者、应用软件下载服务提供者，不履行本法第四十八条第二款规定的安全管理义务的，依照前款规定处罚。

第六十九条 网络运营者违反本法规定，有下列行为之一的，由有关主管部门责令改正；拒不改正或者情节严重的，处五万元以上五十万元以下罚款，对直接负责的主管人员和其他直接责任人员，处一万元以上十万元以下罚款:

（一）不按照有关部门的要求对法律、行政法规禁止发布或者传输的信息，采取停止传输、消除等处置措施的；

（二）拒绝、阻碍有关部门依法实施的监督检查的；

（三）拒不向公安机关、国家安全机关提供技术支持和协助的。

第七十条 发布或者传输本法第十二条第二款和其他法律、行政法规禁止发布或者传输的信息的，依照有关法律、行政法规的规定处罚。

第七十一条 有本法规定的违法行为的，依照有关法律、行政法规的规定记入信用档案，并予以公示。

第七十二条 国家机关政务网络的运营者不履行本法规定的网络安全保护义务的，由其上级机关或者有关机关责令改正；对直接负责的主管人员和其他直接责任人员依法给予处分。

第七十三条 网信部门和有关部门违反本法第三十条规定，将在履行网络安全保护职责中获取的信息用于其他用途的，对直接负责的主管人员和其他直接责任人员依法给予处分。

网信部门和有关部门的工作人员玩忽职守、滥用职权、徇私舞弊，尚不构成犯罪的，依法给予处分。

第七十四条 违反本法规定，给他人造成损害的，依法承担民事责任。

违反本法规定，构成违反治安管理行为的，依法给予治安管理处罚；构成犯罪的，依法追究刑事责任。

第七十五条 境外的机构、组织、个人从事攻击、侵入、干扰、破坏等危害中华人民共和国的关键信息基础设施的活动，造成严重后果的，依法追究法律责任；国务院公安部门和有关部门并可以决定对该机构、组织、个人采取冻结财产或者其他必要的制裁措施。

第七章 附 则

第七十六条 本法下列用语的含义:

（一）网络，是指由计算机或者其他信息终端及相关设备组成的按照一定的规则和程序对信息进行收集、存储、传输、交换、处理的系统。

（二）网络安全，是指通过采取必要措施，防范对网络的攻击、侵入、干扰、破坏和非法使用以及意外事故，使网络处于稳定可靠运行的状态，以及保障网络数据的完整性、保密性、可用性的能力。

（三）网络运营者，是指网络的所有者、管理者和网络服务提供者。

（四）网络数据，是指通过网络收集、存储、传输、处理和产生的各种电子数据。

（五）个人信息，是指以电子或者其他方式记录的能够单独或者与其他信息结合识别自然人个人身份的各种信息，包括但不限于自然人的姓名、出生日期、身份证件号码、个人生物识别信息、住址、电话号码等。

第七十七条 存储、处理涉及国家秘密信息的网络的运行安全保护，除应当遵守本法外，还应当遵守保密法律、行政法规的规定。

第七十八条 军事网络的安全保护，由中央军事委员会另行规定。

第七十九条 本法自2017年6月1日起施行。

附录C 中华人民共和国反间谍法

（2014年11月1日第十二届全国人民代表大会常务委员会第十一次会议通过）

目　录

第一章　总　　则

第一条　为了防范、制止和惩治间谍行为，维护国家安全，根据宪法，制定本法。

第二条　反间谍工作坚持中央统一领导，坚持公开工作与秘密工作相结合、专门工作与群众路线相结合、积极防御、依法惩治的原则。

第三条　国家安全机关是反间谍工作的主管机关。

公安、保密行政管理等其他有关部门和军队有关部门按照职责分工，密切配合，加强协调，依法做好有关工作。

第四条　中华人民共和国公民有维护国家的安全、荣誉和利益的义务，不得有危害国家的安全、荣誉和利益的行为。

一切国家机关和武装力量、各政党和各社会团体及各企业事业组织，都有防范、制止间谍行为，维护国家安全的义务。

国家安全机关在反间谍工作中必须依靠人民的支持，动员、组织人民防范、制止危害国家安全的间谍行为。

第五条　反间谍工作应当依法进行，尊重和保障人权，保障公民和组织的合法权益。

第六条　境外机构、组织、个人实施或者指使、资助他人实施的，或者境内机构、组织、个人与境外机构、组织、个人相勾结实施的危害中华人民共和国国家安全的间谍行为，都必须受到法律追究。

第七条　国家对支持、协助反间谍工作的组织和个人给予保护，对有重大贡献的给予奖励。

第二章　国家安全机关在反间谍工作中的职权

第八条　国家安全机关在反间谍工作中依法行使侦查、拘留、预审和执行逮捕以及法律规定的其他职权。

第九条　国家安全机关的工作人员依法执行任务时，依照规定出示相应证件，有权查验中国公民或者境外人员的身份证明，向有关组织和人员调查、询问有关情况。

第十条　国家安全机关的工作人员依法执行任务时，依照规定出示相应证件，可以进入有关场所、单位；根据国家有关规定，经过批准，出示相应证件，可以进入限制进入的有关地区、场所、单位，查阅或者调取有关的档案、资料、物品。

第十一条　国家安全机关的工作人员在依法执行紧急任务的情况下，经出示相应证件，可以优先乘坐公共交通工具，遇交通阻碍时，优先通行。

国家安全机关因反间谍工作需要，按照国家有关规定，可以优先使用或者依法征用机关、团体、企业事业组织和个人的交通工具、通信工具、场地和建筑物，必要时，可以设置相关工作场所和设备、设施，任务完成后应当及时归还或者恢复原状，并依照规定支付相应费用；造成损失的，应当补偿。

第十二条　国家安全机关因侦察间谍行为的需要，根据国家有关规定，经过严格的批准手续，可以采取技术侦察措施。

第十三条　国家安全机关因反间谍工作需要，可以依照规定查验有关组织和个人的电子通信工具、器材等设备、设施。查验中发现存在危害国家安全情形的，国家安全机关应当责令其整改；拒绝整改或者整改后仍不符合要求的，可以予以查封、扣押。

对依照前款规定查封、扣押的设备、设施，在危害国家安全的情形消除后，国家安全机关应当及时解除查封、扣押。

第十四条　国家安全机关因反间谍工作需要，根据国家有关规定，可以提请海关、边防等检查机关对有关人员和资料、器材免检。有关检查机关应当予以协助。

第十五条　国家安全机关对用于间谍行为的工具和其他财物，以及用于资助间谍行为的资金、场所、物资，经设区的市级以上国家安全机关负责人批准，可以依法查封、扣押、冻结。

第十六条　国家安全机关根据反间谍工作需要，可以会同有关部门制定反间谍技术防范标准，指导有关部门落实反间谍技术防范措施，对存在隐患的部门，经过严格的批准手续，可以进行反间谍技术防范检查和检测。

第十七条　国家安全机关及其工作人员在工作中，应当严格依法办事，不得超越职权、滥用职权，不得侵犯组织和个人的合法权益。

国家安全机关及其工作人员依法履行反间谍工作职责获取的组织和个人的信息、材料，只能用于反间谍工作。对属于国家秘密、商业秘密和个人隐私的，应当保密。

第十八条　国家安全机关工作人员依法执行职务受法律保护。

第三章　公民和组织的义务和权利

第十九条　机关、团体和其他组织应当对本单位的人员进行维护国家安全的教育，动员、组织本单位的人员防范、制止间谍行为。

第二十条 公民和组织应当为反间谍工作提供便利或者其他协助。

因协助反间谍工作，本人或者其近亲属的人身安全面临危险的，可以向国家安全机关请求予以保护。国家安全机关应当会同有关部门依法采取保护措施。

第二十一条 公民和组织发现间谍行为，应当及时向国家安全机关报告；向公安机关等其他国家机关、组织报告的，相关国家机关、组织应当立即移送国家安全机关处理。

第二十二条 在国家安全机关调查了解有关间谍行为的情况、收集有关证据时，有关组织和个人应当如实提供，不得拒绝。

第二十三条 任何公民和组织都应当保守所知悉的有关反间谍工作的国家秘密。

第二十四条 任何个人和组织都不得非法持有属于国家秘密的文件、资料和其他物品。

第二十五条 任何个人和组织都不得非法持有、使用间谍活动特殊需要的专用间谍器材。专用间谍器材由国务院国家安全主管部门依照国家有关规定确认。

第二十六条 任何个人和组织对国家安全机关及其工作人员超越职权、滥用职权和其他违法行为，都有权向上级国家安全机关或者有关部门检举、控告。受理检举、控告的国家安全机关或者有关部门应当及时查清事实，负责处理，并将处理结果及时告知检举人、控告人。

对协助国家安全机关工作或者依法检举、控告的个人和组织，任何个人和组织不得压制和打击报复。

第四章 法律责任

第二十七条 境外机构、组织、个人实施或者指使、资助他人实施，或者境内机构、组织、个人与境外机构、组织、个人相勾结实施间谍行为，构成犯罪的，依法追究刑事责任。

实施间谍行为，有自首或者立功表现的，可以从轻、减轻或者免除处罚；有重大立功表现的，给予奖励。

第二十八条 在境外受胁迫或者受诱骗参加敌对组织、间谍组织，从事危害中华人民共和国国家安全的活动，及时向中华人民共和国驻外机构如实说明情况，或者入境后直接或者通过所在单位及时向国家安全机关、公安机关如实说明情况，并有悔改表现的，可以不予追究。

第二十九条 明知他人有间谍犯罪行为，在国家安全机关向其调查有关情况、收集有关证据时，拒绝提供的，由其所在单位或者上级主管部门予以处分，或者由国家安全机关处十五日以下行政拘留；构成犯罪的，依法追究刑事责任。

第三十条 以暴力、威胁方法阻碍国家安全机关依法执行任务的，依法追究刑事责任。

故意阻碍国家安全机关依法执行任务，未使用暴力、威胁方法，造成严重后果的，依法追究刑事责任；情节较轻的，由国家安全机关处十五日以下行政拘留。

第三十一条 泄露有关反间谍工作的国家秘密的，由国家安全机关处十五日以下行政拘留；构成犯罪的，依法追究刑事责任。

第三十二条 对非法持有属于国家秘密的文件、资料和其他物品的，以及非法持有、使用专用间谍器材的，国家安全机关可以依法对其人身、物品、住处和其他有关的地方进行搜查；对其非法持有的属于国家秘密的文件、资料和其他物品，以及非法持有、使用的专用间谍器材予以没收。非法持有属于国家秘密的文件、资料和其他物品，构成犯罪的，依法追究刑事责任；尚不构成犯罪的，由国家安全机关予以警告或者处十五日以下行政拘留。

第三十三条 隐藏、转移、变卖、损毁国家安全机关依法查封、扣押、冻结的财物的，或者明知是间谍活动的涉案财物而窝藏、转移、收购、代为销售或者以其他方法掩饰、隐瞒的，由国家安全机关追回。构成犯罪的，依法追究刑事责任。

第三十四条 境外人员违反本法的，可以限期离境或者驱逐出境。

第三十五条 当事人对行政处罚决定、行政强制措施决定不服的，可以自接到决定书之日起六十日内，向作出决定的上一级机关申请复议；对复议决定不服的，可以自接到复议决定书之日起十五日内向人民法院提起诉讼。

第三十六条 国家安全机关对依照本法查封、扣押、冻结的财物，应当妥善保管，并按照下列情形分别处理：

（一）涉嫌犯罪的，依照刑事诉讼法的规定处理；

（二）尚不构成犯罪，有违法事实的，对依法应当没收的予以没收，依法应当销毁的予以销毁；

（三）没有违法事实的，或者与案件无关的，应当解除查封、扣押、冻结，并及时返还相关财物；造成损失的，应当依法赔偿。

国家安全机关没收的财物，一律上缴国库。

第三十七条 国家安全机关工作人员滥用职权、玩忽职守、徇私舞弊，构成犯罪的，或者有非法拘禁、刑讯逼供、暴力取证、违反规定泄露国家秘密、商业秘密和个人隐私等行为，构成犯罪的，依法追究刑事责任。

第五章 附 则

第三十八条 本法所称间谍行为，是指下列行为：

（一）间谍组织及其代理人实施或者指使、资助他人实施，或者境内外机构、组织、个人与其相勾结实施的危害中华人民共和国国家安全的活动；

（二）参加间谍组织或者接受间谍组织及其代理人的任务的；

（三）间谍组织及其代理人以外的其他境外机构、组织、个人实施或者指使、资助他人实施，或者境内机构、组织、个人与其相勾结实施的窃取、刺探、收买或者非法提供国家秘密或者情报，或者策动、引诱、收买国家工作人员叛变的活动；

（四）为敌人指示攻击目标的；

（五）进行其他间谍活动的。

第三十九条 国家安全机关、公安机关依照法律、行政法规和国家有关规定，履行防范、制止和惩治间谍行为以外的其他危害国家安全行为的职责，适用本法的有关规定。

第四十条 本法自公布之日起施行。1993 年 2 月 22 日第七届全国人民代表大会常务委员会第三十次会议通过的《中华人民共和国国家安全法》同时废止。

附录D 高等学校消防安全管理规定（教育部 公安部令第28号）

第一章 总 则

第一条 为了加强和规范高等学校的消防安全管理，预防和减少火灾危害，保障师生员工生命财产和学校财产安全，根据消防法、高等教育法等法律、法规，制定本规定。

第二条 普通高等学校和成人高等学校（以下简称学校）的消防安全管理，适用本规定。

驻校内其他单位的消防安全管理，按照本规定的有关规定执行。

第三条 学校在消防安全工作中，应当遵守消防法律、法规和规章，贯彻预防为主、防消结合的方针，履行消防安全职责，保障消防安全。

第四条 学校应当落实逐级消防安全责任制和岗位消防安全责任制，明确逐级和岗位消防安全职责，确定各级、各岗位消防安全责任人。

第五条 学校应当开展消防安全教育和培训，加强消防演练，提高师生员工的消防安全意识和自救逃生技能。

第六条 学校各单位和师生员工应当依法履行保护消防设施、预防火灾、报告火警和扑救初起火灾等维护消防安全的义务。

第七条 教育行政部门依法履行对高等学校消防安全工作的管理职责，检查、指导和监督高等学校开展消防安全工作，督促高等学校建立健全并落实消防安全责任制和消防安全管理制度。

公安机关依法履行对高等学校消防安全工作的监督管理职责，加强消防监督检查，指导和监督高等学校做好消防安全工作。

第二章 消防安全责任

第八条 学校法定代表人是学校消防安全责任人，全面负责学校消防安全工作，履行下列消防安全职责：

（一）贯彻落实消防法律、法规和规章，批准实施学校消防安全责任制、学校消防安全管理制度；

（二）批准消防安全年度工作计划、年度经费预算，定期召开学校消防安全工作会议；

（三）提供消防安全经费保障和组织保障；

（四）督促开展消防安全检查和重大火灾隐患整改，及时处理涉及消防安全的重大问题；

（五）依法建立志愿消防队等多种形式的消防组织，开展群众性自防自救工作；

（六）与学校二级单位负责人签订消防安全责任书；

（七）组织制定灭火和应急疏散预案；

（八）促进消防科学研究和技术创新；

（九）法律、法规规定的其他消防安全职责。

第九条 分管学校消防安全的校领导是学校消防安全管理人，协助学校法定代表人负责消防安全工作，履行下列消防安全职责：

（一）组织制定学校消防安全管理制度，组织、实施和协调校内各单位的消防安全工作；

（二）组织制定消防安全年度工作计划；

（三）审核消防安全工作年度经费预算；

（四）组织实施消防安全检查和火灾隐患整改；

（五）督促落实消防设施、器材的维护、维修及检测，确保其完好有效，确保疏散通道、安全出口、消防车通道畅通；

（六）组织管理志愿消防队等消防组织；

（七）组织开展师生员工消防知识、技能的宣传教育和培训，组织灭火和应急疏散预案的实施和演练；

（八）协助学校消防安全责任人做好其他消防安全工作。

其他校领导在分管工作范围内对消防工作负有领导、监督、检查、教育和管理职责。

第十条 学校必须设立或者明确负责日常消防安全工作的机构（以下简称学校消防机构），配备专职消防管理人员，履行下列消防安全职责：

（一）拟订学校消防安全年度工作计划、年度经费预算，拟订学校消防安全责任制、灭火和应急疏散预案等消防安全管理制度，并报学校消防安全责任人批准后实施；

（二）监督检查校内各单位消防安全责任制的落实情况；

（三）监督检查消防设施、设备、器材的使用与管理、消防基础设施的运转，定期组织检验、检测和维修；

（四）确定学校消防安全重点单位（部位）并监督指导其做好消防安全工作；

（五）监督检查有关单位做好易燃易爆等危险品的储存、使用和管理工作，审批校内各单位动用明火作业；

（六）开展消防安全教育培训，组织消防演练，普及消防知识，提高师生员工的消防安全意识、扑救初起火灾和自救逃生技能；

（七）定期对志愿消防队等消防组织进行消防知识和灭火技能培训；

（八）推进消防安全技术防范工作，做好技术防范人员上岗培训工作；

（九）受理驻校内其他单位在校内和学校、校内各单位新建、扩建、改建及装饰装修工程和公众聚集场所投入使用、营业前消防行政许可或者备案手续的校内备案审查工作，督促其向公安机关消防机构进行申报，协助公安机关消防机构进行建设工程消防设计审核、消防验收或者备案，以及公众聚集场所投入使用、营业前消防安全检查工作；

（十）建立健全学校消防工作档案及消防安全隐患台账；

（十一）按照工作要求上报有关信息数据；

（十二）协助公安机关消防机构调查处理火灾事故，协助有关部门做好火灾事故处理及善后工作。

第十一条 学校二级单位和其他驻校单位应当履行下列消防安全职责：

（一）落实学校的消防安全管理规定，结合本单位实际制定并落实本单位的消防安全制度和消防安全操作规程；

（二）建立本单位的消防安全责任考核、奖惩制度；

（三）开展经常性的消防安全教育、培训及演练；

（四）定期进行防火检查，做好检查记录，及时消除火灾隐患；

（五）按规定配置消防设施、器材并确保其完好有效；

（六）按规定设置安全疏散指示标志和应急照明设施，并保证疏散通道、安全出口畅通；

（七）消防控制室配备消防值班人员，制定值班岗位职责，做好监督检查工作；

（八）新建、扩建、改建及装饰装修工程报学校消防机构备案；

（九）按照规定的程序与措施处置火灾事故；

（十）学校规定的其他消防安全职责。

第十二条 校内各单位主要负责人是本单位消防安全责任人，驻校内其他单位主要负责人是该单位消防安全责任人，负责本单位的消防安全工作。

第十三条 除本规定第十一条外，学生宿舍管理部门还应当履行下列安全管理职责：

（一）建立由学生参加的志愿消防组织，定期进行消防演练；

（二）加强学生宿舍用火、用电安全教育与检查；

（三）加强夜间防火巡查，发现火灾立即组织扑救和疏散学生。

第三章 消防安全管理

第十四条 学校应当将下列单位（部位）列为学校消防安全重点单位（部位）：

（一）学生宿舍、食堂（餐厅）、教学楼、校医院、体育场（馆）、会堂（会议中心）、超市（市场）、宾馆（招待所）、托儿所、幼儿园以及其他文体活动、公共娱乐等人员密集场所；

（二）学校网络、广播电台、电视台等传媒部门和驻校内邮政、通信、金融等单位；

（三）车库、油库、加油站等部位；

（四）图书馆、展览馆、档案馆、博物馆、文物古建筑；

（五）供水、供电、供气、供热等系统；

（六）易燃易爆等危险化学物品的生产、充装、储存、供应、使用部门；

（七）实验室、计算机房、电化教学中心和承担国家重点科研项目或配备有先进精密仪器设备的部位、监控中心、消防控制中心；

（八）学校保密要害部门及部位；

（九）高层建筑及地下室、半地下室；

（十）建设工程的施工现场以及有人员居住的临时性建筑；

（十一）其他发生火灾可能性较大以及一旦发生火灾可能造成重大人身伤亡或者财产损失的单位（部位）。

重点单位和重点部位的主管部门，应当按照有关法律法规和本规定履行消防安全管理职责，设置防火标志，实行严格消防安全管理。

第十五条　在学校内举办文艺、体育、集会、招生和就业咨询等大型活动和展览，主办单位应当确定专人负责消防安全工作，明确并落实消防安全职责和措施，保证消防设施和消防器材配置齐全、完好有效，保证疏散通道、安全出口、疏散指示标志、应急照明和消防车通道符合消防技术标准和管理规定，制定灭火和应急疏散预案并组织演练，并经学校消防机构对活动现场检查合格后方可举办。

依法应当报请当地人民政府有关部门审批的，经有关部门审核同意后方可举办。

第十六条　学校应当按照国家有关规定，配置消防设施和器材，设置消防安全疏散指示标志和应急照明设施，每年组织检测维修，确保消防设施和器材完好有效。

学校应当保障疏散通道、安全出口、消防车通道畅通。

第十七条　学校进行新建、改建、扩建、装修、装饰等活动，必须严格执行消防法规和国家工程建设消防技术标准，并依法办理建设工程消防设计审核、消防验收或者备案手续。学校各项工程及驻校内各单位在校内的各项工程消防设施的招标和验收，应当有学校消防机构参加。

施工单位负责施工现场的消防安全，并接受学校消防机构的监督、检查。竣工后，建筑工程的有关图纸、资料、文件等应当报学校档案机构和消防机构备案。

第十八条　地下室、半地下室和用于生产、经营、储存易燃易爆、有毒有害等危险物品场所的建筑不得用作学生宿舍。

生产、经营、储存其他物品的场所与学生宿舍等居住场所设置在同一建筑物内的，应当符合国家工程建设消防技术标准。

学生宿舍、教室和礼堂等人员密集场所，禁止违规使用大功率电器，在门窗、阳台等部位不得设置影响逃生和灭火救援的障碍物。

第十九条　利用地下空间开设公共活动场所，应当符合国家有关规定，并报学校消防机构备案。

第二十条　学校消防控制室应当配备专职值班人员，持证上岗。

消防控制室不得挪作他用。

第二十一条　学校购买、储存、使用和销毁易燃易爆等危险品，应当按照国家有关规定严格管理、规范操作，并制定应急处置预案和防范措施。

学校对管理和操作易燃易爆等危险品的人员，上岗前必须进行培训，持证上岗。

第二十二条　学校应当对动用明火实行严格的消防安全管理。禁止在具有火灾、爆炸危险的场所吸烟、使用明火；因特殊原因确需进行电、气焊等明火作业的，动火单位和人员应当向学校消防机构申办审批手续，落实现场监管人，采取相应的消防安全措施。作业人员应当遵守消防安全规定。

第二十三条　学校内出租房屋的，当事人应当签订房屋租赁合同，明确消防安全责任。出租方负责对出租房屋的消防安全管理。学校授权的管理单位应当加强监督检查。

外来务工人员的消防安全管理由校内用人单位负责。

第二十四条　发生火灾时，学校应当及时报警并立即启动应急预案，迅速扑救初起火灾，及时疏散人员。

学校应当在火灾事故发生后两个小时内向所在地教育行政主管部门报告。较大以上火灾同时报教育部。

火灾扑灭后，事故单位应当保护现场并接受事故调查，协助公安机关消防机构调查火灾原因、统计火灾损失。未经公安机关消防机构同意，任何人不得擅自清理火灾现场。

第二十五条 学校及其重点单位应当建立健全消防档案。

消防档案应当全面反映消防安全和消防安全管理情况，并根据情况变化及时更新。

第四章 消防安全检查和整改

第二十六条 学校每季度至少进行一次消防安全检查。检查的主要内容包括：

（一）消防安全宣传教育及培训情况；

（二）消防安全制度及责任制落实情况；

（三）消防安全工作档案建立健全情况；

（四）单位防火检查及每日防火巡查落实及记录情况；

（五）火灾隐患和隐患整改及防范措施落实情况；

（六）消防设施、器材配置及完好有效情况；

（七）灭火和应急疏散预案的制定和组织消防演练情况；

（八）其他需要检查的内容。

第二十七条 学校消防安全检查应当填写检查记录，检查人员、被检查单位负责人或者相关人员应当在检查记录上签名，发现火灾隐患应当及时填发《火灾隐患整改通知书》。

第二十八条 校内各单位每月至少进行一次防火检查。检查的主要内容包括：

（一）火灾隐患和隐患整改情况以及防范措施的落实情况；

（二）疏散通道、疏散指示标志、应急照明和安全出口情况；

（三）消防车通道、消防水源情况；

（四）消防设施、器材配置及有效情况；

（五）消防安全标志设置及其完好、有效情况；

（六）用火、用电有无违章情况；

（七）重点工种人员以及其他员工消防知识掌握情况；

（八）消防安全重点单位（部位）管理情况；

（九）易燃易爆危险物品和场所防火防爆措施落实情况以及其他重要物资防火安全情况；

（十）消防（控制室）值班情况和设施、设备运行、记录情况；

（十一）防火巡查落实及记录情况；

（十二）其他需要检查的内容。

防火检查应当填写检查记录。检查人员和被检查部门负责人应当在检查记录上签名。

第二十九条 校内消防安全重点单位（部位）应当进行每日防火巡查，并确定巡查的人员、内容、部位和频次。其他单位可以根据需要组织防火巡查。巡查的内容主要包括：

（一）用火、用电有无违章情况；

（二）安全出口、疏散通道是否畅通，安全疏散指示标志、应急照明是否完好；

（三）消防设施、器材和消防安全标志是否在位、完整；

（四）常闭式防火门是否处于关闭状态，防火卷帘下是否堆放物品影响使用；

（五）消防安全重点部位的人员在岗情况；

（六）其他消防安全情况。

校医院、学生宿舍、公共教室、实验室、文物古建筑等应当加强夜间防火巡查。

防火巡查人员应当及时纠正消防违章行为，妥善处置火灾隐患，无法当场处置的，应当立即报告。发现初起火灾应当立即报警、通知人员疏散、及时扑救。

防火巡查应当填写巡查记录，巡查人员及其主管人员应当在巡查记录上签名。

第三十条 对下列违反消防安全规定的行为，检查、巡查人员应当责成有关人员改正并督促落实：

（一）消防设施、器材或者消防安全标志的配置、设置不符合国家标准、行业标准，或者未保持完好有效的；

（二）损坏、挪用或者擅自拆除、停用消防设施、器材的；

（三）占用、堵塞、封闭消防通道、安全出口的；

（四）埋压、圈占、遮挡消火栓或者侵占防火间距的；

（五）占用、堵塞、封闭消防车通道，妨碍消防车通行的；

（六）人员密集场所在门窗上设置影响逃生和灭火救援的障碍物的；

（七）常闭式防火门处于开启状态，防火卷帘下堆放物品影响使用的；

（八）违章进入易燃易爆危险物品生产、储存等场所的；

（九）违章使用明火作业或者在具有火灾、爆炸危险的场所吸烟、使用明火等违反禁令的；

（十）消防设施管理、值班人员和防火巡查人员脱岗的；

（十一）对火灾隐患经公安机关消防机构通知后不及时采取措施消除的；

（十二）其他违反消防安全管理规定的行为。

第三十一条 学校对教育行政主管部门和公安机关消防机构、公安派出所指出的各类火灾隐患，应当及时予以核查、消除。

对公安机关消防机构、公安派出所责令限期改正的火灾隐患，学校应当在规定的期限内整改。

第三十二条 对不能及时消除的火灾隐患，隐患单位应当及时向学校及相关单位的消防安全责任人或者消防安全工作主管领导报告，提出整改方案，确定整改措施、期限以及负责整改的部门、人员，并落实整改资金。

火灾隐患尚未消除的，隐患单位应当落实防范措施，保障消防安全。对于随时可能引发火灾或者一旦发生火灾将严重危及人身安全的，应当将危险部位停止使用或停业整改。

第三十三条 对于涉及城市规划布局等学校无力解决的重大火灾隐患，学校应当及时向其上级主管部门或者当地人民政府报告。

第三十四条 火灾隐患整改完毕，整改单位应当将整改情况记录报送相应的消防安全工作责任人或者消防安全工作主管领导签字确认后存档备查。

第五章　消防安全教育和培训

第三十五条 学校应当将师生员工的消防安全教育和培训纳入学校消防安全年度工作计划。

消防安全教育和培训的主要内容包括：

（一）国家消防工作方针、政策，消防法律、法规；

（二）本单位、本岗位的火灾危险性，火灾预防知识和措施；

（三）有关消防设施的性能、灭火器材的使用方法；

（四）报火警、扑救初起火灾和自救互救技能；

（五）组织、引导在场人员疏散的方法。

第三十六条 学校应当采取下列措施对学生进行消防安全教育，使其了解防火、灭火知识，掌握报警、扑救初起火灾和自救、逃生方法。

（一）开展学生自救、逃生等防火安全常识的模拟演练，每学年至少组织一次学生消防演练；

（二）根据消防安全教育的需要，将消防安全知识纳入教学和培训内容；

（三）对每届新生进行不低于4学时的消防安全教育和培训；

（四）对进入实验室的学生进行必要的安全技能和操作规程培训；

（五）每学年至少举办一次消防安全专题讲座，并在校园网络、广播、校内报刊开设消防安全教育栏目。

第三十七条 学校二级单位应当组织新上岗和进入新岗位的员工进行上岗前的消防安全培训。

消防安全重点单位（部位）对员工每年至少进行一次消防安全培训。

第三十八条 下列人员应当依法接受消防安全培训：

（一）学校及各二级单位的消防安全责任人、消防安全管理人；

（二）专职消防管理人员、学生宿舍管理人员；

（三）消防控制室的值班、操作人员；

（四）其他依照规定应当接受消防安全培训的人员。

前款规定中的第（三）项人员必须持证上岗。

第六章 灭火、应急疏散预案和演练

第三十九条 学校、二级单位、消防安全重点单位（部位）应当制定相应的灭火和应急疏散预案，建立应急反应和处置机制，为火灾扑救和应急救援工作提供人员、装备等保障。

灭火和应急疏散预案应当包括以下内容：

（一）组织机构有指挥协调组、灭火行动组、通讯联络组、疏散引导组、安全防护救护组；

（二）报警和接警处置程序；

（三）应急疏散的组织程序和措施；

（四）扑救初起火灾的程序和措施；

（五）通讯联络、安全防护救护的程序和措施。

（六）其他需要明确的内容。

第四十条 学校实验室应当有针对性地制定突发事件应急处置预案，并将应急处置预案涉及到的生物、化学及易燃易爆物品的种类、性质、数量、危险性和应对措施及处置药品的名称、产地和储备等内容报学校消防机构备案。

第四十一条 校内消防安全重点单位应当按照灭火和应急疏散预案每半年至少组织一次消防演练，并结合实际，不断完善预案。

消防演练应当设置明显标识并事先告知演练范围内的人员，避免意外事故发生。

第七章 消 防 经 费

第四十二条 学校应当将消防经费纳入学校年度经费预算，保证消防经费投入，保障消防工作的需要。

第四十三条 学校日常消防经费用于校内灭火器材的配置、维修、更新，灭火和应急疏散预案的备用设施、材料，以及消防宣传教育、培训等，保证学校消防工作正常开展。

第四十四条 学校安排专项经费，用于解决火灾隐患，维修、检测、改造消防专用给水管网、消防专用供水系统、灭火系统、自动报警系统、防排烟系统、消防通讯系统、消防监控系统等消防设施。

第四十五条 消防经费使用坚持专款专用、统筹兼顾、保证重点、勤俭节约的原则。

任何单位和个人不得挤占、挪用消防经费。

第八章 奖 惩

第四十六条 学校应当将消防安全工作纳入校内评估考核内容，对在消防安全工作中成绩突出的单位和个人给予表彰奖励。

第四十七条 对未依法履行消防安全职责、违反消防安全管理制度，或者擅自挪用、损坏、破坏消防器材、设施等违反消防安全管理规定的，学校应当责令其限期整改，给予通报批评；对直接负责的主管人员和其他直接责任人员根据情节轻重给予警告等相应的处分。

前款涉及民事损失、损害的，有关责任单位和责任人应当依法承担民事责任。

第四十八条 学校违反消防安全管理规定或者发生重特大火灾的，除依据消防法的规定进行处罚外，教育行政部门应当取消其当年评优资格，并按照国家有关规定对有关主管人员和责任人员依法予以处分。

第九章 附 则

第四十九条 学校应当依据本规定，结合本校实际，制定本校消防安全管理办法。

高等学校以外的其他高等教育机构的消防安全管理，参照本规定执行。

第五十条 本规定所称学校二级单位，包括学院、系、处、所、中心等。

第五十一条 本规定自2010年1月1日起施行。

附录 E

学生伤害事故处理办法（教育部令第 12 号）

中华人民共和国教育部令第 12 号《学生伤害事故处理办法》已于 2002 年 3 月 26 日经部务会议讨论通过，现予发布，自 2002 年 9 月 1 日起施行。根据 2010 年 12 月 13 日《教育部关于修改和废止部分规章的决定》修改。

第一章　总　　则

第一条　为积极预防、妥善处理在校学生伤害事故，保护学生、学校的合法权益，根据《中华人民共和国教育法》、《中华人民共和国未成年人保护法》和其他相关法律、行政法规及有关规定，制定本办法。

第二条　在学校实施的教育教学活动或者学校组织的校外活动中，以及在学校负有管理责任的校舍、场地、其他教育教学设施、生活设施内发生的，造成在校学生人身损害后果的事故的处理，适用本办法。

第三条　学生伤害事故应当遵循依法、客观公正、合理适当的原则，及时、妥善地处理。

第四条　学校的举办者应当提供符合安全标准的校舍、场地、其他教育教学设施和生活设施。

教育行政部门应当加强学校安全工作，指导学校落实预防学生伤害事故的措施，指导、协助学校妥善处理学生伤害事故，维护学校正常的教育教学秩序。

第五条　学校应当对在校学生进行必要的安全教育和自护自救教育；应当按照规定，建立健全安全制度，采取相应的管理措施，预防和消除教育教学环境中存在的安全隐患；当发生伤害事故时，应当及时采取措施救助受伤害学生。

学校对学生进行安全教育、管理和保护，应当针对学生年龄、认知能力和法律行为能力的不同，采用相应的内容和预防措施。

第六条　学生应当遵守学校的规章制度和纪律；在不同的受教育阶段，应当根据自身的年龄、认知能力和法律行为能力，避免和消除相应的危险。

第七条　未成年学生的父母或者其他监护人（以下称为监护人）应当依法履行监护职责，配合学校对学生进行安全教育、管理和保护工作。

学校对未成年学生不承担监护职责，但法律有规定的或者学校依法接受委托承担相应监护职责的情形除外。

第二章　事 故 责 任

第八条　发生学生伤害事故，造成学生人身损害的，学校应当按照《中华人民共和国侵权责任法》及相关法律、法规的规定，承担相应的事故责任。

第九条　因下列情形之一造成的学生伤害事故，学校应当依法承担相应的责任：

（一）学校的校舍、场地、其他公共设施，以及学校提供给学生使用的学具、教育教学和生活设施、设备不符合国家规定的标准，或者有明显不安全因素的；

（二）学校的安全保卫、消防、设施设备管理等安全管理制度有明显疏漏，或者管理混乱，存在重大安全隐患，而未及时采取措施的；

（三）学校向学生提供的药品、食品、饮用水等不符合国家或者行业的有关标准、要求的；

（四）学校组织学生参加教育教学活动或者校外活动，未对学生进行相应的安全教育，并未在可预见的范围内采取必要的安全措施的；

（五）学校知道教师或者其他工作人员患有不适宜担任教育教学工作的疾病，但未采取必要措施的；

（六）学校违反有关规定，组织或者安排未成年学生从事不宜未成年人参加的劳动、体育运动或者其他活动的；

（七）学生有特异体质或者特定疾病，不宜参加某种教育教学活动，学校知道或者应当知道，但未予以必要的注意的；

（八）学生在校期间突发疾病或者受到伤害，学校发现，但未根据实际情况及时采取相应措施，导致不良后果加重的；

（九）学校教师或者其他工作人员体罚或者变相体罚学生，或者在履行职责过程中违反工作要求、操作规程、职业道德或者其他有关规定的；

（十）学校教师或者其他工作人员在负有组织、管理未成年学生的职责期间，发现学生行为具有危险性，但未进行必要的管理、告诫或者制止的；

（十一）对未成年学生擅自离校等与学生人身安全直接相关的信息，学校发现或者知道，但未及时告知未成年学生的监护人，导致未成年学生因脱离监护人的保护而发生伤害的；

（十二）学校有未依法履行职责的其他情形的。

第十条　学生或者未成年学生监护人由于过错，有下列情形之一，造成学生伤害事故，应当依法承担相应的责任：

（一）学生违反法律法规的规定，违反社会公共行为准则、学校的规章制度或者纪律，实施按其年龄和认知能力应当知道具有危险或者可能危及他人的行为的；

（二）学生行为具有危险性，学校、教师已经告诫、纠正，但学生不听劝阻、拒不改正的；

（三）学生或者其监护人知道学生有特异体质，或者患有特定疾病，但未告知学校的；

（四）未成年学生的身体状况、行为、情绪等有异常情况，监护人知道或者已被学校告知，但未履行相应监护职责的；

（五）学生或者未成年学生监护人有其他过错的。

第十一条　学校安排学生参加活动，因提供场地、设备、交通工具、食品及其他消费与服务的经营者，或者学校以外的活动组织者的过错造成的学生伤害事故，有过错的当事人应当依法承担相应的责任。

第十二条 因下列情形之一造成的学生伤害事故，学校已履行了相应职责，行为并无不当的，无法律责任：

（一）地震、雷击、台风、洪水等不可抗的自然因素造成的；

（二）来自学校外部的突发性、偶发性侵害造成的；

（三）学生有特异体质、特定疾病或者异常心理状态，学校不知道或者难于知道的；

（四）学生自杀、自伤的；

（五）在对抗性或者具有风险性的体育竞赛活动中发生意外伤害的；

（六）其他意外因素造成的。

第十三条 下列情形下发生的造成学生人身损害后果的事故，学校行为并无不当的，不承担事故责任；事故责任应当按有关法律法规或者其他有关规定认定：

（一）在学生自行上学、放学、返校、离校途中发生的；

（二）在学生自行外出或者擅自离校期间发生的；

（三）在放学后、节假日或者假期等学校工作时间以外，学生自行滞留学校或者自行到校发生的；

（四）其他在学校管理职责范围外发生的。

第十四条 因学校教师或者其他工作人员与其职务无关的个人行为，或者因学生、教师及其他个人故意实施的违法犯罪行为，造成学生人身损害的，由致害人依法承担相应的责任。

第三章 事 故 处 理

第十五条 发生学生伤害事故，学校应当及时救助受伤害学生，并应当及时告知未成年学生的监护人；有条件的，应当采取紧急救援等方式救助。

第十六条 发生学生伤害事故，情形严重的，学校应当及时向主管教育行政部门及有关部门报告；属于重大伤亡事故的，教育行政部门应当按照有关规定及时向同级人民政府和上一级教育行政部门报告。

第十七条 学校的主管教育行政部门应学校要求或者认为必要，可以指导、协助学校进行事故的处理工作，尽快恢复学校正常的教育教学秩序。

第十八条 发生学生伤害事故，学校与受伤害学生或者学生家长可以通过协商方式解决；双方自愿，可以书面请求主管教育行政部门进行调解。成年学生或者未成年学生的监护人也可以依法直接提起诉讼。

第十九条 教育行政部门收到调解申请，认为必要的，可以指定专门人员进行调解，并应当在受理申请之日起60日内完成调解。

第二十条 经教育行政部门调解，双方就事故处理达成一致意见的，应当在调解人员的见证下签订调解协议，结束调解；在调解期限内，双方不能达成一致意见，或者调解过程中一方提起诉讼，人民法院已经受理的，应当终止调解。调解结束或者终止，教育行政部门应当书面通知当事人。

第二十一条 对经调解达成的协议，一方当事人不履行或者反悔的，双方可以依法提起诉讼。

第二十二条 事故处理结束，学校应当将事故处理结果书面报告主管的教育行政部门；重大伤亡事故的处理结果，学校主管的教育行政部门应当向同级人民政府和上一级教育行政部门报告。

第四章 损害赔偿

第二十三条 对发生学生伤害事故负有责任的组织或者个人，应当按照法律法规的有关规定，承担相应的损害赔偿责任。

第二十四条 学生伤害事故赔偿的范围与标准，按照有关行政法规、地方性法规或者最高人民法院司法解释中的有关规定确定。

教育行政部门进行调解时，认为学校有责任的，可以依照有关法律法规及国家有关规定，提出相应的调解方案。

第二十五条 对受伤害学生的伤残程度存在争议的，可以委托当地具有相应鉴定资格的医院或者有关机构，依据国家规定的人体伤残标准进行鉴定。

第二十六条 学校对学生伤害事故负有责任的，根据责任大小，适当予以经济赔偿，但不承担解决户口、住房、就业等与救助受伤害学生、赔偿相应经济损失无直接关系的其他事项。

学校无责任的，如果有条件，可以根据实际情况，本着自愿和可能的原则，对受伤害学生给予适当的帮助。

第二十七条 因学校教师或者其他工作人员在履行职务中的故意或者重大过失造成的学生伤害事故，学校予以赔偿后，可以向有关责任人员追偿。

第二十八条 未成年学生对学生伤害事故负有责任的，由其监护人依法承担相应的赔偿责任。

学生的行为侵害学校教师及其他工作人员以及其他组织、个人的合法权益，造成损失的，成年学生或者未成年学生的监护人应当依法予以赔偿。

第二十九条 根据双方达成的协议、经调解形成的协议或者人民法院的生效判决，应当由学校负担的赔偿金，学校应当负责筹措；学校无力完全筹措的，由学校的主管部门或者举办者协助筹措。

第三十条 县级以上人民政府教育行政部门或者学校举办者有条件的，可以通过设立学生伤害赔偿准备金等多种形式，依法筹措伤害赔偿金。

第三十一条 学校有条件的，应当依据保险法的有关规定，参加学校责任保险。

教育行政部门可以根据实际情况，鼓励中小学参加学校责任保险。

提倡学生自愿参加意外伤害保险。在尊重学生意愿的前提下，学校可以为学生参加意外伤害保险创造便利条件，但不得从中收取任何费用。

第五章 责任处理

第三十二条 发生学生伤害事故，学校负有责任且情节严重的，教育行政部门应当根据有关规定，对学校的直接负责的主管人员和其他直接责任人员，分别给予相应的行政处分；有关责任人的行为触犯刑律的，应当移送司法机关依法追究刑事责任。

第三十三条 学校管理混乱，存在重大安全隐患的，主管的教育行政部门或者其他有关部门应当责令其限期整顿；对情节严重或者拒不改正的，应当依据法律法规的有关规定，给予相应的行政处罚。

第三十四条 教育行政部门未履行相应职责，对学生伤害事故的发生负有责任的，由有关部门对直接负责的主管人员和其他直接责任人员分别给予相应的行政处分；有关责任人的行为触犯刑律的，应当移送司法机关依法追究刑事责任。

第三十五条 违反学校纪律，对造成学生伤害事故负有责任的学生，学校可以给予相应的处分；触犯刑律的，由司法机关依法追究刑事责任。

第三十六条 受伤害学生的监护人、亲属或者其他有关人员，在事故处理过程中无理取闹，扰乱学校正常教育教学秩序，或者侵犯学校、学校教师或者其他工作人员的合法权益的，学校应当报告公安机关依法处理；造成损失的，可以依法要求赔偿。

第六章 附 则

第三十七条 本办法所称学校，是指国家或者社会力量举办的全日制的中小学（含特殊教育学校）、各类中等职业学校、高等学校。本办法所称学生是指在上述学校中全日制就读的受教育者。

第三十八条 幼儿园发生的幼儿伤害事故，应当根据幼儿为完全无行为能力人的特点，参照本办法处理。

第三十九条 其他教育机构发生的学生伤害事故，参照本办法处理。

在学校注册的其他受教育者在学校管理范围内发生的伤害事故，参照本办法处理。

第四十条 本办法自 2002 年 9 月 1 日起实施，原国家教委、教育部颁布的与学生人身安全事故处理有关的规定，与本办法不符的，以本办法为准。

在本办法实施之前已处理完毕的学生伤害事故不再重新处理。

参 考 文 献

[1] 文辉，汪维. 大学生安全防范知识教程[M]. 武汉：武汉大学出版社，2011.

[2] 罗进强，朱建国. 大学生安全教育[M]. 太原：山西人民教育出版社，2011.

[3] 唐韧，马骏. 大学生安全教育教程[M]. 北京：北京交通大学出版社，2009.

[4] 卢一. 校园安全教程[M]. 北京：清华大学出版社，2012.

[5] 张国强. 大学生实用安全教程[M]. 湘潭：湘潭大学出版社，2011.

[6] 李振涛，赵玉谦. 大学生安全教育读本[M]. 北京：中国铁道出版社，2013.

[7] 李振涛，赵玉谦. 大学生安全教程[M]. 北京：中国铁道出版社，2014.

[8] 李振涛，赵玉谦，张燕. 大学生安全教程[M]. 北京：中国铁道出版社，2016.

[9] 李大光. 国家安全教育通识课[M]. 北京：北京时代华文书局，2021.

[10] 宋志伟，陈建军. 大学生安全教育[M]. 北京：清华大学出版社，2020.

[11] 姜辉. 大学生卫生安全教育[M]. 北京：化学工业出版社，2021.

参考文献